2016 建设银行秋季校园招聘考试真题及解析

扫码进入模考系统

2016 建设银行秋季校园招聘考试真题

综合能力测试——语言能力与表达（共 10 题）

1. 将以下 6 个句子重新排列组合，排列组合最连贯的是(　　)。

（1）原来是一棵虬枝漫卷的大树，岁月在它身上铭刻下道道斑痕，在阳光的映射下，片片鳞片竟然发出墨绿的暗光。

（2）难掩激动的心情，我在如梦似幻中渐行，伴随着莺啼鸟啭一路向前。峰回路转，曲曲弯弯，不时接受着大幕山馈赠的惊喜。

（3）我担心地问自己，这是在哪里啊，我莫非是在神仙一笔挥就的画卷里徐徐而行么？

（4）这份独尊的神采，令我顶礼膜拜，它仿佛已得道成仙，历经上百年岁月的打磨，沧海桑田，演变成守望大山的精灵，也是大幕山一个不朽的传说。

（5）刚到大幕山下，远远望去，层层叠叠灿若云霞的杜鹃花在清风中摇曳生姿，映红了大幕山那寂静的山谷和山峦。宛如天上火红的霞光抖落下来，立刻醉了大山、青松、怪石，也让我有些迷醉了。

（6）嚯！前方好似有巨蟒拦路？它身子扭曲缠绕在一起，张牙舞爪，仿欲直飞云霄，却被大山紧紧抱住双脚。

A.（2）（5）（3）（6）（1）（4）　　B.（5）（2）（3）（6）（4）（1）

C.（5）（3）（2）（6）（1）（4）　　D.（3）（5）（4）（2）（6）（1）

2. 经过三十多年的改革开放，诸多经济指标显示我国经济发展已进入全新阶段——经济总量世界第二，进出口贸易总额世界第一，外汇储备世界第一，外商投资额世界第一，对外投资跃居世界第三，但受地理区位、资源禀赋、发展基础等影响，对外开放总体呈现东快西慢、海强路弱格局，“一带一路”正在塑造中国全方位开放新格局，该倡议承载着全面开放、统筹发展、民族复兴的总体目标和崇高使命，将形成国际、区域和国内等多层次、多角度战略格局，充分利用现有双边、小多边和多边等机制，搭建灵活开放的战略伙伴关系网络，打通我国与东南亚、南亚、中亚、中东欧甚至非洲大陆等地区间的合作交流之路，超越双边和地区范畴。

这段文字主要介绍的是(　　)。

A.“一带一路”的总体方法　　B.“一带一路”的整体思路

C.“一带一路”的现实意义　　D.“一带一路”的时代背景

3.“______”人能改造环境，环境也在塑造人。好的土壤可以让嘉德懿行生根发芽，而坏风气却是道德力量的腐蚀剂。试想，如果见义勇为者流血又流泪，如果搀扶老人反而惹上官司，如果诚实守信者总是吃亏，那么在高昂的道德成本之下，还有多少人愿当“活雷锋”？还有多少人敢“路见不平一声吼”？

填入划线部分最恰当的一项是(　　)。

A. 蓬生麻中，不扶而直；白沙在涅，与之俱黑

B. 自谋不诚则欺心而弃己，与人不诚则丧德而增怨

C. 君子贵人贱己，先人而后己

D. 公则不为私所惑，正则不为邪所媚

4. 尽可能多地研究中国的社交电子商务趋势，有助于美国商家判断应该推出哪类电子应用程序和服务。中国在全球经济舞台上的地位有何等重要？诺奖得主约瑟夫·施蒂格利茨对此作出了合理判断，他最近指出：“2014 年是美国能号称世界最大经济强国的最后一年。进入 2015 年后，中国会居于首位，很可能留在这个位置很长一段时间，即使不是永远。”

依据文段的判断，下列推断合理的一项是(　　)。

A. 保守估计，中国在社交电子商务方面领先西方十年

B. 各国需要密切关注有关新技术正如何影响中国消费者的行为

C. 研究中国不断变化的社交电子商务趋势并为此做好准备的商家将占据优势

D. 中国如今是世界最大的智能手机市场，它也很可能是世界上最大的电子商务市场

5. 经过监管部门和商业银行的共同努力，我国银行业金融创新取得了诸多成果，符合现代商业银行特征的科学管理体制和高效运营机制已有雏形，种类丰富多元、机构遍布城乡的银行业体系基本建立，满足差异化竞争、特色化发展的金融服务和产品不断丰富，有效提升了我国银行业的经营效率、服务水平和对实体经济的支持能力。新形势下，如何继续加大金融产品创新力度，满足多元化的金融服务需求，商业银行大有空间可为。

接下来作者有可能谈论的是(　　)。

A. 监管部门与商业银行在提升银行业经营效率方面所做的努力

B. 我国商业银行如何通过支持科技创新来创造新的利润增长点

C. 我国商业银行在满足多元化的金融服务需求方面可采取的措施

D. 我国银行业金融创新取得的诸多成就以及存在的诸多问题

6. 为创作《平凡的世界》，路遥翻阅了 10 年的《人民日报》《参考消息》等各种报纸，并亲自到煤矿等地体验生活，充分显示了一位作家孜孜不倦的求真精神。这部小说对主人公在艰难生活中执着奋斗精神的刻画、对他们浪漫爱情的描绘，都深深地打动了读者的心。值得一提的是，有评论者认为，一个农家子弟与县领导干部女儿的爱情不真实，但在小说所讲述的 1975—1985 年，我国的贫富与阶层分化并不巨大，这样的故事还是可信的。

对这段文字概括最恰当的一项是(　　)。

A. 《平凡的世界》里既有现实主义精神也有浪漫主义情怀

B. 《平凡的世界》用执着的奋斗精神和浪漫的爱情故事打动读者

C. 《平凡的世界》对浪漫爱情的深刻描绘削弱了其现实主义精神

D. 《平凡的世界》里有对现实社会和浪漫爱情的真实描绘

7. 填入划横线部分最恰当的一项是(　　)。

在王村，最好的游览方式是泛舟酉水之上，除了能将水光山色尽收眼底，河畔极具湘西特色的吊脚楼也是一绝——______，依山逶迤，重重叠叠，直贯山腰，形成五里长街。

A. 鳞次栉比　　　　B. 美轮美奂

C. 雕栏玉砌　　　　D. 星罗棋布

8. 锂电池主要由正极材料（如锂钴氧）、电解液和负极材料（如石墨）组成。每当充电时，锂离子从正极材料锂钴氧晶格中脱出，经过电解液后嵌入到层状石墨中；放电时，锂离子又从层状石墨的晶格中脱出，经过电解质后嵌入到锂钴氧中。在电池充放电的过程中，锂离子在正极和负极之间来回转移，所以锂电池也被形象地称为“摇椅电池”。近年来，科学家们对新型锂电池，尤其是高容量的锂硫、锂氧电池以及纳米硅电池的研发呈井喷态势，但由于合成工艺复杂、成本高、循环寿命短等原因，很多成果没能得到普及。

下列选项对原文理解正确的一项是(　　)。

A. 锂离子在锂电池中可以来回移动

B. “摇椅电池”指的是新型锂电池

C. 新型锂电池的研发成果并不多

D. 锂电池由锂钴氧、电解液和石墨组成

9. 脸除了传达喜怒哀乐等情绪之外，实践表明还有可能成为交易新媒介。忘了带卡，不记得密码，并没有关系，也许我们以后可以“靠脸吃饭”，只需要刷一刷。7月初，我国自主研发的第一台据称也是全球首台人脸识别 ATM 问世，其理想状态下的识别精确率能达到99.5%。研发公司称相关技术已经成熟，将很快推向市场。在红外侦测、图像处理、计算机视觉等技术支持下，我们不再怀疑，计算机对人脸的识别能力已经超越了人类本身。但是，即使在最理想的状态下，机器对人脸的识别率也只不过是达到99.5%（是否能达到这一水平还需要证实）。刷脸支付，人脸识别 ATM 可能是未来金融服务发展的方向之一，但还不是全部，市场将成为其应用价值的试金石。

通过上文可知如作者对刷脸支付和人脸识别 ATM 的态度是(　　)。

A. 中立　　　　B. 否定

C. 怀疑　　　　D. 赞赏

10. 随着大数据应用、互联网金融和电子商务的快速发展，金融生态和金融格局都在发生深刻变革，银行业务日趋跨界。商业银行纷纷推出自己的电子商务平台，如建设银行“善融商务”。通过这样的跨界业务，银行的数据获取渠道更为丰富，对客户行为习惯的掌握更为全面。以“善融商务”为例，部分客户经常通过“善融商务”购买电子产品，通过数据分析，建设银行就可以针对这些客户精准营销信用卡分期融资产品。同时，可通过数据分析建立优质商户档案，对信誉好的商户营销融资产品等，还可以通过商户上下游关系，扩展相关数据。

最适合作为以上文字标题的一项是(　　)。

A. 大数据时代下，商业银行从面对面营销向远程营销转变

B. 商业银行通过跨界业务和数据，扩展了营销商机

C. 大数据的应用和互联网的金融发展，使得商业银行营销并服务小微客户成为可能

D. 利用大数据营销，商业银行具有先天优势

综合能力测试——数量关系（共10题）

11. 某人以分期付款的方式（商家免利息和手续费）购买一架钢琴，现有两种付款方式：（1）第一个月付8000元，以后每个月付2000元；（2）前一半的时间每个月付4000元，后一半时间每个月付1000元。两种付款方式的付款总数和付款时间都相同，则该钢琴的价格为(　　)元。

A. 27500　　B. 30000　　C. 3250　　D. 25000

12. 2，3，12，60，840，(　　)

A. 58800　　B. 52920　　C. 52080　　D. 46400

13. 某学院学生会举办年终晚会，需要采购一批服装道具，某供应商实行如下优惠措施。

（1）一次性购买金额不超过1000元，不予优惠。

（2）一次性购买金额超过1000元，但不超过3000元，给九折优惠。

（3）一次性购买金额超过3000元，其中3000元九折优惠，超过3000元部分八折优惠。

学生会第一次在该供应商购买服装道具付款2484元后，发现由于演出人员增加，需再次采购，第二次购买付款700元，如果一次性购买齐备，可以少付(　　)。

A. 233.5元　　B. 116元　　C. 105元　　D. 336.8元

14. 0，3，2，5，4，7，(　　)

A. 7　　B. 8　　C. 9　　D. 6

15. 某分行对上半年公司类客户三种产品覆盖度指标情况进行分析后发现，分行的公司客户中，配置基础结算产品的为77%，配置对公网络系统产品的为63%，配置账单自助服务产品的为52%，至少配置两种产品的为69%，配置三种产品的为38%，则一种产品都没有配置的比例为(　　)。

A. 15%　　B. 20%　　C. 25%　　D. 10%

16. 根据业务发展需要，某分行决定招聘公司客户经理和个人客户经理若干名，公司客户经理和个人客户经理两个岗位共有32位男性、18位女性报名，已知报考公司客户经理岗位的男性人数与女性人数之比为5∶3，报考个人客户经理岗位的男性人数与女性人数之比为2∶1，则报考公司客户经理岗位的女性人数为(　　)。

A. 12　　B. 15　　C. 6　　D. 20

17. 21，59，1117，2325，(　　)，9541

A. 4733　　B. 6833　　C. 8233　　D. 3129

18. 某班级同学手拉手围成一圈，每位同学的一侧是一位同性同学，而另一侧是两位异

性同学，则该班级的人数(　　)。

A. 一定是 4 的倍数　　B. 一定是 5 的倍数

C. 一定是 6 的倍数　　D. 一定是 3 的倍数

19. （1×2×3+2×4×6+…+100×200×300）÷（2×3×4+4×6×8+…+200×300×400）的值为(　　)。

A. $\frac{2}{3}$　　B. $\frac{1}{2}$　　C. $\frac{1}{4}$　　D. $\frac{4}{5}$

20. 某学院举行“抗战胜利 70 周年”知识抢答，总共有 50 道抢答题，比赛规定，答对 1 题得 3 分，答错 1 题扣 1 分，不抢答得 0 分，王同学在比赛中抢答了 25 道题，要能最后得分不少于 65 分，则王同学至少要答对(　　)道题。

A. 17　　B. 18　　C. 23　　D. 16

综合能力测试——逻辑推理（共 10 题）

21. 一个花匠正在配置插花。可供配置的花共有苍兰、玫瑰、百合、牡丹、海棠和秋菊 6 个品种。一件合格的插花须由两种以上花组成，同时须满足以下条件：

（1）如果有苍兰，则不能有秋菊；

（2）如果有海棠，则不能有秋菊；

（3）如果有牡丹，则必须有秋菊，并且秋菊的数量必须和牡丹一样多；

（4）如果有玫瑰，则必须有海棠，并且海棠的数量是玫瑰的两倍；

（5）如果有苍兰，则苍兰的数量必须大于所用到的其他花的数量的总和。

以下各项配置都不是一件合格的插花。其中哪一项，只要去掉其中某种花的一部分或全部，就可以成为一件合格的插花？(　　)

A. 四枝苍兰，一枝玫瑰，两枝海棠，一枝秋菊

B. 四枝苍兰，两枝玫瑰，两枝海棠，一枝秋菊

C. 三枝苍兰，一枝海棠，一枝牡丹，一枝秋菊

D. 四枝苍兰，一枝玫瑰，一枝百合，一枝牡丹

22. 最近几年来，某品牌的洗衣机销量有了飞速增长。而同一时期，该品牌的电视广告费用也明显增长了。因此，该洗衣机厂的厂长认为，该品牌洗衣机销量的增长得益于电视广告的促销作用，并打算今年进一步追加电视广告费用。

以下哪项如果为真，最能说服该洗衣机厂的厂长停止追加电视广告费用的举措？(　　)

A. 主要竞争对手蓝天公司某品牌的洗衣机，投入的广告费用较少但销量也很好

B. 注意到该品牌洗衣机的电视广告的人中，很少有人购买该产品

C. 最近三年来，人们对洗衣机的需求总量有明显上升

D. 该品牌洗衣机的购买者中，很少有人注意到该品牌的电视广告

23. 需求量总是与价格呈相反方向变化。如果价格变化导致总收入与价格反向变化，那么需求就是有弹性的。在 2015 年，虽然 N 大学的学费降低了 15%，但是 N 大学收到的学费总额却比 2014 年增加了。在这种情况下，对 N 大学的需求就是有弹性的。

如果以上陈述为真，以下哪项陈述一定真？(　　)

A. 与 2014 年相比，N 大学在 2015 年招生增长的幅度超过了 15%

B. 如果需求是有弹性的，那么价格变化会导致总收入与价格同向变化

C. 如果价格的变化导致总收入与价格同向变化，那么需求就是有弹性的

D. 与 2014 年相比，学费降低 15% 会给 N 大学带来更好的经济效益

24. 左侧给定的是纸盒外表面的展开图，右侧哪一项能由它折叠而成？(　　)

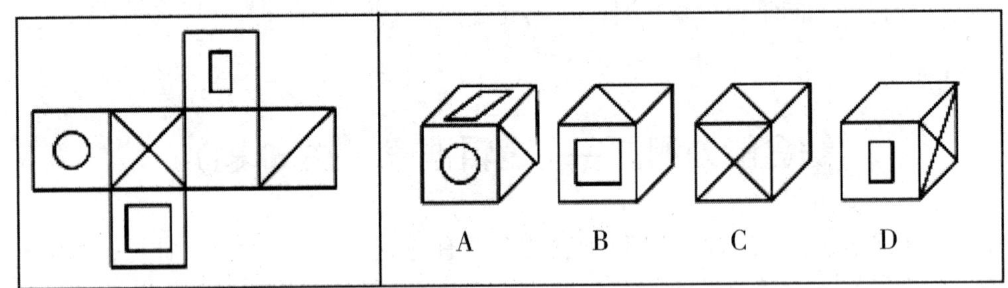

25. 某校要推选一位学生会主席，推举委员会提出，作为学生会主席的候选人须满足如下的要求：

(1) 各门课程的成绩都是优；

(2) 是足球爱好者或是围棋爱好者；

(3) 数学比赛中得过名次或在报刊上发表过文章。

如果一定要从学生中推选出一位学生会主席，那么对于下列条件：

Ⅰ. 有的学生既是足球爱好者又是围棋爱好者。

Ⅱ. 有的学生各门课程的成绩都优又在报刊上发表过文章。

Ⅲ. 有的学生既在数学比赛中得过名次又是足球爱好者。

Ⅳ. 有的学生各门课程的成绩都是优。

哪些是可以不满足的？(　　)

A. 仅Ⅱ和Ⅲ　　B. 仅Ⅲ和Ⅳ

C. 仅Ⅰ、Ⅱ和Ⅲ　　D. 仅Ⅰ和Ⅲ

26. 票据无因性是指票据因一定的基础关系（如买卖、赠予）产生以后，票据上的权利、义务关系即与产生或转让票据的原因关系相分离。票据的持有人不必证明其取得票据的原因，只需根据票据上所记载的内容就可以请求给付一定的金额，但非法取得票据的除外。

根据上述定义，下列选项不属于票据无因性的是(　　)。

A. 出票人签发空头支票，只要出票行为合法，持票人仍享有票据权利

B. 当事人转让票据的原因行为无效，但不影响已签发流通的票据效力

C. 行为人以欺诈手段取得票据，但票据债务人可以对此提出严正抗辩

D. 票据持有人通过赠予方式取得票据权利，无须证明票据权利的来源

27. 从下列四个选项中选择合适的一个填在问号处，呈现一定的规律性。(　　)

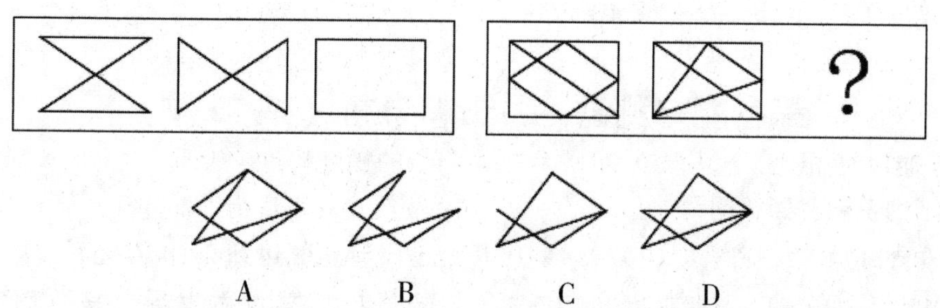

A　　B　　C　　D

28. 许多人不了解自己，也不设法去了解自己。这样的人可能想了解别人，但此种愿望肯定是要落空的，因为连自己都不了解的人不可能了解别人。由此可以得出结论：你要了解别人，首先要了解自己。

以下哪项对上述论证的评价最为恰当？(　　)

A. 上述论证有漏洞，因为它把得出某种结果的必要条件当作充分条件

B. 上述论证有漏洞，因为它不当地假设：每个人都可以了解自己

C. 上述论证有漏洞，因为它忽视了这种可能性：了解自己比了解别人更困难

D. 上述论证所运用的推理是成立的

29. 某市政府计划对全市的危旧房进行全面改造，以期全面推进城市建设工作进程，较大幅度地建造普通住宅，缓解本市居民住房的紧张状况。市政府同时又计划适当提高普通住宅的市场售价，用以贴补上述房改的费用。这样做的理由是，本市居民是上述改造的直接受益者，应当承担部分开支。

以下哪项断定最能质疑上述计划的合理性？(　　)

A. 市区的居民住房情况要好于市郊

B. 市政府无权支配新建普通住宅的全部销售收入

C. 因为难以承担普通住宅的市场售价，一部分收入偏低的本市居民将选择到未经改造的市郊购房

D. 外地居民同样有可能是上述改造的受益者

30. 某个大学创新竞赛团队现有陈同学、王同学、李同学、杨同学、赵同学、马同学 6 位成员。现在团队进入决赛阶段，因为主办方对人员的限制，所以必须调整某些成员。已知：

(1) 只有保留王同学和李同学、杨同学，才能保留陈同学

(2) 如果不调整李同学，则不能保留赵同学

(3) 如果调整赵同学，那么就必须调整马同学

(4) 陈同学是团队的骨干，必须保留

据此，可以推出(　　)。

A. 保留李同学和杨同学

B. 保留赵同学，并且调整杨同学

C. 保留赵同学和马同学

D. 保留赵同学，并且调整李同学

综合能力测试——资料分析（共 15 题）

根据下列资料，回答问题。

我国对外开放成绩显著。2014 年，我国货物进出口总额达到 26.4 万亿元，居世界第一位，比 2010 年增长 31%，年均增长 7.8%。货物进出口总量占世界贸易总额的比重为 11.3%，比 2010 年提高 1.7 个百分点。

2011—2014年货物进出口总额

31. 2011—2014 年，我国货物进出口总额为(　　)。

A. 1003066 亿元　　B. 1105734 亿元　　C. 1216392 亿元　　D. 982640 亿元

32. 2011—2014 年，我国进出口贸易最接近平衡的年份是(　　)。

A. 2012 年　　B. 2013 年　　C. 2014 年　　D. 2011 年

33. 2014 年我国货物进出口总额比 2011 年大约(　　)。

A. 减少了 19%　　B. 增加了 12%　　C. 增加了 19%　　D. 减少了 12%

34. 下列说法中，共有几个说法与资料相符？(　　)

(1) 2011—2014 年，我国的货物出口额呈现两年上涨、一年下降的状态

(2) 2011—2014 年，我国的货物出口额呈逐年上涨状态

(3) 2011—2014 年，我国的货物出口额与上年相比的增长量都超过 6000 亿元

(4) 2011—2014 年，我国贸易顺差呈逐年上升趋势

A. 2 个　　B. 3 个　　C. 4 个　　D. 1 个

35. 下列说法中，错误的是(　　)。

A. 2014 年，我国货物进出口总额约比 2010 年增长 8 万亿元

B. 2010 年，我国货物进出口总额占世界贸易总额的比重为 9.6%

C. 若 2014—2016 年两年的货物进出口总额平均增幅为 7%，可推测 2016 年货物进出口总额将低于 32 万亿元

D. 2014 年，我国货物进出口总额已居世界首位

根据下列资料，回答问题。

2015 年 1—8 月，全国房地产开发投资 61063 亿元，同比增长 3.5%，增速比 1—7 月回落 0.8 个百分点。其中住宅投资 41068 亿元，增长 2.3%，增速回落 0.7 个百分点。住宅投资占房地产开发投资的比重为（?）。

1—8 月，东部地区房地产开发投资 34754 亿元，同比增长 3.7%，增速比 1—7 月回落 1 个百分点；中部地区投资 12717 亿元，增长 3.5%，增速回落 0.4 个百分点；西部地区投资 13591 亿元，增长 3.3%，增速回落 0.5 个百分点。

1—8 月，房地产开发企业房屋施工面积 669360 万平方米，同比增长 2.5%，增速比 1—7 月回落 0.9 个百分点。其中，住宅施工面积 466295 万平方米，增长 0.2%。房屋新开工面积 95182 万平方米，下降 16.8%，降幅持平。其中，住宅新开工面积 65830 万平方米，下降 17.9%。房屋竣工面积 42475 万平方米，下降 14.6%，降幅扩大 1.5 个百分点。其中，住宅竣工面积 31494 万平方米，下降 17.2%。

1—8 月，房地产开发企业土地购置面积 14116 万平方米，同比下降 32.1%，降幅比 1—7 月扩大 0.1 个百分点；土地成交价款 4294 亿元，下降 24.6%，降幅收窄 1 个百分点。

1—8 月，商品房销售面积 69675 万平方米，同比增长 7.2%，增速比 1—7 月提高 1.1 个百分点。其中住宅销售面积增长 8.0%、办公楼销售面积增长 8.5%、商业营业用房销售面积增长 1.2%。商品房销售额 48042 亿元，增长 15.3%，增速提高 1.9 个百分点。其中，住宅销售额增长 18.7%、办公楼销售额增长 12.9%、商业营业用房销售额下降 2.5%。

1—8 月，东部地区商品房销售面积 33560 万平方米，同比增长 10.1%，增速比 1—7 月提高 1.5 个百分点；销售额 29487 亿元，增长 22.2%，增速提高 2.6 个百分点。中部地区商品房销售面积 18140 万平方米，增长 4.2%，增速提高 0.9 个百分点；销售额 9353 亿元，增长 7.4%，增速提高 1.6 个百分点。西部地区商品房销售面积 17975 万平方米，增长 5.2%，增速提高 0.8 个百分点；销售额 9202 亿元，增长 4.3%，增速提高 0.5 个百分点。

8 月末，商品房待售面积 66324 万平方米，比 7 月末增加 65 万平方米。其中，住宅待售面积减少 194 万平方米、办公楼待售面积减少 7 万平方米、商业营业用房待售面积增加 157 万平方米。

1—8 月，房地产开发企业到位资金 79742 亿元，同比增长 0.9%，增速比 1—7 月提高 0.4 个百分点。其中，国内贷款 13956 亿元，下降 4.8%；利用外资 204 亿元，下降 40.1%；自筹资金 31797 亿元，下降 2.5%；其他资金 33785 亿元，增长 7.5%。在其他资金中，定金及预收款 19774 亿元，增长 4.6%；个人按揭贷款 10118 亿元，增长 16.3%。

36. 填入材料中（?）部分的数据应为(　　)。

A. 67. 3%　　B. 60. 3%　　C. 70. 3%　　D. 57. 3%

37. 2015 年 1—8 月，东部地区、中部地区、西部地区房地产开发投资比例接近(　　)。

A. 3 ∶ 1 ∶ 2　　B. 4 ∶ 2 ∶ 3　　C. 5 ∶ 2 ∶ 3　　D. 3 ∶ 1 ∶ 1

38. 2014 年 1—8 月，房地产开发企业土地购置面积约为(　　)万平方米。

A. 10367　　B. 20789　　C. 64955　　D. 75081

39. 2014 年 1—8 月，国内贷款占房地产开发企业到位资金的比例是(　　)。

A. 16. 9%　　B. 17. 5%　　C. 18. 5%　　D. 15. 9%

40. 根据以上材料，下列说法错误的是(　　)。

A. 2015 年 1—8 月，东中西部地区的商品房销售面积都比上年同期多

B. 2015 年 1—8 月，房屋新开工面积中住宅新开工面积所占比例最大

C. 2015 年 1—8 月，商业营业用房销售额比去年同期有所增长，但住宅销售额则有所下降

D. 2015 年 8 月末的商品房待售面积比 7 月末多

根据下列资料，回答问题。

2015 年 9 月，规模以上工业增加值同比实际增长 5. 7%（以下增加值增速均为扣除价格因素的实际增长率），比 8 月回落 0. 4 个百分点。从环比看，9 月，规模以上工业增加值比上月增长 0. 38%。1—9 月，规模以上工业增加值同比增长 6. 2%。

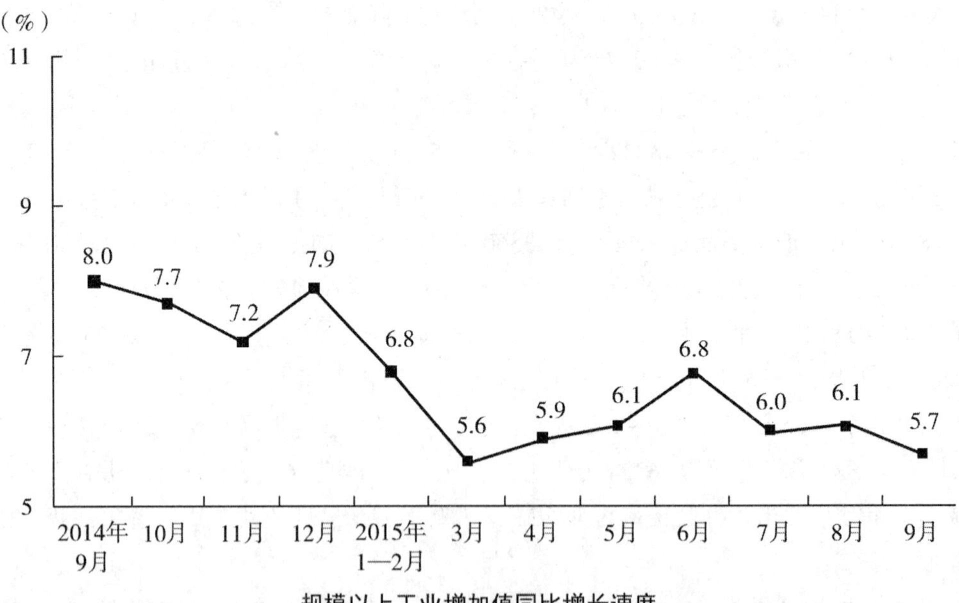

规模以上工业增加值同比增长速度

分行业看，9 月，41 个大类行业中有 38 个行业增加值保持同比增长。其中，农副食品加工业增长 6. 7%，纺织业增长 6. 5%，化学原料和化学制品制造业增长 9. 6%，非金属矿物

制品业增长 8. 0%，黑色金属冶炼和压延加工业增长 6. 1%，有色金属冶炼和压延加工业增长 11. 9%，通用设备制造业增长 2. 2%，专用设备制造业增长 3. 8%，汽车制造业增长 2. 7%，铁路、船舶、航空航天和其他运输设备制造业增长 4. 5%，电气机械和器材制造业增长 7. 9%，计算机、通信和其他电子设备制造业增长 10. 5%，电力、热力生产和供应业下降 0. 1%。

分产品看，9 月，565 种产品中有 258 种产品同比增长。其中，钢材 9469 万吨，同比下降 0. 6%；水泥 21764 万吨，下降 2. 5%；十种有色金属 438 万吨，增长 6. 3%；乙烯 155 万吨，增长 5. 0%；汽车 195. 1 万辆，下降 4. 7%；轿车 86. 9 万辆，下降 21. 6%；发电量 4548 亿千瓦时，下降 3. 1%；原油加工量 4243 万吨，增长 0. 5%。

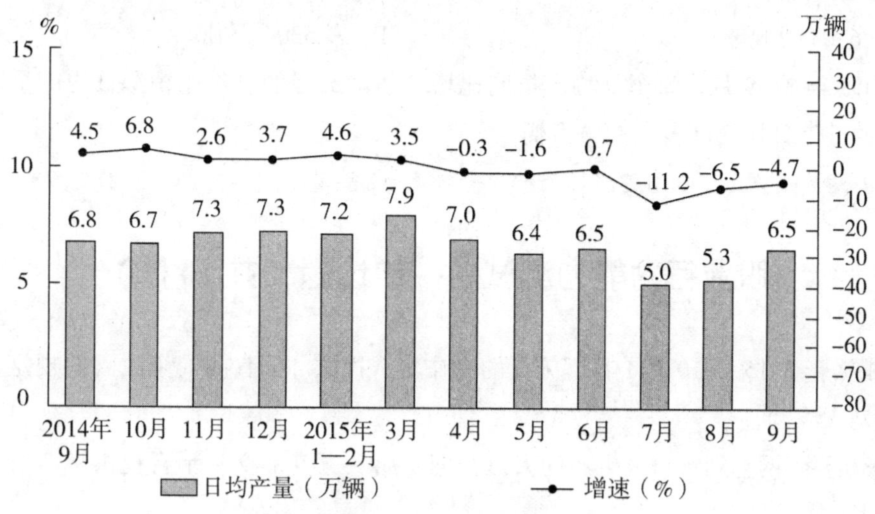

汽车日均产量及同比增速

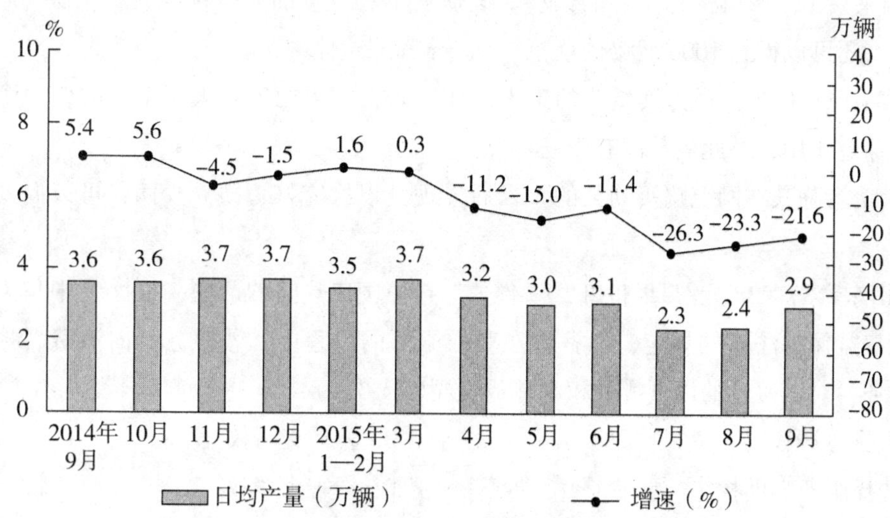

轿车日均产量及同比增速

41. 2015 年 8 月，规模以上工业增加值同比实际增长(　　)。

A. 6. 08%　　B. 6. 30%　　C. 6. 10%　　D. 5. 30%

42. 2015 年 5—8 月，规模以上工业增加值同比实际增长速度最快的是(　　)。

A. 6 月　　B. 7 月　　C. 8 月　　D. 5 月

43. 9 月，以下大类行业同比增长速度最慢的是(　　)。

A. 黑色金属冶炼和压延加工业

B. 专用设备制造业

C. 电气机械和器材制造业

D. 纺织业

44. 2014 年 9 月，钢材产量约比原油加工量(　　)。

A. 少 5304 万吨　　B. 多 6304 万吨

C. 少 6304 万吨　　D. 多 5304 万吨

45. 2015 年 3—9 月，汽车日均产量同比增长速度最慢的月份比轿车日均产量同比增长速度最慢的月份日均产量多(　　)万辆。

A. 2. 3　　B. 2. 7　　C. 3. 4　　D. 2. 2

职业行为能力测试——单选题（共 10 题）

46. 根据于 2015 年 10 月 1 日起施行的《中华人民共和国食品安全法》的规定，下列说法错误的是(　　)。

A. 张某要到网上销售自家生产的大豆，网络第三方食品交易平台提供者需对其进行实名登记

B. 林某买了一瓶价格为 5 元的饮料，该饮料不符合食品安全标准，林某除可以得到 5 元赔偿外，还可以得到 1000 元赔偿金

C. 戴某委托广告公司为其生产的玉米制作广告，广告内容夸大了玉米的营养含量，声称其具有保健作用，对此戴某没有责任

D. 消费者陈某在网上购买刘某的大米后发现其以次充好、缺斤少两，可以向刘某要求赔偿

47. 山东青岛“38 元/只天价虾”事件成为今年国庆热门的话题，根据《中华人民共和国消费者权益保护法》的规定，消费者在获取服务的过程中，若服务者向消费者提供质低价高的服务，对消费者的以下哪种权利造成侵犯？(　　)

A. 人格尊严权　　B. 公平交易权

C. 选择服务自助权　　D. 损害求偿权

48. 全面推进依法治国是实现国家治理体系和治理能力现代化的必然要求。下列表述符合法治精神的是(　　)。

A. 人法地，地法天，天法道，道法自然

B. 法律是治国之重器　良法是善治之前提

C. 国王是法律的创造者，而非法律创造国王

D. 天下之事无大小皆决于上

49. 著名诗人鲁藜说：“老是把自己当作珍珠，就时时有被埋没的痛苦。把自己当作泥土吧，让众人把你踩成一条道。”这句话启示我们(　　)。

A. 人的价值是社会价值和自我价值的统一

B. 要在个人与社会的统一中实现人生价值

C. 实现人生价值需要顽强拼搏、自强不息的精神

D. 肯定自我是实现人生价值的起点

50. “修养的基础是内心对话，人在这种对话中既是自己的原告，又是自己的辩护士和法官。”

这句话旨在说明(　　)。

A. 要用自省、自律的方式加强自身的思想道德修养

B. 思想道德修养的提高完全依赖于自我感悟

C. 加强科学文化修养的根本意义在于提高内心反省能力

D. 要用自我教育的方式加强自身的科学文化修养

51. 要改变类似下图漫画中的不文明现象，作为公民应该(　　)。

A. 抵制落后文化，坚持文化创新的正确方向

B. 提高思想道德修养，自觉改变生活陋习

C. 大力加强社会主义核心价值体系建设

D. 提高科学文化修养，增强辨别是非能力

52. 我国古代先贤主张“仁者爱人”，强调“己所不欲，勿施于人”“己欲立而立人，己欲达而达人”。体现了中华民族传统美德中的(　　)。

A. 勤劳勇敢，追求自由解放的精神

B. 爱国奉献，以天下为己任的精神

C. 德性修养，重视躬行慎独的精神

D. 乐群贵和，强调人际和谐的精神

53. 经过 17 个小时的谈判，欧元区领导人峰会终于就希腊债务问题达成协议，准备第三次救助希腊并把希腊留在欧元区，下列说法错误的是(　　)。

A. 希腊选择留在欧元区内，必须实行更加紧缩的财政政策

B. 欧元区挽留希腊，目的是避免欧洲经济一体化进程受挫

C. 希腊债务危机一旦蔓延，欧元贬值，中国对欧出口困难

D. 虽然作为独立主权国家，但欧元区成员国拥有独立的货币政策

54. 2015 年 7 月，国务院下发《关于积极推进“互联网+”行动的指导意见》，围绕 11 个重点区域提出具体行动。下列有关“互联网+”的说法，错误的是(　　)。

A. 加快推进“互联网+”发展，有利于创新体系、激发创新活力、培育新兴业态和创新公共服务模式。对打造大众创业、万众创新和增加公共产品、公共服务“双引擎”，实现中国经济提质增效升级具有重要意义

B.《关于积极推进“互联网+”行动的指导意见》提出到 2020 年，网络化、智能化、服务化、协同化的“互联网+”产业生态体系基本完善，“互联网+”新经济形态初步形成。“互联网+”成为经济社会创新发展的重要驱动力量

C. 近年来，我国在互联网技术、产业、应用以及跨界融合等方面取得了积极进展，已具备加快推进“互联网+”发展的坚实基础，但也存在传统企业运用互联网的意识和能力不足、互联网企业对传统产业理解不够深入、新业态发展面临体制机制障碍等问题

D. “互联网+”是把互联网的创新成果与经济社会各领域深度融合，推动技术进步、效率提升和组织变革、提升实体经济创新力和生产力，形成更广泛的以互联网为基础设施和创新要素的经济社会发展新形态

55. 2015 年 10 月 12 日，诺贝尔评选委员会揭晓了 2015 年诺贝尔经济奖得主，经济学家(　　)荣获该奖项，以表彰其在消费、贫穷与福利方面的研究贡献。

A. 罗伯特 · 席勒（Robert Shiller）

B. 阿尔文 · 罗斯（Alvin Roth）

C. 安格斯 · 迪顿（Angus Deaton）

D. 让 · 梯若尔（Jean Tirole）

职业行为能力测试——多选题（共 5 题）

56. 近期四川省国家安全机关破获境外间谍策反案件，在抓获的 4 名危害国家安全的人员中，有两人是“90 后”。目前“80 后”“90 后”已成为我国网民的主体，由于涉世不深、防范意识薄弱等因素，被境外间谍情报机关利用策反的案件呈逐年上升趋势。根据 2015 年 7 月 1 日起施行的《中华人民共和国国家安全法》，下列属于公民和组织应当履行维护国家

安全的义务是(　　)。

A. 及时报告危害国家安全活动的线索

B. 如实提供所知悉的涉及危害国家安全活动的证据

C. 为国家安全工作提供便利条件或者其他协助

D. 保守所知悉的国家秘密

57. 今年国庆长假，由高速路应急车车道被占而引发的悲剧再度上演，长假首日浙江甬台温高速发生车祸。由于应急车道被占，高速交警用十多分钟才把生命通道打开，然而伤者已经死亡。四天后，福建龙岩，一辆载着高危孕妇就医的小轿车在厦蓉高速上遭遇堵车，应急车道也被占用。尽管增援交警将应急车道上的车辆清空，鸣笛开道，但胎儿没有保住，孕妇也住进了高危病房……以下有关高速公路应急车道的使用，说法正确的有(　　)。

A. 在高速公路上需要查询路线时，可以临时停在应急车道上用导航查询好正确的路线后，再驶离应急车道

B. 如果机动车发生交通事故或者出现故障，确需在应急车道内临时停车，应当按照规定使用紧急灯光示警，并在来车方向的 150 米外设置路障警告标志，提醒后来车辆注意安全

C. 在高速公路上由于连续行驶感到疲倦需要休息，同时距离服务区较远时，可以在应急车道临时停车歇息

D. 警车、消防车、救护车、工程救险车等在执行紧急任务时，可以在应急车道内行驶

58. 不可否认，几乎每发生一起突发事件，或举行国家重要活动，都会出现网络谣言。比如，今年 7 月，有关因股票大跌多人跳楼的谣言在网上此起彼伏，引起了不良影响。公安部在全国开展打击网络有组织制造传播谣言等违法犯罪专项行动，网络红人“秦火火”“立二拆四”等一批网络名人因网上蓄意造谣、传谣被依法刑拘。下列对这些网络谣言、传谣者行为的描述，正确的是(　　)。

A. 泄露了国家秘密　　B. 违背了时代精神

C. 扰乱了社会秩序　　D. 污染了网络环境

59. 近年来，利率市场化步伐明显提速，2015 年 8 月 25 日，央行宣布一年期以上定期存款利率的浮动上限完全放开。10 月 23 日，央行宣布放开存款利率上限，这标志着利率管制基本放开。从长期来看，利率市场化对商业银行的影响有(　　)。

A. 商业银行利率风险和利率管理的难度加大

B. 有利于商业银行优化客户结构

C. 有利于商业银行推出新的金融工具产品和服务

D. 加大了商业银行的竞争压力和经营压力

60. 自 2013 年上海自由贸易服务区设立以来，2015 年我国又新设了广东、天津、福建自由贸易区。下列选项中，对我国设立自由贸易区的作用描述正确的有(　　)。

A. 有利于建立稳定的和多元的战略资源供应渠道

B. 有利于消除贸易壁垒和化解国际贸易争端

C. 有利于树立我国开放负责任的大国形象

D. 有利于拓宽我国经济发展空间

职业基本知识测试——单选题（共40题）

61. 2015年9月的一次国务院常务会议确定，将关系国计民生的港口、沿海及内河航运、机场等领域固定资产投资项目最低资本金比例要求由30%降为25%。降低该比例可以实现以较少的投资资金启动更大的投资项目。这里所提到的几种固定资产投资项目，属于(　　)，它的有效供给通常需要政府的行动参与。

A. 公共物品　　B. 私人物品　　C. 准私人物品　　D. 混合物品

62. 下图描绘了短期均衡条件下的厂商生产情况。对下图描述正确的是(　　)。

A. 厂商有会计利润但没有经济利润，不可以继续生产

B. 厂商既有会计利润也有经济利润，不可以继续生产

C. 厂商既有会计利润也有经济利润，并可以继续生产

D. 厂商有会计利润但没有经济利润，并可以继续生产

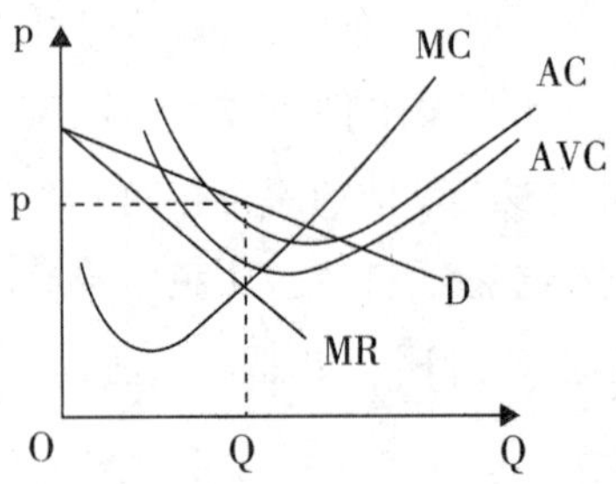

63. 作为监测生产活动的前沿指标，中国制造业采购经理指数（PMI）在经济趋势预测中具有重要参考作用。根据以下PMI趋势图判断，下列选项中处于经济扩张期的理论区间是(　　)。

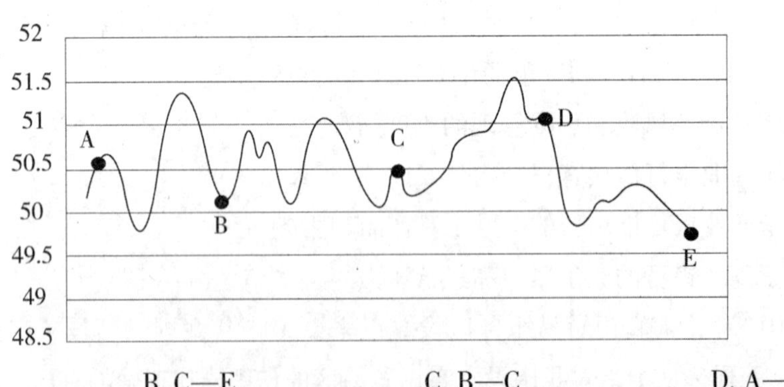

A. A—B　　B. C—E　　C. B—C　　D. A—D

64. 自2015年6月1日起，我国将降低部分服装、鞋靴、护肤品、纸尿裤等日用消费品

的进口关税税率，假设国内对某款降低了关税的纸尿裤的需求弹性为 1.2，而受降低关税的影响，此款纸尿裤的价格降低了 4%。在其他条件不变的情况下，需求量将会发生下列哪种变化？（　　）

A. 需求量的变化无穷大　　B. 需求量的变化有限

C. 需求量增加 4.8%　　D. 需求量增加 3%

65. 根据下表所示，该资产组合的久期是(　　)。

债券	投资组合比例	久期
国债	0.2	4.100
政府机构证券	0.1	3.400
抵押贷款证券	0.5	3.000
资产支持证券	0.2	3.100

A. 2.32　　B. 3.28　　C. 4.13　　D. 1.93

66. “实施积极的财政政策和稳健的货币政策”这种组合更合适以下哪种经济情况？（　　）

A. 社会总需求旺盛，货币供给量过高

B. 社会总需求旺盛，同时经济增长乏力

C. 经济萧条与通货膨胀并存

D. 社会总需求不足，生产能力和社会资源未得到充分利用

67. 2015 年 8 月 19 日，国务院总理李克强主持召开国务院常务会议。会议决定从 2015 年 10 月 1 日起到 2017 年底，依法将减半征收企业所得税的小微企业范围，由年应纳税所得额 20 万元以内（含 20 万元）扩大到 30 万元以内（含 30 万元）。对于此次税收政策调整，其合理的传导顺序应该是(　　)。

（1）企业的自主创业积极性提高　　（2）缓解经济下行压力

（3）更多小微企业享受税收优惠　　（4）投资需求释放

A. （4）（3）（1）（2）　　B. （3）（1）（4）（2）

C. （4）（2）（3）（1）　　D. （2）（4）（1）（3）

68. 投资者在相同投资收益条件下，往往偏好短期债券的高流动性。债务发行方也愿意为长期债券提供风险溢价，同时降低发行费用。但当出现“利率期限倒挂”期限结构时，债券的价格预期会发生变化，在以下四种利率期限结构中（R_t 表示利率，t 表示时间），反映“利率期限倒挂”的是(　　)。

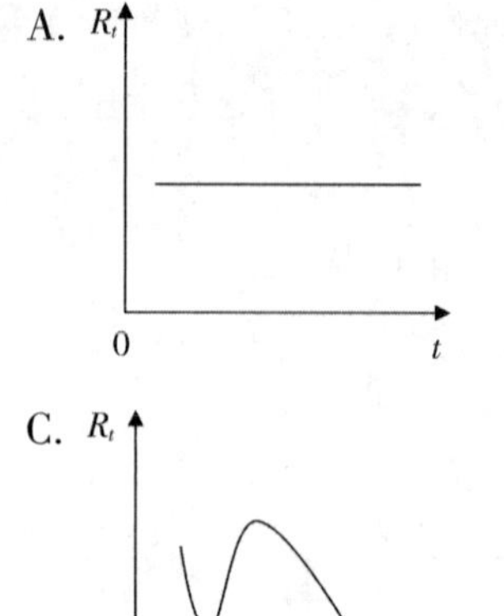

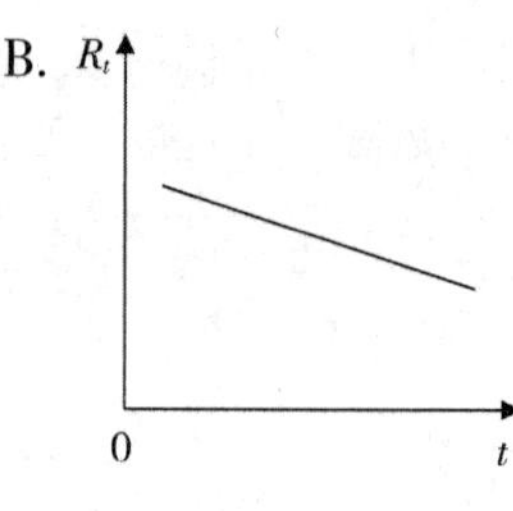

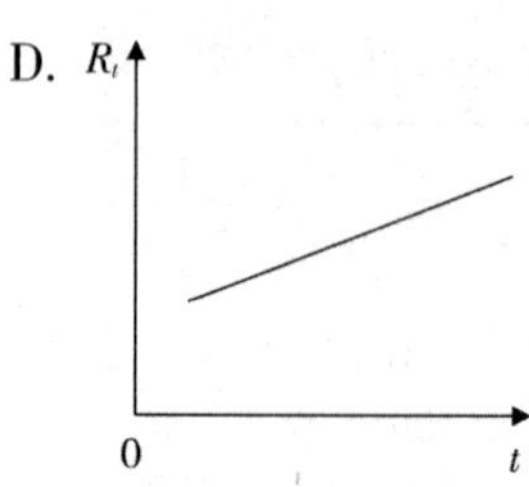

69. 在金融衍生品市场交易主体中，利用不同市场的定价差异，同时在两个或两个以上的市场中进行衍生品交易，以获取无风险收益的是(　　)。

A. 投机者　　B. 经纪人　　C. 套期保值者　　D. 套利者

70. 假设某银行 2014 年存款 1000 亿元，法定存款准备金率 9%，提现率 6%，超额准备金率 5%，则该银行 2014 年衍生存款额度为(　　)。

A. 5000 亿元　　B. 1000 亿元　　C. 6000 亿元　　D. 4000 亿元

71. 在一国货币贬值时，会发生下列哪种情况？(　　)

A. 本国出口竞争力提高，投资于外地付息资产的本币收益率会降低

B. 本国出口竞争力降低，投资于外地付息资产的本币收益率会降低

C. 本国出口竞争力降低，投资于外地付息资产的本币收益率会上升

D. 本国出口竞争力提高，投资于外地付息资产的本币收益率会上升

72.《存款保险条例》于 2014 年 10 月 29 日国务院第 67 次常务会议通过，自 2015 年 5 月 1 日起实施。被保险存款包括投保机构吸收的人民币存款和外币存款，目前最高偿付限额为人民币 50 万元。根据存款保险的一般运作机制，下图中编号的正确对应关系是(　　)。

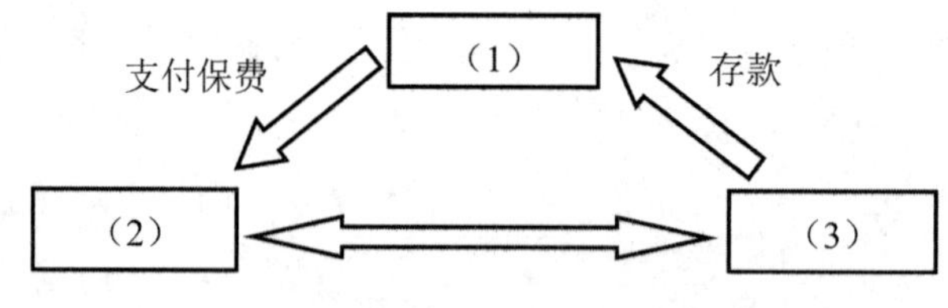

A.（1）存款人　　（2）存款保险机构　　（3）银行

B.（1）存款保险机构（2）银行　　（3）存款人

C.（1）存款保险机构（2）存款人　　（3）银行

D.（1）银行　　（2）存款保险机构　　（3）存款人

73. 2015 年 9 月，我国外汇储备余额为 3.154 万亿美元，为连续第 5 个月下降，影响外

汇储备规模变动的因素多样。下列选项中对外汇储备规模没有明显影响的是(   )。

A. 外汇储备投资资产的价格波动

B. 外汇储备在支持“走出去”等方面的资金运用

C. 在国际货币基金组织的头寸的减少

D. 央行在外汇市场的操作

74. 下列不属于商业银行现金资产的是(   )。

A. 库存现金　　B. 存放同业存款

C. 在中央银行存款　　D. 票据贴现

75. 为促进房地产市场健康发展，央行与银监会于 2015 年 9 月 30 日联合发文，在实施限购的城市，对居民家庭首次购买住房的商业性个人住房贷款，最低首付款比例调整为不低于 25%。降低房地产贷款的首付比例，属于货币政策工具中的(   )。

A. 一般性控制工具　　B. 直接信用指导

C. 间接信用指导　　D. 选择性控制工具

76. 下列公司间不构成控制关系的是(   )。

A. 甲公司和 C 公司，甲公司拥有 B 公司 52% 的表决权资本，B 公司拥有 C 公司 80% 的表决权资本

B. 甲公司和 D 公司，甲公司拥有 D 公司 40% 的表决权资本，但甲公司和 D 公司签订合同约定甲公司对 D 公司有控制权

C. 甲公司和 F 公司，甲公司拥有 E 公司 70% 的表决权资本，E 公司拥有 F 公司 20% 的表决权资本

D. 甲公司和 A 公司，甲公司拥有 A 公司 75% 的表决权资本

77. 下列各项中说法不正确的是(   )。

A. 借款的名义利率、实际利率不相等时要计算实际利息，即用期初摊余成本乘以实际利率再乘以期限来计算借款费用

B. 企业发生的权益性融资费用，也属于借款费用

C. 借款费用是企业因尽快借入资金所付出的代价，包括借款利息、折价或溢价的摊销、辅助费用以及因外币借款而发生的汇兑差额等

D. 承租人确认的融资租赁发生的融资费用属于借款费用

根据下列资料，回答问题。

甲公司是某商业银行的集团客户，2013 年 1 月 2 日，甲公司用银行存款 2000 万元从证券市场购入乙公司发行的在外 60% 的股份（甲公司和乙公司为非同一控制下企业），从而能够控制乙公司。同日，乙公司所有者权益账面价值为 3000 万元（与可辨认净资产公允价值相等）。其中，股本为 2000 万元，资本公积为 300 万元，盈余公积为 450 万元，未分配利润

为450万元。其中资料如下：

材料一

乙公司2013年度实现净利润794万元，提取盈余公积75万元，宣告分派现金股利200万元，无其他所有者权益变动。2014年度宣告净利润1000万元，提取盈余公积100万元，宣告分派现金股利300万元，无其他所有者权益变动。

材料二

2013年1月2日，甲公司以售价100万元销售一批产品给乙公司，产品成本为80万元，乙公司另支付运杂费3万元，乙公司购入该产品作为管理用固定资产入账。采用直线法在五年内计提折旧，预计净残值为0，假定乙公司按照12个月计提折旧，且不考虑递延所得税。

78. 根据以上信息，该银行客户经理对于甲公司的长期股权投资及其投资收益的分析，正确的是(　　)。

A. 2013年度甲公司确认投资收益476.4万元

B. 2013年度甲公司确认投资收益120万元

C. 2014年度甲公司确认投资收益600万元

D. 甲公司应采用权益法核算长期股权投资

79. 2013年，假设甲公司以银行存款1000万元购入丙公司30%股份，能够对丙公司产生重大影响。同日，丙公司所有者权益账面价值为3000万元（与可辨认净资产公允价值相等）要核算甲公司的长期股权投资，关于差额部分的处理方式正确的是(　　)。

A. 确认营业外收入100万元　　B. 确认投资亏损100万元

C. 不再处理　　D. 确认商誉100万元

80. 根据以上信息，该银行客户经理在分析甲公司编制的合并财务报表时，对于甲公司出售给乙公司固定资产的分析，错误的是(　　)。

A. 甲公司编制2013年的合并财务报表时，甲公司销售给乙公司价值100万元作为固定资产的产品，关于该项业务的会计核算需要抵销营业成本80万元

B. 甲公司编制2013年的合并财务报表时，甲公司销售给乙公司价值100万元作为固定资产的产品，关于该项业务的会计核算需要调整年初未分配利润

C. 甲公司编制2013年的合并财务报表时，甲公司销售给乙公司价值100万元作为固定资产的产品，关于该项业务的会计核算不再需要调整累计折旧

D. 甲公司编制2013年的合并财务报表时，甲公司销售给乙公司价值100万元作为固定资产的产品，关于该项业务的会计核算需要抵销营业收入100万元

81. 甲公司与乙公司签订玩具生产合同。约定乙公司先支付预付款2万元，甲公司生产玩具2000件，5月9日交货，乙公司5月15日支付余款18万元。5月9日，甲公司因机器故障只生产玩具1000件，乙公司此时濒临破产，致函甲公司表示无力履行合同，下列说法

正确的是(　　)。

A. 甲公司只生产玩具1000件构成违约，乙公司有权拒绝支付任何货款

B. 甲公司有权以乙公司不可能履行合同为由，请求乙公司承担违约责任

C. 乙公司丧失履行能力，甲公司可行使顺序履行抗辩权

D. 乙公司已支付预付款，甲公司无权中止履行合同

82. 张伟是A城市商业银行的高管，其子张小伟为B公司的董事长，B公司因流动资金紧张向A银行的下属分行申请贷款500万元。张伟对该分行负责人刘明施加压力，令其按低于同类的优惠利率发放此笔贷款。B公司提供了由保证人陈富提供的一张面额为800万元的个人储蓄存单作为贷款质押。贷款到期后，B公司无力偿还，双方发生纠纷，根据我国《商业银行法》的规定，下列判断错误的是(　　)。

A. 该贷款合同无效，张伟和张小伟应当承担合同无效引起的一切损失

B. 该贷款合同有效，张伟应当承担因不正当优惠条件给银行造成的包括利息差额在内的损失

C. 分行负责人刘明应当承担相应的责任

D. 张伟强令下属机构发放贷款，是《商业银行法》禁止的行为

83. 小李大学毕业后准备与几个同学一起开一家互联网金融公司，进行自主创业，下列哪项是任何公司在设立时都必备的基本条件？(　　)

A. 必须制定公司章程

B. 法定人数不少于两人

C. 必须设股东会

D. 必须有发起人

84. 某咨询机构每年都组织大学生做最佳雇主调查，其中包含诸多指标，有一项指标是“和谐的内部人际关系”。根据马斯洛需求层次理论，“和谐的内部人际关系”属于(　　)。

A. 归属和爱的需要　　　　B. 尊重的需要

C. 自我实现的需要　　　　D. 安全需要

85. 企业管理常出现所谓“宏观不粗、微观不细”这样的情况，即企业的高层决策人员有时会花很多时间去关注解决企业的业务细节问题，而一些中层甚至基层人员则会乐于议论企业的发展大计，当企业经营陷入困难时这种情况尤为突出。这时人们会花更多的精力去推销自己的观点、见解等，进行所谓的“内部营销”。对于这种情况，企业应采取必要措施加以改进。以下措施不利于解决上述问题的是(　　)。

A. 完善沟通信息渠道，增加组织运行的信息透明度

B. 提高管理人员尤其是高层管理人员的领导技能

C. 继续授权以便增强大家的责任感

D. 进行科学系统的工作设计与岗位责任规定

86. 20 世纪 60 年代，引发疟疾的寄生虫——疟原虫对当时常用的奎宁类药物已经产生了抗药性。1967 年 5 月 23 日，我国启动“523”项目，动员全国 60 多个单位的众多人员参加项目，以寻找新的抗疟疾的药物。在中医研究院工作的屠呦呦带领团队成员经过不懈努力，终于设计出一种提纯方法，制成青蒿素这种活性药物，对疟疾起到显著疗效，屠呦呦由此获得 2015 年“诺贝尔生理学或医学奖”，成为首位获得诺贝尔科学奖项的中国本土科学家。可以看出，“523”项目团队属于(　　)。

A. 自我管理型团队　　B. 跨职能团队

C. 虚拟团队　　D. 问题解决团队

87. 某时期国内金融市场动荡不安，各金融机构纷纷提醒投资者注意风险、谨慎投资。同时，各金融机构也适时推出债券类理财产品，高举“安全”“保值”旗帜，他们所奉行的市场营销管理哲学是(　　)。

A. 生产观念　　B. 市场营销观念

C. 社会市场营销观念　　D. 推销观念

88. 在产品生命周期不同阶段，采用的营销策略不同，下列属于成长期营销策略的是(　　)。

A. 快速渗透策略　　B. 改良产品

C. 改进营销组合策略　　D. 扩展新市场

89. 小米公司成功地推出小米手机之后，又利用这个品牌及其图样特征推出无线路由器、移动电源等新产品。小米公司的这种策略属于(　　)。

A. 品牌扩展策略　　B. 品牌使用者策略

C. 多品牌策略　　D. 品牌统分策略

90. 银行客户经理在某一特定范围内，首先寻找并争取有较大影响力的中心人物为客户，然后利用中心人物的影响与协调把该范围内可能存在的潜在客户发展成真实客户的方法是(　　)。

A. 逐户寻访法　　B. 中心辐射法　　C. 资料查阅法　　D. 客户引荐法

91. 某公司近年来凭借实施低成本战略，其生产的甲产品在本行业已拥有 70% 的市场占有率，成为该行业的龙头企业。今年年初，因某报纸发表的一篇名为《甲产品爆炸伤人》的文章，甲产品 4、5 月的总销量比上年同期下降了近 40%。这一事件说明，该公司不可忽视外部环境中的(　　)。

A. 社会和文化环境　　B. 经济环境

C. 技术环境　　D. 政治和法律环境

92. 根据消费者的消费心理制定正确的经营战略是企业经营成功的重要因素之一，下表中企业的经营战略与消费者的消费心理对应正确的是(　　)。

序号	A	B	C	D
经营战略	企业高薪聘请影视明星做产品代言人	企业个性化的产品设计	企业通过技术创新提高产品质量	企业生产物美价廉的商品
消费心理	利用消费者的求异心理	利用消费者的从众心理	利用消费者的攀比心理	利用消费者的求实心理

A. B　　B. C　　C. D　　D. A

93. 下列关于网络信息安全的叙述中，正确的是(　　)。

A. 访问控制的任务是对每个文件或信息资源规定各个（类）用户对它的操作权限

B. 硬件加密的效果一定比软件加密好

C. 根据人的生理特征进行鉴别的方式在单机环境下无效

D. 只要加密技术的强度足够高，就能保证数据不被非法窃取

94. 每台访问互联网的电脑都需要配备IP地址，传统的IP地址（IPv4）由32个二进制位构成。IPv6是IPv4的下一代版本，其地址由128个二进制位构成。国家发改委《关于开展国家下一代互联网示范城市建设工作的通知》要求，要加快IPv6升级改造，全面提升IPv6用户的普及率和网络拉入覆盖率。针对国家发改委这一要求，下列关于IPv6优势的说法最准确的是(　　)。

A. IPv6比IPv4更容易普及推广

B. IPv6比IPv4提供更多的IP地址

C. IPv6比IPv4价格更低廉，配置更方便

D. IPv6比IPv4更便于记忆

95. 通过云计算技术可以实现共享软硬件资源和信息，下列直接使用到云计算技术的是(　　)。

A. 设计并制作Web网站页面

B. 向ISP申请注册网站域名

C. 使用Google App Engine服务，部署个人网站

D. 将ADSL升级为光纤线路

96. 国家计算机病毒应急处理中心近日发布《病毒监测周报》，发现10月4—10日这一周的病毒数同比上周仍呈上升趋势，病毒疫情以蠕虫和木马为主，“网页木马”的数量呈上升态势，感染计算机的数量整体仍呈上升态势。下列有关计算机病毒的说法，不正确的是(　　)。

A. 计算机病毒中也有良性病毒

B. 计算机病毒实际是一种计算机程序

C. 计算机病毒是由于程序的错误编制而产生的

D. 计算机病毒有引导型病毒、文件型病毒、复合型病毒等

97. 下面哪句话是对“虚拟机”的错误理解？(　　)

A. 虚拟机不会降低电脑的稳定性，运行程序更加方便快捷

B. 虚拟机隐藏了硬件的细节，用户会感到机器使用起来更方便、更容易了

C. 现实生活中并不存在具有这种功能的真实机器，它只是用户的一种感觉而已

D. 虚拟机指通过软件模拟的具有完整硬件系统功能的，运行在一个完全隔离环境中的完整计算机系统

98. 2014 年，“互联网+”大潮汹涌而来，提醒和催促着传统银行业要紧跟变革大潮，加快战略转型步伐的推进，中国建设银行网络金融已取得标志性的成果，下列有关建设银行网络金融业务的发展，说法错误的是(　　)。

A. 中国建设银行是国内同业中第一批推出网上银行服务的商业银行之一，至 2015 年 6 月底个人网银客户数为同业前列

B. 中国建设银行围绕客户衣食住行的生活需求创新推出了“善融商务”、“悦生活”和“慧生活”三大生活服务平台

C. 中国建设银行围绕客户的“用钱”、“赚钱”和“借钱”的需求，创新推出在线缴费支付，网上投资理财和网络借贷融资三大互联网产品

D. 中国建设银行是国内最早开通微信银行服务的金融机构之一，截至 2015 年 6 月底累计发展微信银行客户数在同业居于第二位

99. 2015 年 10 月 23 日，中国建设银行在香港举行“CCB2020 新的起点 新的未来”大型宣传推介活动，发布“CCB2020”转型发展战略，董事长王洪章、行长王祖继、副行长杨文升出席，并围绕转型发展战略、经营业绩表现以及建行金融生态系统等分别进行解读和推介，向国内外市场和客户描绘建设“最具价值创造力银行”的美好前景，今年是中国建设银行率先在香港挂牌上市(　　)周年。

A. 10　　B. 15　　C. 18　　D. 8

100. 离岸人民币市场的建设是人民币国际化的重要组成部分，伦敦是全球最重要的国际金融中心之一。近年来，人民币国际化和伦敦人民币离岸市场发展取得了显著进展，其中一个重要的体现就是伦敦人民币业务清算行的设立，它是(　　)。

A. 中国工商银行（伦敦）有限公司

B. 中国银行（英国）有限公司

C. 中国农业银行（英国）有限公司

D. 中国建设银行（伦敦）有限公司

职业基本知识测试——多选题（共 25 题）

101. 现有甲、乙两家公司都生产相同的产品。两家各占市场份额的一半。两家公司的

需求函数都是 $P=500-0.1Q$。甲公司的成本函数为 $TC=5000+50Q+0.1Q^2$，乙公司的成本函数为 $TC=4000+20Q+0.2Q^2$，以下描述正确的有(　　)。

A. 利润最大化时甲公司产量为 800，乙公司产量为 1125

B. 利润最大化时甲公司定价为 387.5，乙公司定价为 420

C. 利润最大化时甲公司定价为 420，乙公司定价为 387.5

D. 利润最大化时甲公司产量为 1125，乙公司产量为 800

102. 假设厂商生产的函数为 $Q=f(L, K)$，其中，L 为可变投入要素，K 为固定投入要素，产品唯一，该厂商在短期意义上生产函数特征有(　　)。

A. 当边际产量等于 0 时，总产量随 L 的增加而减少

B. 当边际产量小于 0 时，总产量达到最大值

C. 总产量达到最大值时，平均产量一定不是最大值

D. 当边际产量大于 0 时，总产量随 L 的增加而增加

103. 2015 年 9 月 23 日，财政部计划发行 2015 年记账式国债 300 亿元，实际发行面值金额 300 亿元。9 月 28 日，财政部发行 2015 年凭证式国债 300 亿元，其中，3 年期 150 亿元，票面年利率 4.25%；5 年期 150 亿元，票面年利率 4.67%。凭证式国债和记账式国债主要的差别是(　　)。

A. 利率确定方式不同，并且记账式国债利率一般低于凭证式国债利率

B. 流通属性不同，记账式国债不可以上市流通，凭证式国债可以

C. 变现方式不同，凭证式不可以提前兑取

D. 发行对象不同，凭证式国债面向个人投资者，记账式国债面向全社会发行

104. 2014 年中央决算报告显示，1—12 月累计，全国一般公共财政收入 140350 亿元，比上年增加 11140 亿元，增长 8.6%，增速比 2012 年、2013 年分别回落 4.3 和 11.6 个百分点，影响 2014 年度收入规模的主要因素包括(　　)。

A. 房地产市场调整影响扩大，商品销售额明显下滑

B. “营改增”试点范围扩大，减轻了企业的税负

C. 工业生产者出厂价格（PPI）持续下降

D. 工业生产、消费、投资、进出口、企业利润等指标增幅均不同程度回落

105. 收入分配越是趋向平等，洛伦茨曲线的弧度越小，基尼系数也越小。反之，收入分配越是趋向不平等，洛伦茨曲线的弧度越大，那么基尼系数也就越大。下列措施中有利于洛伦茨曲线的弧度变小的是(　　)。

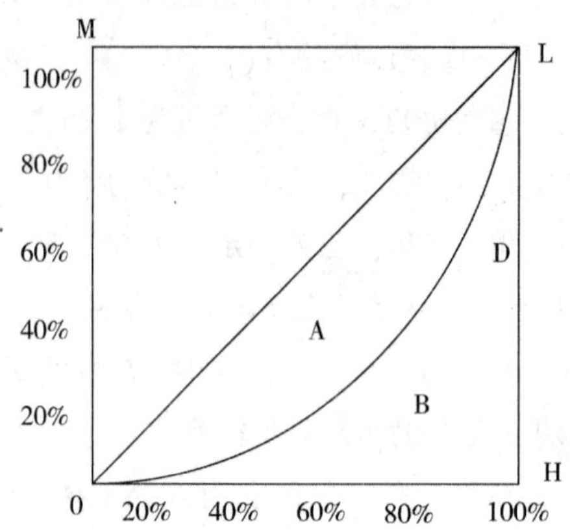

A. 反对平均主义，合理拉开收入差距

B. 大力发展生产力，促进经济发展

C. 实施积极的财政政策和稳健的货币政策

D. 强化税收的调节作用，个人收入按超额累进税率缴税

E. 加大财政社会保障支出范围

106. 下列可规避国际金融风险的金融工具和交易技术的是(　　)。

A. 金融即期交易　　B. 外汇掉期交易

C. 票据发行便利　　D. 金融期货交易

107. 2015 年，受全球经济总体走弱、国内经济下行压力持续存在的影响，国内各行各业面临较大挑战。在此背景下，为完成今年经济社会发展的主要任务、确保经济在合理区间运行，加码“稳增长”的政策也不断出台。下列有利于化解资金紧张程度的货币政策是(　　)。

A. 信贷资产质押再贷款试点

B. 公开市场逆回购

C. 下调金融机构人民币贷款和存款基准利率

D. 普降存款类金融机构存款准备金率

108. 凯恩斯认为货币需求取决于公众的流动性偏好，其流动性偏好的动机包括(　　)。

A. 交易动机　　B. 预防动机　　C. 投机动机　　D. 储蓄动机

109. 上市公司的下列业务中，符合重要性要求的是(　　)。

A. 每一中期末都要对外提供中期报告

B. 根据《企业会计准则》的要求，对委托贷款提取减值准备

C. 在资产负债表日，如果委托贷款合同利率与实际利率差异较小，企业可以采用合同利率计算确定利息收入

D. 年度财务报告比季度财务报告披露得详细

E. 本期将购买办公用品的支出直接计入当前费用

110. 甲企业相关的下列各方中，与甲企业构成关联方关系的有(　　)。

A. 与甲企业控股股东关键管理人员关系密切的家庭成员

B. 对甲企业施加重大影响的投资方

C. 与甲企业受同一母公司控制的其他企业

D. 甲企业母公司的关键管理人员

E. 与甲企业发生大量交易而存在经济依存关系的供应商

根据下列材料，回答问题。

BJ 公司是某银行客户经理小王计划大力营销的目标客户。近期，小王拿到了该公司的财务报表，部分信息如下：

材料一

资产负债表简报（2014 年 12 月 31 日）　　单位：万元

资产	年末金额	负债和股东权益	年末金额
货币资金	4000	流动负债合计	20000
应收账款	12000	非流动负债合计	40000
存货	14000	负债合计	60000
流动资产合计	30000	股东权益合计	40000
非流动资产合计	70000		
资产合计	100000	负债和股东权益总计	100000

材料二

BJ 公司及行业标杆企业部分财务指标如下表：

项目	BJ 公司	行业标杆企业
流动比率	?	2
速动比率	?	1
资产负债率	?	50%
销售净利率	?	10%
总资产周转率	?	1. 3
总资产净利率	?	13%
权益乘数	?	2
净资产收益率	23. 7%	26%

材料三

BJ 公司 2014 年销售收入为 146977 万元，净利润为 9480 万元。2015 年投资计划需要资金 15600 万元，公司的目标资产负债率为 55%。公司一直采取剩余股利政策。

111. 根据以上信息，以下针对 BJ 公司的相关财务指标表述错误的是(　　)。

A. BJ 公司的速动比率为 1.5

B. BJ 公司的总资产净利率为 9.48%

C. BJ 公司的权益乘数为 2

D. BJ 公司的流动比率为 1.5

112. 对于 BJ 公司财务表现的评价，以下说法正确的是(　　)。

A. BJ 公司的销售净利率高于行业标杆企业

B. BJ 公司的总资产利用效率高于行业标杆企业

C. BJ 公司的企业所有者权益的获利能力低于行业标杆企业

D. BJ 公司的长期偿债能力高于行业标杆企业

113. 下列关于银行对企业进行财务分析的表述，正确的是(　　)。

A. 企业的速动比率较小，表明企业的短期偿债风险越大

B. 存货周转次数增加，表明企业存货资产管理效率降低

C. 企业的销售净利率越高，表明企业的盈利能力越高

D. 资产负债率是衡量企业长期偿债能力的重要指标

114. 甲公司与乙公司签订服装生产合同，约定甲公司向乙公司提供服装 1000 套，每套 100 元。乙公司支付定金 5 万元，任何一方违约应向对方支付合同总价款 30% 的违约金。合同签订后，乙公司向甲公司支付了 3 万元定金，并将该批服装转售给了丙公司，每套 120 元，指明甲公司直接交付给丙公司。甲公司未在约定时间内交货，关于返还定金和支付违约金，乙公司向甲公司提出请求，下列说法正确的是(　　)。

A. 请求甲公司双倍返还定金或者支付违约金

B. 双倍返还定金数额为 6 万元，违约金为 3 万元

C. 双倍返还定金数额为 4 万元，违约金为 3 万元

D. 请求甲公司双倍返还定金并支付违约金

115. 刘某是甲有限责任公司的董事长，在职期间，多次利用职务之便，指示公司会计将资金借给一家主要由刘某儿子投资设立的乙公司。对此，持有公司股权 0.5% 的股东王某认为甲公司应该起诉乙公司还款，但公司不可能起诉，王某便自行向法院提起诉讼。下列选项正确的是(　　)。

A. 王某不能直接提起诉讼，必须先向董事会或监事会提出请求

B. 王某应以自己的名义起诉乙公司，但诉讼请求应是将借款返还给甲公司

C. 王某应以甲公司的名义起诉刘某，但无须甲公司盖章或刘某签字

D. 王某持有公司股权不足 1%，不具有提起股东代表诉讼的资格

116. 根据我国《商业银行法》规定，下列有关商业银行贷款的表述正确的是(　　)。

A. 商业银行贷款应当对借款人的借款用途等进行严格审查

B. 商业银行不能拒绝任何单位和个人强令其发放贷款或者提供担保

C. 商业银行不能利用拆入资金发放固定资产贷款或用于投资

D. 借款人到期未归还担保贷款的，商业银行只能要求保证人归还保证金或就该担保物优先受偿，不能要求保证人归还利息

117. “5W”是职业生涯规划中常用的思考模式（如图所示），这一模式启示我们，确定职业生涯规划的时候，(　　)。

Who are you？你是谁？ What do you want？你想干什么？ What can you do？你能干什么？ What can support you？环境支持或允许你干什么？ What can you be in the end？你最终的职业目标是什么？

A. 外部因素的支持和干扰具有根本影响

B. 愿望、动机和实现结果之间是一致的

C. 要在权衡理想和现实的过程中确立目标

D. 应明确自身兴趣、技能和价值观

118. 下列关于打造优秀团队说法中正确的是(　　)。

A. 努力消除个人特点与他人保持高度协调统一

B. 时刻想着自己是团队中的一员

C. 做好本职工作是做好团队工作的一个重要环节

D. 个人价值追求要始终与团队目标保持高度一致，服从组织价值

119. 网络营销是指企业借助于网络技术和信息技术来实现企业营销目标的一种新的营销模式。网络营销作为一种全新营销理念，无疑对传统营销产生了巨大的冲击。网络营销对传统营销的冲击主要体现在(　　)。

A. 中间商的重要性有所降低

B. 传统标准化产品形成冲击

C. 呈现出以产品为焦点的竞争形态

D. 广告效果迅速提高

120. 大数据（big data）是指数据规模巨大，类型多样且信息传播速度快的数据体系。它在生产经营、日常消费、商务活动等诸多领域源源不断地产生、积累、变化和发展，已被越来越多的企业视作重要的生产要素。大数据时代的到来，有助于企业(　　)。

A. 及时掌握数据—增加生产成本—提高经济效益

B. 制定营销战略—合理配置资源—调节生产规模

C. 加强市场监管—提升服务质量—打垮竞争对手

D. 把握市场动向—定位消费需求—实现适销对路

121. 关于因特网中的主机和路由器以下方法正确的是(　　)。

A. 路由器必须实现 TCP 协议

B. 主机必须实现 IP 协议

C. 路由器必须实现 IP 协议

D. 主机通常需要实现 TCP 协议

122. 一个进程被唤醒所代表的意义，以下选项错误的是(　　)。

A. 其 PCB 移至就绪队列队头

B. 该进程重新占用 CPU

C. 进程变成运行状态

D. 进程变成就绪状态

123. 近年来，中国建设银行加快从单一银行功能向综合金融服务集团转变步伐，综合化经营子公司对集团盈利贡献的不断增强，成为中国建设银行发展不断提速的动力之一，以下属于建设银行子公司的是(　　)。

A. 建信基金　　B. 建信信托

C. 建信期货　　D. 建信人寿

E. 建信租赁

124. 一些不法分子频频通过伪基站，假冒中国建设银行官方服务号码 95533 向客户发送虚假网络链接、虚假客服热线电话的短信，以信用卡调额、积分折现等为名，诱骗客户登录钓鱼网站，骗取银行卡信息，实施网络盗刷，以下属于中国建设银行官方网站网址的有(　　)。

A. 手机网页网址为：m. ccb. com

B. 信用卡频道的网址为：creditcard. ccb. com

C. 信用卡积分兑换网址为：jf. shop. ccb. com

D. 官方网站网址为：www. ccb. com

125. 中国建设银行面对复杂多变的经济环境和不断加剧的市场竞争形势，在实现各项业务稳步发展的同时，积极履行企业社会责任，正在成为一家服务大众的银行、促进民生的银行、低碳环保的银行、可持续发展的银行。下列有关中国建设银行积极履行企业社会责任的说法，正确的是(　　)。

A. 中国建设银行高度重视环境气候变化，积极支持绿色信贷，加大节能减排项目的信贷支持力度，坚持责任投贷，严控高耗能、高污染、产能过剩行业的信贷投放

B. 中国建设银行注重消费者权益保护，降低大众服务收费标准，免费向个人客户提供多项基础性金融服务

C. 中国建设银行持续在教育、医疗卫生、扶贫疾控、环境保护等领域开展公益慈善活动，倡导更多的社会人士加入到公益行业中来

D. 中国建设银行积极支持国家经济转型，发挥自身优势，拓展惠普金融，提升服务水

平，延伸服务渠道，挖掘潜力降低企业的融资成本

英语附加题（共15题）

Text 1

Root's business is lending to the owners of small farms in poor countries. An estimated 450m of these smallholdings exist worldwide, typically providing a subsistence-at-best income for more than 2 billion of the poorest people on the planet. Mainstream finance has largely ignored them. They face multiple hardships, including land of poor quality, a lack of infrastructure to get their output to market and the constant threat of being wiped out by extreme weather. The lack of access to credit for working capital and investment makes a bad situation worse.

Micro-credit outfits dealing in tiny loans of tens or hundreds of dollars have proved that the poorest of the poor can be perfectly responsible borrowers. Root and a few other specialist lenders are showing the same is true of bigger loans to groups of subsistence farmers. The company says that less than 3% of its loans go bad, a failure rate that would be impressive even among much richer clients.

The loans, which come with free advice and training in how best to use the money, are helping farmers increase their productivity and so boost their incomes. The money also protects farmers from having to sell their wares cheaply to the first available buyer. More than half of Root's borrowers see their income increase by at least 20% a year after receiving a loan; it rises by over 50% for nearly a third of them.

Root has been growing fast, especially since it beefed up its eight offices in poor countries. It has supplied its mixture of credit and technical advice to some 550 borrowers, mostly co-operatives that aggregate the increase of smallholders. In February its portfolio of loans reached \$ 100m for the first time. Later this year the countries total of loans it has made since 1999 should pass \$ 1 billion.

Root itself is a non-profit that has relied on grants for much of its funding. Mr. Foote plans to keep in that way, leaving it to commercial lenders to scale up the business of lending to smallholder exporters. Now that Root has shown that the business is viable, he believes, private investors will pile in. Most of Root's loans of \$ 350,000 or more (arose 25% of its portfolio) are profitable at interest rates of no more than 13% a year (well below what micro-credit lenders typically charge). Dalberg, a consultancy, reckons the potential market for this kind of lending is \$ 22 billion, based on the 10% of smallholder farmers who are part of some sort of collective sales organization.

Currently, only around \$ 10 billion of this demand is met, mostly by regional development banks that tend to great heavily subsidized loans directly to individual farmers. Root and six other similar but smaller farm-loan firms together supply around \$ 350m in credit. In the next five years, it expects that to rise by over 50%, as more private capital enters the market.

As for Root itself, it will start lending to small farmers who sell their crops locally. Mr. Foote hopes to show that they are good borrowers too — something he thinks that is best done as a non-profit. Root does not intend to follow the path trodden by micro-credit pioneers such as Banco Compartamos in Mexico, which embraced the idea of profits and went on to have a lucrative IPO. He sees Root's job as seeding markets, leaving others to reap the harvest.

126. What does the underlined word "smallholding" in the first paragraph refer to?

A. Small farms

B. Small companies

C. Places holding the poorest people

D. Lenders like Root

127. Which one of the following is not the benefit that comes with the loan?

A. Raise of income

B. Free advice and training

C. Turning from a borrower to a lender

D. Increase of productivity

128. According to the passage, which one of the following statements is false?

A. Without the loans, the poor may get poorer

B. It is estimated that about 12 billion of demand in this kind of credit is not met

C. Private investors will plunge into the lending market and narrow the market share of Root

D. Poor people are not less responsible than rich people as borrowers

129. The last sentence in the last paragraph tells us that ______.

A. Root will expand the market to ensure the farmers' harvest

B. Root will not complete with other micro-credit lenders and will leave profit to them

C. Root will remain non-profit to help the poor and let them enjoy the harvest

D. Root has set a very good example for other micro-credit lenders to follow and make profit

130. What is the main idea of this passage?

A. Root proves that lending to the rural poor is safe and profitable

B. Root's development and its vision

C. The poor has improved their life with the micro-credit

D. The poor should not be ignored by mainstream finance

Text 2

For the first time in decades, some of the fundamental achievements and tenets of the EU are under threat. These include the single currency, open borders, free movement of labour and the notion that membership in forever. Rather than rising to these challenges, the EU is creaking unde rthe strain. Its 28 members are arguing bitterly and seem incapable of framing effective responses to their common problems.

These arguments are also taking place against an ominous backdrop. Large parts of the EU remain sunk in a semi-depression with high unemployment and unsustainable public finances. The problems of an imploding Middle East are crowding in on Europe, in the form of hundreds of thousands of refugees. And the political fringes are on the rise — with the latest evidence being the election of a far-left Euro-sceptic candidate to lead Britain's Labor party.

With a sense of crisis mounting and the EU unable to respond, countries will be increasingly inclined to act unilaterally or even — in the case of Britain — leave the bloc altogether.

The refugee crisis is already threatening cherished ideas about open borders. In the past couple of days, Germany has re-imposed frontier controls with Austria — which, in turn, has imposed controls at its border with Hungry, which itself is working feverishly to complete a barbed-wire fence to protect its frontier with non-EU Serbia. Controls have been tightened on the French-Italian borders, while migrants camp miserably in Calais, hoping to cross to England. If the EU somehow gets a grip on the migrant crisis, these measures might be no more than temporary expedients. If the pressure of would-be refugees heading for Europe remains intense, then temporary measures could harden into permanent controls.

Question marks over open borders will easily shade into wider issues about access to welfare systems and labor markets. That is because EU countries are realizing that — in a border-free single market — a unilateral change of asylum rules by Germany had implications for the immigration policies of all member states. Once migrants got citizenship in one EU country, they have the right to move to any other, to work there and to claim benefits. But if free movement of people and labor come into question, so does the EU's single market — its central achievement.

The refugee issue has, for the moment, overshadowed the euro. But the problems of the single currency have not gone away. On the contrary, Greece's decision this summer to knuckle under and accept yet another austerity package has made the Eurozone look increasingly like a trap.

Even Greece, which is profoundly unhappy with life in the Eurozone, cannot risk leaving for fear of provoking financial and economic crisis. Creditor countries such as Germany and the Netherlands are not much happier, as they fear they are being dragged into a system of permanent fiscal transfers towards the nations of southern Europe. Meanwhile, efforts to make the euro work better, by pressing ahead with a banking union, are stuck in Brussels. This does not look like a sustainable situation and the risk of euro break-up will surely return.

The refugee and euro crises bear on whether Britain will vote to stay in EU, when it holds a referendum in 2016 or 2017. Until recently, the opinion polls looked promising for the pro-EU camp. But the migrant crisis plays directly into the most potent issue deployed by those campaigning for Britain to leave — which is that membership of the EU means that the UK cannot control immigrations. More hardly, the British are less likely to stay inside an organization that seems to be failing. If they vote to leave, the sense of crisis within EU would then mount — raising the possibility of further defections.

A partial unraveling and marginalization of the EU still looks more likely than a full-scale collapse. But even an organization called the European Union continues to exist — running buildings and paying salaries — it risks becoming increasingly irrelevant.

131. What is the best title for this passage?

A. UK, to leave or to stay?

B. The crises that threaten to unravel the EU

C. EU sees the light at the end of the tunnel

D. The impact of refugee crisis in EU

132. If the Britain's Labor Party is led by a far-left Euro-sceptic candidate, what would most likely happen?

A. He would open borders to offer asylum to refugees

B. He would work with other members of EU to respond to the problems EU faces

C. He would probably hasten the exit of UK from EU

D. He would choose to stay in the EU

133. Which one of the following statements is true?

A. If a migrant is given citizenship by Italian government, he can move freely to Germany or Serbia

B. Border controls imposed by some countries will be permanent

C. Euro, as the single currency of EU, is unscathed even with the crisis

D. Greece did not want to take austerity measures but they have no choice

134. We can infer from the passage that ______.

A. Members in EU seem incapable of coming up with effective responses to their problems

B. EU's central achievement is its single market

C. To avoid sorry fates, members of EU must cooperate and take collective actions to deal with the common problems

D. The idea of open borders will no longer exist

135. The underlined sentence in the last paragraph "A partial unravelling and marginalization of the EU still looks more likely than a full-scale collapse." tells us that ______.

A. EU may disintegrate gradually and be less influential

B. If effective measures are token, EU may escape the fate of collapse

C. It is highly possible that EU will face a full-scale collapse rather than partial unraveling and marginalization

D. EU might disappear overnight

Text 3

Bankers across Europe believe that mobile devices will transform the retail-banking landscape in the next three to five years. In a recent survey of European bankers, however, a majority of the respondents acknowledged that they are not investing sufficiently to take advantage of the opportunities and that telecommunications companies and other non-banks are leading the way.

These findings — based on joint research by McKinsey and the European Financial Management and Marketing Association (EFMA) — come on top of an additional analysis suggesting that mobile devices' overall economic impact on the banking industry may be neutral at best. (136) Some banks, however, may find that mobile adds to costs and erodes prices unless they offer a truly differentiated product or service.

The survey of executive at 150 European banks, conducted earlier this year, confirms that mobile is here to stay. Most senior executives reject the idea that it's a fad and expect the penetration of mobile technology to bring significant benefits for customers. (137)

Some 87 percent of banks aim to have a mobile site, and 84 percent are planning to launch some sort of mobile-banking "app" within the next 12 months, compared with 59 percent and 47 percent, respectively, that have them now. The mobile features these institutions currently offer are traditional banking services, such as the ability to check account balances and recent transactions and to conduct simple transactions. (138) . The majority see the mobile channel capturing up to a quarter of all transactions within five years as customers shift from branches.

Banks are reasonably optimistic about the financial benefits. (139) . Only 4 percent expect the financial impact of mobile banking to be negative.

More than 50 percent see investments in mobile leading to some (or even a significant) increase in revenues from all products except mortgages. The rest of the respondents don't expect any change. Exactly how the optimizes expect to capture these extra revenues as a result of mobile devices, however, was not clear.

Upward of 60 percent of banks believe that success will hinge on gaining new skills, notably the ability to market through a variety of channels, to integrate IT across them, to develop smartphone apps, and to convert digital transactions to sales. (140) . In other words, so far these companies haven't created a new underlying mobile business model or a clear mobile strategy.

Our survey also found that telecommunications, Internet, and other consumer companies are better placed than banks to develop key components of the mobile value proposition. Only a few leading banks appear to be responding to this threat by investing significantly in people, core capabilities, and IT. Our respondents indicated that reduced expenses for back offices and existing channels will most likely be offset by increases in the cost of IT and mobile channels — for example, mobile platforms where banks must be represented to fully cover their customer base are proliferating.

The survey gives banks a sharp reminder to have a clear mobile strategy. Could they lead and shape the industry, or should they play a follower role — even if "wait and see" is no longer a realistic option?

136.

A. Mobile, these executives believe, will become more relevant at all stages of the purchasing process

B. Individual banks should be able to increase their revenues and cut costs if they successfully exploit the convenience of mobile, its potential to drive digital commerce, and the opportunity it represents to target the unbanked in emerging markets

C. Our survey also found that telecommunications, Internet, and other consumer companies are better placed than banks to develop key components of the mobile value proposition. Only a few leading banks appear to be responding to this threat by investing significantly in people, core capabilities, and IT

D. Mobile Banking is a range of electronic banking services available through mobile communication network based on WAP technology. These are financial services for mobile users to check accounts, make transfer, pay bills or spending, manage company accounts or process instructions

E. A majority, however, also said that they have fewer than ten employees dedicated to mobile, are committed to new investments just for the current year, and have adapted commercial functions, at best, only in minor ways to accommodate mobile

F. But 70 percent of banks said they plan to add more advanced functionality within the next 12 months — the same proportion that told us they were planning significant mobile-platform upgrades; 10 percent are even contemplating a complete channel overhaul

G. About half of the executives in the survey think the impact of mobile on bank profits will be positive as satisfied customers show their appreciation through increased loyalty

137.

A. Mobile, those executives believe, will become more relevant at all stages of the purchasing process

B. Individual banks should be able to increase their revenues and cut costs if they successfully exploit the convenience of mobile, its potential to drive digital commerce, and the opportunity it represents to target the unbanked in emerging markets

C. Our survey also found that telecommunications, Internet, and other consumer companies are better placed than banks to develop key components of the mobile value proposition. Only a few leading banks appear to be responding to this threat by investing significantly in people, core capabilities, and IT

D. Mobile Banking is a range of electronic banking services available through mobile communication network based on WAP technology. These are financial services for mobile users to check accounts, make transfer, pay bills or spending, manage company accounts or process instructions

E. A majority, however, also said that they have fewer than ten employees dedicated to mobile, are committed to new investments just for the current year, and have adapted commercial functions, at best, only in minor ways to accommodate mobile

F. But 70 percent of banks said they plan to add more advanced functionality within the next 12 months — the same proportion that told us they were planning significant mobile-platform upgrades;

10 percent are even contemplating a complete channel overhaul

G. About half of the executives in the survey think the impact of mobile on bank profits with be positive as satisfied customers show their appreciation through increased loyalty

138.

A. Mobile, these executives believe, will become more relevant at all stages of the purchasing process

B. Individual banks should be able to increase their revenues and cut costs if they successfully exploit the convenience of mobile, its potential to drive digital commerce, and the opportunity it represents to target the unbanked in emerging markets

C. Our survey also found that telecommunications, Internet, and other consumer companies are better placed than banks to develop key components of the mobile value proposition. Only a few leading banks appear to be responding to this threat by investing significantly in people, core capabilities, and IT

D. Mobile Banking is a range of electronic banking services available through mobile communication network based on WAP technology. These are financial services for mobile users to check accounts, make transfer, pay bills or spending, manage company accounts or process instructions

E. A majority, however, also said that they have fewer than ten employees dedicated to mobile, are committed to new investments just for the current year, and have adapted commercial functions, at best, only in minor ways to accommodate mobile

F. But 70 percent of banks said they plan to add more advanced functionality within the next 12 months — the same proportion that told us they were planning significant mobile-platformupgrades; 10 percent are even contemplating a complete channel overhaul

G. About half of the executives in the survey think the impact of mobile on bank profits will be positive as satisfied customers show their appreciation through increased loyalty

139.

A. Mobile, those executives believe, will become more relevant at all stages of the purchasing process

B. Individual banks should be able to increase their revenues and cut costs if they successfully exploit the convenience of mobile, its potential to drive digital commerce, and the opportunity it represents to target the unbanked in emerging markets

C. Our survey also found that telecommunications, Internet, and other consumer companies are better placed than banks to develop key components of the mobile value proposition. Only a few leading banks appear to be responding to this threat by investing significantly in people, core capabilities, and IT

D. Mobile Banking is a range of electronic banking services available through mobile communication network based on WAP technology. These are financial services for mobile users to check accounts, make transfer, pay bills or spending, manage company accounts or process instructions

E. A majority, however, also said that they have fewer than ten employees dedicated to mobile, are committed to new investments just for the current year, and have adapted commercial functions, at best, only in minor ways to accommodate mobile

F. But 70 percent of banks said they plan to add more advanced functionality within the next 12 months — the same proportion that told us they were planning significant mobile-platform upgrades; 10 percent are even contemplating a complete channel overhaul

G. About half of the executives in the survey think the impact of mobile on bank profits will be positive as satisfied customers show their appreciation through increased loyalty

140.

A. Mobile, those executives believe, will become more relevant at all stages of the purchasing process

B. Individual banks should be able to increase their revenues and cut costs if they successfully exploit the convenience of mobile, its potential to drive digital commerce, and the opportunity it represents to target the unbanked in emerging markets

C. Our survey also found that telecommunications, Internet, and other consumer companies are better placed than banks to develop key components of the mobile value proposition. Only a few leading banks appear to be responding to this threat by investing significantly in people, core capabilities, and IT

D. Mobile Banking is a range of electronic banking services available through mobile communication network based on WAP technology. These are financial services for mobile users to check accounts, make transfer, pay bills or spending, manage company accounts or process instructions

E. A majority, however, also said that they have fewer than ten employees dedicated to mobile, are committed to new investments just for the current year, and have adapted commercial functions, at best, only in minor ways to accommodate mobile

F. But 70 percent of banks said they plan to add more advanced functionality within the next 12 months — the same proportion that told us they were planning significant mobile-platform upgrades; 10 percent are even contemplating a complete channel overhaul

G. About half of the executives in the survey think the impact of mobile on bank profits will be positive as satisfied customers show their appreciation through increased loyalty

2016 建设银行秋季校园招聘考试真题解析

（扫描答案右侧二维码可观看真题解析视频）

综合能力测试——语言能力与表达（共 10 题）

1. **答案**：C。

解析：本题考查语句排序。根据叙事逻辑，应先到“大幕山下”才会见景抒发感想，故首句应是（5），排除 A、D 两项；又因为（6）、（4）、（1）中都有指示代词“它”，读过之后可知“它”代指的是“大树”，且逻辑顺序应该为（6）、（1）、（4），排除 B 项。故本题答案为 C。

2. **答案**：C。

解析：本题考查常规主观题。文段先是强调了改革开放三十多年来所取得的成就，后又引出“一带一路”对于当今中国的意义。故本题答案为 C。

3. **答案**：A。

解析：本题考查语句衔接。所填语句位于句首，应该开启下文。下文谈到的是道德大环境对个体的影响，A、B、C、D 四个选项中只有 A 项可以体现这层意思。故本题答案为 A。

4. **答案**：C。

解析：本题考查细节辨析。根据“尽可能多地研究中国的社交电子商务趋势，有助于美国商家判断应该推出哪类电子应用程序和服务”可知 C 项正确。A、B、D 均是无中生有。故本题答案为 C。

5. **答案**：C。

解析：本题考查特殊主观题。文段最后提到“新形势下，如何继续加大金融产品创新力度，满足多元化的金融服务需求，商业银行大有空间可为”，根据文意，作者接下来最有可能提及的是为了满足多元化的金融服务需求，商业银行可以采取的措施。故本题答案为 C。

6. **答案**：A。

解析：本题考查常规主观题。文段首句提到了《平凡的世界》的作者路遥先生，为了在小说中呈现真实的生活场景，翻阅了 10 年间的报纸并亲

自到矿区体验生活，强调求真精神；之后又论述到作品中看起来很不现实的浪漫爱情在当时的社会也是可信的。通过对文段的全面概括可知，《平凡的世界》这部作品的一大特性就是“兼有现实主义与浪漫主义情怀”，比较四个选项，只有 A 项概括了这一点；根据评论者对《平凡的世界》中农村子弟与领导干部女儿爱情真实性的质疑及“这样的故事还是可信的”可推知，该书对爱情描写存在浪漫主义的杜撰描绘，并非完全是真实描绘，故排除 D 项。故本题答案为 A。

7. **答案**：A。

解析：本题考查词语辨析。这四个成语都可以用来形容建筑，但侧重的方面不一样。“鳞次栉比”指像鱼鳞和梳子齿那样有次序地排列着，多用来形容房屋或船只等排列得很密很整齐。“美轮美奂”“雕栏玉砌”都有形容建筑物华丽之意。“星罗棋布”指像天空的星星和棋盘上的棋子那样分布着，形容数量很多、分布很广。句意是说吊脚楼依山而建，重重叠叠，那么它必然是排列很紧密的，A 项最符合题意。故本题答案为 A。

8. **答案**：A。

解析：本题考查细节辨析。B 项偷换概念，文段中说的是“所以锂电池也被形象地称为‘摇椅电池’”。C 项正话反说，文段中说的是“近年来，科学家们对新型锂电池、尤其是高容量的锂硫、锂氧电池以及纳米硅电池的研发呈井喷态势”。D 项以偏概全，文段中说的是“主要由正极材料（如锂钴氧）、电解液和负极材料（如石墨）组成”，而非所有的锂电池都由它们组成。故本题答案为 A。

9. **答案**：A。

解析：本题考查常规主观题。本段文字中作者首先介绍了 ATM 的人脸识别功能，然后又客观地分析了“刷脸支付”的现实性。根据“我们不再怀疑，计算机对人脸的识别能力已经超越了人类本身”，“人脸识别 ATM 可能是未来金融服务发展的方向之一，但还不是全部。市场将成为其应用价值的试金石”可知作者的态度是比较中立的。故本题答案为 A。

10. **答案**：B。

解析：本题考查添加标题。添加标题类的题目，所添加标题应该简洁，排除 C 项。此段文字以建设银行的“善融商务”为例，介绍了大数据时代，商业银行可以利用数据分析发现商机，做好营销，B 项体现了文段的主要内容。故本题答案为 B。

综合能力测试——数量关系（共10题）

11. **答案**：B。

解析：本题考查简单计算问题。前一半的时间每个月付4000元，后一半时间每个月付1000元，相当于平均每个月都是付2500元。而第一种方式第一个月付了8000元，比第二种方式多付了8000-2500=5500元。后几个月，第二种方式每个月都多付2500-2000=500元，所以后期一共需要5500÷500=11个月来补足第一个月少付的5500元。总时间=11+1=12个月，钢琴的价格=12×2500=30000元。故本题答案为B。

12. **答案**：C。

解析：本题考查复杂递推数列。此数列从第三项开始，有如下的递推规律：12=3×(2+2)，60=12×（3+2），840=60×（12+2）。所以(　　)=840×（60+2）=840×62，判断末两位应该是80。故本题答案为C。

13. **答案**：B。

解析：本题考查统筹类经济利润问题。若购买价值3000元的商品，应实付3000×0.9=2700>2484，所以2484元的服装道具标价为2484÷0.9=2760元。而当两次购买的物品改为一次性购买时，2760元的服装道具并不会再享受额外的优惠。700元的物品在3000元的总价之内会享受九折优惠，在3000元的总价之外会享受八折优惠。可以少付的价钱=（3000-2760）×0.1+［700-（3000-2760）］×0.2=240×0.1+460×0.2=24+92=116元。故本题答案为B。

14. **答案**：D。

解析：本题考查数列。

方法一，两项加和，依次为3，5，7，9，11，(13)，是连续的奇数。

方法二，交叉数列：奇数项0，2，4构成等差数列；偶数项3，5，7也构成等差数列。所以(　　)=4+2=6。

故本题答案为D。

15. **答案**：A。

解析：本题考查容斥问题。根据公式$P=A+B+C-L_2-2L_3+(x)$可知，P=77%+63%+52%-69%-38%=192%-107%=85%。因此，一种产品都没有配置的比例=100%-85%=15%。故本题答案为A。

16. **答案**：A。

解析：本题考查比例问题。根据“已知报考公司客户经理岗位的男性人数与女性人数之比为5∶3”可知，女性人数能被3整除，排除D。代入A项，报考客户经理岗位的男性有 20 人，则报考个人客户经理的男性有 12 人、女性有 6 人，满足 2∶1 的关系。故本题答案为 A。

17. **答案**：A。

解析：本题考查形式拆分。将原数列各项从中间拆成两部分，即 2，5，11，23，(　　)，95，构成一个递推数列，从第二项开始，每一项都等于前一项的 2 倍再加 1，所以(　　)＝23×2+1＝47。后半部分 1，9，17，25，(　　)，41，是一个公差为 8 的等差数列，所以(　　)＝25+8＝33。故本题答案为 A。

18. **答案**：A。

解析：本题考查整除关系。根据题意，每位同学的一侧是一位同性同学，而另一侧是两位异性同学，则可知排列方式必须为“男男女女”或者“女女男男”的组合，因此这个班的人数一定是 4 的倍数。故本题答案为 A。

19. **答案**：C。

解析：本题考查提取公因式。原式＝$[1\times2\times3\times(1+2^3+3^3+\cdots+100^3)]\div[2\times3\times4\times(1+2^3+3^3+\cdots+100^3)]=(1\times2\times3)\div(2\times3\times4)=\frac{1}{4}$。故本题答案为 C。

20. **答案**：C。

解析：本题考查鸡兔同笼问题。当得分为 65 分时，假设 25 道题全答对，则一共可得25×3＝75（分）。由于实际只得了 65 分，少 10 分，所以答错的题目应为 10÷［3-（-1）］＝10÷4＝2.5（道），即答对的题目为 22.5 道。因此，答对的题目至少要超过 22.5 道，也就是 23 道。故本题答案为 C。

综合能力测试——逻辑推理（共 10 题）

21. **答案**：A。

解析：本题考查假言命题。A 项不符合条件（1）、（2）、（5），B 选项不符合条件（1）、（2）、（4）、（5），C 选项不符合条件（1）、（2）和（5），D 选项不符合条件（3）、（4），当 A 项去掉“秋菊”，就可以成为一件合格的插花。故本题答案为 A。

22. **答案**：D。

解析：本题考查削弱型题目。题干的结论是：该品牌洗衣机销量的增长得益于电视广告

的促销作用，并打算今年进一步追加电视广告费用。题干的论据是：某品牌洗衣机的销量有了飞速增长。而同一时期，该品牌的电视广告费用也有明显增长。A、C 项为无关项；B、D 项因果关系不同。B 项说的是注意到广告的人很少买洗衣机，D 项说的是购买洗衣机的人很少注意广告，题干说的是洗衣机销量的增长得益于电视广告，故 D 项因果关系与题干一致，且切断了因果之间的联系，削弱力度最强。故本题答案为 D。

23. **答案**：A。

解析：本题考查结论型题目。A 选项，根据在 2015 年，虽然 N 大学的学费降低了 15%，但是 N 大学收到的学费总额却比 2014 年增加了，说明招生的人数在增长，经过计算发现涨幅需要超过 15%，那么必然超过 15%。由“如果价格变化导致总收入与价格反向变化，那么需求就是有弹性的”可知当需求有弹性时，价格与总收入不是同向变化的，B、C 选项错误。D 选项学费总额比之前多了，但是相对成本没有计算，因此不能推出经济效益是否有所提高，错误。故本题答案为 A。

24. **答案**：D。

解析：本题考查折纸盒问题。A 项右侧面应该是两条对角线所在的面，故错误；B 项上表面应该是两条对角线所在的面，故错误；C 项两条对角线和一条对角线所在的面是相对面，不能相邻，故错误。故本题答案为 D。

25. **答案**：C。

解析：本题考查复言命题。题干中的三个条件构成联言命题，而条件（2）、（3）分别是选言命题，因此Ⅰ、Ⅱ、Ⅲ是不必要满足的，只有Ⅳ可以从（1）直接推出。故本题答案为 C。

26. **答案**：C。

解析：本题考查主特征分析法。票据无因性提到“非法取得票据的除外”，C 选项欺诈是非法手段，所以不属于票据无因性。故本题答案为 C。

27. **答案**：B。

解析：本题考查组合叠加。在第一组图形中，前两个图形叠加去同存异得到第三个。因此，在第二组图形中也是前两个图形叠加去同存异得到第三个。故本题答案为 B。

28. **答案**：D。

解析：本题考查评价型题目。题干的论证是“不了解自己→不了解别人”，根据假言命题的推理规则可知“了解别人→了解自己”，即“了解别人，首先要了解自己”。故本题答案为 D。

29. **答案**：C。

解析：本题考查削弱型题目。题干的结论是“适当提高普通住宅的市场售价，用以贴补上述房改的费用”，论据是“本市居民是上述改造的直接受益者，应当承担部分开支”。C 项指出“一部分收入偏低的本市居民将选择到未经改造的市郊购房”，就说明政府的理由“本市居民是上述改造的直接受益者”并不成立，也就否定了计划的合理性，故可以直接削弱题干的论证。故本题答案为 C。

30. **答案**：A。

解析：本题考查复言命题综合推理。根据（1）可得，保留陈同学→保留王、李、杨；又根据（4）可知，要同时保留陈、王、李、杨。因此应该选择 A。故本题答案为 A。

综合能力测试——资料分析（共 15 题）

31. **答案**：A。

解析：本题考查尾数法计算。根据图形材料可知，2011—2014 年，我国货物进出口总额为 113161+123241+114801+129359+121038+137131+120423+143912，结果的最后一位是 6。故本题答案为 A。

32. **答案**：D。

解析：本题考查比较大小。进出口贸易最接近平衡，即进口额与出口额的比值更接近于 1，2011—2014 年出口额与进口额的比值分别为 $\frac{123241}{113161}$，$\frac{129359}{114801}$，$\frac{137131}{121038}$，$\frac{143912}{120423}$，四个式子结果均大于 1，故比较哪个比值结果最小即为所求，通过同位比较可知 $\frac{123241}{113161}$ 最小。故本题答案为 D。

33. **答案**：B。

解析：本题考查增长率的计算。所求为 $\frac{120423+143912}{113161+123241}-1\approx\frac{120+144}{113+123}-1=\frac{264-236}{236}=\frac{28}{236}=11.XX\%$。故本题答案为 B。

34. **答案**：B。

解析：本题考查综合分析。根据柱状图可知，2011—2014 年，我国的货物出口额逐年上涨，故（1）错误、（2）正确；由柱状图可知，2011—2014 年间，我国的货物出口额与上年相比增长量确实都超过 6000 亿元，故（3）正确；2011 年，贸易顺差约为 12.3−11.3≈1.1 万亿元，2012 年约为 12.9−11.5≈1.4 万亿元，2013 年约为 13.7−12.1≈1.6 万亿元，2014 年约为 14.4−12.0≈2.4 万亿元，故（4）正确；综上，正确的有 3 个。故本题答案为 B。

35. **答案**：A。

解析：本题考查综合分析。A 项，2014 年，我国货物进出口总额较 2010 年的增长量为 $\frac{26.4}{1+31\%}\times31\%<\frac{26.4}{4}=6.6$ 万亿元，错误；

B 项，根据材料可知 2014 年货物进出口总量占世界贸易总额的比重为 11.3%。比 2010 年提高 1.7 个百分点，2010 年比重为 11.3% - 1.7% = 9.6%；

C 项，2014 年进出口总额约为 12 + 14.4 = 26.4 万亿元，则 2016 年进出口总额为 $26.4\times(1+7\%)^2=26.4\times(1+14.49\%)<32$，正确；

D 项，根据文字材料可知，D 正确。

故本题答案为 A。

36. **答案**：A。

解析：本题考查比重的计算。根据材料可知，（?）处表示住宅投资占房地产开发投资的比重 $=\frac{41068}{61063}\approx\frac{2}{3}\approx66.7\%$。故本题答案为 A。

37. **答案**：D。

解析：本题考查简单计算。根据材料可知，2015 年 1—8 月，东部地区房地产开发投资 34754 亿元、中部地区投资 12717 亿元、西部地区投资 13591 亿元，东部是西部的 2 倍多，中部地区和西部地区接近，排除 A、B、C。故本题答案为 D。

38. **答案**：B。

解析：本题考查初期值的计算。根据材料"2015 年 1—8 月，房地产开发企业土地购置面积 14116 万平方米，同比下降 32.1%"，故 2014 年 1—8 月，土地购置面积为 $\frac{14116}{1-32.1\%}$，结果的有效数字接近于 $\frac{1}{7}\div(1-\frac{1}{3})=\frac{3}{14}\approx21.3\%$。故本题答案为 B。

39. **答案**：C。

解析：本题考查初期比重的计算。根据材料"2015 年 1—8 月，房地产开发企业到位资金 79742 亿元，同比增长 0.9%。其中，国内贷款 13956 亿元，下降 4.8%"，可知所求为 $\frac{13956}{79742}\times\frac{1+0.9\%}{1-4.8\%}>\frac{13956}{79742}=17.5\%$。因此选择比 17.5% 略大的选项。故本题答案为 C。

40. **答案**：C。

解析：本题考查综合分析。A 项，根据材料可知，2015 年 1—8 月，东部地区商品房销售面积同比增长 10.1%、中部地区商品房销售面积增长 4.2%、西部地区商品房销售面积增长 5.2%，均为正增长，A 正确；

B 项，根据材料"2015 年 1—8 月，房屋新开工面积 95182 万平方米，下降 16.8%，降幅持平。其中，住宅新开工面积 65830 万平方米，下降 17.9%。"由此可见，2015 年 1—8

月，住宅新开工面积超过了房屋新开工面积的一半，故所占比例是最大的，正确；

C 项，根据材料“2015 年 1—8 月，商业营业用房销售额下降 2.5%”，故 C 错误；

D 项，材料信息“8 月末，商品房待售面积 66324 万平方米，比 7 月末增加 65 万平方米”，故正确。

故本题答案为 C。

41. **答案**：C。

解析：本题考查百分点的计算。根据材料“2015 年 9 月，规模以上工业增加值同比实际增长 5.7%，（以下增加值增速均为扣除价格因素的实际增长率）比 8 月回落 0.4 个百分点”，则 8 月同比增长 5.7% +0.4% = 6.1%。故本题答案为 C。

42. **答案**：A。

解析：本题考查直接查找。由第一个折线图可知，2015 年 6 月同比增速最大。故本题答案为 A。

43. **答案**：B。

解析：本题考查直接查找。根据材料可知，9 月份黑色金属冶炼和压延加工业增长 6.1%，专用设备制造业增长 3.8%，电气机械和器材制造业增长 7.9%，纺织业增长 6.5%，故增长最慢的是专用设备制造业。故本题答案为 B。

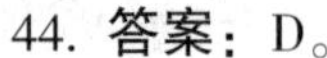

44. **答案**：D。

解析：本题考查初期值的计算。根据材料信息“9 月，钢材 9469 万吨，同比下降 0.6%；原油加工量 4243 万吨，增长 0.5%。”故所求为 $\frac{9469}{1-0.6\%}-\frac{4243}{1+0.5\%}$，结果略大于 9469−4243 = 5226。故本题答案为 D。

45. **答案**：B。

解析：本题考查直接查找。2015 年 3—9 月，汽车日均产量同比增长速度最慢的月份是 7 月，日均产量为 5.0 万辆；轿车日均产量同比增长速度最慢的月份是 7 月，日均产量为 2.3 万辆，故相差 2.7 万辆。故本题答案为 B。

职业行为能力测试——单选题（共 10 题）

46. **答案**：C。

解析：我国《食品安全法》第六十二条第一款规定：“网络食品交易第三方平台提供者应当对入网食品经营者进行实名登记，明确其食品安全管理责任；依法应当取得许可证的，还应当审查其许可证。”所以 A 项说法正确。该法第一百四十八条第二款规定：“生产不符合食品安全标准的食品或者经营明知是不符合食品安全标准的食品，消费者除要求赔偿损失外，还可以向生产者或者经营者要求支付价款十倍或者损失三倍的赔偿金；增加赔偿的金额不足一千元的，为一千元。但是，食品的标签、说明书存在不影响食品安全且不会对消费者造成误导的瑕疵的除外。”所以，B 项说法正确。该法第七十三条规定：“食品广告的内容应当真实合法，不得含有虚假内容，不得涉及疾病预防、治疗功能。食品生产经营者对食品广告内容的真实性、合法性负责。”所以，C 项说法错误。该法第一百三十一条第二款规定：“消费者通过网络食品交易第三方平台购买食品，其合法权益受到损害的，可以向入网食品经营者或者食品生产者要求赔偿……”所以，D 项说法正确。故本题答案为 C。

47. **答案**：B。

解析：我国《消费者权益保护法》第十条规定：“消费者享有公平交易的权利。消费者在购买商品或者接受服务时，有权获得质量保障、价格合理、计量正确等公平交易条件，有权拒绝经营者的强制交易行为。”所以，若服务者向消费者提供质低价高的服务，侵犯了消费者的公平交易权。故本题答案为 B。

48. **答案**：B。

解析：A 项出自老子的《道德经》，意思是“人类生活行为是以地球运行的法则为法则，地球运行是以整个宇宙运行的法则为法则，宇宙运行是以道的法则为法则，道的运作是以宇宙本来自然的规律为规律”，这句话强调的是人的行为以自然法为准则，这种“自然法”即自然界的规律，而不是国家立法部门依照法定程序制定的“法”，所以 A 项错误。B 项所表述的意思是“严格依照‘良法’治理国家”，体现的是依法治国的法治思想，所以 B 项正确。C、D 两项强调的是“人治”，即统治者的话具有最高效力，依靠统治者个人的权威治理国家，所以 C、D 项错误。故本题答案为 B。

49. **答案**：B。

解析：本题考查个人价值和社会价值的关系。人既是价值的创造者，又是价值的享受者。一方面，人通过自己的活动，付出了心血和劳动，满足了社会和他人的需要（社会价值）；同时，自己也获得了相应的劳动报酬，得到社会对自己价值的承认，从而实现了对自我的满足（自我价值）。二者是辩证统一关系，个人对社会的贡献是实现人生价值的基础和源泉，处于首要地位，社会对个人的尊重和满足是实现人生价值的基本前提和条件。题干中“老是把自己当作珍珠，就时时有被埋没的痛苦”是因为自己光鲜亮丽，却没有个人对社会的贡献，缺乏实现人生价值的基础和源泉；而“把自己当作泥土，让众人把你踩成一条道”恰好是通过自己的劳动，付出了心血和劳动，满足了社会和他人的需要，同时得到了社会对自己价值的承认，在个人与社会的统一中实现了人生价值。所以，诗人鲁藜的话告诉我们要在个人与社会统一中去实现人生价值。故本题答案为 B。

50. **答案**：A。

解析：本题答题的关键是要明确题干中强调的是加强思想道德修养，而不是科学文化修养，排除 C、D 两项。“思想道德修养的提高完全依赖于自我感悟”的说法过于绝对，因此排除 B 项。故本题答案为 A。

51. **答案**：B。

解析：漫画中的不文明行为是在公共场所吸烟，改变这种行为要从自身做起，改掉自身的不良生活习惯。故本题答案为 B。

52. **答案**：C。

解析：仁者爱人：仁者是充满慈爱之心、满怀爱意的人 ；仁者是具有大智慧、人格魅力、善良的人。己所不欲勿施于人，意思是自己不愿承受的事也不要强加在别人身上。己欲立而立人，己欲达而达人，意思是仁爱之人，自己决定对人建立仁爱之心，别人才会对你仁爱，自己决定对人豁达（宽容），别人才会对你豁达（宽容）。三句话都体现了德性修养。故本题的答案为 C。

53. **答案**：D。

解析：1992 年，欧盟首脑会议在荷兰马斯特里赫特签署了《欧洲联盟条约》（亦称《马斯特里赫特条约》），决定于 1999 年 1 月 1 日启动单一货币欧元，并在欧元区国家实施统一货币政策。因此，欧元区成员国没有独立的货币政策。A、B、C 选项均正确。故本题答案为 D。

54. **答案**：B。

解析：到 2025 年，“互联网+”新经济形态初步形成，“互联网+”成为我国经济社会创新发展的重要驱动力量，所以 B 项错误。故本题答案为 B。

55. **答案**：C。

解析：安格斯 · 迪顿于 2015 年 10 月 12 日获得 2015 年诺贝尔经济学奖，以表彰他在消费、贫穷与福利方面的研究贡献。故本题答案为 C。

职业行为能力测试——多选题（共 5 题）

56. **答案**：ABCD。

解析：我国《国家安全法》第七十七条规定：“公民和组织应当履行下列维护国家安全的义务：（一）遵守宪法、法律法规关于国家安全的有关规定；（二）及时报告危害国家安全活动的线索；（三）如实提供所知悉的涉及危害国家安全活动的证据；（四）为国家安全工作提供便利条件或者其他协助；（五）向国家安全机关、公安机关和有关军事机关提供必要的支持和协助；（六）保守所知悉的国家秘密；（七）法律、行政法规规定的其他义务。任何个人和组织不得有危害国家安全的行为，不得向危害国家安全的个人或者组织提供任何资助或者协助。”所以在本题中，A、B、C、D 项均属于公民和组织应当履行的维护国家安全的义务。故本题答案为 ABCD。

57. **答案**：BD。

解析：高速公路上应急车道的主要作用是专门供工程救险、消防救援、医疗救护或民警执行紧急公务等处理应急事务的车辆使用，任何社会车辆

禁止驶入或者以各种理由在车道内停留。如果确实遇到故障等无法解决的问题，开入紧急通道将车停在紧急停靠带内，开启危险报警闪光灯，在车后方150米处摆放警告标志，夜间、雨、雾等天气还应当同时开启示廓灯、尾灯和后雾灯；其他人员一定要撤到安全区域内，必要时及时拨打高速公路报警电话，请求援助。故本题答案为BD。

58. **答案：**BCD。

解析：网络谣言不一定涉及国家秘密，所以A项错误。当今中国的时代精神主要表现为以改革创新为核心的以人为本、和平发展、社会和谐、与时俱进的精神，而网络谣言不利于社会和谐，所以B项表述正确。网络谣言传播速度快、影响范围广，严重地污染了网络环境，扰乱了社会秩序，所以C、D项正确。故本题答案为BCD。

59. **答案：**ABCD。

解析：利率市场化给我国商业银行带来的负面影响包括：（1）加大了商业银行的竞争压力和经营压力；（2）加剧了银行利率风险。正面影响包括：（1）促进了商业银行改革；（2）有利于商业银行推出新的金融工具、产品和服务，促进商业银行发展；（3）有利于商业银行科学地确定经营成本和制定价格、合理配置资金资源，提高效益；（4）有利于商业银行优化客户结构。故本题答案为ABCD。

60. **答案：**ABD。

解析：自由贸易区是指在贸易和投资等方面比世贸组织的有关规定更加优惠的贸易安排，在主权国家或地区的关境以外，划出特定的区域，准许外国商品豁免关税自由进出。实质上是采取自由港政策的关税隔离区。狭义的自由贸易区仅指提供区内加工出口所需原料等货物的进口豁免关税的地区，类似出口加工区。广义的自由贸易区还包括自由港和转口贸易区。自由贸易区有利于拓宽我国经济发展空间，有利于消除贸易壁垒和化解国际贸易争端，有利于建立稳定的和多元的战略资源供应渠道。故本题答案为ABD。

职业基本知识测试——单选题（共40题）

61. **答案：**A。

解析：由政府提供的商品和服务，被称为公共物品，它是与私人物品相对应的一个概念。它的功能是满足社会的公共需要。题目中所涉及的港口、沿海及内河航运、机场等领域固定资产投资项目都属于公共物品。故本题答案为A。

62. **答案：**C。

解析：由图中曲线的特点可以看出这是垄断市场短期均衡时的图示，而垄断市场的需求曲线（d）与平均收益（AR）曲线重合。当边际收益（MR）=边际成本（MC）时，企业达到短期均衡，此时平均收益（AR）>边际成本（AC），经济利润大于0，而经济利润=总收益-显性成本-隐性成本=会计利润-隐

性成本，故会计利润大于0，企业继续生产。故本题答案为C。

63. **答案**：C。

解析：PMI指数的英文全称为Purchasing Managers' Index，中文含义为采购经理指数，PMI指数50为荣枯分水线。当PMI大于50时，说明经济在发展；当PMI小于50时，说明经济在衰退。由图中可以发现A—B阶段、C—E阶段、A—D阶段都存在PMI低于50%的位置，因此ABD错误。故本题答案为C。

64. **答案**：C。

解析：需求价格弹性表示在一定时期内当一种商品的价格变化百分之一时所引起的该商品的需求量变化的百分比，公式为：需求的价格系数 $= -\frac{需求量变动率}{价格变动率}$，将题目中的数据代入，$1.2 = -\frac{需求量变动率}{-4\%}$，则需求量变动率为4.8%，即需求量增加4.8%。故本题答案为C。

65. **答案**：B。

解析：资产组合的久期是各种资产久期的加权平均，因此根据表格数据可知，该资产组合的久期$=0.2\times4.1+0.1\times3.4+0.5\times3.0+0.2\times3.1=3.28$。故本题答案为B。

66. **答案**：D。

解析：积极的财政政策是在社会总需求不足的情况下实施的，通过减税增支刺激总需求。稳健的货币政策，是指根据经济变化的征兆来调整政策取向，当经济出现衰退迹象时，货币政策偏向扩张；当经济出现过热时，货币政策偏向紧缩，最终反映到物价上，就是保持物价的基本稳定。实施积极的财政政策和稳健的货币政策更适合于社会总需求不足，生产力和社会资源未得到充分利用的情况。故本题答案为D。

67. **答案**：B。

解析：对小微企业实行企业所得税优惠政策，可以让更多小微企业享受税收优惠。提高企业的自主创业积极性，可以增加投资需求、缓解经济下行压力、促进经济发展。故合理的传导顺序是（3）（1）（4）（2）。故本题答案为B。

68. **答案**：B。

解析：利率倒挂是指利率期限结构中出现长期利率水平低于中短期利率水平的现象。也就意味着利率曲线向右下方倾斜。A选项是远期利率和即期利率持平。C选项是不规则的利率曲线。D选项是向右上方倾斜的利率曲线，代表远期利率大于即期利率。故本题答案为B。

69. **答案**：D。

解析：根据交易目的的不同，金融衍生品市场上的交易主体分为四类：套期保值者、投机者、套利者和经纪人。套期保值者又称风险对冲者，他们从事衍生品交易是为了减少未来的不确定性、降低甚至消除风险。投资者是参与交易获取利润的投资者。套利者利用不同市

场上的定价差异，同时在两个或两个以上的市场中进行衍生品交易，以获取无风险收益。经纪人作为交易的中介，以促成交易、收取佣金为目的。故本题答案为D。

70. **答案**：D。

解析：派生存款是原始存款的对称，是原始存款的派生和扩大，是指由商业银行发放贷款、办理贴现或投资等业务活动引申而来的存款。派生存款产生的过程，就是商业银行吸收存款、发放贷款，最终使用者又将其存入银行，形成新的存款额，导致银行体系存款总量增加的过程。用公式表示：派生存款＝原始存款×［1÷（法定准备率+提现率+超额存款准备金率）－1］＝1000×［1÷（9%＋6%＋5%）－1］＝4000（元）。故本题答案为D。

71. **答案**：D。

解析：在一国货币贬值时，相同的一单位外币能够兑换更多的本币，意味着本国商品对于外国来说便宜了。此时，外国会增加对本国商品的进口，我国出口增加；另外，投资于外地的资产能够换回更多的本币，即意味着本币收益率会上升。故本题答案为D。

72. **答案**：D。

解析：存款保险是指投保机构向存款保险基金管理机构交纳保费，形成存款保险基金，存款保险基金管理机构依照本条例的规定向存款人偿付被保险存款，并采取必要措施维护存款以及存款保险基金安全的制度。在中华人民共和国境内设立的商业银行、农村合作银行、农村信用合作社等吸收存款的银行业金融机构，应当依照本条例的规定投保存款保险。被保险存款包括投保机构吸收的人民币存款和外币存款。故本题答案为D。

73. **答案**：C。

解析：影响外储规模变动的因素比较多，既包括央行在外汇市场的操作，也包括外汇储备投资资产的价格波动。同时，由于美元作为外汇储备的计量货币，其他各种货币相对美元的汇率变动还可能导致外汇储备规模的变化。此外，根据国际货币基金组织（IMF）关于外汇储备的定义，外汇储备在支持“走出去”等方面的资金运用记账时也会从外汇储备规模内调整至规模外。C选项对外汇储备规模并没有明显影响。故本题答案为C。

74. **答案**：D。

解析：现金资产是商业银行持有的库存现金以及与现金等同的可随时用于支付的银行资产。我国商业银行的现金资产主要包括三项：一是库存现金；二是存放中央银行款项，包括法定存款准备金与超额存款准备金；三是存放同业及其他金融机构款项。D选项票据贴现是商业银行的资产业务，但是不属于现金资产业务。故本题答案为D。

75. **答案**：D。

解析：降低房地产贷款的首付比例属于选择性货币政策工具中的不动产信用控制，即中央银行对商业银行办理不动产抵押贷款的管理措施。主要是规定贷款的最高限额、贷款最长期限以及第一次付现的最低金额等。选择性货币政策工具除了不动产信用控制以外还包括消费者信用控制、证券市场信用控制、优惠利率和预缴进口保证金。B、C 属于补充性货币政策工具。故本题答案为 D。

76. **答案**：C。

解析：根据我国公司法律制度的规定，控股股东，是指其出资额占有限责任公司资本总额百分之五十以上或者其持有的股份占股份有限公司股本总额百分之五十以上的股东；出资额或者持有股份的比例虽然不足百分之五十，但依其出资额或者持有的股份所享有的表决权已足以对股东会、股东大会的决议产生重大影响的股东。在本题中，A 项，甲公司拥有 C 公司 42% 的表决权资本，其享有的表决权已足以对股东会、股东大会的决议产生重大影响，所以甲公司和 C 公司构成控制关系。在 B 项中，甲公司拥有 D 公司 40% 的表决权，并约定甲公司对 D 公司有控制权，所以甲公司和 D 公司构成控制关系。在 C 项中，甲公司拥有 F 公司 14% 的表决权，小于 50%，所以甲公司和 F 公司不具有控制关系。在 D 项中，甲公司拥有 A 公司 75% 的表决权，大于 50%，所以甲公司和 A 公司构成控制关系。故本题答案为 C。

77. **答案**：B。

解析：借款费用是企业因借入资金所付出的代价，包括借款利息、折价或者溢价的摊销、辅助费用以及因外币借款而发生的汇兑差额等。承租人确认的融资租赁发生的融资费用属于借款费用。对于企业发生的权益性融资费用，不应包括在借款费用中，B 选项错误。故本题答案为 B。

78. **答案**：B。

解析：对于子公司的长期股权投资应采用成本法核算，对于控制、共同控制有重大影响的长期股权投资采用权益法核算，所以选项 D 错误；成本法下确认的长期股权投资被投资单位宣告分配现金股利时确认投资收益，2013 年确认的投资收益为 120 万元（200 万元×60%），2014 年确认的投资收益 180 万元（300×60%）。故本题答案为 B。

79. **答案**：C。

解析：甲公司购入丙公司 30% 股份并对丙公司产生重大影响，长期股权投资应采用权益法核算。在权益法下，当支付对价大于应享有被投资单位可辨认净资产公允价值份额时，该差额部分不做调整。当支付对价小于应享有被投资单位可辨认净资产公允价值份额时，差额部分计入营业外收入。在该题中，购买长期股权投资所支付对价为 1000 万元，应享有被投资单位可辨认净资产公允价值份额为 3000×30% = 900（万元）。故正确答案为 C。

80. **答案**：B。

解析：乙公司属于甲公司的子公司，当母公司将自有产品卖给子公司，需要初次编制合并报表时，不用调整年初未分配利润，只有连续编制合并报表时才需要调整年初未分配利润。故本题答案为 B。

81. **答案**：B。

解析：A选项前半句说法正确，甲公司只生产玩具1000件构成违约，但是乙公司无权拒绝支付任何货款，其只有权拒绝支付甲未交付的1000件玩具的货款，所以A项错误。在本题中，甲乙签订的是双务合同，甲负有先履行义务，乙负有后履行义务。在合同履行期限届满前，后履行义务人乙明确表示因濒临破产而无力履行合同，构成预期违约。甲可以中止履行合同，并向乙主张违约责任，所以B项正确。我国《合同法》第六十八条规定："应当先履行债务的当事人，有确切证据证明对方有下列情形之一的，可以中止履行：（一）经营状况严重恶化；（二）转移财产、抽逃资金，以逃避债务；（三）丧失商业信誉；（四）有丧失或者可能丧失履行债务能力的其他情形。当事人没有确切证据中止履行的，应当承担违约责任。"在本题中，乙公司以致函的形式明确表明其无力继续履行合同，根据上述法律的规定，甲公司可以行使不安抗辩权，中止履行合同，而非顺序履行抗辩权（先履行抗辩权），所以C、D项错误。故本题答案为B。

82. **答案**：A。

解析：我国《商业银行法》第四十条第一款规定："商业银行不得向关系人发放信用贷款；向关系人发放担保贷款的条件不得优于其他借款人同类贷款的条件。"据此可知，A城市商业银行可以向B公司发放贷款，该贷款合同有效，但不得提供优于同类贷款人的便利条件。因此，张伟应当承担因提供不正当优惠条件给银行带来的损失。B项说法正确，A项说法错误。《商业银行法》第八十八条规定："单位或者个人强令商业银行发放贷款或者提供担保的，应当对直接负责的主管人员和其他直接责任人员或者个人给予纪律处分；造成损失的，应当承担全部或者部分赔偿责任。"本案中，刘明明知此项贷款违法却未拒绝，且贷款到期后，B公司无力偿还，因此刘明应当承担相应责任。所以，C项说法正确。同时，《商业银行法》规定，商业银行的工作人员不得违反规定徇私向亲属、朋友发放贷款或者提供担保。本案中，张伟强令下属机构发放贷款，违反了《商业银行法》的禁止性规定，D项表述正确。故本题答案为A。

83. **答案**：A。

解析：我国《公司法》第十一条规定："设立公司必须依法制定公司章程。公司章程对公司、股东、董事、监事、高级管理人员具有约束力。"所以A项正确。我国《公司法》中还规定一人有限责任公司的股东可由一个自然人担任，所以B项错误。《公司法》第六十一条规定："一人有限责任公司不设股东会。股东作出本法第三十七条第一款所列决定时，应当采用书面形式，并由股东签名后置备于公司。"所以C项错误。"发起人"这一称谓仅在股份有限公司中存在，若小李及其同学成立的是有限责任公司，则不是必要条件，所以D项错误。故本题答案为A。

84. **答案**：A。

解析：马斯洛的需求层次理论认为，需要包括生理需要、安全需要、社交需要、尊重需要和自我实现的需要，其中社交需要也叫归属与爱的需要，是指个人渴望得到家庭、团体、朋友、同事的关怀、爱护、理解，是对友情、信任、温暖、爱情的需要，因此和谐的内部人际关系属于归属和

爱的需要。故本题答案为 A。

85. **答案**：C。

解析：A、B、D 选项都是改进内部营销的措施。在 C 选项中，如果继续授权，只会增加一些发展过程中的意见分歧，加重内部营销。故本题答案为 C。

86. **答案**：D。

解析：如果按照团队存在的目的和形态进行分类，一般可以将团队划分成问题解决型团队、自我管理型团队和跨职能团队。（1）问题解决型团队。这类团队常常是为了解决组织中的某些专门问题而设立的。（2）自我管理型团队。自我管理型团队是与传统的工作群体相对的一种群体形式。传统的工作群体通常是由领导者来做出决策，群体成员遵循领导者的指令，而自我管理型团队则承担了很多过去由他们的领导者承担的职责。（3）跨职能团队。是由来自于组织内部同一层次、不同部门或工作领域的员工组成的，他们合作完成包含多样化任务的一个大型项目，这样的团队就是跨职能团队。而虚拟团队是一个人员群体，虽然他们分散于不同的时间、空间和组织边界，但他们一起工作完成任务。根据题目描述，屠呦呦团队成立的主要目的是为了研究制成青蒿素，是基于解决问题而产生的，属于问题解决型团队。故本题答案为 D。

87. **答案**：C。

解析：营销观念分为生产观念、产品观念、推销观念、市场营销观念和社会营销观念。生产观念认为消费者喜欢那些可以随处买到和价格低廉的商品，企业应当组织和利用所有资源，集中一切力量提高生产效率和扩大分销范围，增加产量，降低成本。产品观念认为消费者喜欢高质量、多功能和具有某些特色的产品。因此，企业管理的中心是致力于生产优质产品，并不断精益求精、日臻完善。推销观念认为消费者通常有一种购买惰性或抗衡心理，若听其自然，消费者就不会自觉地购买大量本企业的产品，因此企业管理的中心任务是积极推销和大力促销，以诱导消费者购买产品。市场营销观念认为实现企业诸目标的关键在于正确确定目标市场的需要和欲望，一切以消费者为中心，并且比竞争对手更有效、更有利地传送目标市场所期望满足的东西。社会营销观念是市场营销观念的优化，它的基本核心是以实现消费者满意以及消费者和社会公众的长期福利作为企业的根本目的与责任。理想的营销决策应同时考虑到消费者的需求与愿望的满足、消费者和社会的长远利益、企业的营销效益。故本题答案为 C。

88. **答案**：D。

解析：成长期是指产品已经打开销路并迅速扩大市场份额的阶段。产品进入成长期，其销售额和利润都呈现出迅速增长的势头，因而企业在产品成长期所应有的策略思想就是抓住时机，尽快扩大生产批量，保持旺销的活力。企业可能采取的成长期策略主要有：①改进产品质量，增加新产品的特色和式样；②进入新的细分市场，增加市场竞争力；③开辟分销渠道，扩大商业网点；④改变广告策略，由导入期的以建立和提高产品知名度为中心转变为以说服消费者重复购买该产品为中心；⑤根据竞争形势在适当时机降低价格以提高竞争能力，并吸引对价格敏感的购买者。A选项快速渗透策略是导入期的策略。B、C选项是产品成熟期的策略。故本题答案为D。

89. **答案**：A。

解析：品牌战略决策有5种：产品线扩展策略、品牌延伸策略、多品牌策略、新品牌策略、合作品牌策略。品牌延伸策略又称为品牌扩展策略，是指一个现有的品牌名称使用到一个新类别的产品上，即品牌延伸策略是将现有成功的品牌用于新产品或修正过的产品上的一种策略。品牌使用者策略是指厂商在决定给其产品规定品牌之后，下一步需要决定如何使用该品牌，是决定用本企业（制造商本身）的牌号，还是用经销商的牌号，或者是一部分产品用本企业的牌号，另一部分产品用经销商的牌号的决策。多品牌策略是指企业根据各目标市场的不同利益分别使用不同品牌的品牌决策策略。品牌统分策略是指某个企业或企业的某种产品在某种市场定位之下，采用一个或多个品牌，从而有助于最大限度地形成品牌的差别化和个性化，企业进而以品牌为单位组织开展营销活动。故本题答案为A。

90. **答案**：B。

解析：名人介绍法又称中心开花法、中心人物法、中心辐射法，就是指推销人员在某一特定的推销范围内，取得一些具有影响力的中心人物的信任，然后在这些中心人物的影响和协助下，把该范围内的个人或组织发展成为推销人员的准顾客的方法。故本题答案为B。

91. **答案**：A。

解析：经济环境是影响企业营销活动的主要环境因素，它包括收入因素、消费支出、产业结构、经济增长率、货币供应量、银行利率、政府支出等因素，其中收入因素、消费结构对企业营销活动的影响较大。技术环境是社会生产力中最活跃的因素，它影响着人类社会的历史进程和社会生活的方方面面，对企业营销活动的影响更是显而易见。政治法律环境是影响企业营销的重要宏观环境因素，包括政治环境和法律环境。而题中所表述的报纸发表的文章，是影响产品销售下降的原因，表明社会化因素中的文化因素是产品销售量变化的动力。故本题答案为A。

92. **答案**：C。

解析：明星代言产品是利用消费者的攀比心理，因此序号A错误；企业个性化的产品设计，追求的是标新立异，与众不同，利用消费者的求异心理，因此序号B错误；企业提高产品质量，利用消费者的求实心理，因此序号C错误；生产物美价廉的商品，追求实惠、实用，利用消费者的求实心理，序号D正确。故本题答案为C。

93. **答案**：A。

解析：本题考查网络信息安全。网络信息安全主要是指网络系统的硬件、软件及其系统中的数据受到保护，不受偶然的或者恶意的原因而遭到破坏、更改、泄露，系统连续可靠正常地运行，网络服务不中断。在网络信息安全中，访问控制的任务是对每个文件或信息资源规定各个（类）用户对它的操作权限。B、D两项说法太绝对。C项，根据人的生理特征进行鉴别的方式在单机和联机情况下

均有效。故本题答案为 A。

94. **答案**：B。

解析：本题考查 IPv4 和 IPv6。IP 地址是指互联网协议地址 Internet Protocol Address，又译为网际协议地址，是 IP Address 的缩写。IP 地址是 IP 协议提供的一种统一的地址格式，它为互联网上的每一个网络和每一台主机分配一个逻辑地址，以此来屏蔽物理地址的差异。IPv4 的 IP 地址由 32 个二进制位构成，而 IPv6 的 IP 地址由 128 个二进制位构成。显然，IPv6 能提供更多的 IP 地址，但是 IPv4 比 IPv6 更容易记忆。故本题答案为 B。

95. **答案**：C。

解析：本题考查云计算。云计算是由分布式计算、并行处理、网格计算发展来的，是一种新兴的商业计算模型。Google App Engine 是一种可以在 Google 的基础架构上运行的网络应用程序。Google App Engine，不再需要维护服务器，只需上传应用程序，便可立即为用户提供服务。故本题答案为 C。

96. **答案**：C。

解析：本题考查计算机病毒。计算机病毒是指编制或者在计算机程序中插入的破坏计算机功能或者毁坏数据，影响计算机使用，并能自我复制的一组计算机指令或者程序代码。计算机病毒，按病毒的破坏性分为良性病毒和恶性病毒，按病毒传染方式分为引导病毒、文件型病毒、混合病毒和宏病毒。故本题答案为 C。

97. **答案**：A。

解析：本题考查虚拟机。虚拟机指通过软件模拟的具有完整硬件系统功能的、运行在一个完全隔离环境中的完整计算机系统。

虚拟系统和虚拟机的区别：虚拟系统不会降低电脑的性能，启动虚拟系统不需要像启动 Windows 系统那样耗费时间，运行程序更加方便快捷；虚拟系统只能模拟和现有操作系统相同的环境，而虚拟机则可以模拟出其他种类的操作系统；而且虚拟机需要模拟底层的硬件指令，所以在应用程序运行速度上比虚拟系统要慢得多。故本题答案为 A。

98. **答案**：D。

解析：建行 2013 年 11 月推出微信银行服务，成为最早开通微信银行服务的金融机构之一。截至 2015 年 6 月底，建行累计发展微信银行客户 2066 万户，在同业中居于首位。A、B、C 选项均正确。故本题答案为 D。

99. **答案**：A。

解析：10 月 27 日，是中国建设银行率先在香港挂牌上市十周年，也是内地大型商业银行股改上市十周年。故本题答案为 A。

100. **答案**：D。

解析：根据《中国人民银行与英格兰银行备忘录》相关内容，中国人民银行决定授权中国建设银行（伦敦）有限公司担任伦敦人民币业务清算行。故本题答案为D。

职业基本知识测试——多选题（共25题）

101. **答案**：BD。

解析：总收益（TR）$=PQ=$（$500-0.1Q$）$Q=500Q-0.1Q^2$，边际收益（MR）$=500-0.2Q$，甲公司的边际成本（MC）$=50+0.2Q$，乙公司的边际成本（MC）$=20+0.4Q$，利润最大化的条件为边际成本（MC）$=$边际收益（MR），因此，在利润最大化时，甲公司：$50+0.2Q=500-0.2Q$，均衡产量（Q）$=1125$，均衡价格（P）$=387.5$，乙公司：$20+0.4Q=500-0.2Q$，均衡产量（Q）$=800$，均衡价格（P）$=420$。故本题答案为BD。

102. **答案**：CD。

解析：当边际产量大于0时，总产量递增；当边际产量小于0时，总产量递减；当边际产量等于0时，总产量最大，平均产量处于下降阶段。故本题答案为CD。

103. **答案**：AD。

解析：凭证式国债是指国家采取不印刷实物券，而用填制“国库券收款凭证”的方式发行的国债。记账式国债，是指没有实物形态的票券，而是在电脑账户中作记录。凭证式国债和记账式国债的区别：（1）券面形式不同。凭证式国债是一种国家储蓄债，通过银行系统发行，券面上不印制票面金额，为非标准格式，根据认购者的认购额填写实际的缴款金额，以“凭证式国债收款凭证”记录债权；记账式国债，没有实物形态的票券，以电脑记账形式记录债权，通过无纸化方式发行和交易。（2）债权记录方式不同。记账式国债通过债券托管系统记录债权，投资者购买记账式国债必须开设账户；而购买凭证式国债则不需开设账户，由发售银行向投资者出示凭证式国债收款单作为债权记录的证明。（3）票面利率确定机制和计息方式不同。记账式国债的票面利率是由国债承购包销团成员投标确定的，凭证式国债的利率是由财政部和中国人民银行，参照同期银行存款利率及市场供求情况等因素确定的。记账式国债自发行之日起计息，凭证式国债从购买之日起计息。（4）流通或变现方式不同。记账式国债可以在上交所、深交所或是银行柜台上市流通，其二级市场交易价格由市场决定，投资者可随时变现；凭证式国债不可以上市流通，但可以提前兑取，按其实际持有时间及相应的利率档次计付利息。故本题答案为AD。

104. **答案**：ABCD。

解析：主要影响因素：一是工业生产、消费、投资、进出口、企业利润等指标增幅均不同程度回落，增值税、营业税、进口环节税收、企业所得税等主体税种增幅相应放缓。二是工业生产者出厂价格（PPI）持续下

降，影响以现价计算的财政收入增长。三是房地产市场调整影响扩大，商品房销售额明显下滑，与之相关的房地产营业税、房地产企业所得税、契税、土地增值税等回落较多。四是扩大营改增试点范围等政策，在减轻企业负担的同时，对财政形成减收。故本题答案为ABCD。

105. **答案**：DE。

解析：要使洛伦茨曲线弧度变小，就要缩小收入差距，使收入分配趋向平等。A 选项合理拉开收入差距，会使该曲线弧度增大，与题意不符。B 选项经济发展和收入分配不存在决定关系。C 选项是实施积极的财政政策，而财政政策是国家宏观调控常用的经济手段，与收入分配无关，故选项与题意不符。D 选项通过税收调节作用，可以缩小收入差距。E 选项通过加大社会保障支出范围，提高低收入者的收入水平，有利于缩小收入差距。故本题答案为 DE。

106. **答案**：BD。

解析：金融即期交易是指当天成交、当天交割的交易。外汇掉期交易是交易双方约定以货币 A 交换一定数量的货币 B，并以约定价格在未来的约定日期用货币 B 反向交换同样数量的货币 A。票据发行便利是指银行同客户签订一项具有法律约束力的承诺，期限一般为 5~7 年，银行保证客户以自己的名义发行短期票据，银行则负责包销或提供没有销售出部分的等额贷款。金融期权交易是以期权为基础的金融衍生产品，指以金融商品或金融期货合约为标的物的期权交易，是赋予其购买者在规定期限内按双方约定的价格或执行价格购买或出售一定数量某种金融资产的权利的合约。规避国际金融风险的金融工具和交易技术包括外汇掉期交易、金融期货交易、金融期权交易、金融互换交易。故本题答案为 BD。

107. **答案**：ABCD。

解析：信贷资产质押再贷款是指商业银行将信贷资产质押给中央银行申请再贷款。此操作可以增加央行向经济体系中投放的货币量，可以缓解资金紧张。公开市场逆回购是中央银行在证券市场上向一级交易商买入证券并约定未来某一时间卖回的证券交易行为，央行买入证券的同时向市场上投放了资金，缓解资金紧张。下调贷款和存款基准利率会减少人们的储蓄行为，增加贷款行为，使经济体系中的货币量增加。降低存款准备金利率会减少商业银行的准备金，增加其可用资金，则投入到经济体制中的货币量增加，同样可以缓解资金紧张。故本题答案为ABCD。

108. **答案**：ABC。

解析：凯恩斯认为，流动性偏好动机包括交易动机、预防动机和投机动机。交易动机是指人们为了日常的交易而持有货币的动机，预防动机是指人们为了预防意外支出而持有货币的动机，投机动机是指人们为了抓住有利的购买有价证券的机会而持有货币的动机。故本题答案为 ABC。

109. **答案**：CDE。

解析：重要性要求企业对于财务状况、经营成果、现金流量等有关的所有重要事项都应该在财务报表中列示。重要性要求在进行会计核算时应区分主次，重要的会计事项应单独核算、单独反映，不重要的会计事项则简化处理、合并反映，故选项 C、E 符合要求。选项 A 体现了及时性要求；

选项 B 体现了谨慎性要求；选项 D，考虑到季度财务报告披露的时间较短，所以没有必要像年度财务报告那样披露详细的附注信息，也是符合重要性要求的。故本题答案为 CDE。

110. **答案**：ABCD。

解析：关联方关系为：（1）直接或间接地控制其他企业或受其他企业控制，以及同受某一企业控制的两个或多个企业（例如，母公司、子公司、受同一母公司控制的子公司之间）；（2）合营企业；（3）联营企业；（4）主要投资者个人、关键管理人员或与其关系密切的家庭成员；（5）受主要投资者个人、关键管理人员或与其关系密切的家庭成员直接控制的其他企业。故本题答案为 ABCD。

111. **答案**：AC。

解析：速动比率＝速动资产/流动负债＝（流动资产－存货）/流动负债＝（30 000－14 000）/20 000＝0.8，选项 A 错误。总资产净利率（又称资产报酬率、投资报酬率或资产收益率）＝净利润÷资产总额×100%＝9480/100000×100%＝9.48%，选项 B 正确。权益乘数＝资产总额/股东权益总额＝100000/40000＝2.5，选项 C 错误。流动比率＝流动资产/流动负债＝30000/20000＝1.5，选项 D 正确。故本题答案为 AC。

112. **答案**：BC。

解析：销售净利率＝净利润/销售收入＝9480/146977＝6.45%＜10%，选项 A 错误；总资产利用效率（又称为总资产周转率）＝销售收入/资产总额＝146977/100000＝1.47>1.3，选项 B 正确；所有者权益的获益能力即净资产收益率＝23.6%<26%，选项 C 正确；长期偿债能力可以用资产负债率来衡量，资产负债率＝负债总额/资产总额＝60000/100000＝60%>50%，资产负债率是衡量企业长期偿债能力的指标，该指标越高，负债比重越高，企业的偿债能力越弱。资产负债率的高低与偿债能力的强弱成反向关系。该企业资产负债率 60% 大于行业标杆 50%，故企业的偿债能力相比行业标杆较弱，选项 D 错误。故本题答案为 BC。

113. **答案**：ACD。

解析：速动比率是指速动资产与流动负债的比率，是衡量企业流动资产中可以立即变现用于偿还流动负债的能力，是衡量企业短期偿债能力的重要指标。该比率越小，表明企业的短期偿债风险越大。存货周转次数＝销售成本/存货平均余额，是衡量资产营运能力即存货管理效率的重要指标。该指标越高，表明存货资产管理效率越高。销售净利率是指企业实现净利润与销售收入的对比关系，用以衡量企业在一定时期的销售收入获取利润的能力，是衡量企业盈利能力的重要指标。该比率越高，表明企业的盈利能力越高。资产负债率＝负债总额/资产总额，是衡量企业长期偿债能力的重要指标。故本题答案为 ACD。

114. **答案**：AC。

解析：我国《合同法》第一百一十六条规定："当事人既约定违约金，又约定定金的，一方违约时，对方可以选择适用违约金或者定金条款。"所以 A 项正确，D 项错误。我国《担保法》第九十一条规定："定金的数额由当事人约定，但不得超过主合同标的额的百分

之二十。”而本题中，乙公司向甲公司支付了3万元定金，已经超过了主合同标的额（10万元）的百分之二十，超过的1万元是不受法律保护的，所以双倍返还定金的数额为2万元的2倍，即4万元，所以C项正确，B项错误。故本题答案为AC。

115. **答案**：AB。

解析：我国《公司法》第一百五十一条第一、第二款规定：“董事、高级管理人员有本法第一百四十九条规定的情形的，有限责任公司的股东、股份有限公司连续一百八十日以上单独或者合计持有公司百分之一以上股份的股东，可以书面请求监事会或者不设监事会的有限责任公司的监事向人民法院提起诉讼；监事有本法第一百四十九条规定的情形的，前述股东可以书面请求董事会或者不设董事会的有限责任公司的执行董事向人民法院提起诉讼。监事会、不设监事会的有限责任公司的监事，或者董事会、执行董事收到前款规定的股东书面请求后拒绝提起诉讼，或者自收到请求之日起三十日内未提起诉讼，或者情况紧急、不立即提起诉讼将会使公司利益受到难以弥补的损害的，前款规定的股东有权为了公司的利益以自己的名义直接向人民法院提起诉讼。”根据上述法条的规定，A项正确，C、D项错误。王某所提起的诉讼叫作股东代表诉讼，虽然是以股东自己的名义提起的，但却是为了公司的利益代表公司而提起诉讼，所以该诉讼的结果也应归于公司，所以B项正确。故本题答案为AB。

116. **答案**：AC。

解析：我国《商业银行法》第三十五条规定：“商业银行贷款，应当对借款人的借款用途、偿还能力、还款方式等情况进行严格审查。商业银行贷款，应当实行审贷分离、分级审批的制度。”所以A项正确。该法第四十一条规定：“任何单位和个人不得强令商业银行发放贷款或者提供担保。商业银行有权拒绝任何单位和个人强令要求其发放贷款或者提供担保。”所以B项错误。该法第四十六条第一款规定：“同业拆借，应当遵守中国人民银行的规定。禁止利用拆入资金发放固定资产贷款或者用于投资。”所以C项正确。该法第四十二条第一、第二款规定：“借款人应当按期归还贷款的本金和利息。借款人到期不归还担保贷款的，商业银行依法享有要求保证人归还贷款本金和利息或者就该担保物优先受偿的权利。商业银行因行使抵押权、质权而取得的不动产或者股权，应当自取得之日起二年内予以处分。”所以D项错误。故本题答案为AC。

117. **答案**：CD。

解析：第二个W体现的是人的兴趣、第三个W体现的是人的技能、第五个W体现的人的价值观，D选项正确。由第四、第五个W可知要在权衡理想和现实的过程中确定目标。内因是事物变化发展的根本原因，因此A选项错误，B选项在题目中未体现。故本题答案为CD。

118. **答案**：BCD。

解析：打造优秀的团队需要做到以下三点：（1）时刻想着自己是团队中的一员；（2）个人价值追求要始终与团队目标保持高度一致，服从组织价值；（3）做好本职工作是做好团队工作的一个重要环节。但是打造优秀

团队并不意味着放弃自我，消除自己的个人特点和价值追求。故本题答案为 BCD。

119. **答案**：ABD。

解析：这种新型营销模式对传统营销的改变主要表现在以下几个方面：(1) 对标准化产品的冲击。(2) 对营销渠道的影响，通过互联网，企业可以与最终用户直接联系，中间商的重要性因此有所降低。(3) 对定价策略的冲击。如果某种产品的价格标准不统一或经常改变，客户会通过互联网认识到这种价格的差异，并可能由此导致客户的不满。所以，互联网将使变化不定且存在差异的价格水平趋于一致。(4) 广告障碍的消除。相对于传统媒体来说，网络空间具有无限展开性，在网络上做广告可以较少地受到空间篇幅的局限。并且，迅速提高的广告效率也为企业创造了便利条件。(5) 对传统营销方式的冲击。随着网络技术迅速向宽带化、智能化、个人化方向发展，用户可以在更广阔的领域内实现多媒体信息共享和人机交互功能。正是这种发展使得传统营销方式发生了革命性的变化。它将导致大众市场的终结，并逐步体现市场的个性化。(6) 顾客关系的再造。网上营销的企业竞争是一个以顾客为焦点的竞争形态，争取顾客、留住顾客、扩大顾客群体、建立亲密顾客关系、分析顾客需求、创造顾客需求等都是营销的关键。(7) 竞争形态的转变。网络时代的市场竞争是透明的，人人都能掌握竞争对手的产品信息与营销作为。故本题答案为 ABD。

120. **答案**：BD。

解析：本题考查大数据。大数据，指无法在一定时间范围内用常规软件工具进行捕捉、管理和处理的数据集合，是需要新处理模式才能具有更强的决策力、洞察发现力和流程优化能力的海量、高增长率和多样化的信息资产。面对大数据时代的到来，企业应制定正确的经营战略，面向市场，生产适销对路的高质量产品，依靠科技进步、科学管理形成竞争优势。大数据时代的到来，有助于企业制定营销战略—合理配置资源—调节生产规模和把握市场动向—定位消费需求—实现适销对路。故本题答案为 BD。

121. **答案**：BCD。

解析：本题考查路由器、TCP 协议、IP 协议。路由器是连接因特网中各局域网、广域网的一种网络互联设备，它会根据信道的情况自动选择和设定路由，以最佳路径，按前后顺序发送信号。TCP（传输控制协议）是一种面向连接的、可靠的、基于字节流的传输层通信协议。在简化的计算机网络 OSI 模型中，它完成第四层传输层所指定的功能。IP 协议是将多个包交换网络连接起来，它在源地址和目的地址之间传送一种称之为数据包的东西，它还提供对数据大小的重新组装功能，以适应不同网络对包大小的要求。在互联网中，发送数据的主机需要按 IP 协议来装载数据，路由器需要按 IP 地址指挥“交通”，所以主机和路由器必须实现 IP 协议。而 TCP 是一个端到端的传输协议，故主机通常需要实现 TCP 协议，但路由器不必实现 TCP 协议。故本题答案为 BCD。

122. **答案**：ABC。

解析：本题考查的是进程。进程是一个具有一定独立功能的程序关于某个数据集合的一次运行活动，它是操作系统动态执行的基本单元。在传统的操作系统中，进程既是基本的分配单元，也是基本的执行单元。进程控制块（PCB），是操作系统核心中一种数据结构，主要表示进程状态。其作用是使一个在多道程序环境下不能独立运行的程序（含数据），成为一个能独立运行的基本单位或与其他进程并发执行的进程。进程被唤醒是进入就绪队列，至于插入到就绪队列的什么地方，取决于就绪队列的管理方法和进程调度的算法。如果进程调度是最高优先数优先，那么该进程按优先数插入该队列中；如果该队列是按到达的先后次序排列的，则按到达的先后插入。故本题答案为ABC。

123. **答案**：ABDE。

解析：中国建设银行主要经营领域包括公司银行业务、个人银行业务和资金业务，在我国香港、台湾地区和澳大利亚墨尔本设有分行，拥有建信基金、建信租赁、建信信托、建信人寿、中德住房储蓄银行、建行亚洲、建行伦敦、建行俄罗斯、建行迪拜、建银国际等多家子公司，为客户提供全面的金融服务。建信期货是附属公司不是子公司。故本题答案为 ABDE。

124. **答案**：ABD。

解析：C 项网址为 http：//jf. ccb. com/，其他都对。故本题答案为 ABD。

125. **答案**：ABCD。

解析：ABCD 都属于建设银行积极履行社会责任的事例。故本题答案为 ABCD。

英语附加题（共 15 题）

126. **答案**：A。

解析：本题考查语义猜测。根据题干“第一段的划线单词 smallholding 是什么意思?”由关键词定位原文“An estimated 450m of these smallholdings exist worldwide, typically providing a subsistence-at-best income for more than 2 billion of the poorest people on the planet.”这句话的意思是“据估计，世界上有 4.5 亿个这样的 smallholders，为地球上 20 多亿最贫穷的人提供尽可能多的收入”。根据第一段第一句“Root's business is lending to the owners of small farms in poor countries.”意思为“Root 在向贫困国家小农场的所有者提供贷款”。两句联系起来，可以得到 these smallholdings 与后文的 small farms 是相对应的。故本题答案为 A。

127. **答案**：C。

解析：本题考查事实细节。根据题干“以下哪项表述不属于这项贷款所带来的益处?”定位原文第三段“The loans, which come with free advice and training in how best to use the money, are helping farmers increase their productivity and so boost their incomes.”句意为“这些贷款项目会提供一些免费的建议和培训，可以帮助贷款人更好地利用这笔钱，帮助农民提高生产力，增加他们的收入”。所以 A、B、D 三个选项都包含在内，只有选项 C 不属于这项贷款所带来的益处。故本题答案为 C。

128. **答案**：C。

解析：本题考查事实细节。题干“根据这篇文章判断以下陈述哪项是错误的?”定位至“The loans, which come with free advice and training in how best to use the money, are helping farmers increase their productivity and so boost their incomes”，句意为“这些贷款自带的免费咨询和培训正帮助农民明白如何更好地利用这笔钱，以及提高生产力，从而增加他们的收入”，可知没有这笔钱穷人会更穷，选项 A 正确；定位到第五段“Most of Root's loans of ＄350，000 or more (arose 25% of its portfolio) are profitable at interest rates of no more than 13% a year.”句意为“Root 的大部分 35 万美元以上的贷款（占其投资组合的 25%）在利率上每年不超过 13%是有利可图的”，以及“Dalberg, a consultancy, reckons the potential market for this kind of lending is ＄22 billion”，句意为“咨询公司 Dalberg 估计，这类贷款的潜在市场为 220 亿美元”，两句对比，可以看出 Root 的市场远远没有饱和，故选项 C 错误；后文中“only around ＄10 billion of this demand is met”意为“只有 100 亿的需求接近被满足”，所以还有 120 亿没有被满足，选项 B 正确；选项 D 可以在原文第二段找到正确的表述“Micro-credit outfits dealing in tiny loans of tens or hundreds of dollars have proved that the poorest of the poor can be perfectly responsible borrowers.”句意为“小额贷款是以数十或数百美元的小额度的贷款为限，可以证明那些极度贫穷的人完全可以成为负责任的借款人”，选项 D 意为“穷人和富人作为借款人一样负责任”，与原文内容相符。故本题答案为 C。

129. **答案**：C。

解析：本题考查事实细节。根据题干“本篇文章最后一段的最后一句是什么意思?”定位原文“He sees Root's job as seeding markets, leaving others to reap the harvest.”首先要清楚句中的代词 He 指的应该是上文中提到的那些以营利为目的的贷款公司如“Banco Compartamos”，所以这句话的意思是“Banco Compartamos 公司认为 Root 公司的工作就是是给市场播种，让别人丰收”。C 选项意为“Root 保持自己的非营利性，帮助穷人，让他们享受丰收”。选择 C 与原文表述一致。A 选项意为“Root 将扩大市场，确保农民丰收”；B 选项意为“Root 不会和其他小额信贷机构竞争，并且会给他们留下利润”；D 选项意为“Root 已经为其他小额信贷机构树立了一个非常好的榜样，而且可以从中获利”，文中最后一段提到 Root 是 non-profit。A、B、D 选项错误。故本题答案为 C。

130. **答案**：B。

解析：本题考查文章主旨。题干“这篇文章的主要思想是什么?”选项 A 意为“Root 认为向农村放贷款很安全，而且有利可图”，这是一个错误选项，文中介绍 Root 是一个非营利性的公司；选项 B 意为“Root 的发展和观念”，文章大篇幅都是以此为基础进行阐述的；选项 C 意为“通过小额借贷，贫穷的人改善了他们的生活”，这只是 Root 给贫困之人带来的好的影响；选项 D 意为“主流金融不应该忽视贫困的人”。文章主旨应该要概括全文，不该断章取义。故本题答案为 B。

131. **答案**：B。

解析：本题考查文章主旨。选项A意为“英国，是离去还是留下”，选项B意为“欧盟的危机”，选项C意为“欧盟看到了希望”，选项D意为“难民危机对欧盟的影响”。一般文章的开头和结尾会介绍本篇文章的主要内容，根据文章开头的介绍：“几十年来第一次，欧盟的一些原则受到挑战，昔日的辉煌已经成为了历史。”如今欧盟正面临一些挑战：“这些挑战包括单一货币、开放边界、劳动力自由流动以及永久成员国资格的观念。欧盟非但没有成功地应对这些挑战，反而腹背受敌”。结尾照应第一段，叙述的是欧盟面临危机。故本题答案为B。

132. **答案**：C。

解析：本题考查推理判断。根据题干“如果英国工党（Labor Party）由一位极左翼的欧洲怀疑派的人领导，那么最有可能发生什么？”定位原文第二段“the political fringes are on the rise — with the latest evidence being the election of a far-left Euro-sceptic candidate to lead Britain's Labor party.”句意为“政治极端势力正在崛起——持欧洲怀疑论的极左翼候选人当选英国工党新领袖就是最新的证据”。由此可知，左翼候选人持欧洲怀疑论，是支持脱离欧盟的，A选项意为“他将开放边界向难民提供避难”，B选项意为“他会与欧盟的其他成员一起对欧盟面临的问题做出回应”，D选项意为“他会选择留在欧盟”，A、B、D三个选项均不是反欧盟的做法。选项C“加快英国退出欧盟的步伐”，符合题意。故本题答案为C。

133. **答案**：D。

解析：本题考查事实细节。根据题干“以下表述哪项是正确的？”定位至第四段“itself is working feverishly to complete a barbed-wire fence to protect its frontier with non-EU Serbia”句意为“匈牙利正在全力构筑一道铁丝网围墙，以保护本国与非欧盟的塞尔维亚之间的边界”，说明Serbia不属于欧盟，A选项错误；定位到第五段“Question marks over open borders will easily shade into wider issues about access to welfare systems and labor markets.”句意为“开放边界问题很容易扩展为涉及福利制度与劳动力市场的更广泛议题”。可以得到，open borders仍存在问题，选项B意为“一些国家实行的边界管制将是永久性的”，不符合原文意思；C选项意为“即使是危机，欧元作为欧盟的单一货币也没有受到负面影响”。定位至原文“the problems of the single currency have not gone away.”句意为“单一货币的问题没有消失”，可知C选项错误；选项D意为“希腊不想采取紧缩措施，但他们别无选择”。定位到根据文章第七段“Even Greece, which is profoundly unhappy with life in the Eurozone, cannot risk leaving for fear of provoking financial and economic crisis.”句意为“即使对欧元区生活深感不满的希腊也不敢冒险离开，因为担心会引发金融和经济危机”，可知选项D与文章内容一致。故本题答案为D。

134. **答案**：A。

解析：本题考查推理判断。根据题干“从这篇文章我们可以推断出什么？”定位至第一段最后一句“Its 28 members are arguing bitterly and seem incapable of framing effective responses to their common problems.”句意为“欧盟28个成员国间的争论很激烈，似乎不能针对他们的共同问题拟定有效回应”。选项 A 意为“欧盟成员似乎不能对问题做出有效的回应”。符合原文意思；选项 B 意为“欧盟的核心成就是其单一市场”，定位至第五段“free movement of people and labor come into question, so does the EU's single market — its central achievement.”，句意为“如果人员和劳动力的自由流动成了问题，那么单一市场这个欧盟的核心成就也将面临问题”。可以看出 B 选项不需要推断，可以直接得出，不符合题意；由第一段“Rather than rising to these challenges, the EU is creaking under the strain.”句意为“欧盟没有奋起应对这些挑战，而是在压力下出现裂缝”，可以得出欧盟成员不能拟定共同回应，C 选项意为“为了避免不幸的命运，欧盟成员必须合作，采取集体行动来解决共同的问题”，不符合题意；D 选项意为“开放边界将不再存在”，原文并未提及。故本题答案为 A。

135. **答案**：A。

解析：本题考查语义猜测。题干“最后一段划线的句子如何理解。”句意为“与欧盟全面崩溃相比，欧盟更有可能面临部分解体和边缘化的风险”，故选项 A“欧盟可能会逐渐解体，影响力也会减弱”，与原文表述相符；B 选项意为“如果采取有效措施，欧盟可能摆脱崩溃的命运”；C 选项意为“欧盟很有可能面临全面崩溃，而不是局部解体和边缘化”。曲解题意；D 选项意为“欧盟可能在一夜之间消失”。B、C、D 三项均不符合题意。故本题答案为 A。

136. **答案**：B。

解析：本题考查事实细节。定位至“Some banks, however, may find that mobile adds to costs and erodes prices unless they offer a truly differentiated product or service.”可知“然而，一些银行可能会发现，除非提供真正差异化的产品或服务，否则移动设备会增加成本并侵蚀价格”。前文提到与成本相关的事，B 选项意为“单个银行如果成功地利用了移动的便利，推动数字商务的潜力，以及它所代表的新兴市场无银行账户的机会，就应该能够增加收入并削减成本”。故本题答案为 B。

137. **答案**：A。

解析：本题考查语义衔接。语义衔接题要注重前句的主语，因为后面叙述的内容要与前句的主语保持一致，前句“The survey of executive at 150 European banks, conducted earlier this year, confirms that mobile is here to stay. Most senior executives reject the idea that it's a fad and expect the penetration of mobile technology to bring significant benefits for customers.”的主语是银行的高管对手机的看法，他们并不认为手机是一种时尚。那么根据语篇连贯性原则，主语应该保持一致，后一句的主语也应是 executive。故本题答案为 A。

138. **答案**：F。

解析：本题考查语义衔接。表示的是递进意义的衔接。前一句“The mobile features these institutions currently offer are traditional banking services, such as the ability to check account balances and recent transactions and to conduct simple transactions.”句意为“这些机构目前提供的移动功能是传统的银行服务，比如检查账户余额和查看最近的交易记录，以及其他简单的交易”。交代完传统

的银行服务，应该进一步描述更现代化的服务。选项 F 叙述的是“70% 的银行说它们计划在未来 12 个月内增加一些高级的功能。这一比例告诉我们，它们正在计划重大的移动平台升级；10%甚至正在考虑一个完全的渠道改革”。表示递进的关系。故本题答案为 F。

139. **答案**：G。

解析：本题考查事实细节。定位至“Banks are reasonably optimistic about the financial benefits”可知“银行对经济效益相当乐观”。“Only 4 percent expect the financial impact of mobile banking to be negative”意为“只有 4% 的人认为移动银行对金融的影响是负面的”。前文可能会谈到人们认为移动银行对金融的影响是积极的。G 项意为“在调查中，约有一半的高管认为，移动对银行利润的影响将是积极的，因为满意的客户通过增加忠诚度来表示他们的感激”。故本题答案为 G。

140. **答案**：E。

解析：本题考查事实细节。定位至第七段“Upward of 60 percent of banks believe that success will hinge on gaining new skills...a clear mobile strategy.”意为“超过 60% 的银行认为，成功将取决于获得新技能，特别是通过多种渠道进行市场营销、整合 IT、开发智能手机应用以及将数字交易转化为销售的能力”。后文提到“In other words, so far these companies haven’t created a new underlying mobile business model or a clear mobile strategy（换句话说，到目前为止，这些公司还没有创造出一种新的潜在的移动业务模式，也没有建立清晰的移动战略）”。可知中间部分应具体阐述为何一些公司没有充分发挥移动业务的潜能。E 项意为“不过，大多数人也表示，他们只有不到 10 名员工致力于移动业务，他们在今年刚刚投入了新的投资项目，而且充其量也只是在适应移动业务的小方式上做出了调整”。故本题答案为 E。

2017 招商银行秋季校园招聘考试真题及解析

扫码进入模考系统

2017招商银行秋季校园招聘考试真题

第一单元　英　语

选词填空（共15题）

1. “Otherwise”, she says “they ______ have let me do it.”

A. would no　　B. will not　　C. would not　　D. don’t

2. Because of a storm, the flight was cancelled, ______ many passengers staying at the airport for the night.

A. resulting in　　B. requiring of　　C. demanding on　　D. obliging to

3. As they were foreigners, Bill and Lily were ______ to the military exhibition.

A. denied　　B. rejected　　C. declined　　D. deprived

4. I’m so sorry. I didn’t ______ to keep your book for such a long time, but it is so interesting that 1 read it twice.

A. hope　　B. suppose　　C. assume　　D. intend

5. After his death, Mr. Jonson intends to hand ______ his business to his elder son.

A. off　　B. over　　C. down　　D. in

6. Some insects are very ______ to smell and they use their tentacles to food and escape from danger.

A. flexible　　B. sensible　　C. sensitive　　D. delicate

7. However, it must maintain adequate ______ assets in order to retain the public’s confidence that deposits, I. E. claims, on the bank will be honored.

A. fluid　　B. flowing　　C. liquid　　D. floating

8. Dr. David gave a four-hour-long lecture and it was so ______ that the audience couldn’t help yawning.

A. bored　　B. tired　　C. clumsy　　D. tedious

9. I should get her registered as soon as possible if I ______ you.

A. am　　B. had been　　C. were　　D. was

10. This medical book is a wisdom collection of many ancient experts and remains an ______ source for researchers.

A. identical　　B. inevitable　　C. indispensable　　D. intelligent

11. This kind of bird is becoming more and more _______, and consequently, future generations may have little chance to see their beautiful feather.

A. short B. seldom C. scarce D. minimum

12. If your application _______ submitted before the deadline, you would have gotten the offer.

A. be B. had been C. is D. will be

13. A taxi driver doesn't need to feel inferior _______ anyone with a high profile and a high income.

A. to B. above C. than D. over

14. She was fined 200 yuan. She _______ have been so careless and driven too fast.

A. can't B. couldn't C. shouldn't D. mustn't

15. He is taller than _______ in his class.

A. other boys B. other boy C. any other boy D. all the boys

阅读理解（共 15 题）

Text 1

It's no secret that raising kids today is nothing like it was a decade or two ago.

In fact, many moms say there's no way they would let their children do what their own parents gave them free reign to do as kids.

"I remember raking the city-bus with friends and riding to downtown Atlanta when I was 11 or 12 maybe younger," said Samantha Gregory, a single mom of two children. "I would never let my kids do that today."

Gregory, who still lives in Atlanta, says she used to get criticism for dropping off and picking up her son and daughter from school when they lived only a half-mile away. But she refused to let them roam like she did at their age: "I was paranoid about possible abduction."

It's a common fear, although statistics show that crimes against children have generally decreased in recent decades. Yet moms and dads who walked to school or took public transit themselves as kids refuse to let their own children have the same freedom.

16. Which of the following is true about raising kids according to the passage _______.

A. Different families have different ways of raising kids

B. Parents always give their children free reign to do things

C. Raising kids today is different from it in the past

D. No parent will let their children rake bus nowadays

17. Why did Gregory insist on dropping off and picking up her children from school _______?

A. Because they lived far away from the school

B. Because she was afraid of possible abduction

C. Because her children were so young then

D. Because she didn't want to see her children roam

18. According to the passage, crimes against children ______.

A. have decreased in recent decades

B. keep decreasing in recent years

C. decreased because of parents' extreme caution

D. decreased because of children's less freedom

Text 2

A study published in the journal Science suggests a hidden "ocean" in the Earth's mantle, some 650 kilometers (400 miles) beneath North America. This vast hidden reservoir of water may be locked in a blue crystalline mineral called ringwoodite. The evidence comes from seismic waves that ripple through Earth following earthquakes. This evidence suggests to these scientists that the ringwoodite in Earth's mantle is saturated with liquid. They believe there might be three times as much water underground as exists in all the world's surface oceans.

The scientists-geophysicist Dr. Steven Jacobson: Northwestern University and seismologist Dr. Brandon Schmandt of the University of New Mexico — so far only have evidence that the water — saturated rock sits beneath North America. They want to know if it wraps around Earth.

If it does, it should help scientists understand the processes that govern life on Earth since water is literally life. On our planet, everywhere that we have found traces of water we have found life. This makes the latest discovery by geologists extremely exciting.

19. What is the so called hidden "ocean" according to the passage ______.

A. An ocean 400 miles beneath North America

B. The liquid created by earthquakes in Earth's mantle

C. A kind of blue crystalline mineral

D. A vast reservoir of water contained in the ringwoodite

20. The scientists have evidence showing that the ringwoodite ______.

A. wraps around Earth

B. is beneath North America

C. wraps around surface oceans

D. is beneath Earth's mantle

21. According to the passage, what's the relationship between water and life ______.

A. Wherever there is life, there must be water

B. Life generates water

C. Wherever there is water, there is life

D. Water develops life

Text 3

After a dismal start to the year reflecting a harsh winter the U. S. economy showed signs of rebounding in the spring, with many forecasters expecting growth to be even stronger in the second half of the year.

The government on Wednesday will provide its first estimate of how much the gross domestic product — the economy's total output of goods and services — grew in the April-June quarter. The consensus forecast is that the economy expanded an annual rate of 2. 9 percent according to a survey of economists.

That would mark a dramatic rebound from the January-March period when the economy shrank at an annual rate of 2. 9 percent. It was the biggest contraction since the depths of the recession five years ago.

Normally, such a plunge in economic activity would arouse fears about a recession. But analysts have largely dismissed this years' stumble as the result of a set of adverse developments that should be temporary.

22. What is the general expectation of the U. S. economy according to the passage?

A. It will become dismal again

B. It will grow beyond experts' expectation

C. It won't stop growing

D. It won't continue to rebound

23. What does the passage say about the U. S. economy's total output of goods and services in the second quarter?

A. People are still not sure of its exact performance

B. It grew at an annual rate of 2. 9 percent

C. The estimate of its growth surprises most politicians

D. Some economists did a survey of its growth

24. According to the passage, what might have aroused fears about recession?

A. The economy's continuous growth

B. Adverse developments of economy

C. Economists' positive expectation

D. The economy's great contraction

Text 4

Notice

In order to promote the oral English proficiency of our staff, we are going to have a company-wide English-speaking contest. It will be held in the No. 1 meeting room on the sixth floor at 8 a. m. October 9th. Those who want to take part in the contest are supposed to sign up at the office of Worker Union before September 30. All the colleagues are encouraged to take part in the competition. The top three winners will be given a prize of RMB 2000 and a priority for being part of the overseas training program next year. Please try your best and get prepared in time.

Wish you luck!

The Worker Union. September 20. 2013

25. How many days do candidates have for preparation at maximum?

A. 8 days　　B. 20 days　　C. 30 days　　D. 18 days

26. What is this text mainly about?

A. A Speech competition　　B. An English Test

C. A Training Program　　D. A Work Union part

Text 5

Visitors to Britain are sometimes surprised to learn that newspapers have such a large circulation. The Daily Mirror and Daily Express both sell about four millions everyday, British families generally buy a newspaper every morning and two or three on Sunday.

Besides the national papers, there is, however, another branch of the British press which sells about as many copies. Local newspapers have a weekly circulation of 13 million. Almost every town and country area has one. Nearly all of them hold their own financially and many of them are very profitable.

The papers are written-most entirely for readers interested in local events – birth, weddings, deaths, council meetings and sports. Editors prefer to rely on people who know the district well. A great deal of local news is regularly supplied by clubs and churches in the neighborhood and it does not get out of date as quickly as national news.

The editors must never forget that the success of any newspaper depends on advertising. He is usually anxious to keep the good will of local businessmen for this reason. But if the newspaper is well written and the news items have been carefully chosen to draw local readers, the businessmen are grateful for the opportunity to keep their products in the public eyes.

27. Which of the following is right?

A. All British families buy a newspaper every morning

B. Local newspapers are very profitable

C. National papers and local papers are two branches of the British press

D. Local newspapers sell as many copies as national ones

28. What does the underlined word in the second paragraph stand for?

A. almost even town and country area

B. local papers

C. national papers

D. national and local papers

29. What's the relationship between local newspapers and local businessmen?

A. The success of local newspapers depends on local businessmen

B. They can benefit from each other

C. Local businessmen are grateful for the chance to advertise their products in local newspapers

D. They cannot survive without each other

30. Which kind of literary forms does this text belong to?

A. narration　　B. argumentation　　C. exposition　　D. prose

第二单元　通用就业能力测试——EPI

言语理解（共 20 题）

1. 将以下 6 个句子重新排列组合，最连贯的是（　　）。

（1）长期以来，许多人都有一个误解，就是所谓价格听证会就是价格调整方案的选择会。

（2）“但按照惯例，方案往往不会做特别大的修改，而是在两套方案中选择一套执行，可能会有一些细微的调整”。

（3）而且，不光一般老百姓这么理解，听证会组织方也乐于这么理解。

（4）去年 4 月，在北京水价调整听证会之前也公布了两套价格调整的方案。新闻说，届时，每个听证代表将就两套方案提出自己的意见和建议。

（5）一般来说，两套方案都是涨价，区别只在于涨价的方法和幅度。

（6）其操作模式就是由物价部门提出方案，供参会者选择。

A.（1）（6）（5）（3）（4）（2）　　B.（3）（1）（2）（6）（4）（5）

C.（4）（1）（6）（3）（5）（2）　　D.（5）（6）（3）（1）（2）（4）

2. 依次填入下列句中横线处的词语，与句意最贴切的一组是（　　）。

（1）像他这样具有反权威人格的人，必须认识到自己人格上的偏差，并采取积极的措施加以______。

（2）电子市场的繁荣不容置否，但电子产品______，若没有一双“火眼金睛”，很难分辨真伪。

A. 矫正　鱼龙混杂　　B. 校正　鱼龙混杂

C. 矫正　良莠不齐　　D. 校正　良莠不齐

3. 科学研究发现，大蒜中的烯丙基硫成分可以轻易破坏细菌的黏稠且具保护性的生物膜，这层生物膜可保护细菌不被毁灭。此外，烯丙基硫不仅比红霉素和环丙沙星这两种抗生素的效力更强大，且见效更快。这项发现可能为找到处理生肉、加工肉的方法提供一种新思路，从而降低感染弯曲杆菌导致的食物中毒危险。

按照上文的说法，下列表述正确的一项是（　　）。

A. 一项新的科学发现进一步促进了人类社会的进步

B. 大蒜中烯丙基硫的发现为抗击食物中毒提供了新的思路

C. 大蒜中的烯丙基硫成分可能为处理生肉、加工肉找到新的方法

D. 红霉素和环丙沙星这两种抗生素的杀菌效果不明显

4. 虽然被叫做“智齿”，但智齿除了在冠周炎发作的时候会因为疼痛而影响思考能力外，跟人的智商没有任何关系。智齿只是一颗普通的牙齿。牙髓中间除了有血管、结缔组织之外，也只有来自牙槽神经的分支。包含在牙髓的牙齿神经是下牙槽神经的神经末梢，下牙槽神经来自下颌神经，是三叉神经的分支。三叉神经虽然是颅神经的一支，但它的主要功能是掌管面部痛觉、温觉、触觉等感觉以及控制咀嚼运动，跟你的智力和记忆没有关系。

文字作者想强调的是（　　）。

A. 智齿与智力和记忆无关　　B. 智齿会引发疼痛

C. 智齿里有神经分支　　D. 智齿里的神经与颅神经相连

5. 将以下 5 个句子重新排列组合，最连贯的是（　　）。

（1）而现在，有数据分析表明，这种方式从能量角度讲是有好处的。

（2）以 V 字队形飞行的鸟儿使其翅膀拍打与路径匹配同步，让后面的鸟儿能够利用前面的鸟儿所产生的空气动力“上洗流”。

（3）所有这一切都要求鸟儿必须具有一系列定向策略，来应对拍打的翅膀所产生的动态尾流。

（4）而紧跟在后面飞行的鸟儿则会以相反的相位拍打翅膀，以便尽量减小领头鸟的翅膀所产生的有害“下洗流”。

（5）一些鸟类已将自己的飞行技能优化到了能够让它们以近乎完美的 V 字队形飞行的程度，但是关于它们为什么采用这种方式却一直只有猜测。

A.（2）（5）（4）（1）（3）　　B.（5）（2）（4）（3）（1）

C.（2）（4）（3）（5）（1）　　D.（5）（1）（2）（4）（3）

6. 在下列各句中，没有语病且句意明确的一句是（　　）。

A. 12 月 15 日是众议院大选投票截止日期的最后一天，参加大选的 12 个政党都把最后的激战定在了东京

B. 牙膏中的主要成分是由摩擦剂和氯化物配制而成的，实验室研究发现，这些有效成分发挥作用的最佳温度是 37℃左右

C. 中国暂时没有载人登月的计划，但随着技术的发展，登上月球并非是遥不可及的梦想

D. 10 月 5 日，国务院侨办副主任在香港介绍了国务院侨办正在实施的详细的八项惠侨计划

7. 将以下 5 个句子重新排列组合，最连贯的是（　　）。

（1）几千万贫困人口的存在一直是我国经济社会发展中的一块短板，不能用富裕人口来掩盖贫困人口的存在，切实提高贫困人口的生活水平，让他们摘去贫困帽子，是全面建成小康社会的一个重要内容，需要政府和全社会共同努力。

（2）以前我国只重视提高生产总值，对于居民收入的同步提高重视不够，这种发展模式已经不符合全面建成小康社会的要求。小康社会不单是整个国家的 GDP 增加，更重要的是要让民众切实享受到这种增长的成果。

（3）五中全会提出，到 2020 年国内生产总值和城乡居民人均收入比 2010 年翻一番，这将使我国的社会经济运行和政府对经济的管理产生重大改变。

（4）全面建成小康社会，这是一个激动人心的目标，又是一个很富有挑战性的目标。

（5）全会还把贫困人口脱贫列入全面建成小康社会的目标。

A.（2）（1）（4）（5）（3）　　B,（4）（3）（2）（5）（1）

C.（3）（5）（4）（2）（1）　　D.（5）（4）（1）（2）（3）

8. 依次填入下列句中横线处的词语，与句意最贴切的一组是（　　）。

（1）冬天，车子在银白的雪道上轧出凹凹的辙印，路旁的白桦树挺拔玉立，苍翠勃勃

的樟子松在满眼的白色 ______ 中也显得格外突出，吸引着行人的眼球。

（2）清末，与科举制度紧紧地拴在一起的办学模式已不能适应当时的国情，传统的八股文 ______，丝毫无助于挽救民族死亡。

A. 苍莽　老生常谈　　B. 苍茫　老生常谈

C. 苍茫　陈词滥调　　D. 苍莽　陈词滥调

9. 在下列各句中，没有语病且句意明确的一句是（　　）。

A. 由于流动人口家庭打工收入不多，一般难有积蓄，老家的工作机会又少，能够下定决心为了孩子升学举家回乡的毕竟是少数

B. 随着顶层构架的不断完善，产业的流动和协同发展在政府和市场力量的共同作用下进入加速期

C. 公司计划开会讨论下一步的发展战略，到底是将有限的资金投入到产品研发还是市场拓展，经理对此前景很看好

D. 非法集资害人害己，有关部门应严厉打击这种行为，否则不采取紧急行动，可能会对当地的经济产生重大影响

10. 我国的城镇化趋向于两极分化，大城市由于公共服务、基础设施完备，提供的发展机会、就业机会多，使得人口数量不断增加、空间规模不断膨胀，且超出了资源环境承载能力。一些中小城市虽然有充裕的环境承载能力，但公共服务、基础设施落后，缺乏产业支撑与就业机会，因而缺少对人才的吸纳能力。所以，为了调结构、促改革，促进大中城市和小城镇协调发展，一方面，户籍制度改革要实施差别化的分类；另一方面，要从其他方面提出促进中小城市发展的政策措施。

这段文字主要是在强调（　　）。

A. 产业对城市的发展具有重要作用　　B. 城镇化要做到大中小城市协调发展

C. 与大城市相比，中小城市发展缓慢　　D. 我国的城镇化规模两极分化严重

11. 将以下 6 个句子重新排列组合，最连贯的是（　　）。

（1）我相信未来的二十年，中国才会进入到真正的内需时代，这是所有创新者、创业者的巨大机会所在。

（2）政府可以利用政策把出口做得更好，但是政府很难把老百姓的钱掏出来进行消费。

（3）掏出老百姓的钱，企业家可以做得更好。

（4）政府可以把银行的钱掏出来，把自己的钱掏出来，加大整个投资。

（5）以前中国经济的三驾马车，所谓的投资、出口和内需，投资和出口是政府的强项。

（6）我们需要的是新的技术，用云去激发内需，用云去启动内需，用云、用计算、用互联网去培养内需。

A.（6）（1）（4）（5）（3）（2）　　B.（4）（1）（5）（2）（6）（3）

C.（5）（4）（2）（3）（6）（1）　　D.（3）（4）（1）（2）（5）（6）

12. 事实上，正如无数打工者面临城市的拒斥一样，打工文学也曾受到主流文学的冷漠与歧视。他们的作品很难在纯文字刊物上发表，于是他们就大量投向被视为通俗文学的地市文艺期刊。作品发表后很难受到评论家的关注，偶尔有一些零星的评论，也几乎注定不会有知音式的理解，于是他们就从自己体内分解出评论家来。

这段文字的主旨是（　　）。

A. 打工文学自成一派　　　　　　　　B. 打工文学主要在地市文艺期刊出现

C. 打工文学的评论家非常少　　　　　D. 打工文学未受到足够的关注

13. 有关高等职业教育的年度调研报告显示：高等职业学校毕业生就业质量持续提高，月收入增长“跑赢”CPI，毕业三年后收入翻番，增速高于城镇单位在岗职工平均水平，且有六成实现了职位晋升。报告还显示，高职学生毕业三年后，进入创业群体的比例大幅增加。

这段文字主要反映了（　　）。

A. 职校毕业生收入增速加快

B. 职校学生的就业前景良好

C. 高等职业教育发展态势良好

D. 毕业三年后职校毕业生的发展才算良好

14. 在下列句子中，有语病的一项是（　　）。

A. 修补 DNA 所必需的基因，与促使细菌保持原状的基因没什么两样，重要的是各自的改良和组合

B. 发展科学、教育等智能文化是一个国家、一个民族从野蛮走向文明，从愚昧走向智慧，从经济落后走向经济繁荣的重要条件

C. 在外地接受公司为期一年的技术培训后，他不但熟练掌握了这种机器的操作步骤和维修技术，还拿捏了当地的方言，拍了大量当地的风情照片

D. 即使现在股票市场热一点，震荡幅度比较大，但只要银行不出现危机，就不会变成全面的金融危机

15. 下列各句中，没有语病且句意明确的一句是（　　）。

A. 当长期孤独影响你的身心健康，而你无法通过一些小技巧来解决的时候，可能你更需要一个专业人士的陪伴

B. 这次活动面向的是部分中学学生，学生们均反映活动非常有意义

C. 昨天狂风大作，造成多家商铺的招牌被损坏，店主们都在忙着联系保险公司

D. 现在社会上有一些不怀好意的人戴着伪慈善家的面具、假借慈善名义骗取他人钱财，实在可恶

16. 依次填入下列句中横线处的词语，与句意最贴切的一组是（　　）。

（1）被秋雨洗涤后的天空一片湛蓝，朵朵白云点缀其间，缓缓浮动，它们似乎也在______校园美丽的秋色，久久不愿离去。

（2）座谈会现场，来自京剧界的老前辈、京剧世家后人、居民代表等共同为推动社区京剧文化胡同建设______。

A. 留恋　建言献策　　　　　　　　B. 留念　出谋划策

C. 留恋　出谋划策　　　　　　　　D. 留念　建言献策

17. 将以下 5 个句子重新排列组合，最连贯的是（　　）。

（1）在这个意义上，在移动互联时代，由民族英雄所编制的“精神道德”不该被削弱，反而应该更好地被继承和守护。

（2）当“互联网+”的时代敲门声响起，多元文化占据了现代人的心灵。

（3）换言之，在多元之中，必须找寻到“最大公约数”，画出“最大同心圆”。

（4）然而，多元并不意味着非此即彼。

（5）恰如珍珠必须有细线连接，才能成为项链，多元之中，必然要有主流的串连，才不至于成为撕裂社会的土壤。

A.（1）（5）（2）（3）（4） B.（2）（4）（5）（3）（1）

C.（4）（3）（5）（2）（1） D.（3）（1）（2）（4）（5）

18. 依次填入下列句中横线处的词语，与句意最贴切的一组是（ ）。

（1）明末清初，最初的黄酒是出自河北沧州的麻姑酒，麻姑酒需要______10 年以上，明朝京城上层社会很推崇这种酒，一坛值四五两银子。

（2）冰心在《樱花和友谊》中写道：“当曲折的山路被这天边的花云遮盖了的时候，我们就像坐在十一只首尾相接的轻舟之中，______着骀荡的东风。”

A. 珍藏 驰骋 B. 珍藏 超越

C. 陈贮 驾驶 D. 陈贮 凌驾

19. 下列各句中，没有语病且句意明确的一句是（ ）。

A. 越来越多的品牌意识到这些二级市场的抱怨，往往是质量问题居高不下的原因，所以他们也都在致力于改善这种不对等的现象

B. 不到一年时间，这本名著接连出了三个中文译本，不仅让这本写于 100 年前小说在中文世界得到了集中关注，而且让中文读者有了更多选择

C. 据初步调查显示，司机违章载人和雨天路滑是造成这起重大交通事故的主要原因

D. 四月初，鸭绿江畔春意盎然，万亩桃园桃花绽放，分外娇媚，吸引了大批游客踏春赏花

20. 依次填入下列句中横线处的词语，与句意最贴切的一组是（ ）。

（1）这个社会小区的服务项目很多，诸如订报送奶、补衣修鞋、代买粮票，______。

（2）1938 年 3 月 23 日，台儿庄战役打响，李宗仁将军______，率部包围并歼灭日寇一万余人，狠狠打击了侵略者的嚣张气焰。

A. 不一而足 不负众望 B. 不胜枚举 众望所归

C. 五花八门 深孚众望 D. 数不胜数 不孚众望

数字运算（共 10 题）

1. 某渔民为了估计自家鱼塘里鱼的数量，将 100 条做了标记的鱼放入鱼塘。一段时间后，该渔民在打捞上来的 200 条中发现了 2 条做了标记的鱼，那么，现在鱼塘中鱼的数目约为（ ）条。

A. 9800 B. 9900 C. 11000 D. 10000

2. 将 3 个不同的玻璃球放到 3 个不同的杯子中，但每个杯子里至多只能放 2 个球。那么，一共有（ ）分配方案。

A. 9 B. 6 C. 18 D. 24

3. 小明沿一条直线栽树，已知 ABC 三棵树依次排开，且 D 树位于 AC 两树的中间位置、

E 树位于 BC 两树中间的位置、AB 两树之间的距离是 8 米，那么，DE 两树之间的距离是（　　）米。

A. 10　　B. 8　　C. 6　　D. 4

4. 父女的年龄差 30 岁，5 年后父亲的年龄正好是女儿的年龄的 3 倍，那么今年女儿（　　）岁。

A. 8　　B. 9　　C. 10　　D. 12

5. 一项工程由甲、乙两人共同完成，如果两人单独完成的话，甲需要 12 天、乙需要 15 天。现在由甲单独干 2 天，剩下的工程交给乙独自完成，那么，完成这项工程一共用了（　　）天。

A. 12. 5　　B. 13　　C. 11　　D. 14. 5

6. 某中学需要把一批学生信息输入学校管理系统，甲单独做需 6 小时、乙单独做需 4 小时；现在甲先做 30 分钟，然后甲、乙一起做。那么，完成所有工作需要的总时间是（　　）小时。

A. 2. 7　　B. 3. 0　　C. 3. 2　　D. 3. 5

7. 两城市相距约 1200 千米，飞机顺流需 2 小时 30 分钟到达，逆流则需 3 小时 20 分钟，飞机的平均速度和风速分别是（　　）千米/小时。

A. 400，80　　B. 440，40　　C. 460，20　　D. 420，60

8. 甲乙参加自行车比赛，若乙比甲先行 3000 米，则 5 分钟后甲追上乙；若乙比甲先行 4 分钟，则 2 分钟后甲追上乙。那么，乙的速度是（　　）米/秒。

A. 5　　B. 3　　C. 6　　D. 2

9. 两人相距 6 千米，同时出发相向而行，1 小时后相遇，同时出发同向而行，3 小时后相遇，速度较快的人的平均速度是（　　）千米/小时。

A. 3　　B. 2　　C. 4　　D. 1

10. 兄弟二人，哥哥今年 15 岁，弟弟比哥哥小 9 岁，请问（　　）年后哥哥的年龄是弟弟年龄的 2 倍。

A. 3　　B. 4　　C. 2　　D. 1

逻辑推理（共 15 题）

1. 从下列四个选项中选择合适的一个填在问号处，使之呈现一定的规律性。（　　）

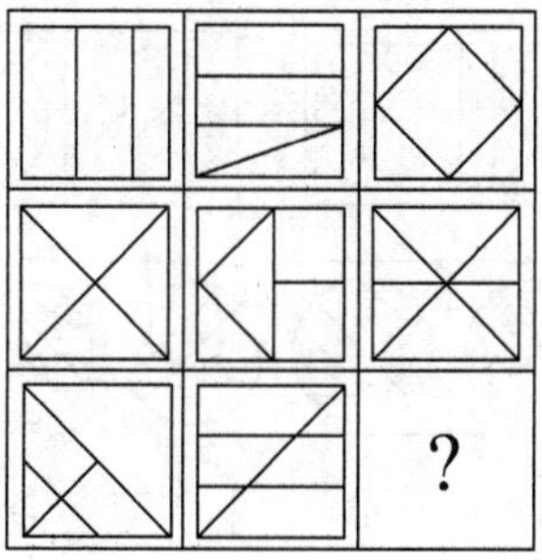

?

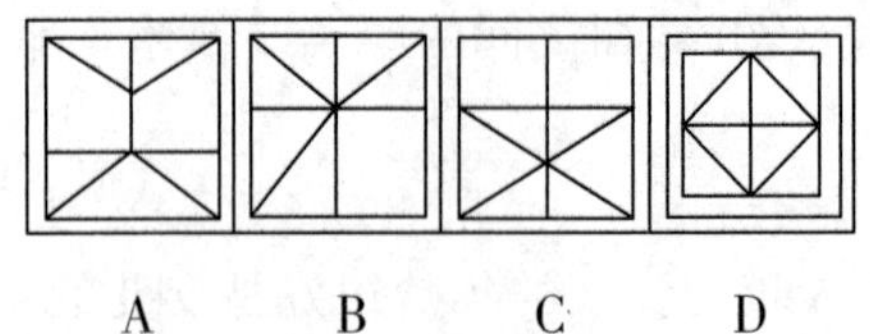

A　　B　　C　　D

2. 七名运动员（一号至七号）参加 100 米跑的决赛，没有任何两个人同时到达终点。已知：（1）七号跑得比一号快，一号比二号快；（2）三号最先到达终点，五号跑得最慢；（3）四号第六个跑到终点。二号第五个跑到终点。

下列选项中不可能正确的选项是（　　）。

A. 七号运动员获得第四名或第七名

B. 六号运动员获得第三名或第四名

C. 一号运动员获得第四名或第六名

D. 一号运动员获得第三名或第五名

3. 从下列四个选项中选择合适的一个填在问号处，使之呈现一定的规律性。（　　）

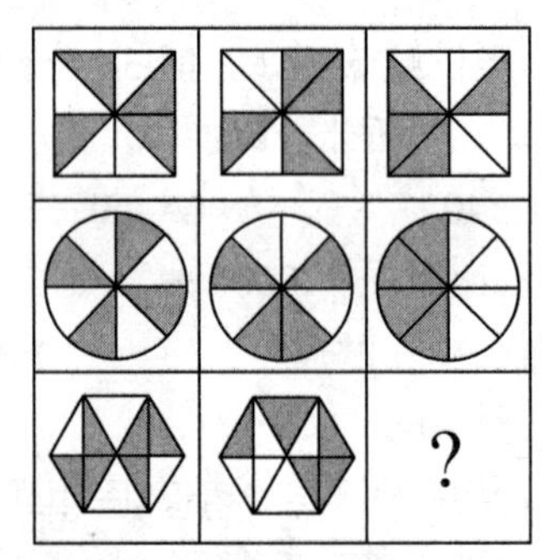

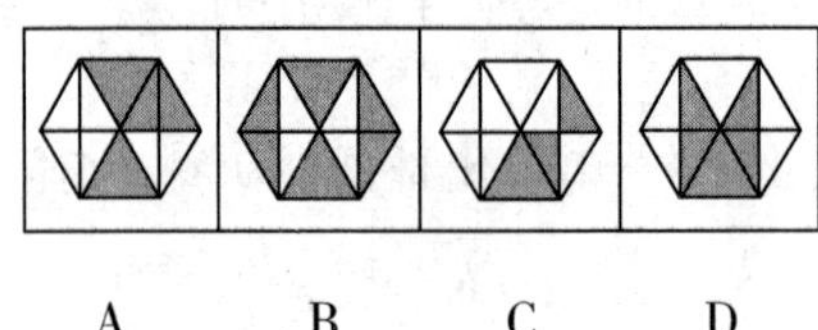

A　　B　　C　　D

4. 根据以下数字的规律，空缺处应填入的是（　　）。

17，19，37，60，106，（　　）

A. 169　　B. 204　　C. 175　　D. 182

5. 从下列四个选项中选择合适的一个填在问号处，使之呈现一定的规律性。（　　）

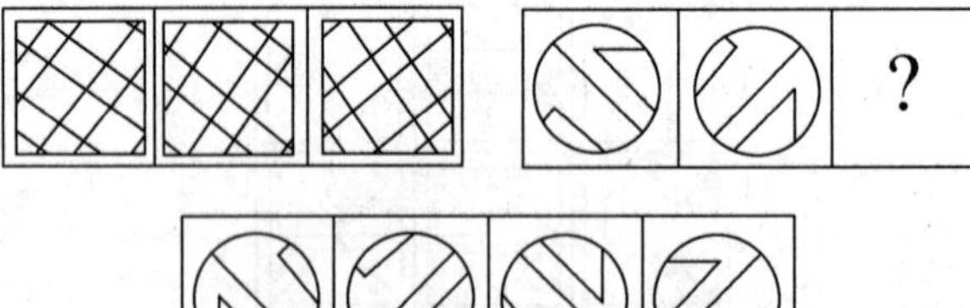

A　　B　　C　　D

6. 根据以下数字的规律，空缺处应填入的是（　　）。

20，6，52，116，336，（　　）

A. 904　　B. 848　　C. 556　　D. 752

7. 从下列四个选项中选择合适的一个填在问号处，使之呈现一定的规律性。（　　）

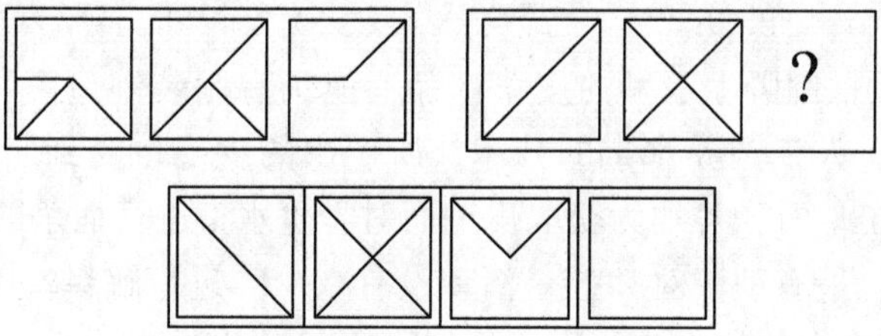

A　B　C　D

8. 不可能所有的犯罪嫌疑人都能够无罪释放。

以下哪项判断的含义与上述判断最为接近？（　　）

A. 肯定所有的犯罪嫌疑人都能无罪释放

B. 可能所有的犯罪嫌疑人都能无罪释放

C. 可能有的犯罪嫌疑人能够无罪释放

D. 肯定有的犯罪嫌疑人不能无罪释放

9. 根据以下数字的规律，空缺处应填入的是（　　）。

4，−7，−2，−25，−56，（　　）

A. −108　　B. −154　　C. −187　　D. −127

10. 根据以下数字的规律，空缺处应填入的是（　　）。

9，19，−9，36，−18，（　　）

A. 118　　B. 72　　C. 100　　D. 104

11. 从下列四个选项中选择合适的一个填在问号处，使之呈现一定的规律性。（　　）

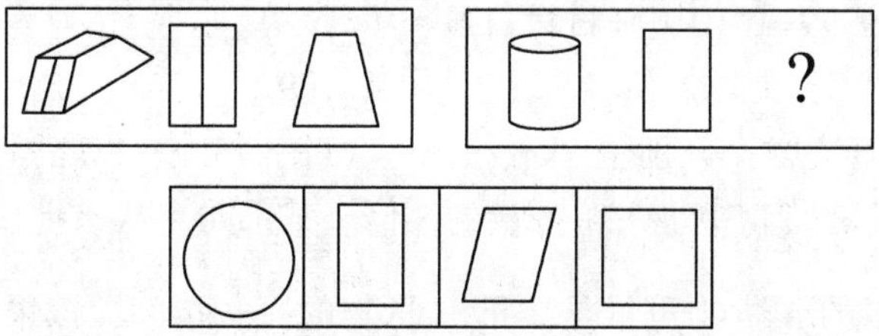

A　B　C　D

12. 古代战将中，只有战力比对方强、马速比对方快，才能将对方斩于马下。假使吕布、李元霸和林冲相互较量，一个使刀、一个使锤、一个使剑，但不知道谁具体使用哪一样兵器。吕布说：我比使刀的战力强，但比使剑的马速弱；李元霸说：我比吕布的马速强；林冲说：我比使锤的战力强。

问这三个人较量，谁一定能将对方斩于马下？（　　）

A. 林冲能将吕布斩于马下

B. 吕布能将李元霸斩于马下

C. 李元霸能将林冲斩于马下

D. 三人势均力敌，都不能杀死对方

13. 根据以下数字的规律，空缺处应填入的是（　　）。

-1，2，0，4，4，12，（　　）

A. 24　　B. 36　　C. 20　　D. 12

14. 尽管大家开始抵制野生水獭的皮草产品，但仍有服装制造商将它的皮毛制成围脖。几年前有人成功发明了人工饲养水獭的技术，所产出的皮毛也受到了服装制造商广泛的好评，但从最近几年的统计看，各地为获取皮毛而对野生水獭进行捕杀的活动却并没有减少。

以下哪一项正确，最有助于对“捕杀活动没有减少”进行解释？（　　）

A. 人工养殖与野生水獭的皮毛的质地是相同的，难以区分

B. 绝大部分野生水獭的皮毛用在极其昂贵的皮草衣服上

C. 人工饲养获得水獭皮的成本比偷猎野生水獭的成本更低

D. 野生水獭数量稀少濒于灭绝但生活水域广泛难以保护

15. 两年前于西伯利亚永久冻土地带发现了远古细菌——芽孢杆菌 F。科学家将其注入到不能生育的雌鼠体内后，雌鼠又恢复了生育能力。科学家本人注射该细菌后，他变得更加强壮，并且注射两年后从未生病。因此，注射远古细菌有利于人体健康长寿。

以下各项如果为真，不能削弱上述结论的是（　　）。

A. 注射该细菌后科学家寿命大大减少

B. 有些远古细菌会引起传染性疾病

C. 科学家注射细菌后患有某种无法检测的病

D. 注射芽孢杆菌 F 后对身体没有危害

思维策略（共 10 题）

1. 98989898×99999999÷1010101÷11111111 =（　　）

A. 882　　B. 862　　C. 769　　D. 682

2. 某批发商有 5 箱货物，分别重 7kg、12kg、6kg、15kg、18kg，其中包括 A 货物和 B 货物，B 货物总重量是 B 货物中最大箱重量的 2 倍。某采购商从该批发商处采购 A 货物、B 货物各一箱，这样剩下的 A 货物重量是剩下 B 货物的$\frac{5}{6}$。请问，该采购商采购货物总重量是（　　）kg。

A. 33　　B. 27　　C. 25　　D. 19

3. （8.998+89.98+899.8+8998）÷1.111 =（　　）

A. 8990　　B. 8991　　C. 8998　　D. 10000

4. 0.1+0.2+0.3+…+9.9+9.8+9.7+…+0.1 =（　　）

A. 990　　B. 1000　　C. 1010　　D. 1020

5. 16.7×23+293.3×23−290×23 =（　　）

A. 460　　B. 360　　C. 560　　D. 260

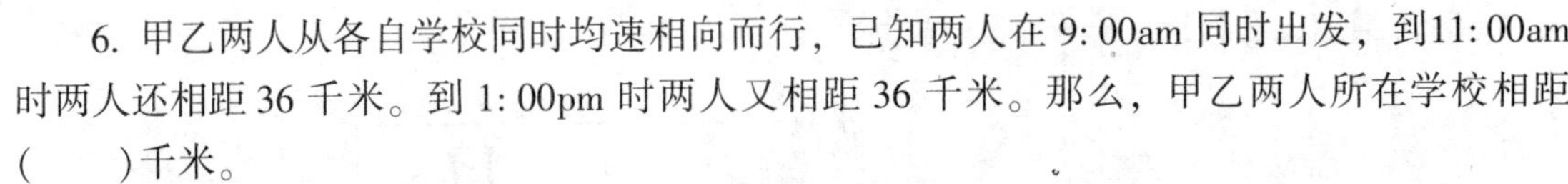

6. 甲乙两人从各自学校同时均速相向而行，已知两人在 9: 00am 同时出发，到11: 00am 时两人还相距 36 千米。到 1: 00pm 时两人又相距 36 千米。那么，甲乙两人所在学校相距（　　）千米。

A. 96　　　　B. 98　　　　C. 106　　　　D. 108

7. 75×65+74×35+35 =（　　）

A. 7460　　　　B. 7430　　　　C. 7400　　　　D. 7500

8. 有四种颜色的发卡各一个，每人可以从中任意取出后放回，但只限取 1 件或者取 2 件，至少有（　　）个人去取，才能保证有 3 人能取得完全一样的。

A. 20　　　　B. 21　　　　C. 15　　　　D. 25

9. 幼儿园小朋友做操，小果正好在这个正方形方队的正中间，前后左右均为 4 人，那么一共有多少个小朋友？（　　）

A. 56　　　　B. 49　　　　C. 81　　　　D. 64

10. 沿一条公路依次有甲、乙、丙、丁、戊、已 6 座粮站，每个粮站之间的距离是 5 公里，已知甲粮站有存粮 50 吨、乙粮站有存粮 10 吨、戊粮站有存粮 40 吨、已粮站有存粮 5 吨，丙、丁粮站均没有存粮。现要将 6 座粮站中的存粮集中到一座粮站中，已知运 1 吨粮食每公里的运费为 200 元，为使得运费最少，则应集中到（　　）。

A. 戊　　　　B. 乙　　　　C. 已　　　　D. 甲

第三单元　认知能力

1. 粗加工与细加工

（1）题目描述

你将在屏幕上看到五张图片。屏幕左边是目标图片，右边是四张对比图片。四张图片对比仅有一幅图片与目标图片完全一致。请用鼠标单击选择该图片，作答后，系统将自动进入下一组图片，你将不能返回进行修改。请用尽可能快的速度完成作答。你即将进入练习环节，熟悉作答方式。完成练习后，点击开始测试按钮进入正式测试。

（2）粗加工题目展示

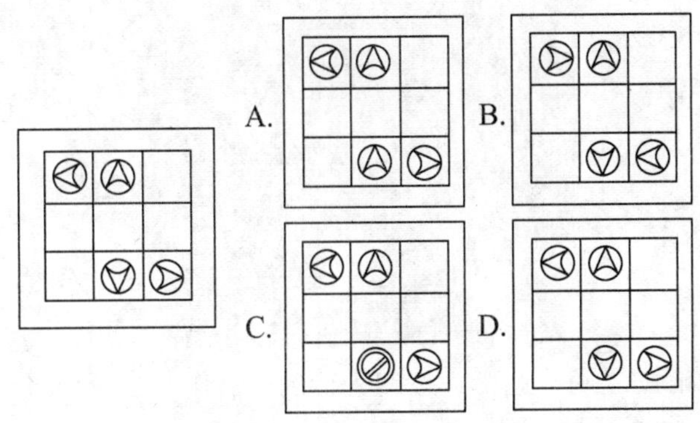

（3）细加工题目展示

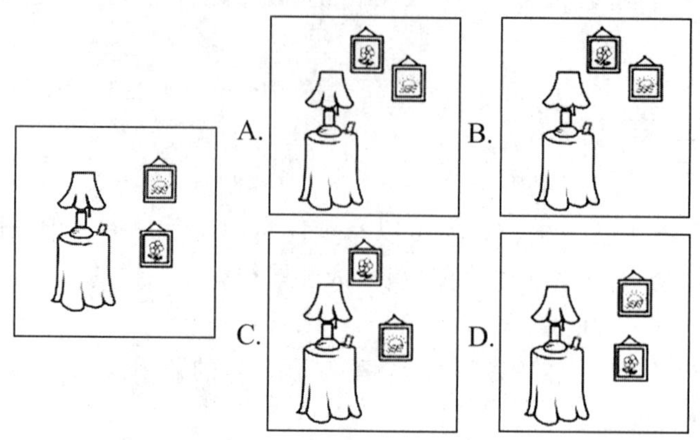

2. 空间记忆容量

（1）屏幕上将呈现一个 6×6 的正方形网络，其中一些单元格会呈现五角星，你需要尽量记住单元格上五角星的位置，之后，五角星会消失。

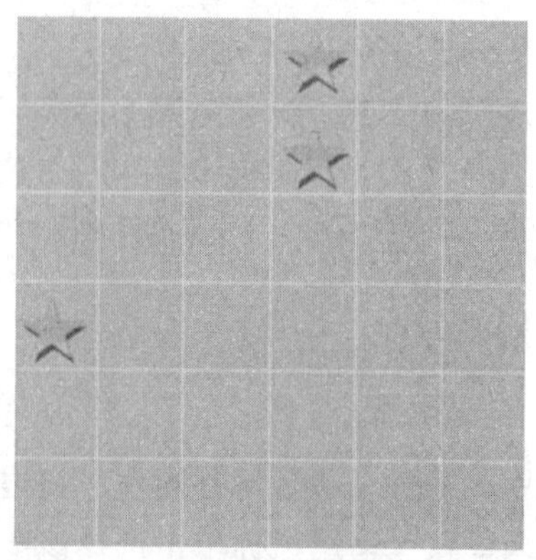

（2）根据记忆，用鼠标左键选出五角星的位置，被选中的单元格会变成蓝色。如果需要取消选择，用鼠标单击一次。被选中的单元格数量等于呈现五角星的数量。

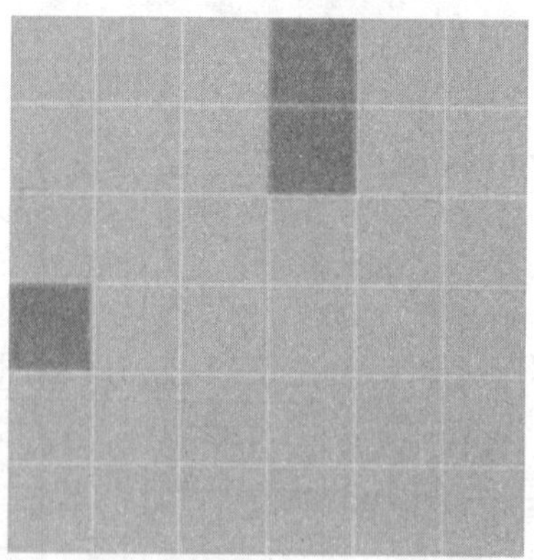

（3）完成选择后请按“确认选择”按钮进行确认。作答后系统将自动进入下一组任务，你将不能返回修改。

（4）请用尽可能快的速度完成作答。你将进入练习环节，熟悉作答方式。完成练习后，点击开始测试按钮进入正式测试。

3. 目标动态追踪

（1）屏幕上会呈现 10 个圆球，其中 3 至 5 个圆球将闪烁。闪烁的圆球即为需要追踪的目标，请记住它们。追踪目标闪烁后，10 个圆球都会开始运动。

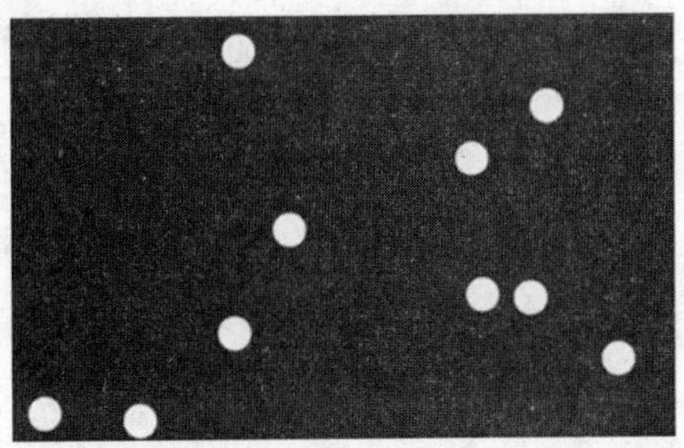

（2）当圆球运动停止后它们会变成正方形。请用鼠标点选出之前闪烁的追踪目标进行作答。鼠标点击一次即为选中，被选中的目标显示橙色边框，再点击一次则取消选择。选择的追踪目标的个数必须等于之前闪烁的圆球数量。

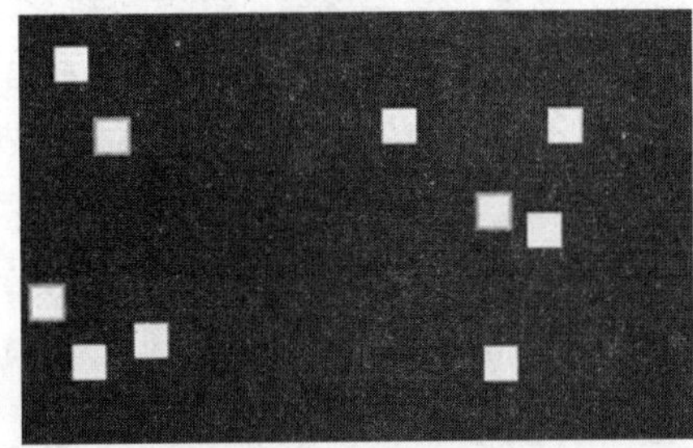

（3）完成作答后单击“确认选择”按钮，之后进入下一个任务。一旦进入下一个任务，将无法返回进行修改。

（4）请用尽可能快的速度完成作答。你将进入练习环节，熟悉作答方式。完成练习后，点击开始测试按钮进入正式测试。

2017 招商银行秋季校园招聘考试真题解析

(扫描答案右侧二维码可观看真题解析视频)

第一单元　英　语

选词填空（共 15 题）

1. **答案**：C。

解析：本题考查虚拟语气。句意为“她说：‘不然的话，他们本不会让我做这件事’”。题中 otherwise 意为“否则、要不”。题中是对过去的虚拟。结构为：主语+would/could have +过去分词。故本题答案为 C。

2. **答案**：A。

解析：本题考查动词词义辨析。句意为“由于暴风雨，航班被取消了，使得许多乘客在机场过夜”。选项 A 意为“结果是，导致”，符合题意；选项 B 意为“要求”；选项 C 意为“苛求”；选项 D 意为“迫使做”。故本题答案为 A。

3. **答案**：B。

解析：本题考查动词词义辨析。句意为“因为比尔和莉莉是外国人，所以他们被拒绝参观军事展览”。选项 A 意为“否定，否认”；选项 B 意为“拒绝（常用含义）”，符合题意；选项 C 意为“委婉地拒绝”；选项 D 意为“剥夺”。故此题答案为 B。

4. **答案**：D。

解析：本题考查动词词义辨析。句意为“非常抱歉。我并没打算借这么久，但是你的书实在太有趣了，我读了两遍”。选项 A 意为“希望”；选项 B 意为“认为，假定，猜想”；选项 C 意为“承担；呈现；假定”；选项 D 意为“打算。想要”，intend to do sth. 意为“计划做某事，打算做某事”，符合题意。故本题答案为 D。

5. **答案**：B。

解析：本题考查短语辨析。句意为“在他死后，琼森想把生意转交给大儿子”。A 选项 hand off 意为“用手推开某人”；B 选项 hand over 意为“转交”，符合题意；C 选项 hand down to 意为“遗留，把……传递下来”；D 选项 hand in 意为“上交”。故本题答案为 B。

6. **答案**：C。

解析：本题考查形容词词义辨析。句意为“一些昆虫对气味很敏感，他们用触须触碰食物，逃避危险”。选项 A 意为“灵活的，柔韧的”；选项 B 意为“理智的”；选项 C 意为“敏感的”；选项 D 意为“微妙的，纤弱的”。be sensitive to 意为“对……敏感”，为固定搭配。故本题答案为 C。

7. **答案**：C。

解析：本题考查动词词义辨析。句意为“然而，必须保证流动资金充足，以保持公众对银行存款的信心”。选项 A 意为“液体，流体；音乐设计等优美流畅”；选项 B 意为“流动，主要形容信息传播和资金流通”；选项 C 意为“液态的，流畅的，易变为现金的”；选项 D 意为“浮动的”。liquid assets 是指“流动资金”。故本题答案为 C。

8. **答案**：D。

解析：本题考查形容词词义辨析。句意为“大卫博士做了一个长达 4 小时的演讲，实在是太乏味了，以至于观众都忍不住要打呵欠”。选项 A 意为“感到无聊的”，通常是人作主语，与题意不符；选项 B 意为“劳累的”；选项 C 意为“笨拙的”；选项 D 意为“冗长乏味的”，符合题意。前面有 4 小时的演讲，即物作主语，所以选项 D 符合题意。故本题答案为 D。

9. **答案**：C。

解析：本题考查虚拟语气。句意为“如果我是你，我就让她尽快登记”。本题是 if 条件句的虚拟语气，是对过去时态的虚拟，主句结构为：主语+should/could/would +动词原型，条件句中如果有 be 动词且宾语是除主语之外的人或者物时，用 were。故本题答案为 C。

10. **答案**：C。

解析：本题考查形容词词义辨析。句意为“这本医书是许多古代专家的智慧结晶，是研究人员不可或缺的资源”。选项 A 意为“完全相同的，同一的”；选项 B 意为“不可避免的”；选项 C 意为“不可或缺的”，符合题意；选项 D 意为“聪明的，理解能力强的”。故本题答案为 C。

11. **答案**：C。

解析：本题考查名词词义辨析。句意为“这种鸟变得越来越稀少，因此，后代们几乎没有机会看到它们美丽的羽毛”。选项 A 意为“短、矮、缺乏”；选项 B 为副词，意为“几乎不”；选项 C 意为“稀有的”；选项 D 意为“最小的”。A、B、D 均不符合语意。故本题答案为 C。

12. **答案**：B。

解析：本题考查虚拟语气。句意为“如果你的申请在截止日期之前已经递交，你本将会拿到入职通知”。与过去事实相反的虚拟条件句中，主语用 would have done，从句用过去完成时。故本题答案为 B。

13. **答案**：A。

解析：本题考查固定搭配。句意为“出租车司机不需要觉得自己不如任

何高姿态和高收入的人”。inferior to 意为“不如”。故本题答案为 A。

14. **答案**：C。

解析：本题考查虚拟语气。句意为“她被罚款 200 元。她本不该这么不小心并且开得这么快”。shouldn't have done 表示本不该做却做了某事，强调做错了事而后悔的虚拟语气。故本题答案为 C。

15. **答案**：C。

解析：本题考查代词词义辨析。句意为“他比班级里的其他任何一个男孩都高”。由于题中特指了范围 in his class，故 A、B 选项应加定冠词 the，故排除 A、B；D 选项 all the boys 包括“他”自己，表达不准确，故排除 D。C 选项 any other boy 表示其他任何一个男孩。故本题答案为 C。

阅读理解（共 15 题）

16. **答案**：C。

解析：本题考查事实细节。题干问“根据本文，以下关于抚养孩子的选项哪个是正确的”，定位至原文第一段“It's no secret that raising kids today is nothing like it was a decade or two ago.”句意为“众所周知，今天抚养孩子并不像十年前或者是二十年前了”。此句与选项 C“今天抚养孩子的方式与过去不一样了”意思相符。故本题答案为 C。

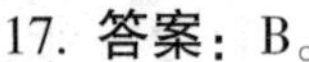

17. **答案**：B。

解析：本题考查事实细节。根据题干“为什么格雷戈里坚持放学后去学校接孩子”，定位至原文第四段“I was paranoid about possible abduction.”可知“我害怕发生类似于绑架这样的事”，与选项 B 意思相符。选项 A 意为“因为他们家离学校很远”；选项 C 意为“因为那时她的孩子很小”；选项 D 意为“因为她不想让她的孩子闲逛”。故本题答案为 B。

18. **答案**：A。

解析：本题考查事实细节。根据题干“以下针对儿童的犯罪哪个表述正确”，定位至原文最后一段“It's a common fear, although statistics show that crimes against children have generally decreased in recent decades.”可知“尽管统计数据显示，近几十年来针对儿童的犯罪普遍减少，但是有这种恐惧也是人之常情”，与选项 A 意思相符。选项 B 是易混淆的选项，意思为“最近几年一直在减少”，与题意“大体减少”不符。故本题答案为 A。

19. **答案**：D。

解析：本题考查事实细节。根据题干“根据文章可知所谓的隐藏海洋是什么”，定位至原文第一段“This vast hidden reservoir of water may be locked in a blue crystalline mineral called ringwoodite”。句意为“这个巨大的隐藏的水库可能隐藏在一种叫做林伍德的蓝色水晶矿物里”，与选项 D 意思相符。故本题答案为 D。

20. **答案**：B。

解析：本题考查事实细节。根据题干“科学家们的证据表明蓝色水晶矿物……”，定位至原文第一段“this evidence suggests to these scientists that the ringwoodite in Earth's mantle is saturated with liquid.”句意为“基于这些证据，科学家认为，地幔中的蓝色水晶矿物是饱和的”。可知蓝色水晶矿物是在地幔当中，而第一段又提到地幔在北美的地下。故本题的答案为B。

21. **答案**：C。

解析：本题考查事实细节。根据题干“根据这篇文章可知水和生命的关系是什么”，定位至原文最后一段“it should help scientists understand the processes that govern life on Earth since water is literally life.”句意为“它能够帮助科学家了解地球上生命的过程，因为水就是生命”。与选项C“有水的地方就有生命”题意相符。故本题答案为C。

22. **答案**：C。

解析：本题考查事实细节。通过expectation of the U. S. economy定位至第一段最后一句“many forecasters expecting growth to be even stronger in the second half of the year.”句意为“许多预测人士预计今年下半年经济增长将更加强劲”。可知，美国经济总体预期会增加得更强劲，不会停止。故本题答案为C。

23. **答案**：B。

解析：本题考查事实细节。通过second quarter定位至第二段“The consensus forecast is that the economy expanded an annual rate of 2.9 percent according to a survey of economists.”句意为“根据经济学家们的调查报告，人们一致预测，经济增长年率为2.9%”。故本题答案为B。

24. **答案**：D。

解析：本题考查事实细节。通过arouse fear定位至第四段第一句“Normally, such a plunge in economic activity would arouse fears about a recession.”句意为“通常这种经济活动的暴跌会引起人们对经济衰退的担忧”。然后通过第三段最后一句“It was the biggest contraction since the depths of the recession five years ago.”可知“这是自五年前经济衰退最严重时期以来最大的一次经济萎缩”。因此，D选项与文中信息相符。故本题答案为D。

25. **答案**：D。

解析：本题考查推理判断。通告是2013年9月20日公布的。由第二句话“It will be held in the No. 1 meeting room on the sixth floor at 8 am October 9th.”可知“它将于10月9日上午8点在6楼的No. 1会议室举行”。从9月21日开始到10月8日进行准备，共18天。故本题答案为D。

26. **答案**：A。

解析：本题考查文章主旨。定位至第一句“In order to promote the oral English proficiency of our staff, we are going to have a company-wide English-speaking contest.”可知“为了提高我们员工的英语口语水平，我们将举办全

公司英语演讲比赛”。文章主要对英语演讲比赛进行介绍。故本题答案为 A。

27. **答案**：C。

解析：本题考查事实细节。A 选项定位至第一段最后一句“British families generally buy a newspaper every morning and two or three on Sunday.”句意为“英国家庭通常每天早上买一份报纸，周日买两到三份”。可知，文中并未强调所有英国家庭每天早上都买报纸，故排除 A。B 选项定位至第二段最后一句“many of them are very profitable”，句意为“他们中的一些是非常赚钱的”。可知，B 选项扩大了范围，忽略了 many of them，故排除 B。C 选项定位至第二段第一句“Besides the national papers, there is, however, another branch of the British press which sells about as many copies”，句意为“然而，除了国家报纸之外，还有另一个英国报刊的分支卖了很多稿件”。由后文可知，另一个分支是地方报纸，故 C 选项符合题意。D 选项由文中第一段可知国家报纸每天发行量 400 万，由第二段可知地方报纸每周发行量 1300 万，故排除 D 选项。故本题答案为 C。

28. **答案**：B。

解析：本题考查语义猜测。定位至第二段最后一句“Nearly all of them hold their own financially and many of them are very profitable.”由于第二段开头写的是 Besides the national papers 可知其实本段主要讲述的是地方报纸。所以 them 指代的是 B 项。故本题答案为 B。

29. **答案**：B。

解析：本题考查事实细节。由最后一段可知，任何报纸的成功都取决于广告，所以编辑们通常会与当地的商人保持良好关系，而报纸如果写得好，商人们也很感激有机会可以让他们的商品出现在公众的视线中，故当地报纸与商人之间应是互相受益的关系。故本题答案为 B。

30. **答案**：C。

解析：本题考查推理判断。选项 A 意为“记叙文”，选项 B 意为“议论文”，选项 C 意为“说明文”，选项 D 意为“散文”。文章第一段提出英国的报纸发行量大，第二段论述了地方报纸的发行情况，第三段论述了报纸的内容，最后一段论述了商人和当地报纸之间的关系，故本文属于说明文。故本题答案为 C。

第二单元　通用就业能力测试——EPI

言语理解（共 20 题）

1. **答案**：A。

解析：本题考查语句排序。第（3）句的“而且”、第（4）句的“也”、第（5）句的“两套方案”都是表示承接上文的词语，不适合作首句，排除 B、C、D 项。故本题答案为 A。

2. **答案**：C。

解析：本题考查含义侧重。“矫正”是指改正、纠正，宾语可以是具体事物，如矫正牙齿；也可以是抽象事物，如矫正偏差、矫正错误等。“校正”是指校对、订正，多指改正稿件中不正确的内容和写法。根据题意，第一空的搭配对象是“偏差”，用“矫正”合适，可排除B、D选项。“鱼龙混杂”比喻坏人和好人混在一起。只能指人，不可用来形容物。“良莠不齐”是指好人坏人都有，混杂在一起，侧重于强调参差不齐。“良莠不齐”在形容人的时候，往往指品质好的人和品质坏的人混在一起。这个词语发展到今天，其词义范围有了延伸，不仅指人的品质，也会用来形容事或物的品质。所以在使用的时候要灵活应变，如果在做题的时候有更合适的词语来形容事物，那么则不选“良莠不齐”；如果没有，或者和“鱼龙混杂”放在一起辨析，则应选择“良莠不齐”。题目指的是电子产品的质量参差不齐，选“良莠不齐”更合适。故本题答案为C。

3. **答案**：C。

解析：本题考查细节辨析。A选项在文段中没有涉及，无中生有，排除。题干中是“降低感染弯曲杆菌导致的食物中毒”而不是所有的食物中毒，B选项以偏概全，排除。文段只说“烯丙基硫不仅比红霉素和环丙沙星这两种抗生素的效力更强大，且见效更快”，并不代表“红霉素和环丙沙星这两种抗生素的杀菌效果不明显”，D选项推断过度，排除。由“这项发现可能为找到处理生肉、加工肉的方法提供了一种新思路”可知C项正确。故本题答案为C。

4. **答案**：A。

解析：本题考查主旨概括。文章为总分总结构，文段开头“但智齿除了在冠周炎发作的时候会因为疼痛而影响思考能力外，跟人的智商没有任何关系”，结尾“但它的主要功能是掌管面部痛觉、温觉、触觉等感觉以及控制咀嚼运动，跟你的智力和记忆没有关系”都强调了作者的观点，即“智齿与智力和记忆无关”。故本题答案为A。

5. **答案**：D。

解析：本题考查语句排序。通过选项可知首句在（2）和（5）两句中选择，第（2）句介绍的是V字形飞行的优势，第（5）句介绍鸟类V字形飞行，并抛出“为什么采取这种方式”的问题，相比而言（5）从整体上引出话题更适合作首句，排除A、C两项。（1）、（2）两句相比，（1）更适合作第二句，承接（5）句，解释采用V字队形的原因，（2）（4）（3）是对（1）中“从能量角度讲是有好处的”具体论述，故排除B项。故本题答案为D。

6. **答案**：C。

解析：本题考查病句辨析。A选项“截止日期”和“最后一天”重复，可删去“截止日期”。B选项“主要成分是……配制而成”句式杂糅，应改为“主要成分是……”或者“由……配制而成”。D多重定语语序不当，应改为“八项国务院侨办正在实施的详细的惠侨计划”。故本题答案为C。

7. **答案**：B。

解析：本题考查语句排序。（5）句中“全会”指的是“五中全会”，所以（5）句应在

(3) 句之后，排除 A、D 项。(5) 句谈到“贫困人口脱贫问题”，(1) 句进一步介绍了贫困人口在社会发展中的制约作用，让他们脱贫是全面建成小康社会的重要内容，所以 (1) 句应紧跟在 (5) 句之后，排除 C 项。故本题答案为 B。

8. **答案**：C。

解析：本题考查含义侧重。“苍莽”和“苍茫”都有浩瀚无边的意境，但“苍茫”侧重形容空阔辽远，没有边际；“苍莽”一般形容陡峭挺拔，叠峦起伏的事物。根据题意指的是雪白的一片，“苍茫”比较符合，故排除 A、D 选项。“老生常谈”指的是老书生经常说的话，比喻人们听惯了的没有新鲜意思的话。“陈词滥调”指陈腐、空泛的论调，形容语言陈腐。“陈词滥调”比“老生常谈”的语意更重，贬义的成分更多。由“丝毫无助于挽救民族死亡”可知针对八股文这个话题，作者是一种批判的态度，“陈词滥调”更合适。故本题答案为 C。

9. **答案**：B。

解析：本题考查病句辨析。A 项语序不当，应改为“流动人口家庭由于……”。C 项“经理对此前景很看好”的“此”指代不明。D 项“否则”和“不采取紧急行动”语意重复，二者留其一即可。故本题答案为 B。

10. **答案**：B。

解析：本题考查主旨概括。文段为因果结构，重点是结果部分，即“为了调结构、促改革，促进大中城市和小城镇协调发展……”，所以文段主要强调的就是要通过一些措施使得大中小城市协调发展。故本题答案为 B。

11. **答案**：C。

解析：本题考查语句排序。观察选项，(3) 句是一个和前文进行比较的句子，不适合作首句，排除 D 项。(2) 末尾和 (3) 句开头衔接紧密，都涉及“老百姓的钱”，所以 (2) (3) 应该是前后句，排除 A、B 项。根据 C 项通读整个文段，可知文段是以“过去—现在—将来”的时间顺序来描述的，逻辑清晰。故本题答案为 C。

12. **答案**：D。

解析：本题考查主旨概括。文段首先指出打工文学受到冷漠与歧视，接着从作品难以发表和作品发表后没有知音式的理解两个方面进行具体说明。所以文段主要表达的就是打工文学没有受到关注，D 项正确。故本题答案为 D。

13. **答案**：B。

解析：本题考查主旨概括。文章介绍的是高等职业学校毕业生就业质量持续提高且高职学生毕业三年后，进入创业群体的比例大幅增加。综合以上两点可以说明高职学生毕业后就业情况良好，B 项概括最为全面。故本题答案为 B。

14. **答案**：C。

解析：本题考查病句辨析。C 项“拿捏了当地的方言”搭配不当，一般为“掌握了当地方言”或“学会了当地的方言”。故本题答案为 C。

15. **答案：**A。

解析：本题考查病句辨析。B 项“部分中学学生”歧义，可以理解为一部分学校，也可以理解为某个中学的一部分学生。C 项“造成……被……”句式杂糅，应该是“造成多家商铺的招牌损坏”或“多家商铺的招牌被损坏”。D 项“戴着伪慈善家的面具”否定不当，应该是“戴着慈善家的面具”。故本题答案为 A。

16. **答案：**A。

解析：本题考查含义侧重。先看第一空，两个词都有对往日、往事的不舍和怀念之意，但“留恋”侧重强调依恋和不舍，“留念”侧重怀念。（1）句表达的是对美丽校园秋色的喜欢而舍不得离开，所以“留恋”更适合，可排除 B、D 选项。再看第二空，两个词语都有“参与谋划，出主意”之意，但“建言献策”多用于正规、郑重场合，为书面用语，是褒义词；“出谋划策”多用于口语中，是中性词，有时也有讽刺之意。（2）句中的“座谈会现场”，是正式场合，用“建言献策”更合适。故本题答案为 A。

17. **答案：**B。

解析：本题考查语句排序。（1）句含有“这个”、（3）句含有“换言之”、（4）句中含有“然而”，均不适合作首句，排除 A、C、D 项。故本题答案为 B。

18. **答案：**D。

解析：本题考查含义侧重。先看第一空，“珍藏”强调珍惜、收藏，主语一般是人。“陈贮”强调陈列，贮存，主语可以是人也可以是物。（1）句中的主语是麻姑酒，“陈贮”更合语境，可排除 A、B 选项。再看第二空，“凌驾”的意思有超越、压倒和驾驭、乘。“驾驶”指的就是驾驭、乘、使行驶。“凌驾”之后可以接抽象的事物，而“驾驶”之后一般都是车、船等具体的事物。（2）句中横线后面要修饰的宾语是“东风”，用“凌驾”更合适。故本题答案为 D。

19. **答案：**D。

解析：本题考查病句辨析。A 项“意识到这些二级市场的抱怨，往往是质量问题居高不下的原因”搭配不当，可改为“意识到这些二级市场的抱怨，往往是因为质量问题居高不下”。B 项“不仅”引导的分句主语缺失，应该是“这不仅……”。C 项“据初步调查显示”句式杂糅，可把“据”去掉。故本题答案为 D。

20. **答案：**A。

解析：本题考查含义侧重。先看第一空，C 项“五花八门”比喻事物繁多、变化莫测。（1）不强调变化很多，排除 C 项。再看第二空，D 项“不孚众望”指的是不能使大众信服，不合语境，排除。A 项“不负众望”指不辜负大家的期望，强调做某件事的结果达到了大家的期望。B 项“众望所归”用于形容某人威望很高，受到大家敬仰和信赖，侧重强调人的威望。根据（2）句“率部包围并歼灭日寇一万余人，狠狠打击了侵略者的嚣张气焰”明确地说明了结果，用“不负众望”更合语境，A 项正确。“不一而足”指同类的事物不止一个而是很多，无法列举齐全。“不胜枚举”指不能一个个地列举出来，形容数量很多。“数不胜数”形容数量极多，很难计算。故本题答案为 A。

数字运算（共 10 题）

1. **答案**：A。

解析：本题考查比例方程问题。原有鱼的数目＝100÷（2÷200）＝10000，现在还剩鱼的数目＝10000－200＝9800。故本题答案为 A。

2. **答案**：D。

解析：本题考查排列组合问题。由于本题从正面考虑，情况较多且复杂，所以下面我们从反面来思考这个问题。如果没有限定条件，则全部分配方案有：3×3×3＝27（种）。由于每个杯子至多只能放 2 只球，则三只球放到一个杯子中的情况不符合要求，而属于这种情况的分配方案有 3 种，需要从总体方案数量中减掉，所以符合要求的分配方案有 27－3＝24（种）。故本题答案为 D。

3. **答案**：D。

解析：本题考查特值法。如下图所示，令 BC 两树之间的距离是 8，B 点和 D 点重合，DE＝BE＝$\frac{1}{2}$BC，计算可得 DE 之间的距离为 4。当然，设 BC 之间的距离为其他值，也会得到同样的结果。故本题答案为 D。

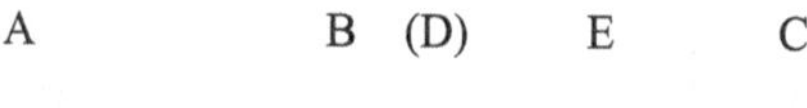

4. **答案**：C。

解析：本题考查年龄问题。设今年女儿 x 岁，则今年父亲 x+30 岁，五年后女儿（x+5）岁、父亲（x+35）岁，由题意可得 $x+35=3\times(x+5)$，解得 $x=10$。故本题答案为 C。

5. **答案**：D。

解析：本题考查时间型工程问题。设工作总量为 60，则甲的效率为 5、乙的效率为 4，则甲工作 2 天完成的工作量为 10，剩余工作量为 50，所需的时间为 50÷4＝12.5（小时），总用时＝12.5+2＝14.5（小时）。故本题答案为 D。

6. **答案**：A。

解析：本题考查时间型工程问题。设工作总量为 12，则甲的效率为 2、乙的效率为 3，甲先做 30 分钟，完成的工作量为 1，则剩余的工作量为 11，甲乙的效率和为 5，完成剩下的工作量所需时间为 11÷5＝2.2（小时），一共所需时间为 2.2+0.5＝2.7（小时）。故本题答案为 A。

7. **答案**：D。

解析：本题考查流水行船问题。由题可得飞机的顺流速度为 1200÷2.5＝480km/h，逆流速度为 1200÷3$\frac{1}{3}$＝360km/h，由流水行船问题可知飞机的平均速度为（480+360）÷2＝420km/h，风速为（480－360）÷2＝60km/h。故本题答案为 D。

8. **答案**：A。

解析：本题考查追及问题。由题意可得甲乙的速度差 $\Delta v=3000\div5=600$m/min，$4\times v_{乙}=\Delta v\times2$，所以 $\Delta v=2v_{乙}$，可得 $v_{乙}=300$m/min $=5$m/s。故本题答案为A。

9. **答案**：C。

解析：本题考查相遇问题。6=速度和×1，6=速度差×3，所以两个速度分别为4km/h和2km/h。故本题答案为C。

10. **答案**：A。

解析：本题考查年龄问题。由题意可知哥哥今年15岁、弟弟今年6岁，设 x 年后哥哥年龄是弟弟年龄的2倍，则 $(15+x)=2\times(6+x)$，解得 $x=3$。故本题答案为A。

逻辑推理（共15题）

1. **答案**：A。

解析：本题考查数量关系。第一行的封闭区域数为3、4、5，第二行是4、5、6，第三行是5、6、(7)，排除C、D选项。再观察内部线段数量，第一行为2、3、4，第二行为4、5、6，第三行为6、7、(8)。故本题答案为A。

2. **答案**：A。

解析：本题考查排序问题。由条件（1）可以得到二号<一号<七号。由（2）得到，五号<二号<一号<七号<三号。由（3）得到，五号<四号<二号<一号<七号<三号，而六号在第四名、第三名或者第二名。A选项七号获得第四名或第七名，一定错误。B选项六号获得第三名或第四名，有可能正确。C选项一号获得第四名或第六名，有可能正确。D选项一号获得第三名或第五名，有可能正确。故本题答案为A。

3. **答案**：C。

解析：本题考查规律叠加。每行前两个图形按照一定规律叠加得到第三个图形，其规律为：白+白=黑，黑+白=白，白+黑=白，黑+黑=黑。故本题答案为C。

4. **答案**：D。

解析：本题考查递推数列。17+19+1=37，19+37+4=60，37+60+9=106，所以（　　）=60+106+16=182。故本题答案为D。

5. **答案**：C。

解析：本题考查位置关系。从第一个图形到第二个图形是顺时针旋转了90°，从第二个图形到第三个图形是进行了一次上下翻转。故本题答案为C。

6. **答案**：A。

解析：本题考查递推数列。从第三项起，每一项都等于前两项和的2倍，所以（　　）=（116+336）×2=904。故本题答案为A。

7. **答案**：A。

解析：本题考查去同存异。每组前两个图形叠加内部去同存异得到第三个图形。故本题答案为 A。

8. **答案**：D。

解析：本题考查模态命题的等价关系。根据“不可能 P＝必然非 P”，其中 P＝所有的犯罪嫌疑人都能够无罪释放，则非 P＝有些犯罪嫌疑人不能够无罪释放。所以，与题干意思最接近的是“必然有些犯罪嫌疑人不能够无罪释放”。故本题答案为 D。

9. **答案**：C。

解析：本题考查作和型多级数列。两两作和之后得到一个新数列－3，－9，－27，－81，新数列是公比为 3 的等比数列，故新数列的下一项为－243，所以（　　）＝－243－（－56）＝－187。故本题答案为 C。

10. **答案**：A。

解析：本题考查递推数列。$-9=9-19+1=9-19+1^3$，$36=19-(-9)+8=19-(-9)+2^3$，$-18=-9-36+27=-9-36+3^3$，所以（　　）$=36-(-18)+4^3=118$。故本题答案为 A。

11. **答案**：B。

解析：本题考查三视图。第一个图形是立体图形，第二个图形是第一个图形的左视图，第三个图形是第一个图形的主视图。故本题答案为 B。

12. **答案**：A。

解析：本题考查顺序对应问题。根据吕布的话“我比使刀的战力强，但比使剑的马速弱”，可知吕布使用的是锤；又根据“林冲说：我比使锤的战力强”，可知林冲的战力比吕布强且林冲不使刀，所以林冲使剑，则李元霸使刀且战力最弱。根据“李元霸说：我比吕布的马速强”和“吕布比使剑的马速弱”，可知李元霸和林冲的马速都比吕布的马速强，因此林冲的战力和马速都比吕布的强。根据题意，林冲能将吕布斩于马下。故本题答案为 A。

13. **答案**：C。

解析：本题考查作和型多级数列。两两作和后得到新数列 1，2，4，8，16，为公比为 2 的等比数列，所以下一项应该是 32，故（　　）＝32－12＝20。故本题答案为 C。

14. **答案**：B。

解析：本题考查解释型题目。题干中的矛盾是“有人成功发明了人工养殖水獭的技术，且所产的皮毛也受到了服装制造商的广泛好评，但是各地对野生水獭的捕杀却并没有减少”。要解释这种现象必须说明野生水獭皮毛与人工养殖水獭的不同之处，B 项指出两种皮毛的使用途径不同，合理解释了题干的矛盾。故本题答案为 B。

15. **答案**：D。

解析：本题考查削弱型题目。题干的结论是“注射远古细菌有利于人体

健康长寿”，论据是“科学家将其注入到不能生育的雌鼠体内后，雌鼠又恢复了生育能力。科学家本人注射该细菌后，他变得更加强壮，并且注射两年后从未生病”。A 项说明注射该细菌后寿命会减少，削弱了题干的论证。B、C 项说明注射远古细菌可能会使人生病，削弱了题干的论证。D 项说明注射远古细菌对人体健康不会有负面影响，不能削弱题干的论证。故本题答案为 D。

思维策略（共 10 题）

1. **答案**：A。

解析：本题考查重复数。原式 $=98\times1010101\times9\times11111111\div1010101\div11111111=98\times9=882$。故本题答案为 A。

2. **答案**：C。

解析：本题考查整除问题。首先观察 5 箱货物的重量可知 7kg 的货物肯定是属于 A 货物的，因为假如 7kg 属于 B，无论如何选择剩下的重量，都不能满足“B 货物总重量是 B 货物中最大箱重量的 2 倍”这一条件；同时又由“剩下的 A 货物是剩下 B 货物的 $\frac{5}{6}$”可知，A 货物中有一个是 5 的整数倍，重量中只有一箱重量为 5 的倍数，所以 15kg 也同样必然属于 A 货物，7kg 和 15kg 属于 A 货物，剩下的 12kg、6kg 和 18kg 属于 B 货物，而该采购商采购的货物应该是 7kg 和 18kg，总重量为 25kg。故本题答案为 C。

3. **答案**：C。

解析：本题考查提取公因式。原式 $=(8998\times0.001+8998\times0.01+8998\times0.1+8998\times1)\div1.111=8998\times(0.001+0.01+0.1+1)\div1.111=8998\times1.111\div1.111=8998$。故本题答案为 C。

4. **答案**：A。

解析：本题考查等差数列求和公式。原式 $=99\times\frac{0.1+9.9}{2}\times2=99\times5\times2=990$。故本题答案为 A。

5. **答案**：A。

解析：本题考查提取公因式。原式 $=23\times(16.7+293.3-290)=23\times20=460$。故本题答案为 A。

6. **答案**：D。

解析：本题考查相遇问题。由题意可知，两个小时两人的路程和为 72km，所以两人的速度和为 36km/h，所以两人所在学校相距的距离 $S=36\times2+36=108$km。故本题答案为 D。

7. **答案**：D。

解析：本题考查提取公因式。原式 $=75\times65+(75-1)\times35+35=75\times65+75\times35-35+35=75\times(65+35)=7500$。故本题答案为 D。

8. **答案**：B。

解析：本题考查最不利原则解题。每个人取发卡的情况数有两大类，一类是取一件，共有 4 种情况；第二类是取两件，共有 $C_4^2=6$ 种情况，即共有4+6种情况，要保证有 3 个人能取得完全一样的，则至少有 10+10+1=21 个人去取。故本题答案为 B。

9. **答案**：C。

解析：本题考查方阵问题。由题意可知该正方形方队应该每排有 1+4+4=9 人共计 9 排，故总共有 81 人。故本题答案为 C。

10. **答案**：B。

解析：本题考查货物集中问题。运用见缝插针法，假设建在甲乙中间，此时 50<（10+40+5）；若建在乙丙中间，此时(50+10)>(40+5)，故转折点出现在乙，即建在乙处可使运费最少。故本题答案为 B。

2018 中国银行秋季校园招聘考试真题及解析

2018中国银行秋季校园招聘考试真题

第一单元　英　语

（共100题，共100分，时长为60分钟）

选词填空（共50题，共50分）

1. I am Jennifer Brown. I am ______ work today.

A. interesting to　　B. reporting for　　C. coming to　　D. going to

2. Highly emotional, lacking in self-confidence, he knocked about in ______ jobs as a young man before settling on the study of art.

A. peculiar　　B. overall　　C. various　　D. modified

3. If you want to take photographs, you will need to apply for a ______.

A. permissible　　B. permission　　C. permitting　　D. permit

4. The assembly government said Dr. Gibbons did not have anything farther to ______ that answer.

A. comply to　　B. conform to　　C. attribute to　　D. add to

5. Our latest mobile phones ______ those of main competitor, except that they have more features and are more reliable.

A. similar to　　B. similarly　　C. alike　　D. resemble

6. The manager made it clear that he intended to ______ down some new rules to enforce workplace discipline.

A. lay　　B. laying　　C. lie　　D. lying

7. How do you ______ others?

A. get adjust with　　B. get along with

C. get used to　　D. treat yourself with

8. The decision to ______ the company wasn't an easy one to make, but everyone agreed that there was no other option but to cease trading.

A. display　　B. disintegrate

C. dissolve　　D. distribute

9. The United States, which is a ______ of the Middle East peace talks, says Israeli settlements are an obstacle to peace, and the issue has strained relations with Israeli's right-wing

government.

A. sponsor B. contributor C. volunteer D. investor

10. This offer ______ your acceptance before the end of this month.

A. is acknowledged by B. is admitted by

C. is supposed to D. is subject to

11. Last year, 33 percent of the ______ worked in secondary industries and 48 percent worked in the tertiary sector.

A. populate B. population C. popularize D. popular

12. There are several ______ between our new photocopier and our old one: these include an advanced color facility and a multitask option.

A. similarly B. similarities C. similar D. similar to

13. Because of increased operating costs, we have been forced to ______ our prices.

A. arise B. raise C. raze D. rise

14. Similarly, he told couples to seek marital counseling ______ if they're having trouble communicating.

A. ahead of time B. in particular C. on the verge D. on the brink

15. The office will be closed ______ it is being decorated.

A. while B. for C. during D. throughout

16. American travelers abroad have discovered that they can buy more foreign ______ with their dollar.

A. current B. currently C. currents D. currency

17. We can give ______ depending on the model number.

A. discount B. account C. discipline D. disconnect

18. Try to make your report as ______ as possible: only give us the facts, and not your options.

A. objective B. subjected C. objectionable D. subjective

19. We should think long term and take ______ measures.

A. proactive B. productive C. primitive D. permissive

20. In ______, the company owns and operates four television stations.

A. also B. plus C. more D. addition

21. You can't modernize ______ large external investments.

A. on B. without C. from D. unless

22. All the recycling bins have been ______ with refuse and it's still overflowing everywhere.

A. filled up B. in blossom C. in chorus D. flattered

23. We've spent so much on advertisements, but the results are not ______.

A. satisfy B. satisfactorily C. satisfying D. satisfied

24. When a governing body is formed, ______ qualifications for guides will be sure to follow.

A. average B. standardized C. typical D. indoor

25. We can find it in our ______ brochure, along with some of our other models.

A. lately B. latest C. late D. last

26. There currently seems to be a large ______ between the number of people who employed in service industries, and those employed in the primary sector.

A. different B. differential C. discrimination D. discrepancy

27. It's offered as a proof that she's a ______ woman who won't waste taxpayers' money

A. principled B. pioneer C. radical D. patriotic

28. If your price is favorable, we can ______ right away.

A. book an order B. make a contribution

C. propose a toast D. appreciate your work

29. Serious computer hackers can access your personal files and destroy or ______ them.

A. alter B. allude C. appreciate D. appraise

30. Together these inventions hugely reduced the cost of blasting rock, drilling tunnels, building canals and many other forms of ______ work.

A. information. B. animation C. construction D. imagination

31. Airlines are already increasing their price on the ______ that fuel prices are going rise.

A. assumption B. presumption C. destruction D. consumption

32. ______ their regular daytime job, many people do extra work in the evening.

A. By B. Beside C. Between D. Besides

33. Because his partner had to go to Sydney. Mr. Zazueta had to finish work on the advertising campaign on ______.

A. solo B. alone C. himself D. his own

34. Training and development is the most important thing about a first job, because it's the ______ for your career.

A. spring board B. useful tool C. daily routine D. minor success

35. There is no reason they should limit how much vitamin you take, ______ they can limit how much water you drink.

A. no less than B. not any more than

C. no more than D. much more or less

36. We need to involve at least 20 people on this project, ______ it can't go ahead.

A. due to B. however C. even if D. otherwise

37. There are many users of hidden cameras including nanny cams to ______ your babysitter's behavior, hidden TV news cameras to report on an expose, and police surveillance cameras to bust the bad guys.

A. order B. supply C. monitor D. control

38. There is much that science still cannot explain, such as what existed before our universe began, how life ______ arose on earth, and much more.

A. naturally B. undoubtedly C. conventionally D. repeatedly

39. The museum contains several ______ works of Renaissance art, including two paintings by Raphael, one by Durer, one by Titian, and an early sketch by Tintoretto.

A. useless B. priceless C. valueless D. worthless

40. In some cases the exchange continued further, a sign of strong ______ over basic matters.

A. disagreement B. consistency C. joke D. diversion

41. Diana's charm, ______ with the near-royalty of American presidents, made White House happenings almost magical.

A. equipped B. coupled C. added D. supplied

42. The manager said he believe we would win the contract, but I knew that we didn't really stand a / an ______.

A. possibility B. probability C. chance D. opportunity

43. Your suggestion could only make things worse ______.

A. if anything B. if nothing C. if everything D. if something

44. The guarantees is for 12 months from date of purchase, but for $50, customers can ______ it to 36 months.

A. extort B. expropriate C. extract D. extend

45. Because our company is bigger now than it was two years ago, we need to ______ more employees.

A. recall B. resell C. remind D. recruit

46. Who will ______ the extra freight charges?

A. pay B. bear C. charge D. spend

47. She was very ______ of our efforts to help.

A. appreciate B. appreciating C. appreciative D. appreciable

48. A scientist often reaches a dead end that leads to no alternatives in research and has to go to back and determine if all the ______ made are true to how the world operates.

A. principles B. theories C. equations D. assumptions

49. Production has been ______ from our Bosyon site to a new industrial center outside of Portland.

A. switched B. swapped C. swung D. swept

50. After a while, other scout ______ to visit the sites advertised by their compatriots, on their return, also perform more waggle dances.

A. arouse B. carry C. set D. start

阅读理解（共 50 题，共 50 分）

Text 1

Procrastination comes in many disguises. We might resolve to tackle a task, but find endless reasons to defer it. We might prioritize things we can readily tick off our to-do list — answering emails, say — while leaving big, complex stuff untouched for another day. We can look and feel busy, while artfully avoiding the tasks that really matter. And when we look at those rolling, long-untouched items at the bottom of our to-do list, we can't help but feel a little disappointed in ourselves.

The problem is our brains are programmed to procrastinate. In general, we all tend to struggle with tasks that promise future upside in return for efforts we take now. That's because it's easier for our brains to process concrete rather than abstract things, and the immediate hassle is very tangible compared with those unknowable, uncertain future bennefits. So the short-term efforts easily dominates the long-term upside in our minds — an example of something that behavioral scientist call present bias.

How can you become less myopic about your elusive tasks? It's all about rebalancing the cost-benefit analysis: make the benefits of action feel bigger, and the cost of action feel smaller. The reward for doing a pestering task needs to feel larger than the immediate pain of tackling it.

To make the benefits of action feel bigger and more real:

Visualize how great it will be to get it done. Researchers have discovered that people are more likely to save for their future retirement if they're shown digitally aged photographs of themselves. Why? Because it makes their future self feel more real — making the future benefits of saving also feel more weighty.

…

51. According to the author, which can NOT be seen as the way of procrastination?

A. We prioritize and only do things that can be done easily and quickly

B. We find endless reasons to defer a task

C. We prioritize the to-do list and finish the task in time

D. We look busy but avoid the task that really matters

52. Which one is TURE about our brain?

A. The long-term upside is easily dominated by short-term effort in our minds

B. The brain can be trained to procrastinate often

C. Concrete things are more attractive than the abstract things

D. We can't avoid present bias in our brains

53. How can you become less myopic about your elusive tasks?

A. Make the benefits of action feel bigger

B. Make the costs of action feel smaller

C. Make the reward larger than the immediate pain of doing it

D. All of above

54. The next paragraph is probably about ______.

A. The other ways to make the benefits of action feel bigger and real

B. The perils of procrastination

C. The natural function of our brain

D. The other ways to make the benefits of action feel smaller and unreal

55. What is the best title for this passage?

A. Our brain and procrastination

B. The perils of procrastination

C. How to beat procrastination

D. Benefits and costs of procrastination

Text 2

Zhang Qiaoli uses her spare bedroom for storing her stock of ladies fashion-wear and photo shoots. She is one of more than five million small online stores operating across China, some from small apartments or even college dormitories. She buys dresses and accessories wholesale at prices under $5, using the website Taobao, she sells them on as the Kitty Lover range for about $10.

Taobao is owned by Chinese e-commerce giant Alibaba and the brainchild of founder Jack Ma. It is a free-to-use online marketplace with some 800 million product lines from food to clothes to technology

Across China, online companies large and small are learning how to be effective e-commerce players — or fail like US goliath eBay which was trounced by upstart Taobao back in 2008.

In 2010 China's online shopping industry had a turnover of $80 bn and grew 87% year-on-year.

China's 420 million internet users spend around a billion hours each day online and last year. 185 million made at least online purchase. According to Boston Consulting Group the volume is expected to increase fourfold by 2015.

E-commerce is changing the way Chinese consumers think about shopping online, it is more social than a hard sell. It's a new engaging experience to savor.

In Chinese retail, trust is a rare commodity. There are plenty of fakes online and buyers are often cursed by scams or shoddy goods. Still, consumers faith in e-commerce stores is remarkably robust. That's because, apart from its convenience, online shopping has shifted the balance of power from sellers to buyers. Online shopping in China is more than clicking on the "buy" button. The experience includes exchanging tips with other shoppers discussing trends, and rating both products and service.

The interaction and communication generates trust.

"The ability of social networking combined with e-commerce or social commerce as I like to call it — where people are able to rate their providers, provide information to other purchasers that level of experience is really overcoming the big weaknesses." says Duncan Chark, Chairman of BDA (China), an expert on China's e-commerce industry.

"Basically there is a one-to-one connection being established. And that's breaking through the mistrust barrier if you will. So I think we can learn, actually — the West can learn from some of the developments happening in the Chinese e-commerce sector" says Mr Chark.

56. Accoding to the article how does Zhang Qiaoli make money?

A. She makes profits by selling dresses and accessoris at retail stores

B. She buys goods at higher prices and manages to sell large number of them

C. She sells dresses and accessories on Taobao

D. She purchases goods at wholesale and sell them online at higher prices

57. The word "trounced" in paragraph 3 is closest in meaning to ______.

A. damage B. lose C. defeat D. step

58. According to paragraph 5, how many people is expected to make at least one purchase in 2015?

A. 185 million B. 370 million C. 555 million D. 740 million

59. Why is consumer faith in e-commerce still strong despite the prevalent fake goods online?

A. Because there are still many qualified goods and trustworthy online stores

B. Because consumers are gaining more power thanks to online shopping

C. Because there are a lot more options online

D. Because regulations about online shopping will be improved soon

60. What is the author's attitude towards e-commerce?

A. Fully supportive B. Unbiased C. Slightly critical D. Paradoxical

Text 3

Two years ago, there are 20,000 Airbnb listings in Paris. A year later, the number had climbed to 40,000 and a housing inspector told The Wall Street Journal. "The center of our city is becoming deserted. More and more, it's just tourists." Since then, yet another 20,000 listings have appeared, so it's no surprise that the company with the tagline "Belong Anywhere" has experienced a frosty welcome from city governments around the world struggling to deal with this explosion of tourist accommodations.

Airbnb continues to present its business as low-impact, made up of everyday hosts occasionally renting out their own home. A recent Airbnb report on its business in Lisbon shows that "many listings on Airbnb in Lisbon are local residents' homes," reassuring readers that "72 percent of hosts in Airbnb in Lisbon have only one listing." But this is being economical with the truth: my independently collected data set shows that the 28% of hosts with more than one listing (who can be considered "commercial" hosts) account for two-thirds of the company's business in Lisbon. And while Airbnb clarifies that "70 percent of Airbnb guests in Lisbon stay outside the typical tourist hotspots," my data shows that the majority of visits take place inside the two central districts of Misericordia and Santa Maria Maior, an area of only about six square kilometers. With the number of listing in this small city of half a million people growing from 5,500 in May 2015 to over 10,000 today, a significant impact is inevitable. Joao Seixas, a geography professor at the New University of Lisbon, and his colleagues are "very much concerned with what is rapidly happening to the historical center of our beautiful city". Our estimate is that in the last three years, around one-quarter or even one-third of the housing stock has changed function, mainly toward financial investments and short rentals.

61. Which of the following is a possible situation tourists may encounter in Paris?

A. Airbnb's housing inspector is checking the listings

B. Their neighbors are tourists from other countries

C. The government gives them a frosty welcome

D. They don't have many choices of accommodation if they are visiting the center of Paris

62. All of the following are true EXCEPT ______ .

A. Local residents leave the city center because of Airbnb

B. Tourists think Airbnb is taking advantage of them

C. City governments are not eager to support Airbnb

D. In two years, airbnb listings have tripled

63. According to the author, Airbnb's reports is ______ .

A. deceitful B. made up C. true D. false

64. According to the second paragraph, which of the following statements is not mentioned?

A. At least one-quarter of the housing stock has become financial investments and short rentals

B. 72% of hosts with one listing account for one third of the company's business in Lisbon

C. Airbnb has a huge impact on the historical center of Lisbon

D. 28% of all listings is in Misericordia and Santa Maria Maior

65. The primary purpose of the passage is to ______ .

A. Airbnb is facing an existential expansion problem

B. accuse Airbnb of lying about the its true cause

C. warn governments of France and Portugal

D. introduce Airbnb's popularity in Paris and Lisbon.

Text 4

Western bussiness visitors are often deadline-driven and unwilling to slow down to the Chinese pace when dicussing business. But in China the pace can be fast and slow simultaneously.

Another different approach to doing business is that in a buying decision. Westerners tend to look for clear alternatives, while Easterners may examine ways to combine both options. For example, a Chinese panel may feel that a supplier who combines claims of best quality with a low price may either raise the price during the contract or fail to implement the contract. They will therefore often prefer to choose a supplier whose price is neither the cheapest nor the most expensive. In addition, a Chinese panel may avoid awarding each supplier more than one contract, in order to minimize dependence on a single supplier. Such an approach may make a Westerner think that a Chinese negotiation is being illogical, evasive or devious, when he himself believes he is being quite straightforward.

What's more, both Chinese and foreign companies will often attribute their business success to having good guanxi. The objective of developing close relationships is to build what the Chinese call guanxi (pronounced gwan shee), which are essentially social or business connections based on mutual interest and benefit. In a centralised and bureaucratic state, reliance on personal contacts is often seen as the only way to get things done. And in a place like China where the legal system is still relatively weak, the need to rely on guanxi remains strong.

66. What is the best possible title of the article?

A. Guanxi in China
B. China's business culture
C. Chinese business philosophy
D. Doing business in China

67. The word "deadline-driven" in paragraph 1 is closest in meaning to ______.

A. procrastinative
B. drive according to the deadline
C. arrange schedule according to the deadline
D. afraid of the deadline

68. What can be inferred from paragraph 2?

A. Westerners are straightforward in Chinese businessmen's eyes
B. Chinese panel tends to look for clear alternatives
C. Westerners may establish long-term cooperation with one supplier
D. Chinese negotiator is illogical

69. What is the author's attitude towards "Guanxi"?

A. Paradoxical
B. Slightly critical
C. Unbiased
D. Fully supportive

70. Accoding to the article, which of the following is NOT a feature of China's business culture?

A. Chinese businessmen treasure close relationship
B. Chinese businessmen have stronger sense of national pride
C. Chinese businessmen look for ways to combine different options
D. Chinese businessmen have their own pace doing business

Text 5

What attracts customers? Obviously the quality of a product does, but visual images contribute a great deal. It is not only the image provided by the packaging that counts but the whole corporate identity of the company.

There are now many products and services on the market which are similar in content though produced by different companies. It is vital, therefore, for a company to distinguish itself from its competitors by having a strong company image which is immediately recognizable.

Logos are part of this image. They are symbols which often include a name or initials to identify a company. The logo establishes a visual identity for the company, just as different groups of young people express their identity through hairstyles and clothes. All groups from all cultures and throughout the ages have used colors and symbols to show their identity.

In different cultures, different colors carry different meanings. Some colors may be connected with coldness in one culture and with warmth in another; some colors represent life in one culture but death in another. International companies have, therefore, to make sure that their logos will not be misunderstood or misinterpreted in different countries.

Many companies have, over the years, renewed their logos to fit in with contemporary design and to present more powerful images. Company logos can be emotive and can inspire loyalty by influencing the subconscious. Some logos incorporate an idea of the product; the steering wheel in the Mercedes logo, for example, and the aero plane tail of Alitalia.

Logos are used on letterheads, packaging and brochures as well as on the product itself. They may also appear in newspapers or on television as part of an advertising campaign.

Companies need to have a strong corporate identity. The logo helps to promote this image and to fix it in the minds of the consumers. Logos, therefore, need to be original and to have impact and style.

71. The passage supplies information that would answer which of the following question?

A. What's in the image? B. What's in a logo?

C. What attracts customers? D. None of above

72. According to the passage, what can attract customer's eyes?

A. The corporate identity B. Packaging images

C. Quality of the product D. All of above

73. ______ are used to show the ______ of the company.

A. Colors and symbols; culture and identity

B. Hair style and clothes; corporate identity

C. Colors and symbols; taste and mission

D. Hair style and clothes; image

74. The steering wheel in the Mercedes logo and the airplane tail of Alitalia are ______.

A. the example of logos which are emotive and can inspire loyalty

B. the examples of logos which fit in with contemporary design

C. the examples of giving people idea of the products by using the images

D. None of above

75. You probably find a logo of a big company ______.

A. on the letterheads and packages B. advertisements on TV

C. in the social media platform D. All of above

Text 6

"At Walt Disney Parks and Resorts, we continually push the boundaries of creativity and innovation to deliver the best possible experience for our guests. We're always looking for ways to take what we do and do it even better. Over the past few years, we've devoted considerable time and resources to create a more immersive, more seamless and more personal experience for each and every guest who spends time with us. I know there's been significant speculation about these efforts among our fans, so we're pleased to give you a glimpse into the work we are doing to take the entire Disney guest experience to the next level..."

Disney wants to give its guests a more personalized experience.

A recently granted patent describes a system of sensors and cloud-connected computers that Disney can use to recognize guests based on the shape and size of their feet. Once guests are recognized, robots roaming around the amusement park could greet them by name, and would also memorize their favorite Disney character, favorite food, hometown and favorite ride.

The sensors would be incorporated into specific "stations", which might be in a ride or other attraction, or even in a wall. Wording with cameras, they would capture data such as the shoes tread pattern, how worn the shoe is and if there are stains or gum attached to the bottom.

That data would then be uploaded to the cloud for all the park's sensors to access. When the guest shows up at another sensor location or meets a robot, it would access his or her profile to offer customized experience.

Disney came up with the idea because it considers other methods of guest tracking, such as fingerprint or eye scans, to be "rather invasive." "These methods are obtrusive and some guests may not feel comfortable providing this type of biometric information to a third party," according to the patent filing.

As the Orlando Sentinel points out, though, Disney already has many other ways to track amusement park guests, including MagicBands — RFID bracelets that function as theme-park tickets — FastPasses, hotel keys and credit card transaction data.

76. The primary purpose of the first paragraph is to ______.

A. conclude the main ideas

B. attract the readers and lead into the thesis

C. state the writer's opinions

D. comment on the issue

77. According to the passage, Disney can recognize the guests by ______.

A. cloud-connected computers of all the park's sensors

B. a system of sensors that detect that shape and size of feet

C. specific "stations" which might be in a ride or other attraction

D. All the above

78. Which one is NOT true about this customized experience?

A. It would be offered by robots roaming around the amusement park

B. Customers do not need to provide biometric information to gain customized services

C. Customers' favorite Disney character, favorite food, hometown and favorite ride would be memorized by the robots

D. Customers should wear the shoes which have no stains or gum attached to the bottom

79. Which can be implied from the patent filling of other tracking methods?

A. The idea of sensors based on the feet is considered more polite and secure

B. The idea of sensors based on the feet is considered rather invasive

C. Fingerprint or eye scans will also be applied in the Disneyland Park

D. People may not feel comfortable providing this type of biometric information

80. Which of the following best states the central idea of the passage?

A. The roaming robots plays the important role in the Disneyland Parks

B. High technology is widely used in the amusement park nowadays

C. Disney wants to give its guests a more personalized experience

D. Disney is rather invasive to the customers

Text 7

Good listening is much more than being silent while the other person talks. To the contrary, people perceive the best listeners to be those who periodically ask question that promote discovery and insight. These questions gently challenge old assumptions, but do not in a constructive way. Sitting there a silently nodding does not provide sure evidence that a person in listening, but asking a good question tells the speaker the listener has not only heard what we said, but that they comprehended it well enough to want additional information. Good listening was consistently seen as a two-way dialogue, rather than a one-way "speaker versus hearer" interaction. The best conversations were active.

Good listening included interactions that build a person's self-esteem. The best listeners made the conversation a positive experience for the other party, which doesn't happen when the listener is passive (or, for that matter, critical). Good listeners made the other person feel supported and conveyed confidence in them. Good listening was characterized by the creation of a safe environment in which issues and differences could be discussed openly.

Good listening was seen as a cooperative conversation. In these interactions, feedback flowed smoothly in both direction with neither party becoming defensive about comments the other made. By contrast, poor listeners were seen as competitive — an listening only to identify errors in reasoning or logic, using their silence as a chance to prepare their next response. That might make you an excellent debater, but it doesn't make you a good listener. Good listeners may challenge assumption and disagree, but the person being listened to feel the listener is trying to help, not wanting to win an argument.

81. When a listener ask constructive question, it means ______.

A. He is getting bored of nodding

B. He is listening carefully

C. He wants to challenge the speaker

D. He wants to make the dialog stop

82. According to the author, which of the following statements is true?

A. If you give critical opinions, the speaker will be less confident

B. Good listeners should agree with the speaker

C. Those who periodically ask questions want to take charge of the conversation

D. If the speaker creates a comfortable environment, listeners will become confident

83. According to the paragraph, a good listener would NOT ______.

A. Disagree with the speaker
B. Response
C. Use logic
D. Be silent

84. The main purpose of the passage is to ______.

A. Analyze the behavior of good listeners
B. Explain what would happen if speakers are boring
C. Tell readers to be good listeners
D. Encourage listeners to help the other person to see the conversation in a new light

85. Which could be the title of this passage?

A. How to train your audience
B. What makes listening attractive
C. How to become a good collaborator
D. What do good listeners do

Text 8

You have to give Pierre de Coubertin credit for the boldness of his vision and for what he was able to achieve. But even in the very first Olympics you saw the same sorts of cost overruns and overbuilding that you see today. In 1896 Athens has major overrun. The king of Greece asked Pierre de Coubertin to hold them in Athens every four years. They'd already built the infrastructure. But Coubertin was committed to the rotation model. Eventually the Games became something that cities started to compete for. They really wanted the opportunity to show off to the rest of the world and demonstrate that they, too, could host such a large-scale international event.

The business model is, in many ways, a franchise model. The International Olympic Committee is a relatively small organization. What it does, effectively, is selling the rights to various parties: the rights to host, to broadcast, and to sponsor the Gamers. For that model to be successful, it needs to have demand in each of those areas. There's continued strong demand on the sponsorship side and on the television side. You're seeing question from the host city side about whether it's really worth it.

The most important argument on our side was around the IOC's requirement of a taxpayer guarantee. The IOC requires a signed contract that makes the host city and its taxpayers responsible for cost overruns. The incentives just are not aligned for the IOC to choose a fiscally, environmentally, and socially responsible plan when it's not picking up the tab.

86. Why did the king of Greece ask Pierre de Coubertin to hold Olympics in Athens every four years?

A. Because it takes four years to train athletes
B. Because four is a lucky number in Greece
C. Because Athens was facing serious financial deficit
D. Because Athens spent a lot of money on building facilities

87. All of the following are true EXCEPT ______.

A. Cities competed for the chance to host the Olympics because they wanted to show off their ability

B. Athens revived the Olympics because it was their traditions

C. The Olympics attracted many sponsors

D. The International Olympic Committee can have the rights to host, to broadcast, and to sponsor the Games

88. According to the author, which of the following statements is true?

A. Although the sponsorship side and television side are both interest in the Olympics, they have doubts about it

B. The sponsorship side and television side have lost interest in the Olympics

C. The host city has questions regarding the sponsors of the Olympics

D. While the sponsorship side and television side have high demand, the host city side is not entirely sure about the cost and return of the Olympics

89. According to the paragraph, which of the following statement is not mentioned?

A. The IOC signed contracts with host cities which require its taxpayers to be responsible for cost overruns

B. The International Olympic Committee is a relatively small organization

C. The IOC usually finds a permanent location or maybe a small number of semi-permanent locations to host the Summer and Winter Games

D. The Olympic Games is a franchise business model

90. The primary purpose of the passage is to ______.

A. discuss the business model of the Olympic

B. introduce the Olympics and its mechanism

C. accuse the IOC of choosing the wrong host cities

D. the IOC is facing financial difficulties

Text 9

As a startup founder, my daily tasks include everything from long-term strategic planning to approving team outings and company culture initiatives. Day after day, things inevitably come up that need to get handled ASAP. But I've also learned that if you don't have a strategy for making time for those bigger ambitions and your truly lofty goals, they'll simply never get done. And that means you won't make the progress that's really going to move your business forward.

1. FIND YOUR MOST PRODUCTIVE TIME

Face it: You aren't cranking out work at absolute peak productivity for the entire day. Instead, there are likely certain times when you're at your most focused and other times when your energy <u>wanes</u>. That's normal. Maybe for you, it's bright and early in the morning, before anyone else arrives in the office, when you do your best work. Whenever it is, identify that when you can at least get started on those bigger to-dos. Whenever it is, identify that chunk of time (even if it's only an hour!). When you feel you are most productive, and then reserve it on your calendar like you would any other important meeting.

2. CREATE PHYSICAL BARRIERS

Nobody works in a vacuum. We all have to collaborate with others to some degree or another. And it's the people we work closest with whom we tend to put first — we want to be readily available if they need our help. But there times you need to tune out the distractions and focus if you're going to get any meaningful work done.

One of the most effective methods I've found is to put physical barriers between us. I'll work from a conference room or even from home on occasion in order to get some literal space from people needing "just one quick thing."

91. What is the article mainly about?

A. How to win competitions and get promotions

B. How to manage your time well

C. How to prevent distraction and focus on big issues

D. How to overcome different challenges in the office

92. The word "wanes" in paragraph 2 is closest in meaning to ______.

A. diminish B. increase C. disappear D. peak

93. According to paragraph 2, which of the following the "chunk of time" the author is talking about?

A. Late at night B. When you are most focused

C. Bright and early in the morning D. When there is no distractions

94. What can be inferred from paragraph 3?

A. People in the office love helping others

B. You have to be readily available in the office

C. Sometimes we have to decline colleagues' requests

D. People cannot work in a vacuum

95. What may the author discuss later?

A. The author may put forward another suggestion

B. The author may talk about the administration system

C. The author may discuss the office environments

D. The author may teach the readers to make a timetable

Text 10

Native ads — or ads that take on the look and feel of the content surrounding them — are taking over digital advertising.

By 2021, native display ad revenue in the US, which includes native in-feed ads on publisher properties and social platforms, will make up 74% of total US display ad revenue, up from 56% share in 2016, according to new BI Intelligence estimates based of historical data from the Interactive Advertising Bureau (IAB) and PwC, as well as IHS.

The rapid uptick in native's share of display ad revenue can largely be attributed to the dominance of social platforms like Facebook and Twitter — which were early champions of native and rely almost entirely on native formats — as well as the introduction of new programmatic technologies that are making it easier for publishers and advertisers to scale native campaign.

In a new report from BI Intelligence, we break out native ads into categories: social native, native-style display, and sponsored content (also referred to as premium native). We provide forecasts for how revenues from these formats will grow over the next five years and look at what factors, in particular, are driving up spending on each of these ad units. As a note, because revenues from these three types of native content can overlap, we do not provide an overall native forecast. Finally we lay out some of the challenges that face properties that rely on native ads, namely ad frequency and scalability issues.

Here are some key takeaways from the report:

Native-display ads, including social native and native ads in-feed on publisher websites, will make up the bulk of native ad revenue from 2016–2021. Native display ad revenue in the US will rise at a five-year compound annual growth rate (CAGR) of 17% during this time period to eclipse $36 billion. The rise of native video ads, particularly on social platforms, will be one of the main drivers of this growth.

...

96. The native display ad revenue in the US is predicted to account for ______ of total US display ad revenue by 2021?

A. 18%　　B. 74%　　C. 56%　　D. 17%

97. According to passage, what is NOT the reason for the rapid uptick in native's share of display ad revenue?

A. Publishers and advertisers can now scale native campaigns easily

B. The introduction of new programmatic technologies

C. The dominance of the digital advertising

D. The dominance of social platforms

98. According to the passage, which of the following will NOT be included in the new report from BI Intelligence?

A. The illustrations of what factors are driving up spending on each of these ad units

B. The forecasts for how revenues from these formats will grow over the next five years

C. Ad frequency and scalability issues

D. An overall native forecast

99. What is one of the main driver (s) to the growth of native display and revenue?

A. The rise of publisher websites　　B. The rise of sponsored content

C. The rise of social platforms　　D. The rise of compound annual growth rate

100. The passage is most probably an excerpt from ______.

A. an introduction of a novel　　B. a business report website

C. a textbook about advertisement　　D. a business history book

第二单元　职业能力

（共75题，共100分，时长为58分钟）

第一部分　逻辑推理（共20题，共30分）

1. 根据以下图形的规律，问号处应填入的是（　　）。

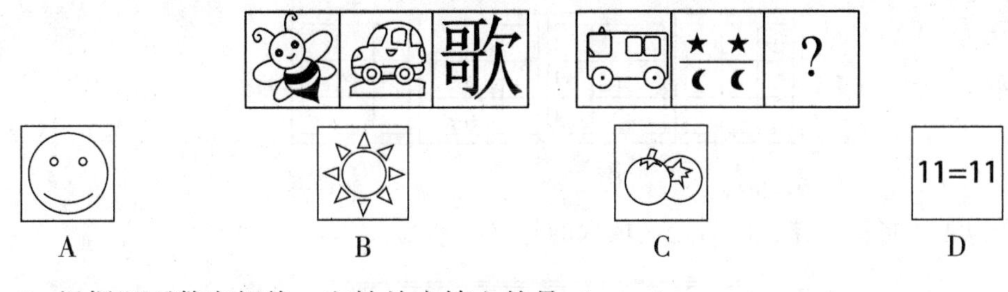

2. 根据以下数字规律，空缺处应填入的是（　　）。

1，3，7，15，31，（　　）

A. 63　　B. 59　　C. 51　　D. 43

3. 经过一项持续10年的努力研究，研究者发现了238个负责老化的特定基因，这些基因一旦被删除，在实验室测试中会显著延长酵母细胞寿命。因此，删除人类中的相同基因也能大大提升人类寿命。

如果以下各项为真，最能支持科学家观点的是（　　）。

A. 研究者发现删除某些基因酵母细胞寿命可以延长60%

B. 研究表明这些基因在人类中只影响衰老

C. 这些特定基因删除后人类将会死亡

D. 人类不含有酵母细胞中的这些特定基因

4. 王五、张三、李四三人是来自公安局、检察院、法院的工作人员。下列说法中只有一项的是对的。

（1）王五是公安局的。

（2）张三不是公安局的。

（3）李四不是法院的。

那么，王五、张三、李四分别是哪个单位的工作人员？（　　）

A. 王五是检察院的，张三是公安局的，李四是法院的

B. 王五是法院的，张三是公安局的，李四是检察院的

C. 王五是检察院的，张三是法院的，李四是公安局的

D. 王五是公安局的，张三是法院的，李四是检察院的

5. 根据以下图形的规律，问号处应填入的是（　　）。

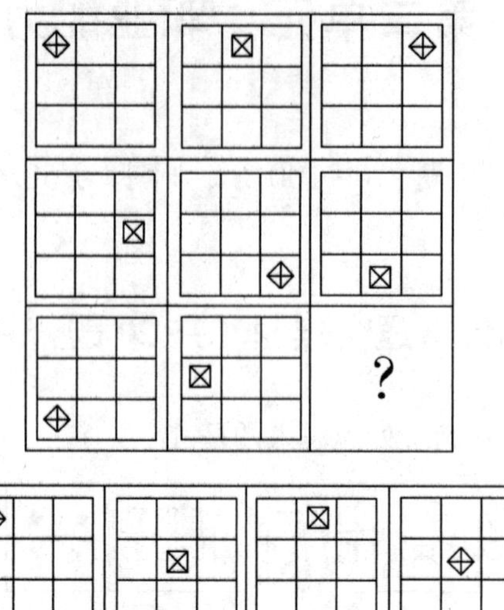

A　　B　　C　　D

6. 根据以下图形的规律，问号处应填入的是（　　）。

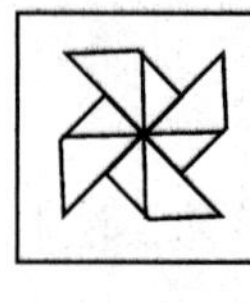
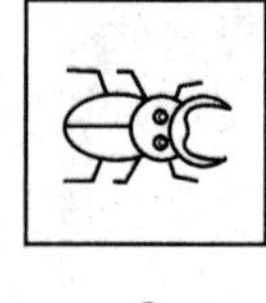

A　　B　　C　　D

7. 项目组讨论决定，根据大家目前的进度，这个项目必然不能按期完成。这句话的意思是（　　）。

A. 根据大家目前的进度，这个项目一定能按期完成

B. 根据大家目前的进度，这个项目不可能按期完成

C. 根据大家目前的进度，这个项目不一定能按期完成

D. 根据大家目前的进度，这个项目也有可能按期完成

8. 公司召开年度总结大会，各分公司的负责人纷纷齐聚北京，这些人中不都是女士。这句话的意思是（　　）。

A. 来开会的人都是女士　　　　　　　　B. 来开会的都不是女士

C. 来开会的人都是男士　　　　　　　　D. 来开会的人也有男士

9. 根据以下数字规律，空缺处应填入的是（　　）。

-2，2，8，20，104，（　　）

A. 208　　　　B. 408　　　　C. 508　　　　D. 608

10. 根据以下图形的规律，问号处应填入的是（　　）。

?

A　　　　B　　　　C　　　　D

11. 根据以下图形的规律，问号处应填入的是（　　）。

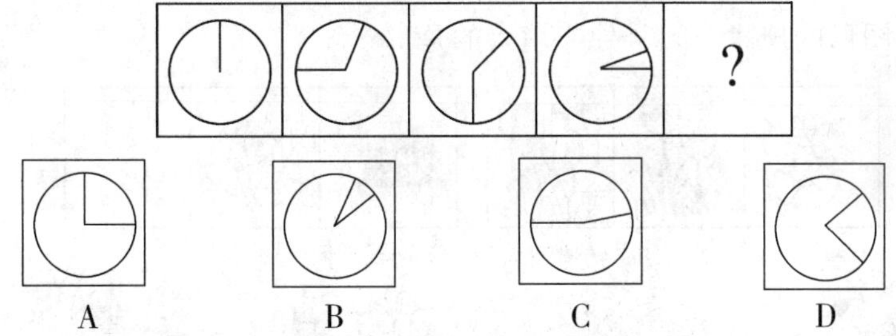

12. 下面给定的是纸盒的外表面，哪一项可由它折叠而成？（　　）

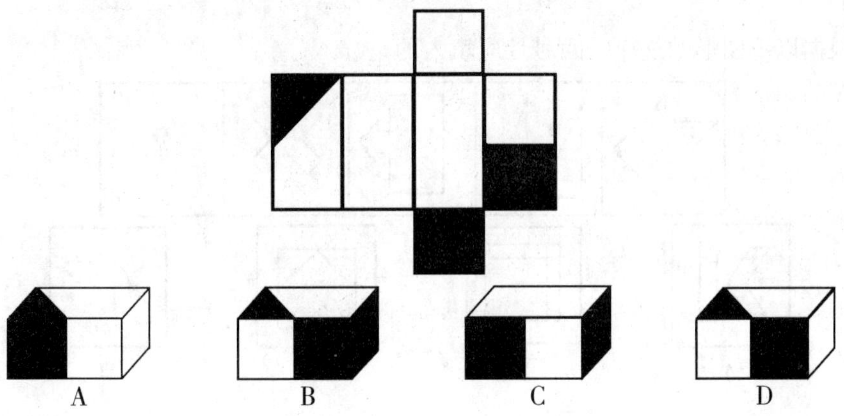

13. 如果三个天平均保持平衡，则下列四个选项中，不能放在最右侧天平问号处的是（　　）。

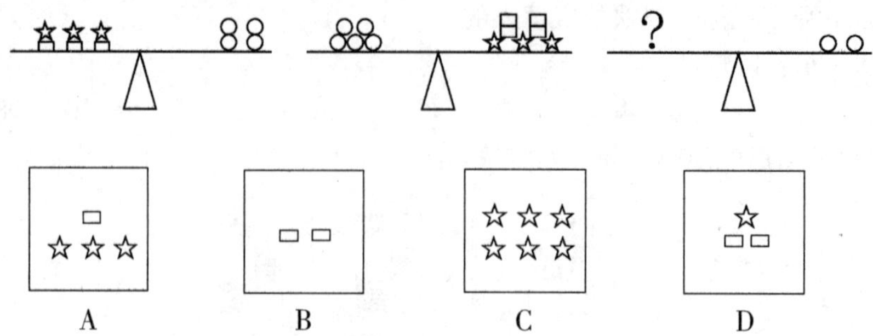

14. 根据以下图形的规律，问号处应填入的是（　　）。

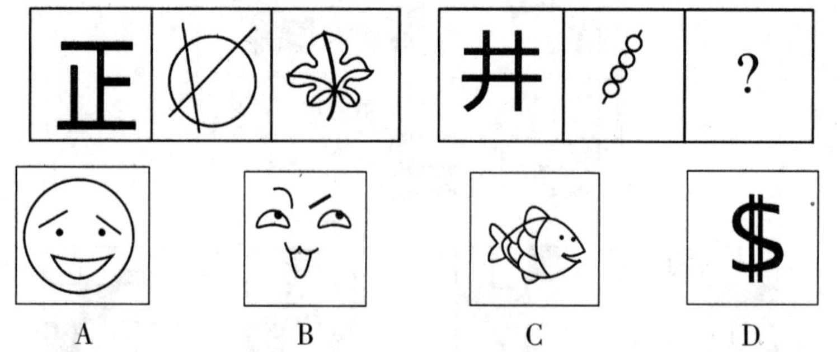

15. 根据以下数字规律，空缺处应填入的是（　　）。

2，3，5，14，69，（　　）

A. 965　　B. 1517　　C. 498　　D. 99

16. 根据以下图形的规律，问号处应填入的是（　　）。

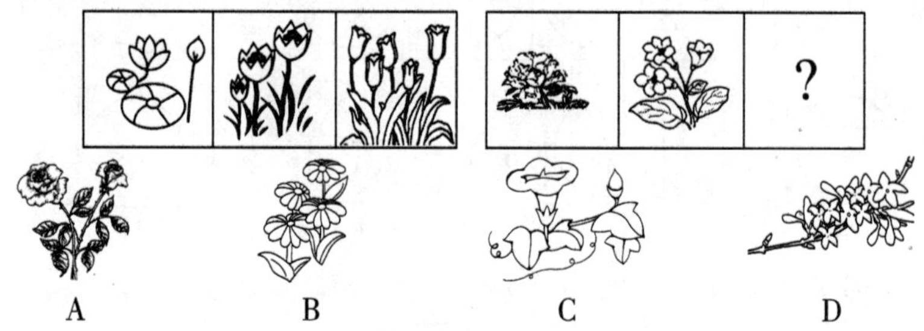

17. 根据以下图形的规律，问号处应填入的是（　　）。

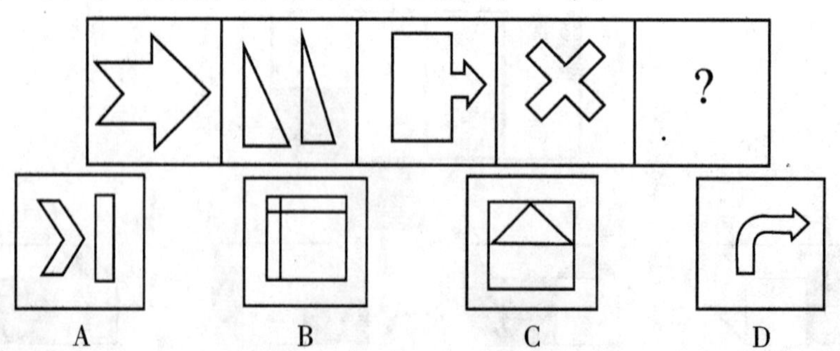

18. 根据以下数字规律，空缺处应填入的是（　　）。

1，$\frac{3}{4}$，$\frac{1}{3}$，$\frac{5}{48}$，（　　）

A. $\frac{1}{80}$　　B. $\frac{1}{60}$　　C. $\frac{5}{240}$　　D. $\frac{1}{40}$

19. 根据以下数字规律，空缺处应填入的是（　　）。

1，4，8，9，27，16，64，（　　）

A. 25　　B. 28　　C. 30　　D. 36

20. 根据以下图形的规律，问号处应填入的是（　　）。

A

B

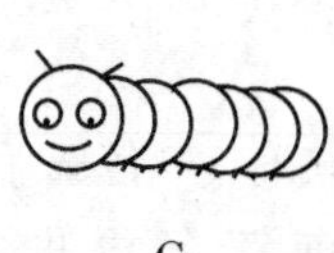
C

D

第二部分　数字运算（共 10 题，共 15 分）

1. 某建设单位需要在 61 天内修完一条 917 米的路，有甲、乙两个工程队可供选择，甲队每天可以修 17 米，工程费是 3400 元；乙队每天可以修 15 米，工程费是 2250 元，完成这条路最少需要花费（　　）元。

A. 137542.5　　B. 137250　　C. 137550　　D. 138400

2. 某小公司有 15 名员工，其中市场部 6 人、技术部 6 人、综合部 3 人，从中任意选取 3 人，其中恰好有市场部、技术部、综合部各 1 人的概率是（　　）公里。

A. $\frac{4}{91}$　　B. $\frac{1}{108}$　　C. $\frac{108}{455}$　　D. $\frac{414}{455}$

3. 某车计划以速度 v 从甲地开往乙地，t 小时后可以到达，如果速度提高 50%，可以节约半个小时，如果以原速行驶 50 公里后，速度降低 20%，则比原计划晚到 12 分钟，甲乙两地之间的距离是（　　）公里。

A. 73.53　　B. 107.15　　C. 71.43　　D. 535.71

4. 河道上有A、B两个码头相距540公里，在同一时刻甲游轮从B码头逆流驶往A码头，乙游轮从A码头顺流驶往B码头。相遇后又经过4小时，甲到达A码头。已知甲游轮的静水速度是66公里/小时，乙游轮的静水速度是42公里/小时，水流速度是（　　）公里/小时。

A. 6　　B. 5.4　　C. 5　　D. 3

5. 甲在计算9个整数的平均数时得到的结果是40.87（按四舍五入保留两位小数），老师说最后一位数字错了，正确的最后一位数字应该是（　　）。

A. 5　　B. 6　　C. 8　　D. 9

6. 某年中有53个星期日，且该年元旦不是星期日，那么下一年的最后一天是星期几？（　　）

A. 星期三　　B. 星期二　　C. 星期一　　D. 星期日

7. 甲、乙、丙三个车间共有员工232人，丙车间的员工数等于甲车间的员工数加乙车间员工数的$\frac{1}{5}$，也等于乙车间员工数加上甲车间员工数的40%，丙车间有员工（　　）人。

A. 80　　B. 92　　C. 60　　D. 54

8. 某商场用38万元购进40个A商品和30个B商品进行销售，销售A时加价20%，销售B时加价15%，全部售出后获利6.7万元，A的售价是（　　）元。

A. 6000　　B. 5750　　C. 6900　　D. 5000

9. 一座大桥，甲、乙、丙三个施工队单独建各需20、24、30天。现在三队合建，但甲队因中途另有任务提前撤出，结果用12天全部完成。那么，甲队只建了（　　）天。

A. 4　　B. 3　　C. 6　　D. 2

10. 某学校举行围棋大赛，共有14名选手参加，先分成两组参加单循环比赛，每组7人，然后根据积分由两组的前三名再进行单循环比赛，决出冠亚军，请问共需要(　　）场。

A. 57　　B. 56　　C. 60　　D. 54

第三部分　言语理解（共10题，共10分）

1. 看出生命的意义同价值，原来如此，却想在生前死后使生命发生一点特殊意义和永久价值，心性绝顶聪明，为人却好像傻头傻脑，历史上的释迦、孔子、耶稣就是这种人。这种人或出世，或入世，或革命，或复古，活着时都显得很愚蠢，死过后却显得很伟大。

对文段中，划线的“这种人”理解错误的是（　　）。

A. 死后常常显得伟大　　B. 为人好像傻头傻脑

C. 活着的这种人很愚蠢　　D. 看出了生命的意义和价值

2. 在阿根廷南部的一个叫作帕塔哥尼亚（Patagonia）的小镇，科学家们找到了一些被命名为巨龙的恐龙骨骼化石，这种与霸王龙十分相似的恐龙长着巨大而锋利的牙齿，但与霸王龙的牙齿相比，这种恐龙的大牙显得脆而易碎，如果用它在骨头上咬出洞的话，就会像刮脸刀那样被折断。所以，古生物学者们认为它的作用应是撕肉、刮肉和放血。后来，在南美大陆上，这种巨龙成为霸王龙的有力对手，也成为白垩纪时的霸王。

根据上述文字，下列说法错误的是（　　）。

A. 霸王龙的牙齿锋利坚韧　　B. 巨龙主要活动于南美大陆

C. 巨龙是白垩纪最强大的恐龙　　D. 霸王龙是战斗力较强的恐龙之一

3. 依次填入下列各句横线上的词语，与句意最贴切的一组是（　　）。

（1）______的严重程度已经超出了控制范围，必须马上报告上级领导。

（2）丽丽对小明的追求并不“感冒”，对于小明的约会邀请总是找理由______。

A. 事态　推脱　　B. 事态　推托　　C. 势态　推脱　　D. 势态　推托

4. 起初，中国人和非洲人一样，种高粱的一大目的是供人食用。然而，尽管高粱米营养价值不低，特别是含有丰富的 B 族维生素，但是它的口感较差，比不上大米白面，产量也比较低，种植起来获利不丰。出于这些原因，最近几十年来，高粱的种植面积越来越少。

根据这段文字，高粱种植面积减少的原因不包括（　　）。

A. 营养价值不高　　B. 口感不好　　C. 产量不高　　D. 种植效益差

5. 将以下 5 个句子重新排列组合，最连贯的是（　　）。

（1）病毒自己无法进行任何的生命活动。

（2）它不能进行代谢也不能主动产生能量，更不能成为其他生物的食物。

（3）然后借助宿主体内的细胞不断扩充自己的数量。

（4）病毒存在的唯一目的就是感染宿主。

（5）由此可见，病毒其实是标准的寄生物。

A.（4）（1）（2）（5）（3）　　B.（4）（3）（5）（1）（2）

C.（1）（2）（4）（3）（5）　　D.（1）（4）（2）（3）（5）

6. 2015 年是中国电影票房增长最快的一年，但一批缺乏艺术匠心的“快餐式产品”蜂拥而至，冲击着市场规则，拉低了国产电影整体的艺术水准。中小成本电影的市场空间收紧，一批具有艺术水准的高质量中小成本原创影片由于缺少资本与明星的护航，市场排片与票房得不到保障。这一现象意味着众多投身于电影一线的原创电影工作者处境艰难，使中国电影市场环境不甚健全的问题日益凸显。中国电影产业“烈火烹油”的时候，也在日益“萎缩”。

对上述文段中“萎缩”一词理解错误的是（　　）。

A. 中国电影票房增长速度放缓

B. 高质量中小成本原创影片市场空间小

C. 电影一线的原创电影工作者处境艰难

D. 国产电影整体的艺术水准下降

7. 依次填入下列各句横线上的词语，与句意最贴切的一组是（　　）。

（1）新车的外观设计极具侵略感，车头线条复杂凌厉，给人一种______的感觉。

（2）经过一系列对此问题的分析，管理层决定实施代号为“前进”的计划，为挽救航空公司于绝境______，进行最后一搏。

A. 盛气凌人　破釜沉舟　　B. 盛气凌人　孤注一掷

C. 咄咄逼人　破釜沉舟　　D. 咄咄逼人　孤注一掷

8. 将以下 6 个句子重新排列组合，最连贯的是（　　）。

（1）贫困户的生存条件本来就比较恶劣。

（2）基于常理推断，他们获取政策利好的渠道基本不可能靠互联网、手机等电子政务平台，而政策文件要下发到每村每户似乎也不太现实。

（3）对异地扶贫对象而言，点对点的精准政策宣传才是应有之举。

（4）推进政府信息公开，不能局限于把政策文件的原文对外公示或将电子政务上线运营。

（5）政府信息公开、简政放权等措施，是推进政府服务的重要手段。

（6）因此，只有指派专员，对相关地区和人员进行精准的政策宣传，才能更好地推进异地扶贫良政的落实。

A.（4）（3）（1）（5）（2）（6）　　B.（4）（5）（3）（1）（2）（6）

C.（5）（4）（3）（1）（2）（6）　　D.（5）（4）（1）（3）（6）（2）

9. 对于广大青少年来说，接受怎样的历史教育，将直接关系到他们如何看待历史、迎接未来。在中华民族走过的漫长征程中，抗日战争是有着特殊意义的一段历史。让青少年准确了解、正视这段历史，不仅可以增强整个民族的民族认同和国家认同，弘扬爱国精神，更重要的是，让历史成为最好的爱国主义老师，在孩子幼小的心灵中打下厚重饱满的精神底色。提醒孩子们，在日后真正成长为国家栋梁之时，在代表国家进行国际交往之时，牢记历史、不忘过去，珍爱和平、开创未来。

这段文字的主旨是（　　）。

A. 要让青少年准确了解抗日战争，了解历史，珍爱和平

B. 历史是青少年最好的爱国主义老师

C. 抗日战争是中华民族一段有着特殊意义的历史

D. 接受怎样的教育，关系着怎样看待历史

10. 在数学界，证明就是一切。没有证明，即使看上去再确定无误的结论，哪怕拥有再多的间接证据，哪怕是最优秀的数学家的想法，都只能是猜想，而不是定理。要确定一个定理，就必须有一个滴水不漏的证明。这就是数学界的规则。

下列说法符合文意的是（　　）。

A. 定理都是优秀数学家提出来的　　B. 间接证据对于数学定理没有意义

C. 只有直接证据才能确定一个定理　　D. 证明是数学界确定其规则的重要方法

第四部分　思维策略（共 20 题，共 30 分）

1. 小明、小红、小花三人用擂台赛的形式进行围棋训练，每局两人进行比赛，另外一人当裁判。每一局输的一人去当下一局的裁判。训练结束时，发现小明共进行了 19 局，小红进行了 29 局，而小花共当裁判 7 局，那么期间共进行了（　　）局的训练。

A. 41　　B. 38　　C. 55　　D. 29

2. 由若干个边长为1的正方体组成一个边长为10的大正方体，现将大正方体表面刷上一层刷漆，那么，被涂上颜色的小正方体一共有多少个？（　　）

A. 488　　B. 500　　C. 522　　D. 625

3. （2017×2017−2018×2016）÷（1987×1989−1988×1988）=（　　）

A. −1　　B. 1　　C. 20　　D. −20

4. 1221×457+3663×112+10989×23=（　　）

A. 1219480　　B. 1221000　　C. 1221122　　D. 1221360

5. 371564×9999=（　　）

A. 3715268436　　B. 4837526566　　C. 3715486326　　D. 4837565226

6. 甲4天看一次电影、乙7天看一次电影、丙9天看一次电影，今天三人在影院相遇，那么，从今天算起，一年内他们能相遇几次？（　　）

A. 4　　B. 3　　C. 2　　D. 1

7. 99.99×169−1.69=（　　）

A. 16898.31　　B. 16901.69　　C. 16896.62　　D. 16903.38

8. $\frac{1\times3+2\times6+3\times9+\cdots+2017\times6051}{1\times4+2\times8+3\times12+\cdots+2017\times8068}$=（　　）

A. $\frac{3^{2017}}{4^{2017}}$　　B. $\frac{27}{64}$　　C. $\frac{9}{16}$　　D. $\frac{3}{4}$

9. 一共有65册书籍，其中45册有配图、30册有拼音标注、12册两者都有。那么，既没有配图也没有拼音标注的书有多少册？（　　）

A. 1　　B. 2　　C. 3　　D. 4

10. 一个三位数，除以3余2、除以5余3、除以7余1，那么，这样的数字一共有多少个？（　　）

A. 8　　B. 9　　C. 10　　D. 11

11. （1+0.19+0.88）×（0.19+0.88+0.94）−（1+0.19+0.88+0.94）×（0.19+0.88）=（　　）

A. −0.06　　B. 0.94　　C. 0.06　　D. −0.94

12. 15+195+1995+19995+199995+1999995=（　　）

A. 2222170　　B. 222190　　C. 2222189　　D. 2222190

13. 656463×323130−656464×323129=（　　）

A. 333342　　B. 323130　　C. 333334　　D. 323132

14. 一个箱子里有1000只小球，有红绿两种颜色，99人依次来抓小球，每人抓两次，最后统计共抓出99只红球、99只绿球，那么至少有（　　）人同时抓到不同颜色的球。

A. 0　　B. 1　　C. 2　　D. 99

15. 将320个完全相同的圆柱体垒成一个正三角形垛，那么，最少剩下多少个圆柱体？（　　）

A. 0　　B. 12　　C. 17　　D. 20

16. $1\frac{3}{5}\times1\frac{3}{8}\times1\frac{3}{11}\times1\frac{3}{14}\times1\frac{3}{17}\times1\frac{3}{20}=$（　　）

A. $\frac{112}{40}$　　B. $\frac{5923}{1870}$　　C. $\frac{5032879}{64209940}$　　D. $\frac{23}{5}$

17. 987654×125＝（　　）

A. 123456750　　B. 121807100　　C. 131857250　　D. 103257425

18. 墙上的钟表上显示是正午12点，那么，12点55分之前，时针和分针有几次是彼此垂直的？（　　）

A. 1　　B. 2　　C. 3　　D. 4

19. 用计算器计算9+10+11=，需要按8次键。那么，用计算器计算1+2+3+…99+100=，需要按多少次？（　　）

A. 300　　B. 292　　C. 290　　D. 288

20. 从8、4、5、7、3、1、0七个数字中任取三个不同的数字组成最大数和最小数（百位不可为0，最大数和最小数之间没有相同的数字），两者之间的差是多少？（　　）

A. 773　　B. 772　　C. 774　　D. 771

第五部分　资料分析（共3大题，15小题，共15分）

根据下列资料，回答第1~5题

2016年第二季度中国拥堵城市排行榜TOP10依次为北京、哈尔滨、重庆、济南、杭州、深圳、贵阳、上海、广州、佛山。其中，今年一季度北京让位于济南后，本季度重新获得第一名，其高峰拥堵延时指数达到了2.16，这意味着北京市民高峰期驾车出行所花费的时间是畅通情况下的2.16倍。而根据市民因拥堵而造成的时间成本计算，发现北京通勤族每月因拥堵造成的时间成本达952.5元，高于去年二季度的808元。

此外，一般冬季才拥堵严重的城市哈尔滨，本季度出乎意料地排名第二，拥堵的异常变化可能与城市修建地铁和降雨有关。重庆上升至第三名，可能与道路施工和较大幅度的降雨有关。济南虽然降至第四名，但高峰拥堵延时指数与上一季度变化不大，拥堵依然严重。而首次进入前十的城市佛山，相比去年全年拥堵加重14%，排名大涨16位。本季拥堵的大幅上涨可能与其今年二季度连续降雨有较大关系。

而本季度10个拥堵缓解的城市中，洛阳、乌鲁木齐、扬州最为明显，洛阳拥堵延时指数环比下降7.0%，下降幅度全国最大。洛阳拥堵的大幅缓解，应该与4月牡丹花会期间1个月单双号限行和交通大整治政策有关。从4月开始，洛阳高峰拥堵延时指数在逐月下降，说明拥堵在逐步缓解。另外，洛阳二季度降雨较少，未对交通产生较大影响。

2016 年二季度中国拥堵城市排行榜

排名	城名	高峰拥堵延时指数	月拥堵时间成本（元）	排名	城名	高峰拥堵延时指数	月拥堵时间成本（元）	排名	城名	高峰拥堵延时指数	月拥堵时间成本（元）
1	北京	2.163	952.50	21	合肥	1.834	602.76	41	绍兴	1.684	431.26
2	哈尔滨	2.123	568.11	22	青岛	1.812	501.45	42	淄博	1.648	
3	重庆	2.099	677.39	23	郑州	1.804	486.34	43	洛阳	1.647	374.96
4	济南	2.096	638.20	24	长春	1.792	562.07	44	宁波	1.644	
5	杭州	2.085	606.12	25	香港	1.785	1470.09	45	保定	1.644	395.16
6	深圳	2.002	844.97	26	南宁	1.779	564.44	46	嘉兴	1.607	
7	贵阳	1.961	586.11	27	石家庄	1.772	485.33	47	扬州	1.607	497.08
8	上海	1.941	719.81	28	珠海	1.771	616.34	48	中山	1.604	460.06
9	广州	1.934	816.65	29	南京	1.75	599.13	49	临沂	1.598	
10	佛山	1.929	617.77	30	惠州	1.746	521.69	50	徐州	1.586	
11	兰州	1.913	599.92	31	厦门	1.745	567.18	51	常州	1.58	511.26
12	长沙	1.895	530.27	32	金华	1.744	438.23	52	台州	1.541	370.47
13	大连	1.892	681.61	33	南昌	1.741	508.29	53	鄂尔多斯	1.527	507.50
14	西宁	1.885	558.11	34	苏州	1.741	640.98	54	泉州	1.519	384.72
15	成都	1.875	558.83	35	福州	1.737	539.70	55	潍坊	1.501	
16	西安	1.868	611.74	36	烟台	1.733		56	无锡	1.5	499.17
17	沈阳	1.86	573.33	37	唐山	1.728	477.54	57	乌鲁木齐	1.479	357.63
18	武汉	1.849	628.67	38	东莞	1.725	465.26	58	大同	1.465	371.60
19	昆明	1.848	564.87	39	太原	1.704	445.89	59	南通	1.441	
20	天津	1.841	564.63	40	温州	1.687		60	镇江	1.418	356.17

1. 2016 年一季度，拥堵指数排名第一的城市是（　　）。

A. 济南　　B. 哈尔滨　　C. 北京　　D. 重庆

2. 2016 年第二季度北京通勤族每月因拥堵造成的时间成本比前一年二季度高(　　) 元。

A. 808　　B. 384.39　　C. 952.5　　D. 144.5

3. 本季度，拥堵缓解最大的城市是（　　）。

A. 乌鲁木齐　　B. 洛阳　　C. 佛山　　D. 扬州

4. 若厦门市民 2016 年二季度非高峰期驾车出行所花费的平均时间是 25 分钟，那么高峰期驾车出行所花费的平均时间是（　　）分钟。

A. 42.56　　B. 47.83　　C. 43.63　　D. 45.69

5. 下列说法正确的是（　　）。

A. 上海的月拥堵时间成本是北京的 75.57%

B. 在常州，若畅通的情况下通行时间是 20 分钟，高峰时通行时间是 38.26 分钟

C. 南宁的拥堵指数和月拥堵时间成本都高于南京

D. 佛山拥堵情况加重与城市建设和降雨有关

根据下列资料，回答第 6~10 题

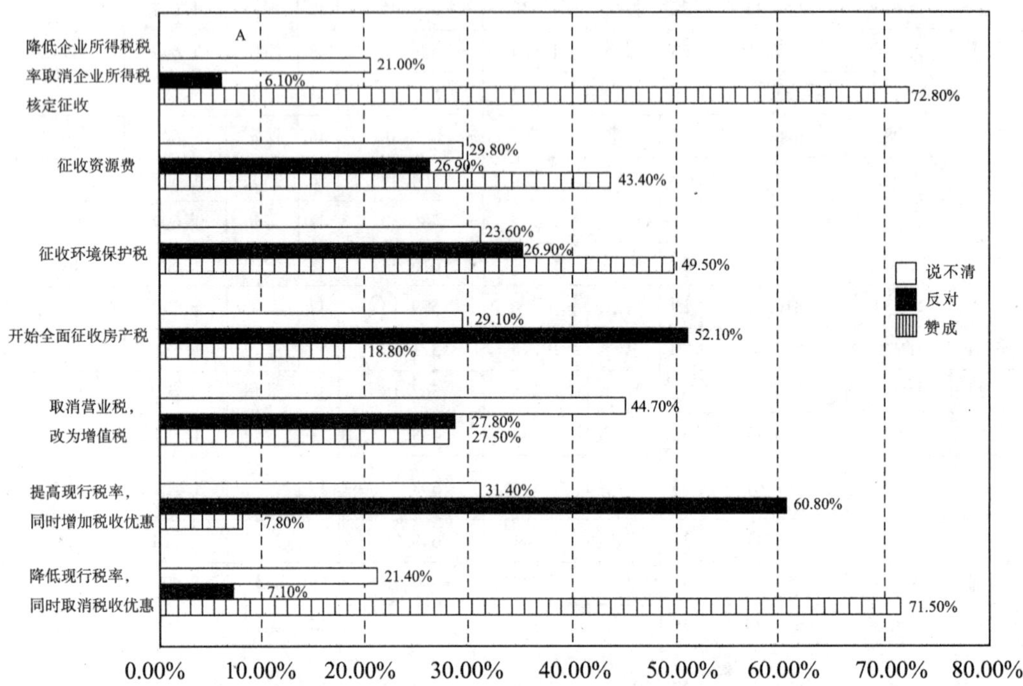

某市企业对税收政策改革的需求调查统计图

6. 若收回有效问卷 1983 份，表示赞成开始全面征收房产税的有（　　）人。

A. 373　　B. 1033　　C. 577　　D. 981

7. 在所有被调查的内容中，反对比例最高的一项是（　　）。

A. 取消营业税，改为增值税

B. 提高现行税率，同时增加税收优惠

C. 降低现行税率，同时取消税收优惠

D. 降低企业所得税税率，取消企业所得税核定征收

8. 7.10%的受访者选择（　　）。

A. 赞成提高现行税率，同时增加税收优惠

B. 反对降低现行税率，同时取消税收优惠

C. 反对提高现行税率，同时增加税收优惠

D. 反对降低企业所得税税率，取消企业所得税核定征收

9. 若收回有效问卷 2136 份，赞成征收环境保护税比赞成征收资源税（　　）人。

A. 少 132　　B. 多 132　　C. 少 130　　D. 多 130

10. 若收回有效问卷 2136 份，表示赞同开始全面征收房产税和表示说不清的人比反对开始全面征收房产税的（　　）。

A. 多 90 人　　B. 少 90 人　　C. 少 1333 人　　D. 多 1333 人

阅读文章，回答 11～15 题

对大众来说，科学无处不在，它完全可以成为社会流行文化的一部分，享受科学文化知识就像看书、读报、听音乐、看电影一样。

近日，由中国科协主办的“典赞·2016 科普中国”活动揭晓了 2016 年度十大“科学”流言终结榜，同时揭晓的还有年度十大科学传播事件等榜单。

作为年度科学传播的一场盛宴，十大“科学”流言终结榜用“科学”的力量以正视听。纵观这些“年度科学流言”，“喝苏打水能防癌”等传言背后自然掺杂着商业因素，但更多“科学谣言”的传播还是利用了人们相关科学知识的缺乏。互联网时代，“十万个为什么”已经不再流行，凡是符合自己诉求的“科学知识”，人们已经不再习惯求证和追问，无论真伪，“随手一转”即为对“科学”的推崇。

从硬件设施的建设来看，近年来社会确实很注重科普教育，实践着“科学要从小抓起”的理念，很多城市都建了科技馆，供孩子们学习参观，孩子们对科学热点的追捧也与日俱增。但是，从观念层面考量，我们对“科学”的“接近度”远远不够，哪怕是心智成熟的成年人，大多也认为科学是“小众”的、“专业”领域内的事情，进入这个领域是需要门槛的。

科学是个范畴很广的概念，科学需要门槛，科普教育却并非如此。人们之所以在心理上和科学产生距离，与科普教育不发达有关。枯燥的科普教育会阻断人们对科学的热情，尤其在当下，更需要科普教育在设计力、故事力、共情力和趣味感上下功夫。

没错，科学应该成为流行文化的一部分。从表达习惯看，我们常常把“科学”和“文化”搭配在一起，在专业学者的眼里，“科学文化”和“人文文化”是现代社会中的两种文化。但对大众来说，科学无处不在，它完全可以成为社会流行文化的一部分，享受科学文化知识就像看书、读报、听音乐、看电影一样。遗憾的是，我们常常“心存芥蒂”地将科学自觉归纳为“小众”，排挤在大众文化、流行文化之外，心理认知上首先产生了距离，又如何与科学零距离交融呢？

让科学流行起来，是科普界有识之士的呼吁。英国物理学家布莱恩·考克斯在成为曼彻斯特大学粒子物理教授之前，曾当过摇滚乐队的键盘手，是个名气不小的摇滚明星。“转行”物理学教授之后，考克斯频频在电视与广播节目中出现，主持科普节目，收获了几百万观众。考克斯说：“科学太重要了，它必须，也不得不成为流行文化的一部分。”在这位物理学家的眼里，科学现象激发了学生的想象力，这不是一个或几个流行明星可以做到的。

如果我们能够像享受音乐以及其他流行文化一样，享受科学知识与探索知识的乐趣，甚至让感知科学成为我们生活的一部分，那些伪科学的传言岂能恣意弥漫？

11. 下列哪个选项不是“科学”流言得以传播的因素？（　　）

A. 有商业因素作为幕后推手

B. 中小学校非常重视科学教育

C. 在互联网时代，人们已经不再习惯求证和追问

D. 人们更愿意相信符合自己诉求的科学知识

12. 作者为什么认为“科学”的“接近度”远远不够？（　　）

A. 心智成熟的成年人才能接近科学
B. 硬件设施还不能满足需要
C. 大多数人认为接近科学是需要门槛的
D. 中小学科学教育还有待加强

13. 在作者看来，高质量的科普教育应该是（　　）。
A. 能激发人们兴趣的　　B. 专业的
C. 能产生经济效益　　D. 接近生活的

14. 下列哪项不是科普界有识之士呼吁要让科学流行起来的原因？（　　）
A. 可以阻断伪科学传言的恣意弥漫
B. 可以激发青少年的想象力
C. 可以使人们享受探索知识的乐趣
D. 可以使广大民众进入科学这个专业的领域

15. 在下列选项中，适合用作本文题目的是（　　）。
A. 如何对青少年进行科普教育　　B. 阻断伪科学背后的黑手
C. 布莱恩·考克斯“跨界”取得成功　　D. 让科学成为流行文化的一部分

第三单元　综合能力

（共 85 题，共 100 分，时长为 40 分钟）

单项选择题（共 58 题，共 58 分）

1. 以下选项属于按外汇买卖的范围进行分类的是（　　）。
A. 有形外汇市场　　B. 官方外汇市场　　C. 外汇自由市场　　D. 外汇零售市场

2. 确定两种不同货币之间的比价，先要确定用哪个国家的货币作为标准。以一定单位（1、100、1000、10000）的外国货币为标准来计算应付多少单位本国货币的方法称为（　　）。
A. 应收标价法　　B. 应付标价法　　C. 纽约标价法　　D. 间接标价法

3. 商业银行具有众多职能，其中能对社会与经济生活实行统计监督的职能是（　　）。
A. 支付中介　　B. 信用创造　　C. 金融服务　　D. 信用中介

4. 在交易所交易的期权主要有两大类，即（　　）。
A. 商品期权和金融期权　　B. 股票期权和外汇期权
C. 债券期权和期货期权　　D. 利率期权和指数期权

5. 在期权定价中，时间价值根据其形成原因，有两个构成要素，即（　　）。
A. 货币时序价值和趋势价值　　B. 货币时间价值和波动价值
C. 货币预期价值和发展价值　　D. 货币期间价值和动力价值

6. 下列关于金融市场的叙述，不正确的是（　　）。
A. 金融工具是一组预期收益和风险相结合的标准化契约

B. 发达的金融市场体系内部，各个子市场之间存在高度相关性

C. 金融间接调控体系必须依靠发达的金融市场传导中央银行的政策信号

D. 多样化金融工具对金融市场中固有的风险进行更精细的研究，可以杜绝金融风险

7. 期权是一种选择权，是一种能在未来某个特定时间以特定价格买入或卖出一定数量的某种特定商品的权利。按交易标的分类，期权可分为若干种，以下不属于其中的期权的是（　　）。

A. 利率期权　　B. 资本期权　　C. 外汇期权　　D. 债券期权

8. 在以下选项中，关于货币市场工具特征的表述不正确的是（　　）。

A. 货币市场工具期限在一年以内

B. 货币市场工具都是短期国债

C. 货币市场工具体现出本金的高度安全性

D. 货币市场工具都是债务契约

9. 就功能而言，这一类自由贸易区利用优越的自然地理环境，从事货物转口及分拨、货物储存、商业性加工等。其类型属于（　　）。

A. 工业自由型　　B. 转口集散型　　C. 出口加工型　　D. 保税仓储型

10. 商品或服务的提供者在向不同的接受者提供相同等级、相同质量的商品或服务时，在接受者之间实行不同的销售价格或收费标准。此行为称为（　　）。

A. 价格分级　　B. 价格差别　　C. 价格歧视　　D. 价格距离

11. 以下关于欧元的表述，不正确的是（　　）。

A. 欧元是欧元区 17 个国家的货币合称

B. 2002 年 7 月欧元成为欧元区唯一合法货币

C. 欧元于 1999 年 1 月 1 日在实行欧元的欧盟国家中实行统一货币政策

D. 欧元由欧洲中央银行和各欧元区国家的中央银行组成的欧洲中央银行系统负责管理

12. GGOW 汇率制分类有三分法和九分法两种，在三分法分类中，不包括（　　）。

A. 联合汇率制　　B. 浮动汇率制　　C. 中间汇率制　　D. 钉住汇率制

13. 国内中央银行以外汇作为准备金发行纸币流通。但一般人们难以直接到国外用外汇去兑换黄金，故称（　　）。

A. 拟金本位制　　B. 金圆本位制　　C. 虚金本位制　　D. 黄金本位制

14. 除了摩擦失业和自愿失业之外，所有愿意接受各种现行工资的人都能找到工作的一种经济状态，即消除了非自愿失业就是（　　）。

A. 基本就业　　B. 标准就业　　C. 充分就业　　D. 合理就业

15. 在其他情况不变的条件下，仅考察经济生活在一定时间的某个变数对有关经济变量的影响的分析方法，称为（　　）。

A. 局部均衡理论　　B. 狭义均衡理论　　C. 有限均衡理论　　D. 部分均衡理论

16. 在社会经济生活中被直接公布、使用的表示两国货币之间比价关系的汇率，称为（　　）。

A. 直接汇率　　B. 实际汇率　　C. 基准汇率　　D. 名义汇率

17. 下列流动性指标中，用于测量企业短期偿债能力的是（　　）。

A. 流动性比例　　B. 净稳定资金比例　　C. 流动性覆盖率　　D. 存贷比

18. 关于解挂的说法，正确的是（　　）。

A. 可以网上申请解挂　　B. 解挂类型须与原挂失类型一致

C. 可手工输入卡号　　D. 可到就近网点办理

19. 贷款根据安全性不同，可以分为五个级别，其中不良贷款包括（　　）。

A. 关注贷款和次级贷款　　B. 次级贷款和可疑贷款

C. 可疑贷款和关注贷款　　D. 正常贷款和关注贷款

20. 商业银行有众多生存和发展的重要条件，其先决条件是（　　）。

A. 负债　　B. 资产　　C. 存款　　D. 资本

21. 按照履约方式，期权可以分为（　　）。

A. 买方期权和卖方期权　　B. 价内期权和价外期权

C. 欧式期权和美式期权　　D. 平价期权和溢价期权

22. 社会保障基金协议存款与保险公司协议存款二者最低起存金额的差额是（　　）。

A. 1.7 亿元　　B. 4.7 亿元　　C. 9.7 亿元　　D. 0.7 亿元

23. 已知票面利率的某附息债券溢价发行，则其实际到期收益率（　　）。

A. 更低　　B. 相同　　C. 不确定　　D. 更高

24. 我国银行开办的外币存款业务币种主要有（　　）种。

A. 7　　B. 8　　C. 9　　D. 6

25. 中央银行调控的常规手段是（　　）。

A. 一般性政策工具　　B. 选择性政策工具

C. 其他三项都是　　D. 行政性控制工具

26. 关于受益人，正确的是（　　）。

A. 受益人为被保险人的继承人

B. 受益人领取的保险金可作为被保险人的遗产处理

C. 受益人并非无偿享受保险利益

D. 受益人享有保险金请求权

27. 在银行转贷款中，正确的是（　　）。

A. 国内借款人向银行的提前还款与银行向国外贷款行提前还款不同步进行

B. 国内借款人向银行的提前还款与银行向国外贷款行提前还款不一定同步进行

C. 国内借款人向银行的提前还款与银行向国外贷款行提前还款无关

D. 国内借款人向银行的提前还款与银行向国外贷款行提前还款同步进行

28. 超额准备金率的定义是（　　）。

A. 政策银行保有的超过法定准备金的准备金与存款总额之比

B. 商业银行保有的超过法定准备金的准备金与存款总额之比

C. 商业银行保有的超过法定准备金的准备金与基准准备金之比

D. 政策银行保有的超过法定准备金的准备金与基准准备金之比

29. 在证券回购市场中，证券公司为筹措资金而以附买回条件的方式卖出自己手持的债券，称为（　　）。

A. 转让回购　　B. 直接回购　　C. 委托回购　　D. 证券公司回购

30. 以下属于古典贸易理论的是（　　）。

A. 一般均衡理论　　B. 相互需求理论　　C. 绝对优势理论　　D. 对偶理论

31. “厄尔尼诺”的显著特征是指（　　）。

A. 地球南北极地区的气候出现异常的增温

B. 赤道太平洋东部和中部海域出现异常的增温

C. 赤道太平洋区域出现异常炎热或异常寒冷

D. 地球海洋区域的海水水位明显上涨

32. 地球上的（　　）区域不存在台风的影响。

A. 赤道附近　　B. 南半球　　C. 北半球　　D. 两极地区

33. 在下列塑料制品中，能够作为食物容器放入微波炉中加热的是（　　）。

A. 聚氯乙烯（PVC）　　B. 聚乙烯（PE）

C. 聚丙烯（PP）　　D. 聚苯乙烯（PS）

34. 由中国唐代鉴真和尚支持兴建的日本佛教禅宗的寺院“唐招提寺”，位于日本(　　)。

A. 东京　　B. 奈良　　C. 大阪　　D. 神户

35. 以下有关 VR（虚拟现实）的概述正确的是（　　）。

A. 所看到的场景和人物全是假的，是将人的意识带入一个虚拟的世界

B. 所看的场景和人物一部分是真一部分是假，是把虚拟信息带入到现实世界中

C. 通过合并现实和虚拟世界而产生的新的可视化环境

D. 通过互联网将真实世界的信息带入虚拟世界中形成的可视化环境

36. 电子邮件中可用于携带图片、声音和视频等二进制文件的编码标准是（　　）。

A. UU 编码　　B. MIME 标准　　C. Binhex 编码　　D. ASCII 编码

37. 下列关于“音爆”的描述正确的是（　　）。

A. 物体运行加速度接近音速时，使物体产生强烈震感，速度衰减的现象

B. 物体在空气中的相对运动速度向上突破达到 1 马赫临界点时出现

C. 物体在真空环境下的相对运动速度向上突破达到 1 马赫临界点时出现的现象

D. 物体在空气中的相对运动速度超过声音传播速度 2 倍时出现的现象

38. 存储器在计算机中的主要功能是（　　）。

A. 传输功能　　B. 计算功能　　C. 分配功能　　D. 记忆功能

39. 在中国古代传统思想、文化和生活中，（　　）与二进制算数最为相似。

A. 九章算术　　B. 周易八卦　　C. 五行学说　　D. 测圆海镜

40. 摩尔定律指出集成电路上晶体管的集成大概平均 18 个月会翻倍，计算机性能也将提升一倍。摩尔定律属于（　　）。

A. 物理定律　　B. 数学定律　　C. 分析推测　　D. 科技定律

41. 长江发源于青藏高原的（　　）。

A. 昆仑山脉　　B. 唐古拉山脉　　C. 冈底斯山脉　　D. 喜马拉雅山脉

42. 世界上火山和地震最频繁的地区是（　　）。

A. 欧洲　　B. 亚洲　　C. 非洲　　D. 南美洲

43. 德国、意大利、印度和新加坡属于议会制国家，行使行政职权的是（　　）。

A. 总统　　B. 总理或首相　　C. 主席　　D. 执行官

44. “贞观之治”指的是历史上由（　　）执政的朝代。

A. 隋炀帝杨广　　B. 唐太宗李世民　　C. 唐高宗李治　　D. 唐玄宗李隆基

45. 塞万提斯是文艺复兴时期西班牙享有世界声誉的现实主义作家，其最著名的代表作是（　　）。

A. 《神曲》　　B. 《堂吉诃德》　　C. 《威尼斯商人》　　D. 《浮士德》

46. 北斗导航系统是中国自行研制的全球卫星导航系统，其主要建设原则是（　　）。

A. 安全性和自主性　　B. 开放性和自主性

C. 开放性和兼容性　　D. 安全性和精确性

47. 世界上领土面积最大的国家是（　　）。

A. 加拿大　　B. 俄罗斯　　C. 中国　　D. 美国

48. 按藏书量计算，国际上排名第一的图书馆是（　　）。

A. 美国国会图书馆　　B. 英国大英图书馆

C. 加拿大国家图书馆　　D. 中国国家图书馆

49. 骨瓷是在陶土中加入牛、羊等动物的骨灰，然后烧制而成的瓷种，是由（　　）发明的。

A. 中国　　B. 英国　　C. 法国　　D. 日本

50. 秦王嬴政在执政之初就开始谋划覆灭六国的战争，他按照（　　）的策略，用持续十六年之久的战争先后灭掉六国。

A. 远交近伐　　B. 合纵连横　　C. 尊王攘夷　　D. 通商宽农

51. 2017 年 9 月 1 日，中国银行携手中国移动联合推出“中国移动 & 中国银行联名卡”，标志着双方在（　　）领域合作的深入。

A. 移动通信　　B. 移动支付　　C. 跨域结算　　D. 通信传媒

52. 2017 年 8 月 24 日，“2017 年中国银行业发展论坛暨第五届银行综合评选颁奖典礼”在京举行，中国银行获得（　　）。

A. 最具影响力银行　　B. 最具社会责任银行

C. 最佳品牌形象　　D. 最具投资价值

53. 2017 年 6 月，中国银行以（　　）身份成功协助中国长江三峡集团公司发行欧元债券，成为中国企业首支欧元绿色债券。

A. 全球发行人　　B. 全球协调人　　C. 全球承销人　　D. 全球代理人

54. 截至 2017 年 7 月，中国银行悉尼分行已陆续为澳大利亚服务（　　）年。

A. 80　　B. 75　　C. 85　　D. 70

55. 中国银行为中高端客户提供（　　）平台，将企业的经营战略与慈善战略有机结合，发挥慈善对企业竞争环境的积极影响。

A. 中银爱心基金　　B. 中银私享爱心荟　　C. 中银公益基金　　D. 中银慈善管理

56. 2017 年中国银行已在全国范围推出（　　）功能。

A. 扫码转账　　B. 扫码取款　　C. 扫码存款　　D. 扫码支付

57. 为实现“两个一百年”的奋斗目标，综合分析国际国内形势和我国发展条件，从二〇二〇年到本世纪中叶可以分两个阶段来安排。其中第二阶段的目标是（　　）。

A. 全面建成小康社会

B. 基本实现社会主义现代化

C. 全面建成科技强国

D. 建成富强民主文明和谐美丽的社会主义现代化强国

58. 2017 年 9 月 14 日，中国银行股份有限公司作为独家主承销商协助（　　）在境内银行间债券市场成功发行 90 亿元人民币熊猫债券，这是迄今单笔发行金额最高的熊猫债券。

A. 中银国际控股有限公司　　B. 中国银行（香港）有限公司

C. 中银集团投资有限公司　　D. 中银基金管理有限公司

多项选择题（共 17 题，共 32 分）

1. 按投资目标分类，包括的基金类型有（　　）。

A. 成长型基金　　B. 收入型基金　　C. 平衡型基金　　D. 开放型基金

2. 按照利率的分类依据，以下利率属于按计息对象划分的有（　　）。

A. 准备金利率　　B. 再贷款利率　　C. 名义利率　　D. 存款利率

3. 需要缴纳储蓄存款利息所得税的包括（　　）。

A. 活期储蓄存款　　B. 教育储蓄存款　　C. 个人通知存款　　D. 定期储蓄存款

4. 在中国的统计实践中，生产法计算 GDP 分为若干项，包括以下的（　　）。

A. 劳动者报酬　　B. 生产税净额　　C. 固定资产折旧　　D. 营业盈余

5. 决定经济增长的直接因素包括（　　）。

A. 劳动量　　B. 生产率　　C. 投资量　　D. 数据量

6. 理财产品售后管理重点不包括（　　）。

A. 信息披露　　B. 需求再调查　　C. 危机处理　　D. 持续销售

7. 按照现代管理学的定义，银行组织架构是由（　　）所组成的一个系统。

A. 交流渠道　　B. 汇报关系　　C. 工作流程　　D. 工作任务

8. 货币政策与财政政策经常被同时用到，那么其配合模式有哪些？（　　）

A. 货币紧、财政松　　B. 财政紧、货币紧

C. 财政松、货币松　　D. 财政紧、货币松

9. 中国古都协会通过并经过国内史学家承认的八大古都中，两宋时期的名都是指(　　)。

A. 杭州　　B. 西安　　C. 洛阳　　D. 开封

10. 非洲占世界产量和储量第一的资源是（　　）。

A. 金刚石　　B. 石油　　C. 天然气　　D. 黄金

11. 下列哪些属于天文学的长度单位？（　　）

A. 秒差距　　B. 兆米　　C. 英里　　D. 光年

12. 在四大文明区中，（　　）发现了勾股定律。

A. 中国　　B. 古印度　　C. 埃及和两河流域　　D. 古巴比伦

13. 电视直播系统通常采用（　　）方式进行信号的传播。

A. 卫星中继　　B. 光缆传输　　C. 中长波传播　　D. 微波传输

14. 大数据主要面向的数据类型包含（　　）。

A. 半结构化数据　　B. 非结构化数据　　C. 描述性数据　　D. 结构化数据

15. 中国银行“三比三看三提高”方法中的三比分别是指（　　）。

A. 系统内　　B. 自己　　C. 国际　　D. 同业

16. 中国被誉为“三大火炉”的城市是（　　）。

A. 重庆　　B. 武汉　　C. 杭州　　D. 南京

17. 2017 年 10 月 23 日，剑桥大学在征得霍金同意之后公开了他的博士论文，以下哪些是霍金的学术论文和著作？（　　）

A. 空洞、婴儿宇宙及其他　　B. 时间简史

C. 万物理论　　D. 宇宙膨胀的属性

综合题（共 2 大题，10 小题，共 10 分，每小题有一个或以上的选项是正确的，错选，不选，少选或多选均不得分。）

中国自 2013 年首次提出“一带一路”倡议以来，“一带一路”不断取得新的成就。2017 年 5 月，“一带一路”高峰论坛在北京举行。

2016 年我国对“一带一路”沿线国家直接投资和建造合同总额为 780.8 亿美元，全球范围内对外直接投资和建造合同总额为 2455.1 亿美元，“一带一路”国家占比 31.8%，较 2015 年下降 6.3 个百分点。2013 年至 2016 年，我国对“一带一路”建造合同规模的占比上升 8.4%。2016 年我国对外建造合同总额 764.6 亿美元，其中“一带一路”沿线国家建造合同总额 474.9 亿美元，占比 62.11%，相对 2015 年上升 16.75 个百分点；而 2013 年对“一带一路”建造合同规模为 370.2 亿美元，占比 53.71%。2013 年至 2016 年，我国对“一带一路”的直接投资占比下降 14.4%。2016 年，我国对“一带一路”的直接投资占比下降 14.4%。2016 年我国对外直接投资 1690.5 亿美元，其中对“一带一路”国家的直接投资为 305.9 亿美元，占比 18.1%，较 2015 年下降 13.68 个百分点，比 2014 年上升 1.8 个百分点。而 2013 年对“一带一路”直接投资为 305.9 亿美元，占比 18.1%，较 2015 年下降 13.68 个百分点，比 2014 年上升 1.8 个百分点。而 2013 年对“一带一路”国家的直接投资为 268.4 亿美元，占比 32.54%。

“一带一路”沿线国家直接投资和建造合同主要分布在东亚和西亚地区。两者占比在 2011—2016 年间始终保持在 63% 以上。前五名为：俄罗斯（13.72%）、哈萨克斯坦（8.82%）、马来西亚（8.42%）、新加坡（7.46%）和印度尼西亚（6.53%）。排名前十位中，除伊拉克和以色列是中东地区外，其余均为东亚、西亚地区。2005—2016 年，中国在世界范围内的直接投资规模为 8580.7 亿美元，其中对“一带一路”64 个国家的直接投资为 2047 亿美元，占比 23.9%。2016 年东亚和西亚地区的直接投资和建造合同总额为 497.7 亿美元，占比 63.74%，相较 2015 年下降 20 个百分点。2016 年加大了对中东和北非的投资力度，2016 年对中东和北非的投资 256.4 亿美元，较 2015 年 79.5 亿美元实现较大提升，由此从 2015 年的 9.63%增加至 2016 年的 32.84%。

“一带一路”沿线国家在我国直接投资和建造合同中涉及能源、运输、金属、房地产、

技术、化学、农业、金融、公用事业、旅游、娱乐以及其他行业，能源和交通运输两方面投资占比始终保持在53%以上，其中2016年两项投资总额528亿美元，占比67.62%，相较2015年下降4.2个百分点。

2005—2015年期间，中国实际利用外资金额为10471.2011亿美元，来自于“一带一路”国家的资金为698.2993亿美元，占比仅为7%，主要原因为“一带一路”国家多为不发达国家，对外投资较少，但是随着中国持续推进“一带一路”建设，沿线国家对中国的投资呈缓慢上升的状态。2016年以来1—12月，“一带一路”沿线国家对华投资新设立企业2905家，同比增长34.1%；实际投入外资金额70.6亿美元，同比下降16.5%。2016年以来“一带一路”沿线国家对华投资新设立企业同比大幅上升，实际投入外资金额同比大幅回落。

“一带一路”国家与中国贸易总额占比不断上升。从贸易总量上看，中国与“一带一路”沿线国家贸易总量与中国对外贸易总量变化趋势相同，呈现波动上升趋势，其所占比重则由2005年的17.69%增加至2016年的25.71%，中国与这些国家的贸易合作日益密切。从出口方面看，中国来自于“一带一路”国家的进口额在2011年以前总体呈上升趋势，2011年后相对比较稳定，但在国内需求不足的背景之下，2014年—2016年逐渐下降。2016年进口总额15879.21亿美元，从“一带一路”沿线国家进口的金额为3659.43亿美元，占比23.05%。

1. “一带一路”的核心是（　　）。

A. 21世纪海上丝绸之路　　B. 欧亚贸易发展之路

C. 丝绸之路经济带　　D. 21世界全球经济带

2. “一带一路”目标的合作地区主要覆盖（　　）。

A. 欧亚非区域　　B. 亚洲区域

C. 欧亚大陆区域　　D. 欧洲以及中东区域

3. 2011年至2016年中国和“一带一路”沿线国家的贸易结构呈现（　　）。

A. 贸易逆差　　B. 持平状态　　C. 贸易顺差　　D. 波动下调

4. 2016年以来“一带一路”沿线国家对华投资新设立企业同比大幅上升，实际投入外资金额同比大幅回落的因素有（　　）。

A. 投资企业数量基数高　　B. 投资企业数与投资额不成正比

C. 投资金额基数高　　D. 行业投资额低

5. 基于“一带一路”直接投资和建造合同的行业分布，中国在“一带一路”沿线国家的发展重点是（　　）。

A. 贸易合作　　B. 金融建设　　C. 基础建设　　D. 技术交换

美国次级住房抵押贷款市场问题从2007年春季开始逐步显现，直到2007年8月份蔓延至债券市场、股票市场和其他信贷市场后，美联储进行紧急干预，2007年9月18日开始降息50个基点至4.75%。从2007年底至2008年9月美国投行雷曼兄弟倒闭的大部分时间里，美联储采取了7次降息措施，累计降息达3个多百分点。雷曼兄弟的倒闭最终引发全球金融市场急剧下跌和流动性收紧，美国次贷危机迅速转变为席卷全球的、自上世纪30年代大萧条以来最为严重的国际金融危机。2008年12月16日，美联储宣布将联邦基金利率降至零至 0. 25%的超低水平，美国正式步入零利率政策时代。自 2008 年底至 2014 年 10 月，2008 年金融危机至 2013 年美联储一共进行了三轮购债，总共购买资产 3. 9 万亿美元，美联储持有的资产规模占国内生产总值的比例从 2007 年底的约 6. 1%（约 1 万亿美元）大幅升至 2014 年底的 25. 3%（约 4. 5 万亿美元），其中美国国债占比 54%、抵押支持债券占比 39%。

2015 年 12 月 17 日美联储加息，将联邦基金利率提高 0. 25%，这是自 2006 年 6 月以来美联储的第一次加息。2015 年至今，美联储已累计加息 4 次，累计加息 100 个基点。2017 年 9 月 20 日，美联储宣布维持基准利率 1%~1. 25%不变，预计 2017 年还将加息 1 次、2018 年加息 3 次、2019 年加息 2 次、2020 年将加息 1 次。同时，美联储正式宣布 2017 年 10 月初启动渐进式被动缩表计划。

6. 自 2015 年底至 2017 年 10 月期间，美联储的连续加息行为以及缩表计划的开始，表示美联储当前主要采取（　　）的政策。

A. 量化宽松　　B. 量化紧缩　　C. 释放货币流动性　　D. 扩张信贷资产

7. 在 2008 年底至 2014 年 10 月期间，美联储主要通过（　　）方式购买国债和抵押贷款支持债券。

A. 增发美元货币　　B. 回收美元货币　　C. 降低黄金储备　　D. 降低外汇储备

8. 2017 年 9 月 21 日，美联储启动渐进式被动缩表计划，此表是指（　　）。

A. 资产负债表　　B. 流动资金表　　C. 总资产表　　D. 现金资产表

9. 美联储缩表计划的主要目标为（　　）。

A. 增发美国国债　　B. 增发联邦机构债券

C. 降低黄金与外汇储备占比　　D. 降低抵押支持债券占比

10. 美联储渐进式被动缩表行为是指（　　）。

A. 到期前主动出售资产

B. 停止或者逐步退出对到期资产的再投资

C. 保持现在资产持有，停止增加投资

D. 到期后主动购买资产

2018中国银行秋季校园招聘考试真题解析

(扫描答案右侧二维码可观看真题解析视频)

第一单元　英语

(共100题，共100分，时长为60分钟)

选词填空（共50题，共50分）

1. **答案**：D。

解析：本题考查词组辨析。句意为“我是詹妮弗·布朗。我打算今天去上班”。be going to do sth. 意为“打算做某事”。故本题答案为D。

2. **答案**：C。

解析：本题考查形容词词义辨析。句意为“作为一个年轻人，他非常情绪化，缺乏自信，在选定学习艺术之前，他曾辗转于各种各样的工作中”。A选项意为“特殊的”；B选项意为“全部的”；C选项意为“各种各样的”；D选项意为“修改的”。various jobs：各种各样的工作。故本题答案为C。

3. **答案**：B。

解析：本题考查词性确定。句意为“如果你想拍照，你需要申请许可”。由于划线处前有“a”修饰，所以应填名词，A选项为形容词；C选项为动词的现在分词；B选项为permit的名词形式，意为“许可、允许”；D选项为动词。故本题答案为B。

4. **答案**：D。

解析：本题考查词组辨析。句意为“大会政府说，吉本斯博士没有任何进一步的补充”。A选项意为“遵循”；B选项意为“遵守”；C选项意为“把……归因于”；D选项意为“添加、补充”。A、B、C项均不符合语意。故本题答案为D。

5. **答案**：D。

解析：本题考查动词词义辨析。句意为“我们最新的手机与主要竞争对手的手机相似，除了新手机有更多的功能和更可靠”。句中缺少谓语，故应填动词。A选项为形容词短语；B选项为副词；C选项有形容词和副词两种词性；D选项为动词，意为“类似、与……相似”。故本题答案为D。

6. **答案**：A。

解析：本题考查动词搭配。句意为"经理明确表示，他打算制定一些新的规章来加强职场纪律"。lay down 为固定搭配，意为"制定"，故排除 C、D；intend to do sth. 为固定搭配，意为"打算做某事"。故本题答案为 A。

7. **答案**：B。

解析：本题考查词组辨析。句意为"你和别人相处得如何？"A 选项所示词组搭配不存在，故排除 A；B 选项意为"与……相处"；C 选项意为"习惯于"；D 选项意为"对待自己"，C、D 均不符合语意。故本题答案为 B。

8. **答案**：C。

解析：本题考查动词词义辨析。句意为"解散该公司的决定并不容易，但每个人都认为没有其他选择，只能停止交易"。A 选项意为"显示、陈列"；B 选项意为"使分解、使碎裂"，主要指使某物变成很小的碎片；C 选项意为"解散（团体或机构）、解除、溶解"；D 选项意为"分布、散布"。A、B、D 均不符合语意。故本题答案为 C。

9. **答案**：A。

解析：本题考查名词词义辨析。句意为"美国是中东和平谈判的主办者，他说，以色列地区是和平的障碍，这个问题使之与以色列右翼政府的关系紧张起来"。A 选项意为"发起人；主办者"；B 选项意为"贡献者"；C 选项意为"志愿者"；D 选项意为"投资者"。B、C、D 均不符合语意。故本题答案为 A。

10. **答案**：D。

解析：本题考查词组辨析。句意为"在月底之前，这项提议能否通过取决于你是否接受"。A 选项意为"被承认"；B 选项意为"被……承认"；C 选项意为"应该"，一般为 be supposed to do sth.；D 选项意为"受制于、取决于"。A、B、C 均不符合语意。故本题答案为 D。

11. **答案**：B。

解析：本题考查词性确定。句意为"去年，33%的人口在第二产业工作，48%的人在第三产业工作"。题中有 the 修饰，故应该填名词。A、C 选项均为动词；D 选项为形容词；B 选项为名词，意为"人口"。故本题答案为 B。

12. **答案**：B。

解析：本题考查词性确定。句意为"我们的新复印机和旧的影印机有许多相似之处：它们包括一个先进的色彩装置和一个多任务选项"。题中由 several 修饰，故应填可数名词复数。故本题答案为 B。

13. **答案**：B。

解析：本题考查动词词义辨析。句意为"由于经营成本增加，我们被迫提高了价格"。A 选项意为"出现、上升"，为不及物动词，故排除 A；B 选项意为"提高"；C 选项意为"破坏、消除"，不符合语意；D 选项作及物动词意为"使……飞起"，作不及物动词时意为"上升"，排除 D。故本题答案为 B。

14. **答案**：A。

解析：本题考查词组辨析。句意为“同样，他告诉夫妻们，如果他们在沟通上有困难，可以提前寻求婚姻咨询”。A 选项意为“提前”；B 选项意为“特别”；C 选项意为“在……边缘”；D 选项意为“在边缘”。B、C、D 均不符合语意。故本题答案为 A。

15. **答案**：A。

解析：本题考查连词词义辨析。句意为“办公室在装修时将会关闭”。A 选项意为“当……时”；B 选项作连词时意为“因为”，前后句子时态不符。故排除 B。C、D 选项均为介词词性，不能连接两个句子，排除 C、D。故本题答案为 A。

16. **答案**：D。

解析：本题考查词性确定。句意为“国外的美国旅行者发现他们可以用美元购买更多的外币”。题中由 foreign 修饰，故应填名词。A 选项作为名词表示“趋势、流”，不符合语意，故排除 A；B 选项为副词；C 选项意为“气流，潮流”；D 选项意为“货币”。foreign currency 意为“外汇”。故本题答案为 D。

17. **答案**：A。

解析：本题考查名词词义辨析。句意为“我们可以根据型号给予折扣”。A 选项意为“折扣”；B 选项意为“账户”；C 选项意为“纪律”；D 选项是动词，意为“使分离”。B、C、D 均不符合语意。故本题答案为 A。

18. **答案**：A。

解析：本题考查形容词词义辨析。句意为“尽可能使你的报告客观：只给我们事实，而不是你的选择”。A 选项意为“客观的”；B 选项为动词的过去分词形式，无形容词用法；C 选项意为“讨厌的、有异议的”；D 选项意为“主观的”。C、D 均不符合语意。故本题答案为 A。

19. **答案**：A。

解析：本题考查形容词词义辨析。句意为“我们应该长远考虑，采取有前瞻性的措施”。A 选项意为“有前瞻性的、先行一步的”；B 选项意为“生产的”；C 选项意为“原始的”；D 选项意为“许可的、自由的”。B、C、D 均不符合语意。故本题答案为 A。

20. **答案**：D。

解析：本题考查固定搭配。句意为“此外，公司还拥有和运营四个电视台”。in addition 为固定搭配，意为“此外”。故本题答案为 D。

21. **答案**：B。

解析：本题考查介词词义辨析。句意为“没有大量的外部投资，你就无法实现现代化”。A 选项意为“在……上”；B 选项意为“没有”；C 选项意为“来自、从”；D 选项意为“除非”。A、C、D 均不符合语意。故本题答案为 B。

22. **答案**：A。

解析：本题考查词组辨析。句意为“所有的回收箱都被垃圾填满了，并且溢得到处都是”。A 选项意为“填满”；B 选项意为“盛开”；C 选项意为“一致”；D 选项意为“使高兴”。B、C、D 均不符合语意。故本题答案为 A。

23. **答案**：C。

解析：本题考查词性确定。句意为“我们在广告上花了很多钱，但结果并不令人满意”。题中应填形容词作表语，A 选项为动词，故排除 A；B 选项为副词，故排除 B；C 选项意为“令人满意的”，主要用于说明事物；D 选项意为“感到满意的”，主要用于说明人。故本题答案为 C。

24. **答案**：B。

解析：本题考查形容词词义辨析。句意为“当一个管理机构成立时，标准化规范就一定会得到遵循”。A 选项意为“平均的”；选项意为“标准化的”；C 选项意为“典型的”；D 选项意为“户内的”。A、C、D 均不符合语意。故本题答案为 B。

25. **答案**：B。

解析：本题考查词性确定。句意为“我们可以在最新的宣传册上找到这种型号以及其他型号的产品”。A 选项为副词，不能修饰名词，故排除 A；B 选项意为“最新的”；C 选项意为“晚的”；D 选项意为“上一个”。C、D 均不符合语意。故本题答案为 B。

26. **答案**：D。

解析：本题考查名词词义辨析。句意为“目前，服务行业的雇员人数和主要行业的从业人员之间存在着很大的区别”。A 选项为形容词意为“不同的”，词性不符，故排除 A；B 选项意为“差别”，主要指工资上的差别；C 选项意为“辨别力、歧视”；D 选项意为“差异、区别”。故本题答案为 D。

27. **答案**：A。

解析：本题考查形容词词义辨析。句意为“有证据显示她是一个有原则的人，不会挥霍纳税人的钱”。A 选项是形容词，意为“有原则的”；B 选项是名词，意为“开拓者、先锋”；C 选项意为“彻底的”；D 选项意为“爱国的”。故本题答案为 A。

28. **答案**：A。

解析：本题考查词组辨析。句意为“如果贵方价格优惠，我们可以马上订货”。A 选项意为“订货”；B 选项意为“做出贡献”；C 选项意为“敬酒”；D 选项意为“欣赏你的工作”。B、C、D 均不符合语意。故本题答案为 A。

29. **答案**：A。

解析：本题考查动词词义辨析。句意为“可怕的电脑黑客可以访问你的个人档案，并且破坏或更改它们”。A 选项意为“更改”；B 选项意为“暗指”；C 选项意为“感激”；D 选项意为“评价”。B、C、D 均不符合语意。故本题答案为 A。

30. **答案**：C。

解析：本题考查名词词义辨析。句意为“这些发明结合起来大大降低了爆破岩石、钻井隧道、建造运河以及许多其他形式的建筑工程的成本”。A 选项意为“信息”；B 选项意为“活泼”；C 选项意为“建设”；D 选项意为“想象力”。A、B、D 均不符合语意。故本题答案为 C。

31. **答案**：A。

解析：本题考查名词词义辨析。句意为“推测燃料价格马上要上涨，航空公司已经提高了他们的价格”。A 选项意为“假设、推测”；B 选项意为“推测（尤指无根据的推测）”；C 选项意为“破坏”；D 选项意为“消费”。B、C、D 均不符合语意。故本题答案为 A。

32. **答案**：D。

解析：本题考查介词词义辨析。句意为“除了日常工作之外，许多人在晚上做额外的工作”。A 选项意为“通过”；B 选项意为“在旁边、与……相比”；C 选项意为“在……之间”；D 选项意为“除……之外”。A、B、C 均不符合语意。故本题答案为 D。

33. **答案**：D。

解析：本题考查固定搭配。句意为“因为他的伴侣不得不去悉尼。Zazueta 先生必须独自完成广告宣传工作”。on one’s own = by oneself，是固定搭配，意为“独自”。故本题答案为 D。

34. **答案**：A。

解析：本题考查名词词义辨析。句意为“培训和发展是第一份工作中最重要的事情，因为它是你职业生涯的跳板”。A 选项意为“（使某事得以开始的）跳板”；B 选项意为“有用工具”；C 选项意为“日常生活”；D 选项意为“一点点成功”。B、C、D 均不符合语意。故本题答案为 A。

35. **答案**：B。

解析：本题考查词组辨析。句意为“他们没有理由限制你摄入多少维生素，就像他们没理由能限制你喝多少水一样”。A 选项意为“正如”；B 选项意为“同……一样不”；C 选项意为“仅仅”；D 选项无此搭配。A、C 均不符合语意。故本题答案为 B。

36. **答案**：D。

解析：本题考查连词辨析。句意为“这个项目我们需要至少 20 人参与，否则就不能继续了”。A 选项意为“由于”；B 选项意为“然而”；C 选项意为“即使”；D 选项意为“否则”。A、B、C 均不符合语意。故本题答案为 D。

37. **答案**：C。

解析：本题考查动词词义辨析。句意为“有很多用户使用隐藏摄像头，包括保姆摄像头，监控保姆的行为；隐藏的电视新闻摄像机，报道曝光的情况；警察监控摄像头，突袭（逮捕）坏人”。A 选项意为“命令”；B 选项意为“提供”；C 选项意为“监控”；D 选项意为“控制”。A、B、D 均不符合语意。故本题答案为 C。

38. **答案**：A。

解析：本题考查副词词义辨析。句意为“有许多科学仍然无法解释，比如宇宙开始前存在的东西，生命如何自然而然地出现在地球上，还有更多”。A 选项意为“自然而然地”；B 选项意为“毋庸置疑地”；C 选项意为“照惯例”；D 选项意为“反复地”。B、C、D 均不符合语意。故本题答案为 A。

39. **答案**：B

解析：本题考查形容词词义辨析。句意为“该博物馆收藏了几幅文艺复兴时期的宝贵作品，其中包括拉斐尔的两幅画作、一幅杜尔的画作、一幅提香的画作，另一幅是丁托列托早期的素描作品”。A 选项意为“无用的”；B 选项意为“无价的、珍贵的”；C 选项意为“无价值的”；D 选项意为“无价值的”。A、C、D 均不符合语意。故本题答案为 B。

40. **答案**：B。

解析：本题考查名词词义辨析。句意为“在某些情况下，交易进一步地继续，是基本问题达成高度一致的迹象”。A 选项意为“不同意见、争论”；B 选项意为“一致性”；C 选项意为“玩笑”；D 选项意为“河流改道；分散注意力的事”。A、C、D 均不符合语意。故本题答案为 B。

41. **答案**：B。

解析：本题考查动词词义辨析。句意为“戴安娜的魅力与美国总统的皇亲关系相结合，使白宫发生了几乎不可思议的事情”。A 选项 equip with 意为“装备”；B 选项 couple with 意为“与……相结合”；C 选项常与 to 搭配，不与 with 搭配，故排除 C；D 选项 supply with 意为“提供”。A、D 均不符合语意。故本题答案为 B。

42. **答案**：C。

解析：本题考查固定搭配。句意为“经理说他相信我们会赢得合同，但我知道我们没什么希望”。stand a chance 为固定搭配，意为“有希望、有可能”。故本题答案为 C。

43. **答案**：A。

解析：本题考查固定搭配。句意为“如果真要这么做的话，你的建议只会使事情变得更糟糕”。if anything 为固定搭配，意为“如果真要这样的话”。B、C、D 选项均不是固定搭配。故本题答案为 A。

44. **答案**：D。

解析：本题考查动词词义辨析。句意为“保修期为自购买之日起 12 个月以内，但只要 50 美元，客户可以将其延长到 36 个月”。A 选项意为“敲诈”；B 选项意为“没收”；C 选项意为“提取”；D 选项意为“延长”。A、B、C 均不符合语意。故本题答案为 D。

45. **答案**：D。

解析：本题考查动词词义辨析。句意为“因为我们公司比两年前要大，所以我们需要招聘更多的员工”。A 选项意为“召回”；B 选项意为“转售”；

C 选项意为“提醒、使想起”；D 选项意为“招聘”。A、B、C 均不符合语意。故本题答案为 D。

46. **答案**：B。

解析：本题考查动词词义辨析。句意为“额外运费由谁承担?”A 选项意为“支付”；B 选项意为“承担”；C 选项意为“对……索费”；D 选项意为“花费”。A、C、D 均不符合语意。故本题答案为 B。

47. **答案**：C。

解析：本题考查固定搭配。句意为“她非常感激我们为帮助她所做的努力”。be appreciative of 为固定搭配，意为“感激……”。故本题答案为 C。

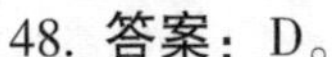

48. **答案**：D。

解析：本题考查名词词义辨析。句意为“科学家经常会陷入死胡同，导致在研究中没有其他选择，不得不回到起点，判断是否所有的假设都适用于世界的运作方式”。A 选项意为“原则”；B 选项意为“理论”；C 选项意为“方程”；D 选项意为“假设”。A、B、C 均不符合语意。故本题答案为 D。

49. **答案**：A。

解析：本题考查动词词义辨析。句意为“我们已经从 Bosyon 站点转向了波兰以外的一个新的工业中心”。A 选项意为“转向”；B 选项意为“交换”；C 选项意为“摇摆”；D 选项意为“打扫”。B、C、D 均不符合语意。故本题答案为 A。

50. **答案**：D。

解析：本题考查动词词义辨析。句意为“过了一会儿，其他的侦察兵开始访问他们同伴通告的地点，同样在回来的时候表演更多的摇摆舞”。A 选项意为“引起”；B 选项意为“搬运”；C 选项意为“树立”；D 选项意为“开始”。A、B、C 均不符合语意。故本题答案为 D。

阅读理解（共 50 题，共 50 分）

51. **答案**：C。

解析：本题考查事实细节。A 选项定位至第一段第三句：We might prioritize things we can readily tick off our to-do list. 可知“我们可能会优先考虑可以轻易完成的事情”。B 选项定位至第一段第二句：We mighe resolve to tackle a task，but find endless reasons to defer it. 可知“我们有能力解决一项任务，但要找到无数的理由来推迟它”。D 选项定位至第一段第四句：We can look and feel busy，while artfully avoiding the tasks that really matter. 可知“我们可以看起来很忙，同时巧妙地避开那些真正重要的任务”。A、B、D 均与文中语意相符。故本题答案为 C。

52. **答案**：A。

解析：本题考查事实细节。A 选项定位至第二段第三句：So the short-term efforts easily dominates the long-term upside in our minds. 可知“所以短期的努力很容易在我们的头脑中占据长期的优势”，选项与文中语意相符。C 选项定位至第二段第三句：That's because it's easier for our brains to process concrete rather than abstract things. 可知“这是因为我们的大脑更容易处理具体的事情而不是抽象的事情”。可知，文中所说是更容易处理，而不是更具有吸引力。故排除 C。B、D 选项文中均未提及。故本题答案为 A。

53. **答案**：D。

解析：本题考查事实细节。通过 less myopic 定位至第三段：make the benefits of action feel bigger, and the cost of action feel smaller. The reward for doing a pestering task needs to feel larger than the immediate pain of tacking it. 可知“让行动的好处感觉更大，行动的代价让人感到更有活力。做一个难缠任务所得到的奖励需要比你决定去处理问题所遭遇的短暂痛苦更大”。A、B、C 选项均与文中语意相符。故本题答案为 D。

54. **答案**：A。

解析：本题考查推理判断。定位文章倒数第二段：To make the benefits of action feel bigger and more real. 可知“要使行动的好处变得更大更真实”。接下来所介绍的是如何使行动的好处变得更大更真实，最后一段介绍了一种方式，所以，下一段可能会介绍另一种方式。故本题答案为 A。

55. **答案**：C。

解析：本题考查文章主旨。文章第一段主要介绍了拖延症，第二段主要介绍了大脑与拖延症的关系，第三段介绍怎么处理那些困难的任务，最后两段介绍了怎么使行动的好处变得更大更真实。故文章核心在说拖延症，先说了其表现，又分析其原因，针对原因提出如何克服，所以文章重点应该是落在如何克服上。故本题答案为 C。

56. **答案**：D。

解析：本题考查事实细节。定位至第一段：She buys dresses and accessories wholesale at prices under \$5, using the website Taobao, she sells them on as the Kitty Lover range for about \$10. 可知“她以低于 5 美元的价格批发服装和配饰，以 10 美元左右的价格用淘宝出售”。她通过批发产品，然后以更高的价格在网上出售赚钱。故本题答案为 D。

57. **答案**：C。

解析：本题考查语义猜测。定位句的前一句说在中国各地，各种在线公司都在学习如何成为高效的电子商务参与者。可知，后一句想要表达还有像 US goliath eBay 这样的公司在 2008 年被淘宝所打败。只有 C 选项有打败的意思。故本题答案为 C。

58. **答案**：D。

解析：本题考查事实细节。定位至第五段第二句：185 million made at least online purchase. According to Boston Consulting Group the volume is expected to increase fourfold by 2015. “至少有 1.85 亿人在网上购买。根据波士顿咨询集团（Boston Consulting Group）的数据，到 2015 年，预计销量将增长四倍”。可知，2015 年将有 $185\times4=740$ million。故本题答案为 D。

59. **答案**：B。

解析：本题考查事实细节。定位至第七段第三句：That's because, apart from its convenience online shopping has shifted the balance of power from sellers to buyers. Online shopping in China in more than clicking on the "buy" button. The experience includes exchanging tips with other shoppers discussing trends, and rating both products and service. 可知"这是因为，除了方便的网上购物，电子商务还将权利从卖家转向买家。在中国，网上购物不仅仅是点击'购买'按钮。这段经历包括与其他购物者交流建议、讨论趋势，并对产品和服务进行评级"。因此，买家由于网上购物可以获得更多的权利。故本题答案为B。

60. **答案**：A。

解析：本题考查个人态度。在文中第七段，作者介绍了网上购物所带来的好处，第八段作者提出互动和交流会产生信任，在第九段和第十段分别引用两个人的话表达自己对电子商务支持的态度。故本题答案为A。

61. **答案**：B。

解析：本题考查事实细节。定位至第一段第三句：The center of our city is becoming deserted. More and more, it's just tourists. 可知"我们城市的中心正在变得荒芜，越来越多的只是游客"。由于城市的荒芜，游客在巴黎所遇到的邻居可能是其他国家的游客。故本题答案为B。

62. **答案**：B。

解析：本题考查事实细节。A选项定位至第二段第二句：A recent Airbnb report on its business in Lisbon shows that 'many listings on Airbnb in Lisbon are local residents' homes. 可知"Airbnb最近在里斯本的一份报告显示，'在里斯本的Airbnb上，很多都是当地居民的房子'"。A选项与文意相符；C选项定位至第一段最后一句：It's no surprise that the company with the tagline "Belong Anywhere" has experienced a frosty welcome form city governments around the world struggling to deal with this explosion of tourist accommodations. 可知"毫无疑问，打着'归属于任何地方'旗号的公司在世界各地都经历了一场霜冻式的欢迎，因为世界各地的政府都在努力应对这种游客住宿的激增"。可知，由于民宿的激增，政府并不急于支持民宿。故C选项与文意相符；D选项定位至第一段可知，两年前巴黎有2万个民宿产品，一年后增加到4万，后来又增加了2万。故两年内，民宿产品变成了三倍。故D选项与文意相符。B选项在文中并未提及。故本题答案为B。

63. **答案**：D。

解析：本题考查事实细节。定位至第二段第四句：And while Airbnb clarifies that '70 percent of Airbnb guests in Lisbon stay outside the typical tourist hotspots,' my data shows that the majority of visits take place inside the two central districts of Misericordia and Santa Maria Maior. 可知"虽然Airbnb澄清了'里斯本70%的Airbnb上的客人不去热门旅游景区'，但我的数据显示，大多数的参观都发生在Misericordia和Santa Maria Maior的两个中心区"。Airbnb的报告澄清说70%的顾客都不在热门旅游景区，但是作者的数据显示，主要参观地都发生在中心区，所以作者认为Airbnb报告是假的。A

选项只用于修饰“人”。故本题答案为D。

64. **答案**：D。

解析：本题考查事实细节。A选项定位至第二段最后一句：Our estimate is that in the last three years, around one-quarter or even one-third of the housing stock has changed function, mainly toward financial investments and short rentals. 可知“我们的估计是，在过去的三年里，大约四分之一甚至三分之一的房屋库存发生了变化，主要变成了金融投资和短期租赁”。可知，A选项与文意相符；B选项定位至第二段第二句：72 percent of hosts in Airbnb in Lisbon have only one listing. 可知“在里斯本，72%的Airbnb房东在Lisbon只有一个产品”。定位至第二段第四句：28% of hosts with more than one listing account for two-thirds of the company's business in Lisbon. 可知“有28%的公司在Lisbon有超过一个的产品，占公司业务的三分之二”。可知，72%的股东有一个产品，占公司份额的三分之一。故B选项与文意相符；C选项定位至第二段第六句：a significant impact is inevitable.“重大影响是不可避免的”。可知，C选项与文意相符。故本题答案为D。

65. **答案**：D。

解析：本题考查文章主旨。文章第一段介绍了Airbnb的快速发展，第二段通过数据论述Airbnb在Lisbon的巨大影响。故文章的主要目的是介绍Airbnb在巴黎和里斯本的受欢迎程度。A选项代入题干中，语句不通顺，首先排除A选项。故本题答案为D。

66. **答案**：B。

解析：本题考查文章主旨。文中第一段主要比较了中西方商业步伐速度的不同，第二段介绍了中国在购买决策方面的经营方式，第三段主要介绍了中国商业对于关系的依赖。故文章一直是以中国的商业文化为中心进行论述。故本题答案为B。

67. **答案**：C。

解析：本题考查语义猜测。由定位句可知，西方的商务人士通常是受截止日期所驱动的，不愿意在商务问题上放慢速度。故本题答案为C。

68. **答案**：C。

解析：本题考查推理判断。定位至第二段最后两句，一个中国的小组可以避免给每个供应商超过一份的合同，为了减少对单个供应商的依赖。但是在西方人眼里，中国的谈判是不合逻辑的、回避的或狡猾的，可知西方人不认同中国这种合作方式，西方人可能会和一个供应商开展长期的合作。故本题答案为C。

69. **答案**：B。

解析：本题考查个人态度，定位至第三段最后一句：And in a place like China where the legal system is still relatively weak, the need to rely on guanxi remains strong. 可知，“在中国这样一个法律体系相对薄弱的地方，对关系的依赖依然强烈”。作者对于关系的态度是有些许批判的。故本题答案为B。

70. **答案**：B。

解析：本题考查事实细节。A 选项定位至第三段第一句：both Chinese and foreign companies will often attribute their business success to having good guanxi. 可知“无论是中国还是外国公司，都常常把他们的商业成功归功于拥有良好的关系”。可知，A 选项与文意相符；C 选项定位至第二段第二句：Easterners may examine ways to combine both options. 可知“东方人可能会研究两种选择的结合方式”。可知，C 选项与文意相符；D 选项定位至第一段第二句：In China the pace can be fast and slow simultaneously. 可知“在中国，速度可以同时快速和缓慢”。可知，D 选项与文意相符；B 选项在文中并未提及。故本题答案为 B。

71. **答案**：C。

解析：本题考查文章主旨。文章第一段的第一句话，通过疑问句引出了文章所要介绍的内容。故本题答案为 C。

72. **答案**：D。

解析：本题考查事实细节。定位至第一段第二句：Obviously the quality of a product does, but visual images contribute a great deal. It is not only the image provided by the packaging that counts but the whole corporate identity of the company. 可知“很明显，产品的质量是有作用的，但视觉图像却有很大的贡献。这不仅是包装的图片，还有公司的整体企业形象”。A、B、C 均会吸引顾客目光。故本题答案为 D。

73. **答案**：A。

解析：本题考查事实细节。定位至第三段最后一句：All groups from all cultures and throughout the ages have used colors and symbols to show their identity. 可知“所有来自不同文化和不同年龄的群体都使用了颜色和符号来表达他们的身份”。故本题答案为 A。

74. **答案**：C。

解析：本题考查事实细节。定位至第五段第三句：Some logos incorporate an idea of the product; the steering wheel in the Mercedes logo, for example, and the aero plane tail of Alitalia. 可知“一些标志包含了产品的概念，比如奔驰车标中的方向盘，以及意大利航空公司的飞机尾部”。故本题答案为 C。

75. **答案**：D。

解析：本题考查事实细节。定位至第六段：Logos are used on letterheads, packaging and brochures as well as on the product itself. They may also appear in newspapers or on television as part of an advertising campaign. 可知“商标被用在信头、包装和小册子以及产品本身。它们也可能出现在报纸或电视上，作为广告宣传活动的一部分”。故 A、B、C 选项均可能找到大公司的标志。故本题答案为 D。

76. **答案**：B。

解析：本题考查推理判断。文章第一段通过引用一段话，起到吸引读者的阅读兴趣并引出主题的作用。故本题答案为 B。

77. **答案：**D。

解析：本题考查事实细节。定位至第三段第一句：A recently granted patent describes a system of sensors and cloud-connected computers that Disney can use to recognize guests based on the shape and size of their feet. 可知“最近授予的一项专利描述了一套传感器和云连接计算机系统，迪斯尼可以利用脚的形状和大小来识别客人”。可知，A、B 选项可识别顾客；定位至第四段第一句：The sensors would be incorporated into specific ‘stations’, which might be in a ride or other attraction, or even in a wall. Wording with cameras, they would capture data. 可知“传感器将被整合到特定的‘站’中，这些‘站’可能是在行驶或其他吸引物，甚至是在墙上。用摄像机，他们会捕捉数据”。可知，C 选项可识别顾客信息。故本题答案为 D。

78. **答案：**D。

解析：本题考查事实细节。定位至第四段最后一句：Wording with cameras, they would capture data such as the shoes tread pattern, how worn the shoe is and if there are stains or gum attached to the bottom. 可知“用摄像机，他们会捕捉到数据，比如鞋子的花纹图案、鞋子的磨损程度，以及底部的污渍或口香糖”。可知，D 选项偷换概念，文中所说是可识别鞋子底部的污渍或口香糖，而不是选项中所提到的应该穿没有污渍和口香糖的鞋。故本题答案为 D。

79. **答案：**D。

解析：本题考查事实细节。定位至第五段第六句：These methods are obtrusive and some guests may not feel comfortable providing this type of biometric information to a third party. 可知“这些方法是强迫人的，有些客人可能不愿意为第三方提供这种生物特征信息”。可知，D 选项与文意相符。故本题答案为 D。

80. **答案：**C。

解析：本题考查文章主旨。前四段主要介绍了迪士尼如何为顾客提供各种人性化服务。第五段介绍了迪士尼顾客对于这些识别技术的看法，第六段介绍了迪士尼为了给顾客提供人性化服务所研究的一些其他可以追踪顾客的技术。因此，文章的主旨是迪士尼想给顾客提供更加人性化的体验，故本题答案为 C。

81. **答案：**C。

解析：本题考查事实细节。定位至第一段第三句：These questions gently challenge old assumptions, but do not in a constructive way. 可知，有建设性的问题可能会挑战演讲者的权威性。故本题答案为 C。

82. **答案：**A。

解析：本题考查事实细节。定位至第二段第二句：The best listeners made the conversation a positive experience for the other party, which doesn't happen when the listener is passive (or, for that matter, critical). 可知“一个好的观众可以让谈话变成一种积极的体验，会使另一个人感到被支持并传递信心，而当观众是消极（比如说批评的时候），这种事情就不会发生”。故如果观众给出批评的意见，那么演讲者的自信将会减少。故本题答案为 A。

83. **答案**：D。

解析：本题考查事实细节。定位至第一段第二句：To the contrary, people perceive the best listeners to be those who periodically ask question that promote discovery and insight. 可知“相反，人们认为最好的听众是那些周期性地提出问题来促进发现和洞察力的人”。可知，一个好的听众不应该是一直沉默的。故本题答案为 D。

84. **答案**：A。

解析：本题考查文章主旨。文章主要介绍一个好的倾听者应该具备什么样的行为，故文章的主要目的是分析好的听众的行为。故本题答案为 A。

85. **答案**：D。

解析：本题考查文章主旨。文章通篇围绕一个好的倾听者的行为进行论述，故文章的主旨是：好的听众会做什么。故本题答案为 D。

86. **答案**：D。

解析：本题考查事实细节。定位至第一段第二句：But even in the very first Olympics you saw the same sorts of cost overruns and overbuilding that you see today. In 1896 Athens has major overrun. The king of Greece asked Pierre de Coubertin to hold them in Athens every four years. 可知“但即使是在第一届奥运会上，你也看到了同样的成本超支和过度建设。在 1896 年，雅典有严重的超支。希腊国王要求皮埃尔·顾拜旦每四年在雅典举行一次奥运会”。可知，因为过度建设，已经有大量的金钱投入，所以国王希望每四年举办一次。故本题答案为 D。

87. **答案**：B。

解析：本题考查事实细节。定位至第一段第二句：But even in the very first Olympics you saw the same sorts of cost overruns and overbuilding that you see today. In 1896 Athens has major overrun. The king of Greece asked Pierre de Coubertin to hold them in Athens every four years. 可知“但即使是在第一届奥运会上，你也看到了同样的成本超支和过度建设。在 1896 年，雅典有严重的超支。希腊国王要求皮埃尔·顾拜旦每四年在雅典举行一次”。可知，雅典复兴奥运会并不是因为传统，而是因为在建设设施上投入了大量的金钱导致了过度建设，所以希望四年举办一次奥运会，故本题答案为 B。

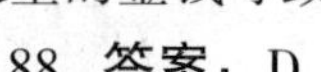

88. **答案**：D。

解析：本题考查事实细节。定位至第二段第五句：There's continued strong demand on the sponsorship side and on the television side. You're seeing question from the host city side about whether it's really worth it. 可知“对赞助方和电视方面的需求持续强劲。你从主办城市那边看到了一个问题，那就是它是否真的值得”。可知，虽然赞助方和电视方都有很高的需求，但是主办城市对于回报并不确定，D 选项与文意相符，故本题答案为 D。

89. **答案**：C。

解析：本题考查事实细节。A 选项定位至第三段第二句：The IOC requires a signed contract that makes the host city and its taxpayers responsible for cost overruns. 可知“国际奥委会要求签订一份协议，使主办城市及其纳税人承担费用超支的责

任”。可知 A 选项与文意相符；B 选项定位至第二段第二句：The International Olympic Committee is a relatively small organization. 可知“国际奥委会是一个相对较小的组织”。可知 B 选项与文意相符；D 选项定位至第二段第一句：The business model is，in many ways，a franchise model. 可知“商业模式在很多方面都是特许经营模式”。可知 D 选项与文意相符。C 选项在文中并未提及，故本题答案为 C。

90. **答案**：A。

解析：本题考查文章主旨。文章主要目的是讨论奥林匹克运动会的商业模式。故本题答案为 A。

91. **答案**：C。

解析：本题考查文章主旨。文章主要提供了两种方法用于解决如何集中注意力，完成一件大的事情。因此，文章的主旨为如何防止注意力分散，专注于大问题。故本题答案为 C。

92. **答案**：A。

解析：本题考查语义猜测。在定位句的前半句中提到有些时候是你注意力最集中的时候，可知，后面所提到的其他时候所要表达的是在能量减少的时候。只有 A 选项表达减少的语义。故本题答案为 A。

93. **答案**：B。

解析：本题考查事实细节。定位至第二段第六句：Whenever it is，identify that chunk of time（even if it's only an hour!）. When you feel you are most productive，and then reserve it on your calendar like you would any other important meeting. 可知“无论何时，确定这段时间（即使它只有一个小时!）。当你觉得自己最有效率，然后把它保留在日历上就像标记其他重要会议一样”。故本题答案为 B。

94. **答案**：C。

解析：本题考查推理判断。定位至第三段最后一句：But there times you need to tune out the distractions and focus if you're going to get any meaningful work done. 可知“但是，如果你想要完成一些有意义的工作，你需要把注意力集中在一起”。可知，当我们需要集中注意力完成一件有意义的事时，我们不得不拒绝同事的请求，故本题答案为 C。

95. **答案**：A。

解析：本题考查推理判断。文章在第二段提出了找到最有效率的时间的建议，第三段提出了制造物理障碍的建议。由文章结构可知，作者可能下一段会再提出另一个建议，故本题答案为 A。

96. **答案**：B。

解析：本题考查事实细节。通过 2021 定位至第二段第一句：By 2021，native display ad revenue in the US will make up 74% of total US display ad revenue. 可知“到 2021 年，在美国本地显示广告收入将占美国展示广告收入总额的 74%”。故本题答案为 B。

97. **答案**：C。

解析：本题考查事实细节。定位至第三段：The rapid uptick in native's share of display ad revenue can largely be attributed to the dominance of social platforms as well as the introduction of new programmatic technologies that are making it easier for publishers and advertisers to scale native campaign. 可知“本地广告收入的快速增长很大程度上归功于社交平台的主导地位，以及引入新的编程技术，这使得出版商和广告商更容易扩大本土广告的规模”。可知 A、B、D 选项均是本地广告收入快速增长的原因。故本题答案为 C。

98. **答案**：D。

解析：本题考查事实细节。定位至第四段第二句：We provide forecasts for how revenues from these formats will grow over the next five years and look at what factors, in particular, are driving up spending on each of these ad units. 可知“我们为各种版式广告的收入在未来 5 年的增长提供了预测，并观察哪些因素是在推动了这些广告支出的增长”。可知 A、B 选项与文意相符；定位至第四段最后一句：Finally we lay out some of the challenges that face properties that rely on native ads, namely ad. Frequency and Scalability issues. 可知“最后，我们列出了一些依赖于原生广告的特性，即广告频率和可伸缩性问题”。可知，C 选项与文意相符，D 选项在文中并未提及，故本题答案为 D。

99. **答案**：C。

解析：本题考查事实细节。定位最后一段最后一句：The rise of native video ads, particularly on social platforms, will be one of the main drivers of this growth. 可知“本地视频广告的兴起，尤其是在社交平台上，将是这种增长的主要驱动力之一”。故本题答案为 C。

100. **答案**：B。

解析：本题考查文章主旨。文章主要是围绕商业本土广告进行介绍，分析了最新的 BI 报告，因此文章最有可能摘录在商业报告的网站上，故本题答案为 B。

第二单元　职业能力

（共 75 题，共 100 分，时长为 58 分钟）

第一部分　逻辑推理（共 20 题，共 30 分）

1. **答案**：A。

解析：本题考查元素种类和数量。第一组图形中相同元素的种类数分别是 3，2，1，且相同元素数量均为 2，第二组也符合此规律。故本题答案为 A。

2. **答案**：A。

解析：本题考查幂次数列。$1=2^1-1$，$3=2^2-1$，$7=2^3-1$，$15=2^4-1$，$31=2^5-1$，因此（　　）$=2^6-1=63$。故本题答案为A。

3. **答案**：B。

解析：本题考查加强型题目。题干的结论是“删除人类中的负责老化的特定基因能大大提升人类寿命”，论据是“删除酵母细胞中负责老化的特定基因会显著延长酵母细胞寿命”。A项指出删除某些基因的酵母细胞确实延长了寿命，加强了论据，可以加强但力度有限。B项说明这些基因在人类中只影响衰老，所以删除之后确实能够延长寿命且没有副作用，有力地支持了科学家的观点。C项说明一旦删除这些基因将会使人类死亡，削弱了结论。D项说明人类细胞中不含有这种基因，不能加强题干的论证。故本题答案为B。

4. **答案**：B。

解析：本题考查真假话问题。如果（1）对，那么（2）也对，与题干当中“只有一项正确”相矛盾，所以（1）肯定错误，从而可以推出“王五不是公安局的”，排除D项。如果（2）正确，那么张三和王五都不是公安局的，从而得到李四是公安局的，这样（3）也正确，又与题干当中“只有一项正确”相矛盾，所以（2）肯定错误，可推出“张三是公安局的”，排除C项。因为（1）、（2）都错误，所以（3）正确，即“李四不是法院的”而且李四不是公安局的，所以李四只能是检察院的，这样王五只能是法院的。故本题答案为B。

5. **答案**：A。

解析：本题考查旋转。观察题干图形发现，每行前一个图形经过变化得到后一个图形。变化规律为：每个图形中的正方形每次顺时针旋转一格，且自身每次顺时针旋转90°。故本题答案为A。

6. **答案**：A。

解析：本题考查对称性。第一行图形都是轴对称图形，第二行图形都不是对称图形，第三行图形既是轴对称也是中心对称图形。故本题答案为A。

7. **答案**：B。

解析：本题考查模态命题的等价关系。由“必然非P=并非可能P”，其中P=能按期完成，则“必然不能按期完成=并非可能按期完成”，即“不可能按期完成”。故本题答案为B。

8. **答案**：D。

解析：本题考查直言命题的推出关系。由“这些人中不都是女士”可知来开会的人中有一部分不是女士，即有些来开会的是男士，D项正确。由“不都是女士”可知A项错误。B、C项均不能由此推出。故本题答案为D。

9. **答案**：D。

解析：本题考查递推数列。$(-2)^2+2\times2=8$，$2^2+8\times2=20$，$8^2+20\times2=104$，即第三项=第一项^2+第二项×2，因此（　　）$=20^2+104\times2=608$。故本题答案为D。

10. **答案**：A。

解析：本题考查规律叠加。每行前两个图形叠加得到第三个图形，叠加规律为：白+白=白、黑+白=白+黑=黑+黑=黑。故本题答案为A。

11. **答案**：A。

解析：本题考查旋转。观察题干图形发现，前一个图形的两条直线经过一定变化得到后一个图形，变化规律为：一条直线每次顺时针旋转22.5°，另一条直线每次逆时针旋转90°。故本题答案为A。

12. **答案**：B。

解析：本题考查折纸盒问题。观察展开图发现黑色三角形和黑色正方形没有公共边，且两个黑色正方形有公共边，故A、C项错误。D项正面若正确，则其右侧面为黑色正方形面，故D项错误。故本题答案为B。

13. **答案**：D。

解析：本题考查元素换算。根据天平平衡原理可得两个等式：（1）3个五角星+3个长方形=4个圆；（2）3个五角星+4个长方形=5个圆。两式换算可得：1个圆=3个五角星，1个圆=1个长方形，所以2个圆=3个五角星+1个长方形=2个长方形=6个五角星。故本题答案为D。

14. **答案**：C。

解析：本题考查求同求异。本题考查纵向规律，每组的第一个图形都是汉字，第二个图形都是直曲线图形，第三个图形都是封闭曲线图形。故本题答案为C。

15. **答案**：A。

解析：本题考查递推数列。2×3−1=5，3×5−1=14，5×14−1=69，即第三项=第一项×第二项−1，因此（　　）=14×69−1=965。故本题答案为A。

16. **答案**：B。

解析：本题考查元素数量。第一组图形中花朵的数量为2、3、5，前两个图形中花朵数量的和等于第三个图形；第二组图形中花朵的数量为1、3、（4），前两个图形中花朵数量的和等于第三个图形。故本题答案为B。

17. **答案**：A。

解析：本题考查角的数量。题干图形的劣角（即大于零度小于180度的角）的数量分别为5、6、7、8、（9）。故本题答案为A。

18. **答案**：D。

解析：本题考查分数数列。将原数列化为$\frac{2}{2}$，$\frac{3}{4}$，$\frac{4}{12}$，$\frac{5}{48}$，观察可知分子2，3，4，5，是公差为1的等差数列，则（　　）中分子为6；分母2，4，12，48，作商后为2，3，4是等差数列，则（　　）中分母为48×5=240，因此（　　）=$\frac{6}{240}=\frac{1}{40}$。故本题答案为D。

19. **答案：**A。

解析：本题考查奇偶组合数列。奇数项 1，8，27，64 是立方数组成的幂次数列，偶数项 4，9，16，是平方数组成的幂次数列，则下一项为 $5^2=25$。故本题答案为 A。

20. **答案：**D。

解析：本题考查意指图形。第一行都是水中生物，第二行都是爬行动物，第三行都是飞行生物。故本题答案为 D。

第二部分　数字运算（共 10 题，共 15 分）

1. **答案：**D。

解析：本题考查能效比问题。甲工程队每米的工程费为 $3400\div17=200$（元），乙工程队每米的工程费为 $2250\div15=150$（元），因此乙工程队成本更低，应更多地由乙工程队完成建设任务。$917\div15=61\cdots\cdots2$，只用乙无法完成工作，需要甲来做 $2\div(17-15)=1$（天），所以最少的花费 $=2250\times60+3400\times1=138400$（元）。故本题答案为 D。

2. **答案：**C。

解析：本题考查基础概率问题。概率 $P=\dfrac{A}{B}=\dfrac{C_6^1\times C_6^1\times C_3^1}{C_{15}^3}=\dfrac{108}{455}$。故本题答案为 C。

3. **答案：**B。

解析：本题考查比例类行程问题。速度提高 50% 前后的速度比 $v:v_1=2:3$，而路程相同，故时间比 $t:t_1=3:2$，又因为 t_1 比 t 少半个小时，所以 $t=1.5$（小时）$=90$（分钟）。如果以原速行驶 50 公里后，速度降低 20%，后半段前后的速度比 $v:v_2=5:4$，而后半段路程不变，时间比 $t_0:t_2=4:5$，又因为比原计划晚到 12 分钟，可知 $t_0=48$（分钟）。以速度 v 行驶前 50 公里所需时间为 $t-t_0=90-48=42$（分钟），所以甲乙两地之间的距离 $S=\left(\dfrac{50}{42}\right)\times90\approx107.15$（公里）。故本题答案为 B。

4. **答案：**A。

解析：本题考查流水行船问题。甲从 B 到 A，速度为 $v_{甲}-v_{水}$；乙从 A 到 B，速度为 $v_{乙}+v_{水}$。甲乙相遇过程的速度和 $=(v_{甲}-v_{水})+(v_{乙}+v_{水})=v_{甲}+v_{乙}=66+42=108$（公里/小时），总时间 $t=\dfrac{540}{108}=5$（小时）。甲游轮逆水行驶全程的总时间 $=5+4=9$（小时），速度 $=v_{甲}-v_{水}=540\div9=60$（公里/小时），水流速度 $v_{水}=66-60=$（6 公里/小时）。故本题答案为 A。

5. **答案**：D。

解析：本题考查平均数问题。9 个整数的平均数是 40.87，并且按四舍五入保留两位小数只是最后一位数字有误，可知 9 个整数的平均数介于 40.795～40.894 之间，即 9 个整数的和介于 367.155～368.046 之间，由于整数和整数相加的和也一定是整数，那么这 9 个整数的和只能是 368，$368 \div 9 = 40.888\cdots \approx 40.89$，所以正确的最后一位数字应该是 9。故本题答案为 D。

6. **答案**：C。

解析：本题考查日期推断问题。某年中有 53 个星期日，则最后一个星期日在平年时必然是 12 月 31 日，在闰年时可能是 12 月 30 日或 12 月 31 日。而如果是平年，那么元旦和 12 月 31 日会同为星期日，与题意不符，所以只能是闰年。而闰年时，如果 12 月 30 日是星期日，那么元旦也为星期日，与题意不符，所以最后一个周日只能是闰年的 12 月 31 日。那么，第二年的 1 月 1 日是星期一且第二年一定是平年，所以第二年的最后一天和 1 月 1 日同为星期一。故本题答案为 C。

7. **答案**：B。

解析：本题考查整除和余数问题。由题干中的“乙车间员工数的$\frac{1}{5}$”“甲车间员工数的 40%”，可得甲、乙车间人数均为 5 的倍数，而甲乙丙三个车间的总人数是 232，除以 5 余 2，所以丙车间的人数除以 5 余 2。四个选项中只有 92 除以 5 余 2。故本题答案为 B。

8. **答案**：A。

解析：本题考查方程法解经济利润问题。设 A 商品、B 商品的进价分别为 A、B 万元，可得：$40A+30B=38$，$40\times0.2A+30\times0.15B=6.7$，解得 $A=0.5$，$B=0.6$。A 的售价为（1+20%）$A=1.2\times0.5=0.6$，即 A 的售价为 6000 元。故本题答案为 A。

9. **答案**：D。

解析：本题考查时间型工程问题。设工作总量 $W=120$，求得三者的效率 $P_{甲}=\frac{120}{20}=6$，$P_{乙}=\frac{120}{24}=5$，$P_{丙}=\frac{120}{30}=4$。由题可知乙、丙全程都在工作，因此 $W_{乙}+W_{丙}=(P_{乙}+P_{丙})\times t=(5+4)\times12=108$，$W_{甲}=120-108=12$，$t_{甲}=\frac{12}{6}=2$（天）。故本题答案为 D。

10. **答案**：A。

解析：本题考查排列组合问题。14 名选手分成两组，每组 7 人进行单循环比赛，共需要 $2C_7^2=42$ 场比赛。根据积分由两组的前三名进行单循环比赛，一共 6 人，需要 $C_6^2=15$ 场比赛。因此，总共需要 $42+15=57$ 场比赛。故本题答案为 A。

第三部分　言语理解（共10题，共10分）

1. **答案**：C。

解析：本题考查词句理解。由“活着时都显得很愚蠢，死过后却显得很伟大”可知A项正确、C项错误，由“为人却好像傻头傻脑”可知B项正确，由“看出生命的意义同价值”可知D项正确。故本题答案为C。

2. **答案**：C。

解析：本题考查细节辨析。由“这种与霸王龙十分相似的恐龙长着巨大而锋利的牙齿，但与霸王龙的牙齿相比，这种恐龙的大牙显得脆而易碎”可知A项正确，由“在南美大陆上，这种巨龙成为霸王龙的有力对手，也成为白垩纪时的霸王”可知B、D项正确，由“这种巨龙成为霸王龙的有力对手，也成为白垩纪时的霸王”可知巨龙是战斗力较强的恐龙，但不一定是白垩纪最强大的恐龙，C项过于绝对。故本题答案为C。

3. **答案**：B。

解析：本题考查含义侧重。“势态”即态势，多指军事部署的形势和状态；“事态”是指事情的状态，局势。(1)句中所指的情况并不是军事部署方面，所以应选“事态”，排除C、D项。“推脱”是指推卸、开脱责任，“推托”是指借故拒绝或推辞。(2)句中是说丽丽对小明的约会邀请总是借故拒绝而非推卸责任，故选“推托”，排除A项。故本题答案为B。

4. **答案**：A。

解析：本题考查细节辨析。由“尽管高粱米营养价值不低，特别是含有丰富的B族维生素”可知A项错误，由“但是它的口感较差，比不上大米白面，产量也比较低，种植起来获利不丰”可知B、C、D项正确。故本题答案为A。

5. **答案**：C。

解析：本题考查语句排序。(2)句中“它”指代的是(1)中的“病毒”，故这两句话应紧挨着，且顺序为(1)(2)，排除D项。(3)句中含有“然后”，说明其前面有一句话提到宿主，即(4)句，故应紧跟在(4)句之后，排除A项。(5)句用“由此可见”进行总结，应为尾句，排除B项。故本题答案为C。

6. **答案**：A。

解析：本题考查词句理解。由“一批具有艺术水准的高质量中小成本原创影片，由于缺少资本与明星的护航，市场排片与票房得不到保障”可知B项正确，由“这一现象意味着众多投身于电影一线的原创电影工作者处境艰难”可知C项正确，由“拉低了国产电影整体的艺术水准”可知D项正确。文段中没有提及电影票房增长速度，A项无法得出。故本题答案为A。

7. **答案**：D。

解析：本题考查含义侧重。“咄咄逼人”是指气势汹汹的样子，使人难堪，也指形势发展迅速，给人压力；“盛气凌人”是指以骄横的气势压人，形容傲慢自大、气势逼人，常用来形容人。第一空的词语用来形容车的外观设计，并且根据“极具侵略感”可知填“咄咄逼人”更合适，排除A、B项。“破釜沉舟”比喻下决心不顾一切地干到底；“孤注一掷”是指把所有的钱一次押上去，决一输赢，比喻在危急时用尽所有力量作最后一次冒险。由（2）句中“进行最后一搏”可知应选“孤注一掷”，排除C项。故本题答案为D。

8. **答案**：C。

解析：本题考查语句排序。（2）句中含有“他们”，指代的是（1）句中的“贫困户”，故这两句话应紧挨着，且顺序为（1）（2），排除A、D项。（5）句是说“政府信息公开、简政放权”是推进政府服务的手段之一；（4）句是说如何推进政府信息公开，是对（5）句的具体论述，故（5）应在（4）之前，排除B项。故本题答案为C。

9. **答案**：B。

解析：本题考查主旨概括。“更重要的是”提示了文段的重点，即“让历史成为最好的爱国主义老师，在孩子幼小的心灵中，打下厚重饱满的精神底色”，强调了历史是青少年最好的爱国主义老师。故本题答案为B。

10. **答案**：D。

解析：本题考查细节辨析。由“要确立一个定理，就必须有一个滴水不漏的证明，这就是数

学界的规则”可知D项正确。由文段可知即使是最优秀的数学家提出的想法也必须经过证明才能确立为定理，A项说法错误，且“都是”的说法绝对，应排除。文段是说只拥有间接证据不能确立一个定理，并不代表间接证据毫无意义，B项表述绝对。文段中说的是“必须有一个滴水不漏的证明”而非“直接证据”，C项错误。故本题答案为D。

第四部分　思维策略（共20题，共30分）

1. **答案**：A。

解析：本题考查计数类问题。小花共当7局裁判，所以小明和小红共进行了7局比赛；而小明共进行19局比赛，所以小明与小花进行了19−7＝12局比赛；小红进行了29局比赛，所以小红和小花进行了29−7＝22局比赛。因此，其间共进行了7+12+22＝41局训练。故本题答案为A。

2. **答案**：A。

解析：本题考查计数问题。边长为1的正方体组成一个边长为10的大正方体，一共需要1000个小正方体，其中外表面共有6×100＝600个小正方体。在涂色的过程中，8个顶点处的正方体，每个重复2次，一共重复2×8＝16（次）；棱上（不在顶点处）的正方体，每个重复1次，一共重复1×（10−2）×12＝96（次）。因此，被

涂上颜色的正方体一共有 600-16-96=488（个）。故本题答案为 A。

3. **答案**：A。

解析：本题考查平方差公式。原式 $=\frac{2017\times2017-(2017+1)\times(2017-1)}{(1988-1)\times(1988+1)-1988\times1988}=\frac{2017^2-2017^2+1}{1988^2-1-1988^2}=-1$。故本题答案为 A。

4. **答案**：B。

解析：本题考查提取公因式。原式 $=1221\times457+3663\times112+10989\times23=1221\times457+(1221\times3)\times112+(1221\times9)\times23=1221\times457+1221\times336+1221\times207=1221\times(457+336+207)=1221\times1000=1221000$。故本题答案为 B。

5. **答案**：A。

解析：本题考查凑整法。$371564\times9999=371564\times(10000-1)=3715640000-371564$，判断最后四位是 8436 即可。故本题答案为 A。

6. **答案**：C。

解析：本题考查倍数周期问题。4、7、9 的最小公倍数为 252，因此甲乙丙每过 252 天就会在电影院相遇一次。所以从今天算起，一年内他们共相遇两次。故本题答案为 C。

7. **答案**：C。

解析：方法一，本题考查提取公因式。$99.99\times169-1.69=9999\times1.69-1.69=1.69\times(9999-1)=1.69\times9998=16896.62$。

方法二，本题考查尾数法。$9\times9-9=72$，尾数为 2，符合条件的只有 16896.62。

故本题答案为 C。

8. **答案**：D。

解析：本题考查提取公因式。

$\frac{1\times3+2\times6+3\times9+\cdots+2017\times6051}{1\times4+2\times8+3\times12+\cdots+2017\times8068}=\frac{1\times3\times(1^2+2^2+3^2+\cdots+2017^2)}{1\times4\times(1^2+2^2+3^2+\cdots+2017^2)}=\frac{3}{4}$。故本题答案为 D。

9. **答案**：B。

解析：本题考查二元容斥问题。代入二元容斥公式 $P=A+B-AB+(x)$，则有 $65=45+30-12+(x)$，$(x)=2$，即既没有配图也没有拼音标注的书有 2 册。故本题答案为 B。

10. **答案**：B。

解析：本题考查余数问题。一个三位数，除以 3 余 2、除以 5 余 3、除以 7 余 1，这个三位数可以表示成 $105a+113$（$a\geqslant0$，a 为整数）。因为 $105a+113<1000$，所以 a 最大为 8，因此 a 的取值为 0~8 之间的 9 个整数，这样的三位数共有 9 个。故本题答案为 B。

11. **答案**：B。

解析：本题考查换元法。令 0.19+0.88=x，原式=（$1+x$）×（$x+0.94$）-（$1+x+0.94$）×x=$x+0.94+x^2+0.94x-x-x^2-0.94x$=0.94。故本题答案为 B。

12. **答案**：D。

解析：本题考查凑整法。15+195+1995+19995+199995+1999995=（20-5）+（200-5）+（2000-5）+（20000-5）+（200000-5）+（2000000-5）=（20+200+2000+20000+200000+2000000）-5×6=2222220-30=2222190。故本题答案为 D。

13. **答案**：C。

解析：本题考查换元法。令 656463=A，323130=B，原式=656463×323130-656464×323129=A×B-（A+1）×（B-1）=AB-AB+A-B+1=A-B+1=656463-323130+1，观察可知尾数是 4。故本题答案为 C。

14. **答案**：B。

解析：本题考查极限类问题。若想让同时抓到不同颜色球的人尽量少，就需要让同时抓到相同颜色球的人尽量多。极限情况是 99 个人中，49 个人全抓红球、49 个人全抓绿球，只有 1 个人是抓 1 个红球和 1 个绿球，因此至少有 1 人同时抓到不同颜色的球。故本题答案为 B。

15. **答案**：D。

解析：本题考查等差数列求和与极限思想。将完全相同的圆柱体垒成一个正三角形垛，每一层圆柱体的数量必然是 1，2，3，4…，构成等差数列。假设正三角形有 n 层，则圆柱体的总数量=$\frac{(1+n)\ n}{2}\leqslant 320$，即（$1+n$）$n\leqslant 640$。而 25×24=600<640，26×25=650>640，因此 n 的最大值为 24。当 n 取得最大值时，用的圆柱体最多，数量为$\frac{25\times 24}{2}$=300（个），则剩下的圆柱体为 320-300=20（个）。故本题答案为 D。

16. **答案**：D。

解析：本题考查分数的通分、约分。原式=$1\frac{3}{5}\times 1\frac{3}{8}\times 1\frac{3}{11}\times 1\frac{3}{14}\times 1\frac{3}{17}\times 1\frac{3}{20}=\frac{8}{5}\times\frac{11}{8}\times\frac{14}{11}\times\frac{17}{14}\times\frac{20}{17}\times\frac{23}{20}=\frac{23}{5}$。故本题答案为 D。

17. **答案**：A。

解析：本题考查乘除互化。仅考虑有效数字，987654×125=987654÷8=123XXXX。故本题答案为 A。

18. **答案**：B。

解析：本题考查时钟问题。除 3 点、9 点外，每个小时时针、分针都会垂直两次，且 12 点 55 分已经过了时针、分针第二次垂直的时间。因此，在 12 点 55 分之前，时针和分针有两次是彼此垂直的。故本题答案为 B。

19. **答案**：B。

解析：本题考查计数类问题。1～100，有 9 个 1 位数、90 个两位数、1 个三位数，共需按键 $9\times1+90\times2+1\times3=192$（次）；从 1 加到 100，共需按 99 个加号和 1 个等号。所以，按键总次数 $=192+99+1=292$。故本题答案为 B。

20. **答案**：B。

解析：本题考查极限类问题。最大三位数为 875，最小三位数为 103，差值为 $875-103=772$。故本题答案为 B。

第五部分　资料分析（共 3 大题，15 小题，共 15 分）

1. **答案**：A。

解析：本题考查直接查找。由第一段“其中，今年一季度北京让位于济南后，本季度重新获得第一名”可知 2016 年一季度，拥堵指数排名第一的城市是济南。故本题答案为 A。

2. **答案**：D。

解析：本题考查直接查找。由第一段“发现北京通勤族每月因拥堵造成的时间成本达 952.5 元，高于去年二季度的 808 元”可知 2016 年第二季度北京通勤族每月因拥堵造成的时间成本比前一年二季度高 $952.5-808=144.5$（元）。故本题答案为 D。

3. **答案**：B。

解析：本题考查直接查找。由第三段“洛阳拥堵延时指数环比下降 7.0%，全国最大”可知，本季度拥堵缓解最大的城市是洛阳。故本题答案为 B。

4. **答案**：C。

解析：本题考查简单计算。由表可知厦门市第二季度的高峰拥堵延时指数为 1.745，所以高峰期驾车出行所花费的平均时间为 25×1.745，仅考虑有效数 $25\times1.745=1.745\div4\approx43.63$。故本题答案为 C。

5. **答案**：A。

解析：本题考查综合分析。上海的月拥堵时间成本是北京的 $719.81\div952.50=75.57\%$，A 选项正确；在常州，若畅通的情况下通行时间是 20 分钟，高峰时通行时间是 $20\times1.58=31.6$（分钟），B 选项错误；南宁的拥堵指数是 1.779、月拥堵时间成本是 564.44，南京的拥堵指数是 1.75、月拥堵时间成本是 599.13，故南宁的拥堵指数高于南京、南宁的月拥堵时间成本低于南京，C 选项错误；第二段“而首次进入前十的城市佛山，相比去年全年拥堵加重 14%，排名大涨 16 位，本季拥堵的大幅上涨可能与与其今年二季度连续降雨有较大关系”说明佛山拥堵情况加重与降雨有关，与城市建设并无关系，D 选项错误。故本题答案为 A。

6. **答案**：A。

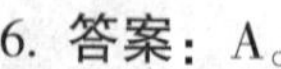

解析：本题考查比重计算。赞成开始全面征收房产税的有 $1983\times18.80\%<2000\times20\%=400$，只有 A 选项中符合。故本题答案为 A。

7. **答案**：B。

解析：本题考查直接查找。查找柱状图中数据可知反对提高现行税率，同时增加税收优惠的比例高达 60.80%。故本题答案为 B。

8. **答案**：B。

解析：本题考查直接查找。查找柱状图中数据可知反对降低现行税率，同时取消税收优惠的比例为 7.10%。故本题答案为 B。

9. **答案**：D。

解析：本题考查比重计算。赞成征收环境保护税比赞成征收资源税多 2136×（49.5%−43.4%）＝2136×6.1%≈130（人）。故本题答案为 D。

10. **答案**：B。

解析：本题考查比重计算。表示赞同开始全面征收房产税和表示说不清的人比反对开始全面征收房产税的少 2136×（52.10%−47.9%）＝2136×4.2%≈90（人）。故本题答案为 B。

11. **答案**：B。

解析：本题考查细节辨析。由第三段第二句话“传言背后自然掺杂着商业因素”可知 A 项正确。由第三段第三句话“互联网时代，‘十万个为什么’已经不再流行，凡是符合自己诉求的‘科学知识’，人们已经不再习惯求证和追问”可知 C、D 项正确。文章没有提到中小学校对科学教育的态度，B 项错误。故本题答案为 B。

12. **答案**：C。

解析：本题考查细节辨析。由第四段最后一句话“我们对‘科学’的‘接近度’远远不够，哪怕是心智成熟的成年人，大多也认为科学是‘小众’的、‘专业’领域内的事情，进入这个领域是需要门槛的”可知大多数人认为接近科学是需要门槛的，才导致“科学”的“接近度”远远不够。故本题答案为 C。

13. **答案**：A。

解析：本题考查细节辨析。由第五段“枯燥的科普教育会阻断人们对科学的热情，尤其在当下，更需要科普教育在设计力、故事力、共情力和趣味感上下功夫”可知高质量的科普教育应该是能吸引人们兴趣的。故本题答案为 A。

14. **答案**：D。

解析：本题考查细节辨析。由最后一段可知 A、C 项正确，由倒数第二段“科学现象激发了学生的想象力”可知 B 项正确，D 项无中生有。故本题答案为 D。

15. **答案**：D。

解析：本题考查添加标题。文章主要论述了让科学流行起来，且文中多次提到了“让科学成为流行文化的一部分”，故最适合的标题是“让科学成为流行文化的一部分”。故本题答案为 D。

第三单元　综合能力

（共 85 题，共 100 分，时长为 40 分钟）

单项选择题（共 58 题，共 58 分）

1. **答案**：D。

解析：本题考查外汇市场的分类。按外汇买卖的范围进行分类，外汇市场可以分为外汇批发市场和外汇零售市场。外汇批发市场：银行同业之间的外汇买卖行为及其场所。其主要特点是交易规模大。外汇零售市场：银行与个人及公司客户之间进行的外汇买卖行为及场所。故本题答案为 D。

2. **答案**：B。

解析：本题考查汇率标价法。直接标价法，又叫应付标价法，是以一定单位（1、100、1000、10000）的外国货币为标准来计算应付出多少单位本国货币。就相当于计算购买一定单位外币应付多少本币，所以叫应付标价法。故本题答案为 B。

3. **答案**：A。

解析：本题考查商业银行的职能。支付中介职能有两方面：（1）它能节约流通费用，加速资金周转；（2）它能对社会经济生活实行统计监督。故本题答案为 A。

4. **答案**：A。

解析：本题考查交易所交易的期权类型。在交易所交易的期权主要有商品期权与金融期权两大类，其中所有的商品期权都是以商品期货作为标的资产的，因此都是期货期权。金融期权有的是以现货作为标的资产的（比如股票期权、指数期权、利率期权与外汇期权），因此属于现货期权范畴；有的是以期货作为标的资产的（比如指数期货期权、利率期货期权、外汇期货期权），因此属于期货期权范畴。故本题答案为 A。

5. **答案**：B。

解析：本题考查期权定价中时间价值的构成要素。时间价值根据其形成原因，有两个构成要素：货币时间价值和波动价值。（1）货币时间价值。期权持有人在等待行权的时候，可以先把资金投向其他的地方。比如无风险国债的回报率。货币的时间价值越高，能够推迟支付行权价的价值也就越高。（2）波动价值。波动价值代表了期权持有者从期权对应股票的市价增值中获得利润，或者同时最多损失期权价值而不是损失股票的全部市价的可能性。故本题答案为 B。

6. **答案**：D。

解析：本题考查金融市场的定义。选项 D，多样化金融工具通过对经济中的各种投资所固有的风险进行更精细的划分，使得对风险和收益具有不同偏好

的投资者能够寻求到最符合其需要的投资，并不能够完全杜绝金融风险。故本题答案为 D。

7. **答案**：B。

解析：本题考查期权按照交易标的分类。期权，是指期权的买方支付给卖方一笔权利金，获得一种权利，可于期权的存续期内或到期日当天，以执行价格与期权卖方进行约定数量的特定标的的交易。按交易标的分，期权可分为股票指数期权、外汇期权、利率期权、期货期权、债券期权等。故本题答案为 B。

8. **答案**：B。

解析：本题考查货币市场工具的特征。货币市场工具是短期资金借贷市场上可供交易的金融工具。货币市场工具的特征：（1）都是债务契约；（2）期限在一年以内；（3）一般表现出本金的高度安全性。货币市场工具不全是短期国债，短期国债只是其中的一种。故本题答案为 B。

9. **答案**：B。

解析：本题考查转口集散型的定义。转口集散型这一类自由贸易区利用优越的自然地理环境从事货物转口及分拨、货物储存、商业性加工等。最突出的是巴拿马的科隆自由贸易区。故本题答案为 B。

10. **答案**：C。

解析：本题考查价格歧视的定义。价格歧视实质上是一种价格差异，通常指商品或服务的提供者在向不同的接受者提供相同等级、相同质量的商品或服务时，在接受者之间实行不同的销售价格或收费标准。故本题答案为 C。

11. **答案**：A。

解析：本题考查欧元的定义。欧元是欧元区 19 个国家的货币合称，A 选项错误，其余选项说法均正确。故本题答案为 A。

12. **答案**：A。

解析：本题考查 GGOW 汇率制分类。GGOW 分类有两种：一种是三分法，即钉住汇率制、中间汇率制和浮动汇率制；另一种是更加细致的九分法，即钉住汇率制包括钉住单一货币、钉住 SDR、其他公开的一篮子钉住和秘密的一篮子钉住，中间汇率制包括货币合作体系汇率、无分类的浮动汇率和预定范围内的浮动汇率，浮动汇率制包括无预定范围内的浮动汇率和纯粹浮动汇率。故本题答案为 A。

13. **答案**：C。

解析：本题考查虚金本位制的定义。金汇兑本位制，又称虚金本位制，其特点是不铸造金币，没有金币流通，实际流通的是纸币——银行券，银行券规定含金量，但不能直接兑换黄金，只能兑换外币，政府或中央银行通过按照固定比价买卖外汇的办法来稳定本国币值和汇率。故本题答案为 C。

14. **答案**：C。

解析：本题考查充分就业的定义。充分就业包含两种含义：一是指除了摩擦失业和自愿失业之外，所有愿意接受各种现行工资的人都能找到工作的一种经济状态，即消除了非自愿失业就是充分就业。二是指包括劳动在内的各种生产要素，都按其愿意接受的价格，全部用于生产的一种经济状态，即所有资源都得到充分利用。故本题答案为 C。

15. **答案**：A。

解析：本题考查局部均衡理论的定义。局部均衡理论是一种经济分析方法，指在其他情况不变的条件下，仅考察经济生活在一定时间的某个变数对有关经济变量的影响的分析方法。故本题答案为 A。

16. **答案**：D。

解析：本题考查名义汇率的定义。名义汇率是指在社会经济生活中被直接公布、使用的表示两国货币之间比价关系的汇率。实际汇率是用两国价格水平对名义汇率进行调整后的汇率。故本题答案为 D。

17. **答案**：A。

解析：本题考查短期偿债能力指标。衡量企业短期偿债能力的衡量指标包括流动比率（又称流动性比例）、速动比率和现金比率。故本题答案为 A。

18. **答案**：B。

解析：本题考查关于解挂的规定。解挂必须到原挂失网点办理，不能跨网点办理；解挂类型必须与原挂失类型相符；书面挂失的解挂卡密码与证件类型、证件号码必须同时检验正确时，交易方可成功；解挂时不允许手工输入卡号。故本题答案为 B。

19. **答案**：B。

解析：本题考查不良贷款的类型。根据国际惯例按照风险程度将贷款划分为五种不同的档次：正常、关注、次级、可疑、损失，后三种为不良贷款。故本题答案为 B。

20. **答案**：D。

解析：本题考查商业银行生存和发展的先决条件。资本是商业银行成立、正常运转和发展的必要前提和保证。银行在开业之前必须要有足够的资本，为正式开业准备物质条件。资本还帮助银行建立声誉，而这是银行维持公众信心的基础。另外，银行资本数量也是银行管理当局在审批银行开业资格和对银行进行监管时的重要指标。因此，资本是银行得以存在和发展的先决条件。故本题答案为 D。

21. **答案**：C。

解析：本题考查期权的分类。按照履约方式，期权可以分为美式期权和欧式期权两类。美式期权是指期权买方可以在期权到期前的任一交易日行使权利的期权，欧式期权是指期权买方只能在期权到期日行使权利的期权。故本题答案为 C。

22. **答案**：B。

解析：本题考查社会保障基金协议存款与保险公司协议存款的最低起存金额。保险公司协议存款最低起存金额为人民币 3000 万元（含），须一次性存入、一次性支取；社保保障基金协议存款最低起存金额为人民币 5 亿元（含），须一次性存入、一次性支取。因此，两者之间的差额为 4.7 亿元。故本题答案为 B。

23. **答案**：A。

解析：本题考查债券到期收益率与发行价格的关系。由于溢价发行，则发行价格大于票面价格，溢价发行的债券，实际的到期收益率低于票面利率；折价发行的债券，实际的到期收益率高于票面利率。故本题答案为 A。

24. **答案**：C。

解析：本题考查我国银行的外币存款业务币种。目前，我国银行开办的外币存款业务币种主要有 9 种：美元、欧元、日元、港元、英镑、澳大利亚元、加拿大元、瑞士法郎、新加坡元。故本题答案为 C。

25. **答案**：A。

解析：本题考查中央银行调控的手段。中央银行实施货币政策工具包括常规性货币政策工具（一般性政策工具）、选择性政策工具以及补充性货币政策工具（直接控制、间接控制）。一般性货币政策工具是中央银行调控的常规手段，主要包括存款准备金制度、再贴现政策和公开市场业务三大工具，即所谓的“三大法宝”。故本题答案为 A。

26. **答案**：D。

解析：本题考查关于受益人的规定。只有当投保人或者被保险人未指定受益人时，则其法定继承人才为受益人，所以 A 项表述错误。受益人在被保险人死亡后领取的保险金，不得作为死者遗产用来清偿死者生前的债务，受益人以外的他人无权分享保险金，所以 B 项表述错误。受益人无偿享受保险利益，所以 C 项表述错误。受益人享有保险金请求权，所以 D 项表述正确。故本题答案为 D。

27. **答案**：B。

解析：本题考查银行转贷款的业务模式。对于银行转贷款而言，国内借款人向银行的提前还款与银行作为借款人向国外银行的提前还款，通常有“挂钩”和“脱钩”两种业务模式。“挂钩”即国内借款人向银行的提前还款，是以银行向国外贷款行提前还款为前提，同步进行。“脱钩”即国内借款人向银行提前还款，或者银行向国外贷款行提前还款，二者不同步。例如，银行认为过去借入资金的筹资成本过高，而目前市场利率较低，银行可以向国外贷款行申请提前还款，并以较低的筹资成本借入新的资金，这样银行就可以获得更大的收益。故本题答案为 B。

28. **答案**：B。

解析：本题考查超额准备金率的定义。商业银行保有的超过法定准备金的准备金与存款总额之比，称为超额准备金率。故本题答案为 B。

29. **答案**：D。

解析：本题考查证券回购的分类。按照交易的方式不同，证券回购可以分为证券公司回购、委托回购和直接回购三种。证券公司回购是指证券公司为筹措资金而以附买回条件的方式卖出自己手持的债券，委托回购是指证券公司以外的债券保有者为筹措资金而通过证券公司以回购交易的形式卖出自己保有的债券，直接回购是指商业银行等资金不足的金融机构不通过证券公司和证券交易场所而直接以附买回条件的方式将自己持有的债券卖给债券购买者的行为。本题题干描述的是证券公司回购的含义。

故本题答案为 D。

30. **答案**：C。

解析：本题考查古典贸易理论。关于国际贸易发生的原因与影响，最早是由英国古典学派经济学家亚当·斯密在劳动价值学说基础上，将生产过程的研究作为贸易理论的起点，以地域分工为基础提出绝对优势论（absolute advantage）。后来，英国古典经济学家大卫·李嘉图在其 1817 年出版的著作《政治经济学及赋税原理》中提出了比较优势论（comparative advantage）。两个学说被人们称为古典贸易理论。故本题答案为 C。

31. **答案**：B。

解析：本题考查地理常识。厄尔尼诺现象是发生在热带太平洋海温异常增暖的一种气候现象，大范围热带太平洋增暖，会造成全球气候的变化，但这个状态要维持 3 个月以上，才可认定是真正发生了厄尔尼诺现象。故本题答案为 B。

32. **答案**：A。

解析：本题考查地理常识。台风是因为地转偏向力形成的，在地球赤道附近和极点附近是形不成台风的。故本题答案为 A。

33. **答案**：C。

解析：本题考查化学常识。聚丙烯（PP），是 C_3H_6 聚合物，无毒、无味，透明度高，机械性能、表面强度、抗摩擦性、抗化学腐蚀性、防潮性均很好。此类塑料制品是唯一可以放进微波炉中加热的。故本题答案为 C。

34. **答案**：B。

解析：本题考查历史常识。日本当时的首都是平城京，也就是今天的奈良，唐招提寺建在那里。故本题答案为 B。

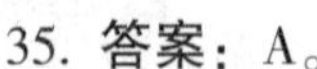

35. **答案**：A。

解析：本题考查虚拟现实 VR 的定义。A 项，VR（虚拟现实）中，人看到的场景和人物全是假的，是将人的意识带入一个虚拟的世界，所以 A 项正确。B 项，因为 B 项描述的内容是增强现实，即 AR，所以 B 项错误。C 项，因为 C 项描述的内容是混合现实，即 MR，它既包括增强现实和增强虚拟，所以 C 项错误。D 项，因为没有 D 项所描述的内容，所以 D 项错误。故本题答案为 A。

36. **答案**：B。

解析：本题考查编码标准。多用途因特网邮件扩展（MIME）是一种使电子邮件除了包含一般的纯文本以外，还可携带图片、声音和视频等二进制文件的协议，所以 B 项符合题意。A 项，UU 编码是将 3 字节数据编码成 4 字节可打印的 ASCII 字符集，UU 编码除了可以编码中文文字外，还可以对任何要寄送的文件包括 exe 等二进制文件进行编码，但是不能对图片、声音和视频进行编码，所以 A 项不符合题意。C 项，Binhex 编码用于 Mac 计算机上创建十六进制的文本文件，包含一个 7 位的文本格式，通常用于传输使用二进制图像、文档和多媒体数据文本格式的电子邮件附件，但是不能对声音和视频进行编码，所以 C 项不符合题意。D 项，电子邮件中 ASCII 编码的内容只能是文字信息，而不能携带图片、声音和视频，所以 D 项不符合题意。故本题答案为 B。

37. **答案**：B。

解析：本题考查音爆。音爆是一种物理现象。物体运行速度接近音速时，会有一股强大的阻力，使物体产生强烈的振荡，速度衰减，这一现象被俗称为音障。突破音障时，由于物体本身对空气的压缩无法迅速传播，逐渐在物体的迎风面积累而终形成激波面，在激波面上声学能量高度集中。这些能量传到人们耳朵里时，会让人感受到短暂而极其强烈的爆炸声，称为音爆。音爆是物体在空气中的相对运动速度向上突破达到 1 马赫临界点时就会出现的现象。故本题答案为 B。

38. **答案**：D。

解析：本题考查存储器的主要功能。存储器是现代信息技术中用于保存信息的记忆设备，主要用来存储记忆数据。故本题答案为 D。

39. **答案**：B。

解析：本题考查中国古代二进制思想。八卦是利用符号的二元形态来表示事物，这一点与二进制颇为相同，因此可以说，八卦是古代中国人提出的二进制思想，所以 B 项符合题意。A、C、D 项和二进制思想相差甚远，所以这三项都不符合题意。故本题答案为 B。

40. **答案**：C。

解析：本题考查摩尔定律。摩尔定律是由英特尔（Intel）创始人之一戈登·摩尔提出来的，其内容为：当价格不变时，集成电路上可容纳的元器件的数目，约每隔 18~24 个月便会增加一倍，性能也将提升一倍。换言之，每一美元所能买到的电脑性能，将每隔 18~24 个月翻一倍以上。这一定律揭示了信息技术进步的速度。摩尔定律并非数学、物理定律，而是对发展趋势的一种分析预测，所以 C 项符合题意，A、B、D 项不符合题意。故本题答案为 C。

41. **答案**：B。

解析：本题考查地理常识。长江发源于“世界屋脊”——青藏高原的唐古拉山脉各拉丹冬峰西南侧。故本题答案为 B。

42. **答案**：B。

解析：本题考查地理常识。亚洲处于两大地震带和火山带之间，故亚洲为火山和地震最频繁的地区。故本题答案为 B。

43. **答案**：B。

解析：本题考查历史常识。德国、意大利、印度和新加坡最高政府首脑为总理。故本题答案为 B。

44. **答案**：B。

解析：本题考查历史常识。贞观之治是指唐太宗统治时期。故本题答案为 B。

45. **答案**：B。

解析：本题考查文学常识。《堂吉诃德》一书的作者是塞万提斯。故本题答案为 B。

46. **答案**：B。

解析：本题考查科技常识。北斗卫星导航系统的建设与发展，以应用推广和产业发展为根本目标，不仅要建成系统，更要用好系统，强调质量、安全、应用、效益，遵循以下建设原则：（1）开放性。北斗卫星导航系统的建设、发展和应用将对全世界开放，为全球用户提供高质量的免费服务，积极与世界各国开展广泛而深入的交流与合作，促进各卫星导航系统间的兼容与互操作，推动卫星导航技术与产业的发展。（2）自主性。中国将自主建设和运行北斗卫星导航系统，北斗卫星导航系统可独立为全球用户提供服务。故本题答案为 B。

47. **答案**：B。

解析：本题考查地理常识。世界国土面积排行第一的国家是俄罗斯，第二是加拿大，第三是中国，第四是美国。故本题答案为 B。

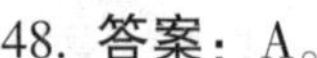

48. **答案**：A。

解析：本题考查文化常识。世界上藏书量最大的图书馆为美国国会图书馆。故本题答案为 A。

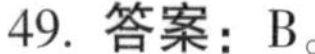

49. **答案**：B。

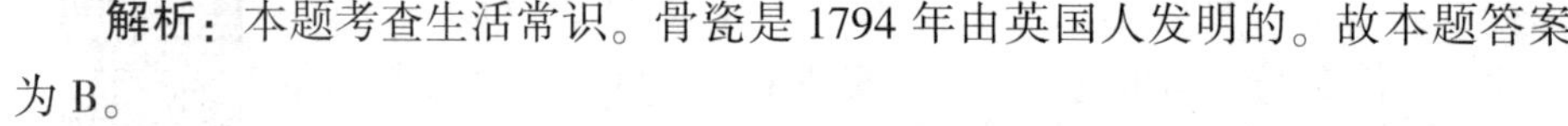

解析：本题考查生活常识。骨瓷是 1794 年由英国人发明的。故本题答案为 B。

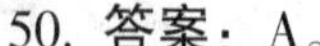

50. **答案**：A。

解析：本题考查历史常识。秦王嬴政亲政后，听取李斯进献的灭六国的建议，着手规划统一六国的大业，其总的战略方针是远交近攻，先弱后强，逐一攻破，由近及远，集中力量，各个击破；先北取赵，中去魏，南取韩，然后再取燕、楚、齐。故本题答案为 A。

51. **答案**：B。

解析：本题考查中国银行特色知识。2017 年 9 月 1 日，中国银行携手中国移动联合推出“中国移动 & 中国银行联名卡”，联名卡产品的诞生将进一步加深双方在支付创新领域的合作。故本题答案为 B。

52. **答案**：B。

解析：本题考查中国银行特色知识。8 月 24 日，“2017 中国银行业发展论坛暨第五届银行综合评选颁奖典礼”在京举行，中国银行荣获“最具社会责任银行”奖项。故本题答案为 B。

53. **答案**：B。

解析：本题考查中国银行特色知识。2017 年 6 月，中行以全球协调人身份成功协助中国长江三峡集团公司发行欧元债券，成为中国企业首支欧元绿色债券。故本题答案为 B。

54. **答案**：B。

解析：本题考查中国银行特色知识。中国银行悉尼分行成立于 1942 年 7 月。截至 2017 年 7 月，已经成立 75 周年。故本题答案为 B。

55. **答案**：B。

解析：本题考查中国银行特色知识。中国银行为中高端客户提供“中银私享爱心荟”慈善爱心平台，为企业搭建爱心活动平台。故本题答案为 B。

56. **答案**：B。

解析：本题考查中国银行特色知识。2017 年中国银行已经在全国范围内实现 ATM 扫码取款全覆盖。故本题答案为 B。

57. **答案**：D。

解析：本题考查党的十九大报告。为实现“两个一百年”的奋斗目标，综合分析国际国内形势和我国发展条件，从二〇二〇年到本世纪中叶可以分两个阶段来安排。其中第二阶段的目标是建成富强民主文明和谐美丽的社会主义现代化强国。故本题答案为 D。

58. **答案**：B。

解析：本题考查中国银行特色知识。2017 年 9 月 14 日，中国银行股份有限公司作为独家主承销商协助中国银行（香港）有限公司在境内银行间债券市场成功发行 90 亿元人民币熊猫债券，这是迄今单笔发行金额最高的熊猫债券，期限一年，票面利率为 4.4%，认购金额逾 150 亿元人民币，约为发行金额的 1.67 倍。故本题答案为 B。

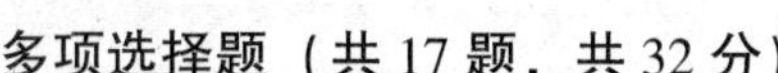

多项选择题（共 17 题，共 32 分）

1. **答案**：ABC。

解析：本题考查基金的分类。按投资目标划分，基金类型分为成长型、收入型、平衡型基金。按基金单位是否可增加或赎回，可分为开放式基金和封闭式基金。故本题答案为 ABC。

2. **答案**：ABD。

解析：本题考查利率的分类。按照计息对象划分，利率分为存款利率、贷款利率、再贷款利率、贴现率、再贴现率、准备金利率。故本题答案为 ABD。

3. **答案**：ACD。

解析：本题考查存款利息缴纳所得税的规定。教育储蓄和国债的利息收入始终不交利息所得税。故本题答案为 ACD。

4. **答案**：ABCD。

解析：本题考查生产法核算 GDP 的公式。生产法核算 GDP 的公式：GDP=劳动者报酬+生产税净额+固定资产折旧+营业盈余，收入法核算 GDP 的公式：GDP=工资+利息+利润+租金+间接税和企业转移支付+折旧，支出法核算 GDP 的公式：GDP=消费+投资+政府购买+净出口。故本题答案为 ABCD。

5. **答案**：ABC。

解析：本题考查决定经济增长的直接因素。决定经济增长的直接因素：(1) 投资量。一般情况下，投资量与经济增长成正比。(2) 劳动量。在劳动者同生产资料数量、结构相适应的条件下，劳动者数量与经济增长成正比。(3) 生产率。生产率是指资源（包括人力、物力、财力）利用的效率。提高生产率也对经济增长直接作出贡献。故本题答案为 ABC。

6. **答案**：BD。

解析：本题考查理财产品售后管理的重点。理财产品在售后存续期间的管理重点是信息披露、客户投诉以及危机处理。故本题答案为 BD。

7. **答案**：ABCD。

解析：本题考查银行的组织架构。现代管理学认为，组织架构是由工作任务、工作流程、汇报关系和交流渠道所组成的一个系统。这个系统将组织中不同个人或群体的工作有机地结合起来，所有业务运行和管理实施都通过这个系统来完成。故本题答案为 ABCD。

8. **答案**：ABCD。

解析：本题考查货币政策与财政政策的搭配。所谓财政政策和货币政策的配合，是指政府将财政政策和货币政策按某种形式搭配组合起来，以调节总需求，最终实现宏观经济的内外平衡。财政政策与货币政策的配合使用，一般有四种模式：(1) 扩张性的财政政策和扩张性的货币政策，即“双松”政策；(2) 紧缩性的财政政策和紧缩性的货币政策，即“双紧”政策；(3) 扩张性的财政政策和紧缩性的货币政策；(4) 紧缩性的财政政策和扩张性的货币政策。故本题答案为 ABCD。

9. **答案**：AD。

解析：本题考查历史常识。开封，古时称为大梁，又名汴梁。它曾经是战国时期的魏国，五代时的后梁、后晋、后汉、后周，北宋以及金朝后期的国都，所以开封号称“七朝都会”。北宋末年，金人大举南侵，1126 年攻下了开封，北宋王朝灭亡。1127 年，宋高宗赵构在南京（今河南商丘）即帝位，接着建都临安（杭州），史称南宋。从此，杭州成为全国的政治、经济、文化的中心。杭州也是中国历史上的一座著名的古都，位于浙江省钱塘江北岸。它北临杭嘉湖平原、东临杭州湾、西倚群山和西湖，地理和自然条件十分优越，故俗语有“上有天堂，下有苏杭”的美称。所以，两宋时期的名都是指开封和杭州。故本题答案为 AD。

10. **答案**：AD。

解析：本题考查地理常识。非洲占世界产量和储量第一的资源是金刚石和黄金。故本题答案为 AD。

11. **答案**：AD。

解析：本题考查天文常识。C 项英里是英制的长度单位，B 项兆米是公制的长度单位。A、D 项中的秒差距和光年是属于天文学的长度单位。故本题答案为 AD。

12. **答案**：ABCD。

解析：本题考查文化常识。在四大文明区中，中国、古印度、埃及和两河流域、古巴比伦都发现了勾股定律。故本题答案为 ABCD。

13. **答案**：ABD。

解析：本题考查电视直播系统采用的信号传播方式。电视直播传播系统通常采用卫星中继、光缆传输、微波传输的方式进行信号的传播，所以 A、B、D 项符合题意。光纤或光缆的主要功能就是光信号的传输；由于信号在光纤中传输可能会造成信号的减弱或者波形的失真，中继器的作用就是将这些光信号减弱后进行补偿，或者校正波形失真的光波，所以卫星中继在光信号的传输过程中起到重要作用；微波直播信号传输是较早运用与电视直播的无线传输技术，其主要运用于非固定的电视直播。C 项中长波一般应用于船舶通信与导航，不用于电视直播系统，所以 C 项不符合题意。故本题答案为 ABD。

14. **答案**：ABD。

解析：本题考查大数据的数据类型。大数据（big data），指无法在一定时间范围内用常规软件工具进行捕捉、管理与处理的数据集合，是需要新处理模式才能具有更强的决策力、洞察发现力和流程优化能力的海量、高增长率和多样化的信息资产。大数据包括结构化、半结构化和非结构化数据，非结构化数据越来越成为数据的主要部分，所以 A、B、D 项符合题意。C 项描述性数据和大数据无关，所以 C 项不符合题意。故本题答案为 ABD。

15. **答案**：ABD。

解析：本题考查中国银行特色知识。中国银行“三比三看三提高”方法中的三比分别是指：与市场比，看优势找差距，提高市场攻击力；与兄弟单位比，看自己在集团中的位置，提高集团贡献度；与自己比，看自己的进步率，提高经营业绩的成长性。故本题答案为 ABD。

16. **答案**：ABD。

解析：本题考查地理常识。南京、武汉、重庆，被誉为中国的三大火炉。故本题答案为 ABD。

17. **答案**：ABD。

解析：本题考查科技常识。《空洞、婴儿宇宙及其他》、《时间简史》和《宇宙膨胀的属性》均是霍金的学术论文和著作，故本题答案为 ABD。

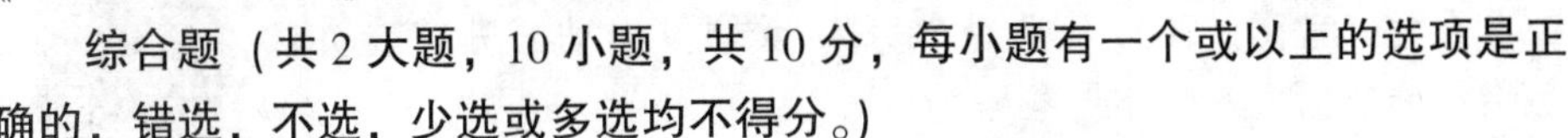

综合题（共 2 大题，10 小题，共 10 分，每小题有一个或以上的选项是正确的，错选，不选，少选或多选均不得分。）

1. **答案**：AC。

解析：本题考查时事政治。“一带一路”分别指的是丝绸之路经济带和 21 世纪海上丝绸之路。故本题答案为 AC。

2. **答案**：A。

解析：本题考查时事政治。“一带一路”目标的合作地区主要覆盖欧亚非区域。故本题答案为 A。

3. **答案**：C。

解析：本题考查时事政治。由材料可知，“一带一路”国家与中国贸易总额占比不断上升。从贸易总量上看，中国与“一带一路”沿线国家贸易总量与中国对外贸易总量变化趋势相同，呈现波动上升趋势，所以B、D项错误。所谓贸易顺差是指在特定年度一国出口贸易总额大于进口贸易总额，又称“出超”，表示该国当年对外贸易处于有利地位。贸易逆差是一国在一定时期内（如一年、半年、一个季度、一个月等）出口贸易总值小于进口贸易总值，即贸易逆差，又称“入超”“贸易赤字”。由题目可知，中国对“一带一路”沿线国家出口总额及占比波动上升，2016年到达5815.81亿美元，中国来自于“一带一路”国家的进口额在2011年后相对比较稳定，但在国内需求不足的背景之下，2014—2016年逐年下降，2016年从“一带一路”沿线国家进口的金额为3659.43亿美元。所以，总体来看，2011年至2016年中国和“一带一路”沿线国家的贸易结构呈现贸易顺差。故本题答案为C。

4. **答案**：BC。

解析：本题考查时事政治。2016年以来“一带一路”沿线国家对华投资新设立企业同比大幅上升，实际投入外资金额同比大幅回落，部分原因为高基数，其次为新设企业数与投资额并不成正比。故本题答案为BC。

5. **答案**：C。

解析：本题考查时事政治。从行业来看，“一带一路”沿线国家在我国直接投资和建造合同中涉及能源、运输、金属、房地产、技术、化学、农业、金融、公用事业、旅游、娱乐以及其他行业，以能源和交通运输为主。故本题答案为C。

6. **答案**：B。

解析：本题考查货币政策。自2015年12月以来，美联储的连续加息行为，以及缩表计划的开始，表示美联储当前主要采取量化紧缩的政策。故本题答案为B。

7. **答案**：A。

解析：本题考查金融热点。自2008年底至2014年10月，美联储先后出台三轮量化宽松政策，通过购买美国国债及其他机构债券来压低长期利率，刺激经济增长。美联储主要通过增发美元货币方式购买国债和抵押贷款支持债券。故本题答案为A。

8. **答案**：A。

解析：本题考查金融常识。2017年9月21日，美联储启动渐进式被动缩表计划，此表是指资产负债表。故本题答案为A。

9. **答案**：D。

解析：本题考查金融热点。美联储缩表计划的主要目标是减持国债和降低抵押支持债券占比。故本题答案为D。

10. **答案**：B。

解析：本题考查金融热点。美联储渐进式被动缩表行为是指停止或者逐步退出对到期资产的再投资。故本题答案为B。

2020 全国银行招聘考试真题汇编（一）及解析

扫码进入模考系统

2020 全国银行招聘考试真题汇编（一）

情景职业能力测试

作答说明

任务规则

1）你可以点击“情景 1”“情景 2”“情景 3”“情景 4”“情景 5”按钮，从任意区域开始，完成各区域中所有指定的任务；

2）你可以选择中途退出当前区域，选择其他区域或再次进入当前区域完成任务；

3）你可以在区域内，针对已完成任务进行修改或重新确认；

4）请仔细阅读相关的任务要求，并通过单选、多选、填空和下拉列表等多种形式完成任务；

5）你需要在 140 分钟之内完成 5 大区域的所有任务，请合理规划时间。

情景一

1. 依次填入划横线部分最恰当的一项是(　　)。

民间文化同以官方为代表的正统文化和以知识分子为代表的精英文化并非是______的。举例来说，它像无垠无际的沃土，______着正统文化和精英文化，而衰落了的正统文化和精英文化又如枯枝败叶一样，流落于民间，丰厚了它的土层。

A. 相依相伴　培育　　B. 全然隔绝　滋养

C. 此消彼长　维系　　D. 泾渭分明　培养

2. 依次填入划横线部分最恰当的一项是(　　)。

在现实生活中，做人的学问往往比做事的学问更具有实用价值、更重要也更难掌握。做事仅靠技术就能______，而做人则是一门弹性极强的艺术，讲求的是无法量化和______的分寸感。做事学一次即有毕业的可能，做人则要活到老学到老，要一辈子下功夫。

A. 独当一面　学习　　B. 臻于佳境　复制

C. 如鱼得水　把握　　D. 游刃有余　控制

3. 依次填入划横线部分最恰当的一项是(　　)。

部分网店以所谓的“实物图”“细节图”来吸引消费者的眼球，并发布“生产车间实拍图”“企业荣誉”等来博取消费者的信任，而消费者收到的实物却和网上照片所示的商品包装______。相关部门提示消费者注意网购月饼时要______“山寨”。

A. 南辕北辙　防范　　　　　　　　B. 截然不同　提防

C. 大相径庭　谨防　　　　　　　　D. 殊途同归　防备

4. 依次填入下列各句横线上的词语，与句意最贴切的一组是(　　)。

(1) 在庭审中，这名基金经理再次翻供，称因受到人身威胁而______“电话时间”，指使他人购买该公司股票。

(2) 针对有一些儿童总是不能管理自己行为的现象，学校设置了专门的生活区域，用于锻炼他们的______能力。

A. 编造　自治　　B. 编造　自制　　C. 臆造　自治　　D. 臆造　自制

5. 依次填入划横线部分最恰当的一项是(　　)。

中国古代官员普遍好读书，这是一个悠久的良性传统。在古代，官员的读书是______的现象，大凡为官一生，“致仕”（退休）时一般也要“刻部稿”，企盼给后世留下一点______。

A. 广泛性　流风余韵　　　　　　　B. 社会化　前车之鉴

C. 持续性　雪泥鸿爪　　　　　　　D. 官场化　星星之火

6. 将以下6个句子重新排列，语序正确的是(　　)。

(1) 他们在这漫长的八个月里已经成为朋友，时常会在伤残军人活动室里下围棋或者喝茶，有时也用英语谈论文学，但更多时候是相互学习中文与日语。

(2) 林楠笙出院那天忽然下起了阵雨，香港的秋季仍像夏天一样阴晴不定，空气中弥漫着一股浓烈的海腥味。

(3) 经过医院的大门外时，林楠笙看了眼穿着橡胶雨衣站得笔直的卫兵，忽然用日语问：“你杀过几个中国人?”

(4) 铃木正男军医打着一把雨伞相送，一路上，两个人谁也不说话。

(5) 林楠笙接过他提着的那个皮箱，说：“那好吧，再见。”

(6) 铃木正男愣了愣，用中文说：“我是个医生，只会救人。”

A. (1)(2)(3)(6)(4)(5)　　　　　B. (4)(1)(2)(3)(6)(5)

C. (2)(4)(1)(3)(6)(5)　　　　　D. (4)(2)(1)(6)(5)(3)

7. 将以下5个句子重新排列组合，排列组合最连贯的是(　　)。

(1) 一般农村家庭将大学生“供”出来已属不易，相当数量的贫困家庭还需依靠助学贷款才能帮助孩子完成大学学业。

(2) 不可否认，就业背后有家庭出身的影响。

(3) 在一个家庭本位仍然很强势的社会，父代对子代发展具有重要影响。

(4) 相较于城市家庭，农村家庭为毕业大学生提供的资源有限。

(5) 更谈不上为其事业发展提供更多的经济支持和社会资源。

A. (4)(5)(3)(1)(2)　　　　　　B. (5)(4)(1)(2)(3)

C.（2）（3）（4）（1）（5）　　　　　　　　D.（5）（4）（2）（3）（1）

8. 在传统社会中，不管是中国还是欧洲，由于绝大多数技术知识都被行会、手工作坊等保留为私人知识，相互之间难以共享，不能取长补短，于是人们往往是简单重复前人的工作，而不是“站在巨人的肩膀上”进行累积创新。那么，在各个种族的平均寿命、智力水平都基本相同的情况下，人均创新效率并不会有多大差异，中国对西方的人口优势将导致中国对西方的技术优势，因此，______。

填入划横线部分最恰当的一句是(　　)。

A. 专利制度是导致产业革命在欧洲而非中国发生的关键所在

B. 近代中国与欧洲在知识积累和技术进步模式上产生了巨大分野

C. 技术进步是长期经济增长最重要的推动力

D. 中国很长时间都在技术总量上遥遥领先于欧洲

9. 老一辈杂技专家们曾这样评论：中国杂技注重单个节目的精雕细刻、表演技巧上的稳准以及艺术上细腻抒情的民族风格，它表现了中国人民深沉敦厚、朴实奋进的性格，中国人以其无与伦比的刻苦精神创造了《耍花坛》《顶碗》等许多“吃功”的节目。20 世纪 80 年代，中国杂技跟随改革开放的潮流在广阔的国际舞台上异彩纷呈、获奖累累，取得了杂技大国的地位。然而，随着国际演艺界新形式、新作品的日益涌现，中国杂技最初出现在国际舞台上的新鲜感慢慢消退了。目前中国杂技国际竞争力不强，中国还尚未发展成为世界杂技艺术强国。

这段文字意在说明(　　)。

A. 走民族风并不能提升中国杂技的国际竞争力

B. 在国际竞争的大背景下，中国杂技需另辟蹊径

C. 目前中国杂技与国际主流杂技样式有些脱节

D. 丰富的国际资源为振兴中国杂技提供了有利条件

10.（多选题）技术性听众：这类听众很努力地去听别人的话，他们重视字义、事实和统计数字，但在感受、同情和真正理解方面却做得很不够。

下列不属于技术性听众的是(　　)。

A. 在开会时，低着头看报纸、眯着眼打瞌睡的听众

B. 每次听领导讲话总是记录很多笔记，但在执行政策时往往根据自己的意图，与领导意图不一致的听众

C. 感叹“听君一席话，胜读十年书”的听众

D. 只听一些易理解的内容，避开艰难话题的听众

11. 我国农业发展到今天，其中的任何一项工作都很难单项突进，现在结构调整引起了高度重视，但不能忽视其他方面的配套改革，尤其是必须加快市场化改革，建立全国的统一大市场，促进农村要素和产品自由流动。如果市场机制得不到应有的发育，那么以市场为导向的结构调整就失去了最重要的基础，区域化布局和比较优势的发挥也就无从谈起。

这段文字主要讨论的是(　　)。

A. 市场是农村结构调整的导向

B. 市场机制的优势未充分发挥

C. 农业市场化改革需要加快进行

D. 农业结构调整不可能一蹴而就

12. 一份哈佛商学院的报告表明，公司管理和薪资的变化使美国公司管理人员采取一种关注股价和短期业绩的管理方式。当一家公司聚焦短期利润和股价，管理层可能会创新，但这些创新都与提高效率和降低成本有关。相反，能够带来附加值的创新，特别是具有变革意义的创新，则很可能被认为风险过大、代价过高而得不到投资。公司将持续被节省成本的创新所吸引，即使这种方式会使公司走上全球竞争力不断减弱直至灭亡的道路。

最适合这段文字的标题是(　　)。

A. 短期利润与具有变革意义的创新

B. 哈佛商学院与美国公司的管理理念

C. 利润压力使公司管理方式误入歧途

D. 管理层的短视使美国公司缺乏创新动力

13. 随着科技的发展，转基因技术正在从挑战自然和违背自然的方向转变到尊重自然和顺应自然的方向。与第一代转基因作物的设计思路截然不同，新一代转基因作物采用的是基因沉默技术，它标志着转基因技术里程碑式的突破。

作者接下来最有可能谈论的是(　　)。

A. 生物技术进步对于自然界的贡献

B. 比较两代转基因技术的作用原理

C. 适用于新一代转基因技术的作物

D. 新一代转基因技术顺应自然规律

14. 在下列各句中，没有语病的一句是(　　)。

A. 网络教育能够突破时空的限制，使得学生能从遍布全球的信息库存中以最快的速度、最便宜的价格、最容易的方式进行交互式学习，获得教学信息

B. 近几十年来，人们不断地探索癌症的发病原因，如今许多专家认为：癌症大约90%以上是由环境因素引起的

C. 特别是关于那些可能阻碍中国从传统社会向现代化社会转型的历史因素及其新的表现形式，更要引起足够的警惕

D. 农业部最近几年检查发现，我国农药的合格率为75%。也就是说，进入生产领域的农药有25%是假冒伪劣产品

15. 在下列各句中，没有语病且句意明确的一句是(　　)。

A. 秋天的北方很短，有时不太明显，但从养生的角度来讲却很关键

B. 说者无心，听者有意，他的一句玩笑话触动了在场的很多人，显得很感慨

C. 由于高考失败的打击而产生的心理问题存在于很多学生中，而他是有心理问题的学生中避免这种状况的一个

D. 随着网络的快速普及，网络传播的负面效应日益凸显，且严重危害到社会安定、社会秩序

16. 近日，英国剑桥大学医学院癌症研究所和美国冷泉港实验室的科学家宣布，他们在独立进行的研究活动中，从多种人体癌细胞中分离出了单独的基因，通过大量实验证明了这些基因可以使人体正常的健康细胞发生癌变。多年来，基因研究领域的科学家一直认为，可以通过改变这种基因的办法来使癌细胞转变为正常细胞。现在，他们果然找到了这种基因，从而使人们在战胜癌症的进程中又前进了一大步。

下列说法符合上文意思的是(　　)。

A. 这些基因的发现是不同的研究机构相互合作的结果

B. 这些基因能够对癌细胞进行修复，因此可以成功地医治癌症

C. 科学家发现了这些基因，因而成功地克服了癌症

D. 科学家的这一发现在人类攻克癌症的历史进程中具有深远的影响

17. 在下列句子中，没有语病的一句是(　　)。

A. 昨天，世界各大报纸关于这起震惊世界的地铁起火事件都在显要位置作了详细的报道

B. 随着电子技术的发展，市场上出现了“电子车”，但因为它没有感觉、灵敏度差，不能做精细动作，所以远不能满足病人的要求

C. 当上级决定把这次飞行任务交给我们时，我们立刻产生一种非常光荣的感觉，真是难以形容

D. 经过整改，这个单位的人员安排、生产计划以及科室人员的配置，都达到了上级的要求

18. （填空题）夜色朦胧，飘动的白云轻纱般吹过来，带着露水，含着温情，______（弥漫、迷漫）在你的身边。远处传来牧童______（嘹亮、悠扬）的歌声，时断时续，轻轻袅袅。

19. 值得一提的是，2009 年 6 月，由北京军区白求恩国际和平医院和军事医学科学院人员为主组成的医疗队，与加蓬军队成功举行了“和平天使 2009”人道主义医疗救援联合行动。这是我军首次与外军开展卫勤联合行动，也是我军首次成建制与非洲国家举行联合行动，取得了多重效益。可以说，这些工作体现了我国全面发展对外军事关系的努力，充实完善了我国军事外交布局。

文中“这是我军首次与外军开展卫勤联合行动”中的“这”是指(　　)。

A. 我军与非洲国家举行联合行动

B. 我军与加蓬军队举行的医疗救援联合行动

C. 我国全面发展对外军事关系

D. 我军与外军开展卫勤联合行动

20. 无论是谈论新闻时事等严肃话题，还是说说家长里短，男人在社交场合使用语言的能力都显得要比女性差。他们可能会不断重复一些多余的、不包含任何新信息的礼节性语言，并且反复使用同样的字眼。即使是赞扬他人，那些话听起来也显得没有什么诚意。而女性则正好相反，她们在称赞别人时，语言更加具体，听起来更加真诚。

这段文字主要表达的内容是(　　)。

A. 女人的社交能力胜过男人　　B. 女人的语言能力胜过男人

C. 男人谈话内容与女人不同　　D. 男人谈话方式与女人不同

21. 下列说法错误的是(　　)。

A. 八股文在明代盛极一时，直到清光绪年间才完全被废止

B. 三书指的是魏书、蜀书和汉书，到明朝时合为一本，后人称为《三国志》

C. 中国历代均设置有专门记录和编撰历史的史官，我国最早的史学家就是从史官中产生的

D. 八卦代表了早期中国的哲学思想，除了占卜、风水之外，对我国古代医学、武术、军事等方面都产生了深远的影响

22. （填空题）卫星通信，是指利用______作为中继站转发或反射无线电信号，在两个或两个以上地面站之间进行的通信。

23. 在下列说法中，不正确的一项是(　　)。

A. 斯诺克是一项起源于德国的运动

B. 温布尔顿网球公开赛是网球四大满贯赛事之一

C. 马拉松比赛全程距离为42.195千米

D. 香港是北京奥运会的协办城市之一

24. 20世纪八九十年代，两极格局解体，世界格局向多极化发展。中国不但经受住了考验，而且发展成了具有广泛影响的世界性大国。这一时期中国在内政外交上采取的政策以及取得的重大成就有(　　)。

①从计划经济向市场经济过渡

②恢复中国在联合国的合法席位

③对香港、澳门恢复行使主权

④反对霸权主义，维护世界和平

A. ①②③　　B. ②③④　　C. ①③④　　D. ①②④

25. 关于琴棋书画，下列说法不正确的是(　　)。

A. 米芾的山水画自成一家

B. 东晋书法家王献之被称为“书圣”

C. 围棋在我国古代称为“弈”

D. “高山流水”讲的是琴师俞伯牙和樵夫钟子期的故事

26. 以下属于机械硬盘软故障的是(　　)。

A. 分区表丢失　　　　B. 磁头芯片损坏

C. 通电后无任何声音　　　　D. 固件信息丢失

27. 在基于 IEEE802.11 标准的无线局域网中，允许在局域网络环境中使用的，且可以不必须授权的 ISM 频段，进行无线连接的射频波段是(　　)。

A. 2.0GHZ 或 3.0GHZ　　　　B. 2.5GHZ 或 5.0GHZ

C. 4GHZ 或 8GHZ　　　　D. 2.4GHZ 或 5GHZ

28. 在计算机网络中，关于“防火墙”的表述错误的是(　　)。

A. 防火墙是一种防止非法访问者的技术

B. 防火墙是一种查杀病毒的技术

C. 防火墙由计算机软件和硬件设备组合而成

D. 防火墙是在内部网和外部网之间构造的保护屏障

29. 以下设备中属于输入设备的是(　　)。

A. 显示器　　B. 打印机　　C. 键盘　　D. 路由器

30. 操作系统是一种(　　)。

A. 应用软件　　B. 系统软件　　C. 通用软件　　D. 专用软件

31. 为实现“两个一百年”的奋斗目标，综合分析国内国际形势和我国发展条件，从 2020 年到 21 世纪中叶分两个阶段完成。其中第二阶段的目标是(　　)。

A. 全面建成小康社会

B. 基本实现社会主义现代化

C. 全面建成科技强国

D. 建成富强民主文明和谐美丽的社会主义现代化强国

32. 党的十九大报告中指出：制定国家监察法，依法赋予监察委员会职责权限和调查手段，用(　　)取代“两规”措施。

A. 羁押　　B. 监察　　C. 留置　　D. 看守

33. 党的十九大报告指出，我们既要全面建成小康社会、实现第一个百年奋斗目标，又要乘势而上开启全面建设社会主义现代化国家新征程，向第二个百年奋斗目标进军。从现在到 2020 年，是全面建成小康社会的(　　)。

A. 关键期　　B. 达成期　　C. 决胜期　　D. 完成期

34. 习近平总书记在党的十九大报告中提出：“行百里者半九十，中华名族伟大复兴，绝不是轻轻松松，敲锣打鼓就能实现的，全党必须准备付出更为艰巨，更为艰苦的努力。”其中“行百里者半九十”的意义是(　　)。

A. 事情做到一半时，越需要努力坚持

B. 做事越接近成功越困难，越要坚持到最后

C. 事情做到百分之九十时，一般的人都放弃了

D. 百分之九十的人只能坚持把事情做到一半

35. （多选题）党的十九大报告指出，过去五年，全面从严治党成效卓著。下列选项属于过去五年全面从严治党的成就的是(　　)。

A. 推动全党尊崇党章，增强政治意识、大局意识、核心意识、看齐意识

B. 坚持照镜子、正衣冠、洗洗澡、治治病的要求，开展党的群众路线教育实践活动

C. 出台中央八项规定，严厉整治形式主义、官僚主义、享乐主义和奢靡之风

D. 坚定不移“打虎”“拍蝇”“猎狐”，不敢腐的目标初步实现，不能腐的笼子越扎越牢，不想腐的堤坝正在构筑

36. 党的十九大报告指出：中国共产党人的初心和使命，就是为中国人民谋(　　)，为中华民族谋(　　)。

A. 幸福　复兴　　B. 复兴　幸福　　C. 福祉　复兴　　D. 幸福　强大

37. 下列不属于党的十八大以来党的几次全会主题内容的是(　　)。

A. 全面深化改革

B. 推动社会主义文化大繁荣大发展

C. 全面推进依法治国

D. 党内政治生活和党内监督

38. 党的十八大以来的五年，我国经济保持了中高速增长，在世界主要国家中名列前茅，其中国内生产总值稳居世界第(　　)，对世界经济增长贡献率超过30%。

A. 一　　B. 二　　C. 三　　D. 四

39. 在中国共产党第十九次全国代表大会的报告中，健全党和国家监督体系，通过制定(　　)依法赋予监察委员会职责权限和调查手段，用留置取代“两规”措施。改革审计管理体制，完善统计体制。

A. 行政监督法　　B. 国家监察法　　C. 纪律监察法　　D. 权力监督法

40. （多选题）在下列选项中，属于党的十八大以来外交成就的有(　　)。

A. 实施共建“一带一路”倡议

B. 发起创办亚洲基础设施投资银行

C. 设立丝路基金

D. 举办二十国集团领导人杭州峰会

41. 中国工商银行的价值观是(　　)。

A. 拼搏进取　责任立业　创新超越

B. 工于至诚　行以致远

C. 诚信立业　稳健行远

D. 诚实　公正　稳健　创造

42. （多选题）当前，国内外形势正在发生深刻复杂变化，我国发展仍处于重要战略机遇期，前景十分光明，挑战也十分严峻。全党同志一定要(　　)，团结带领全国各族人民

决胜全面建成小康社会，奋力夺取新时代中国特色社会主义伟大胜利。

A. 登高望远、居安思危　　B. 勇于变革、勇于创新

C. 永不僵化、永不停滞　　D. 开拓进取、奋勇前进

43. 中国工商银行境内优先股持股比例最大的股东是(　　)。

A. 中国人寿保险股份有限公司

B. 中国平安人寿保险股份有限公司

C. 中国烟草总公司

D. 中国移动通信集团

44. 事务有多个性质，其中不包括(　　)。

A. 隔离性　　B. 不可撤销　　C. 原子性　　D. 一致性

情景二

1. 在同一国家范围内，经济金融活动中一定不存在的风险是(　　)。

A. 信用风险　　B. 操作风险　　C. 国家风险　　D. 法律风险

2. 期权是指在未来一定时期可以买卖某种金融资产的权利，是买方向卖方支付一定数量的金额后拥有的在未来一段时间内或未来某一特定日期以事先规定好的价格向卖方购买或出售一定数量的特定标的物的权利，但不具有必须买进或卖出的义务。下列关于期权的说法错误的是(　　)。

A. 交易双方的收益和风险对等

B. 期权的交易对象是选择权

C. 只有期权的买方有选择权而卖方没有

D. 期权买方可以放弃行使期权

3. 根据凯恩斯的流动性偏好理论，货币的需求动机不包括(　　)。

A. 持币的谨慎动机　　B. 持币的交易动机

C. 持币的生产动机　　D. 持币的投机动机

4. 在经济过热、存在通货膨胀时，政府要实现控制总需求、抑制通货膨胀的目的，可以采取(　　)的财政措施。

A. 增加财政支出　　B. 减少税收

C. 减少财政支出　　D. 提高利率

5. 2014 年 9 月 16 日，央行对五大行实施 5000 亿 SLF 操作，性质类同基础货币的投放，近似全面降准 0. 5 个百分点。中国人民银行于 2013 年年初创设了常备借贷便利，简称 SLF。下列关于常备借贷便利的叙述不正确的是(　　)。

A. 中国人民银行正常的流动性供给渠道

B. 主要功能是满足金融机构期限较长的大额流动性需求

C. 对象主要为政策性银行和全国性商业银行

D. 期限为3—5个月

6. 中国的金融监管模式属于(　　)。

A. “二元多头式”金融监管体系　　B. 混业监管体系

C. 分业监管体系　　D. 混合监管体系

7. 经济学家一般认为，能够产生真实效应的通货膨胀是(　　)。

A. 公开型通货膨胀　　B. 抑制型通货膨胀

C. 隐蔽型通货膨胀　　D. 非预期型通货膨胀

8. 在国际收支调节政策的国际协定中，属于国际货币基金协定规定的原则是(　　)。

A. 禁止倾销和限制出口补贴原则

B. 多边结算原则

C. 非歧视原则

D. 取消数量限制原则

9. 某一时期，电冰箱的供给曲线向右平移的原因可能是(　　)。

A. 电冰箱的价格下降　　B. 生产电冰箱的成本下降

C. 生产电冰箱的要素成本上升　　D. 消费者的收入上升

10. A101号顾客在1号窗口购买一款期限三个月的短期理财产品，预期收益率为5%，三个月定期存款利率为3.5%。假设不考虑其他产品，A101号顾客购买12万元理财产品的机会成本是(　　)。

A. 1050元　　B. 450元　　C. 1950元　　D. 1500元

11. 用支出法核算国内生产总值时，以下项目可以计入GDP的是(　　)。

A. 购买二手房支付的房价　　B. 租房中介产生的中介费

C. 政府转移支付总额　　D. 购买股票支付的费用

12. 某企业将一张面额3000元、90天后到期的半年期汇票到银行贴现，年贴现率为5%，则企业能获得的贴现金额为(　　)元。

A. 2976.5　　B. 2898　　C. 2962.5　　D. 2885.5

13. 某企业持有一张半年后到期的汇票，金额为2060万元，到银行请求贴现，银行确定该汇票的贴现率为年利率6%。则企业获得的贴现金额为(　　)。

A. 2000万元　　B. 1887万元　　C. 1943万元　　D. 1941万元

14. 分析企业利润目标的完成情况和不同年度盈利水平的变动情况，预测企业盈利前景，属于(　　)。

A. 企业的偿债能力分析　　B. 企业资产的营运能力分析

C. 企业的盈利能力分析　　D. 企业的资金实力总体评价

15. 下列关于费用要素的说法中不正确的是(　　)。

A. 费用会导致所有者权益的减少

B. 费用是向所有者分配利润无关的经济利益的总流出

C. 费用是在企业日常经营活动中形成的

D. 费用是向所有者分配利润无关的经济利益的净流出

16. 咖啡店采用直线职能制的组织结构，设有店长一名，以及财务、出品、外场和采购四个部门。其中，店长是新招募的小李，由他全权负责咖啡店的经营管理工作。财务部有部长 1 名，收银员 3 名；出品部有部长 1 名，正副吧台领班 2 名，吧台员工 6 名；外场部有主管 1 名，正副外场领班 2 名，外场服务员 7 名；采购部有采购组长 1 名和助理 1 名。在这样的结构中，小李的管理幅度是(　　)。

A. 4　　B. 5　　C. 8　　D. 25

17. 关于六西格玛管理的说法，不正确的是(　　)。

A. 六西格玛管理追求完美，绝不容忍失误

B. 六西格玛管理关注客户的需求，以客户为中心

C. 六西格玛管理强调骨干队伍的建设

D. 六西格玛管理依据数据和事实，使管理成为量化的科学

18. 债权人转让权利，(　　)。

A. 应当通知债务人　　B. 无须通知债务人

C. 只需让与人知晓　　D. 无须让与人知晓

19. （多选题）2016 年 3 月 1 日，高某将自己价值 2 万元的笔记本电脑借给朋友邓某，借期 2 个月。5 月 1 日，邓某却以高某的名义将该电脑卖给不知情的陈某。根据规定，下列表述正确的有(　　)。

A. 该买卖合同效力待定

B. 邓某是无权处分行为

C. 在高某追认前，陈某可以撤销该行为

D. 陈某可以催告高某在 1 个月内予以追认

20. （多选题）甲、乙、丙、丁对一栋房屋按份共有，甲的份额是 1/2，其余三人的份额各为 1/6。根据物权法律制度的规定，在没有特别约定时，下列转让房屋的行为中，无效的有(　　)。

A. 甲将房屋转让给戊，乙、丙、丁均表示反对

B. 甲、乙将房屋转让给戊，丙、丁均表示反对

C. 乙、丙、丁将房屋转让给戊，甲表示反对

D. 丙、丁将房屋转让给戊，甲、乙均表示反对

21. 大数据的巨大商业价值，从一定程度上决定了个人信息保护难以单纯依赖企业自律，唯有完善顶层设计，让法律长出牙齿，重点惩治，给力执行，方能有效遏制当前的乱象。2015 年 11 月《刑法修正案（九）》正式实施，泄露公民个人信息入刑，但由于缺少必要的法律支撑和强劲执法，有效治理机制尚未切实形成。泄露个人信息属于侵犯了公民

的(　　)。

A. 财产权　　B. 人格权　　C. 姓名权　　D. 身份权

22. 在货币资金借贷中，还款违约属于金融风险中的(　　)。

A. 流动性风险　　B. 市场风险　　C. 操作风险　　D. 信用风险

23. 银行的中间业务也叫收费业务，是指不构成银行表内资产、表内负债的非利息收入的业务，下列关于银行中间业务的说法，错误的是(　　)。

A. 银行作为信用活动的一方参与其中

B. 以收取服务费（手续费、管理费）、赚取价差的方式获得收益

C. 不运用或不直接运用银行的自有资金

D. 不承担或不直接承担市场风险

24. 商业银行与其他金融机构最主要的区别是(　　)。

A. 能够发放贷款　　B. 资产规模最大的金融机构

C. 可最大限度地创造存款货币　　D. 可发行各种融资工具

25. 某咖啡店一直为一家工艺品厂商代售工艺品，一位女士上午在店里买了一件工艺品作为礼物送给她的儿子，没想到她的儿子刚玩了一会儿，就被工艺品底座上露出的金属划伤了手臂。这位女士觉得，因为咖啡店售卖产品质量存在安全隐患，给顾客造成了人身伤害，要求高价赔偿。听完事情经过，请回忆一下《消费者权益保护法》的相关内容，认为这件事情应该如何处理？(　　)

A. 告知这位女士应该向工艺品厂商谋求赔偿

B. 咖啡店先赔偿这位女士，然后再向工艺品厂商追偿

C. 由工艺品厂商和咖啡店协商之后共同赔偿

D. 咖啡店先向工艺品厂商追偿之后，再赔偿这位女士

26. 2014 年 2 月 15 日，刘某欠孙某 200 万元货款，刘某以自己价值 260 万元的一辆轿车作为抵押签订抵押合同，并于 2 月 20 日办理了抵押登记。抵押期间，刘某将轿车借给朋友杨某使用，后杨某出了车祸，该轿车毁损了 80%，但依法享有保险金。根据物权法的规定，下列表述中不正确的是(　　)。

A. 2 月 15 日孙某取得该轿车的抵押权

B. 2 月 20 日孙某取得该轿车的抵押权

C. 孙某可以就该轿车的保险金优先受偿

D. 残存的轿车仍担保孙某 200 万元的债权

情景三

1. M 大学学生小段突患重病，有一名同学暗中捐款相助。小段转危为安后，想知道捐款的人是谁。他询问了五位同学，分别得到以下回答：

（1）或者甲捐了，或者乙捐了；

（2）如果甲捐了，那么丙也捐了；

（3）如果乙没捐，那么丁捐了；

（4）甲和乙都没有捐；

（5）丙和丁都没有捐。

实际上，这五名同学的回答中只有一句是假的。据此，可以推出(　　)。

A. 丙捐了　　B. 丁捐了　　C. 甲捐了　　D. 乙捐了

2. 华光高科技公司在进行人才招聘时，有小张、小李、小王、小赵、小钱 5 人入围。从学历看，这 5 人中 2 人为硕士、3 人为博士；从年龄看，这 5 人中有 3 人小于 30 岁、2 人大于 30 岁。已知，小张、小王属于相同的年龄段，而小赵、小钱属于不同的年龄段；小李与小钱的学位相同，小王和小赵的学位不同。最后，只有一位年龄大于 30 岁的硕士应聘成功。

据此，可以推出应聘成功者是(　　)。

A. 小张　　B. 小王　　C. 小赵　　D. 小钱

3. 一种针对某种疾病的新疗法在 12 个月的临床试验中使 68%的患者病情有了明显改善，其中 43%的患者痊愈。然而，通常采用的治疗方法也可在 12 个月内将 38%的患者完全治愈。由于新疗法主要选择了那些症状比较严重的患者，因此有人认为这种新疗法在疗效方面比常用的疗法更显著。

以下各项如果为真，能够对上述观点提出最有力质疑的是(　　)。

A. 新疗法出现后，这种疾病的患者仍然倾向于使用原有疗法

B. 这种疾病发病初期往往很严重，但相对容易治疗

C. 通过改变生活方式，很多人即使不用药也可使病情改善，甚至痊愈

D. 常用疗法使用四种药物搭配治疗，但新疗法只使用两种药物

4. (填空题)

2	−1	4	6	13	?

你能解出白胡子老头设计的智力题答案吗？问号处的数字是多少呢？

(请在横线处填入正确的数字) ______。

5. 小明痴迷网络游戏，父亲严格控制他的上网时间，为电脑设置了密码，小明趁父亲不在家，打开电脑试图解开密码。他点击密码出现提示，102308，183416，284532，405664，(　　)，该密码是按此规律排列的数列中最后一个数，那么密码是(　　)。

A. 5467128　　B. 547680　　C. 506780　　D. 5076128

6. （填空题）在下图中，问号处应该填入的是______。

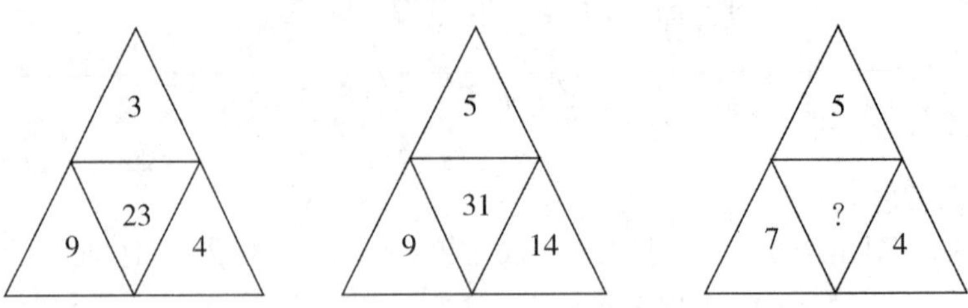

7. 从下列四个选项中选择合适的一个填在问号处，使之呈现一定的规律。（　　）

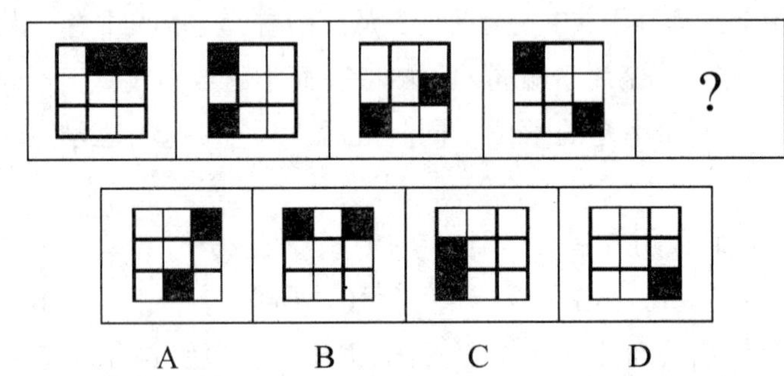

8. 一个外地品牌为进入本地市场进行广告宣传效果的调查。结果显示，在用电视广告宣传时，当地每百人有15人知晓该品牌，而后选用报纸广告，每百人有26人表示对其有印象。据此，为提高该品牌的知晓率，该公司决定将全部广告资金投入到报纸广告中。

以下如果为真，最能削弱该公司决定的是（　　）。

A. 电视是当地人获取信息的最主要途径

B. 报纸广告容易给观众留下“产品过于廉价”的负面印象

C. 若不采用报纸广告而继续采用电视广告宣传，相同时间后，每百人有45人知晓该品牌

D. 通过电视知晓该品牌的人中，八成有购买意愿，而通过报纸广告知晓者仅两成有此意愿

9. 近年来，生物燃料需求迅速增加。2000—2007年全球乙醇产量增长了两倍，到2017年其产量还会再翻一番；生物柴油的产量10年内也将增长一倍多。这些生物燃料是由玉米等谷物、糖类和油料作物生产的，因此其产量的扩大必然导致相关农作物价格的飙升。

如果上述观点正确，可以推出（　　）。

A. 农产品价格上涨将导致生物燃料产量降低

B. 如果农产品价格下降则说明生物燃料产量没有提高

C. 如果生物燃料产量下降则说明农产品的价格提高

D. 乙醇等生物燃料产量增加是受农产品价格过低的影响

10. （填空题）在下图中，问号处应该填入的是______。

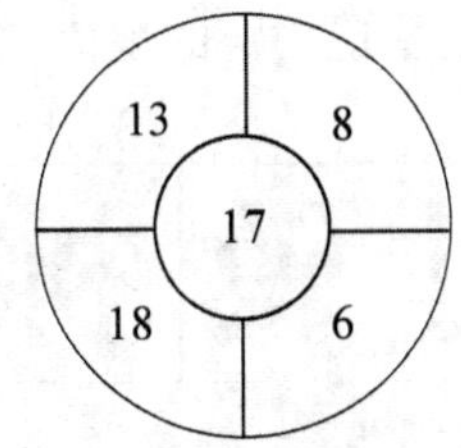

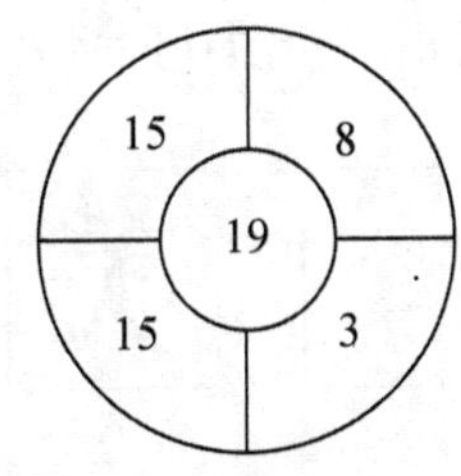

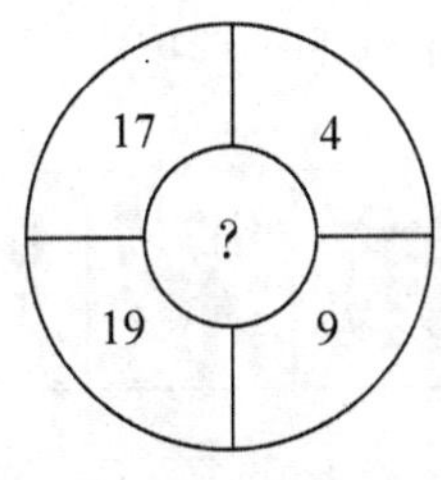

11. 研究证明，吸烟所产生的烟雾中的主要成分为丙烯醛，是眼睛健康的“慢性杀手”，而橄榄油提取物羟基酪醇，能有效减缓这个“慢性杀手”给眼睛带来的伤害。由此得出结论，常吃橄榄油能够让吸烟者的眼睛远离伤害。

以下如果为真，最能支持上述论证的是(　　)。

A. 羟基酪醇易于被人体吸收

B. 橄榄油含有其他有益于人体的物质

C. 常吃橄榄油的人视力优于不经常吃的人

D. 烟雾中还含有其他对视力有伤害的物质

12. （填空题）在下图中，问号处应该填入的是______。

2	6	11	18	29	?

13. 在下图中，问号处应该填入的是(　　)。

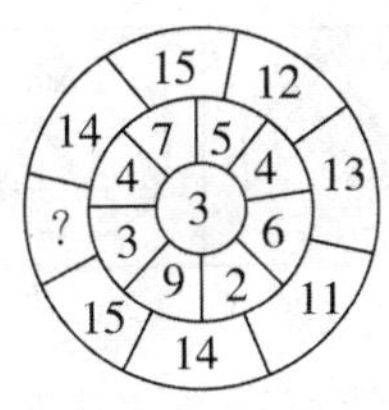

A. 8　　B. 10　　C. 12　　D. 16

14. 以下给定的图形为纸盒的外表面，折叠起来后，应是四个选项中的(　　)。

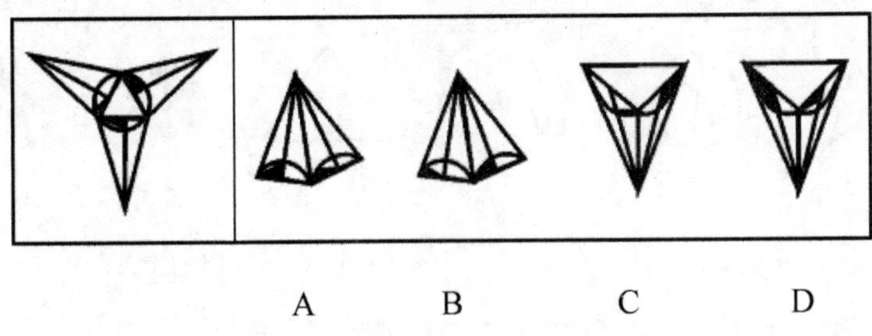

15. （填空题）在下图中，问号处应该填入的是______。

2	1	3	10	103	?

16. 从下列四个选项中，选择合适的一个填在问号处，使之呈现一定的规律。(　　)

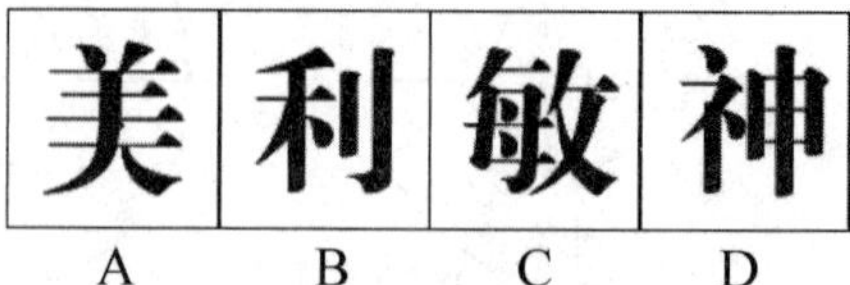

A　　B　　C　　D

17. 从下列四个选项中，选择合适的一个填在问号处，使之呈现一定的规律。(　　)

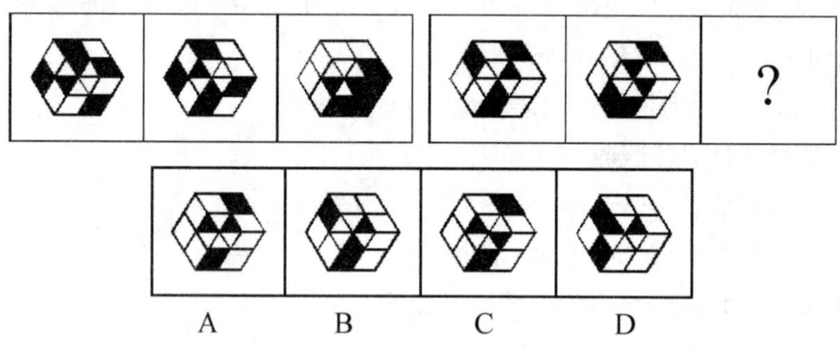

A　　B　　C　　D

18. 从下列四个选项中，选择合适的一个填在问号处，使之呈现一定的规律。(　　)

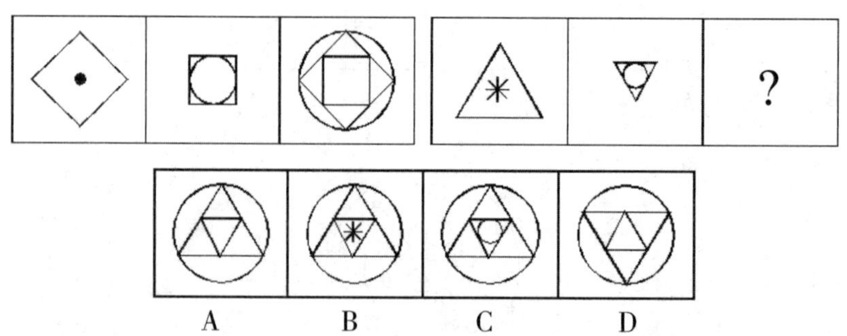

A　　B　　C　　D

19. 把下面的六个图形分为两类，使每一类图形都有各自的共同特征或规律，分类正确的一项是(　　)。

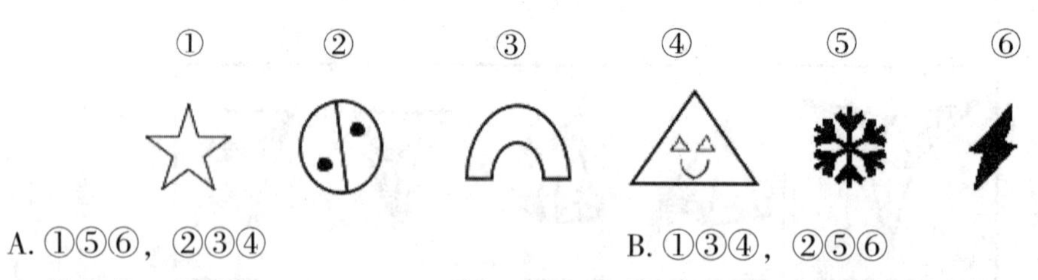

A. ①⑤⑥，②③④　　B. ①③④，②⑤⑥

C. ①②④，③⑤⑥　　D. ①②⑤，③④⑥

20. 从下列四个选项中选择合适的一个填在问号处，使之呈现一定的规律。(　　)

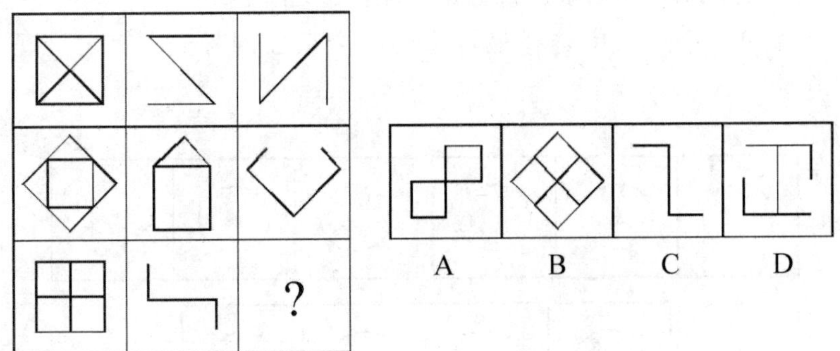

21. 从所给的四个选项中选择最合适的一个填入问号处，使之呈现一定的规律性。(　　)

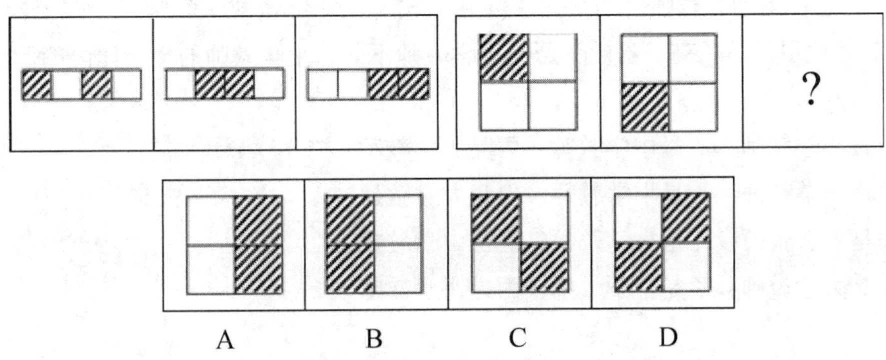

22. 请从所给的四个选项中选择最合适的一个填入问号处，使之呈现一定的规律性。(　　)

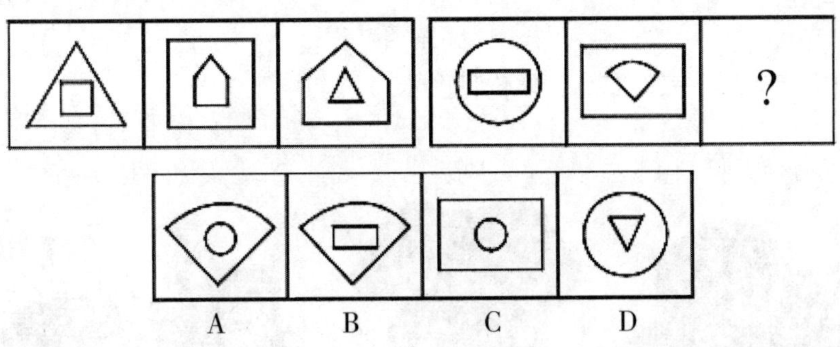

23. 经济学家指出：任何经济有效率的国家都能创造财富，这样的国家只在财富平均分配时才能保持政治稳定。财富平均分配又会消灭风险，而风险正是经济运转必不可少的前提条件。

以下结论正确的一项是(　　)。

A. 没有一个国家能无限期地既保持政治稳定，又有巨额财富

B. 没有一个国家能无限期地既能保持经济有效率，又能保持政治稳定

C. 经济效率的提高会刺激风险的出现，而风险又反过来促进了经济效率的提高

D. 只要能平均分配财富的国家就能无限期地保持政治的稳定

24. 请从所给的四个选项中选择最合适的一个填在问号处，使之呈现一定的规律性。(　　)

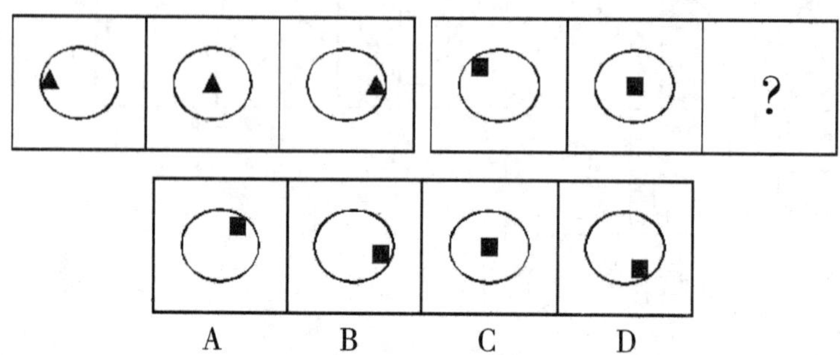

25. 甲、乙、丙均为教师，其中一位是大学教师、一位是中学教师、一位是小学教师。并且大学教师比甲的学历高，乙的学历与小学教师不同，小学教师的学历比丙的低。

由此可以推出(　　)。

A. 甲是小学教师，乙是中学教师，丙是大学教师

B. 甲是中学教师，乙是小学教师，丙是大学教师

C. 甲是大学教师，乙是小学教师，丙是中学教师

D. 甲是大学教师，乙是中学教师，丙是小学教师

情景四

根据下列材料，回答第 1~5 题

买东西

某品牌服饰店有如下三件商品，售价见图示：

1. 鞋的进价是帽子 2 倍，利润比帽子多 30 元，那么帽子的进价是多少元？(　　)

A. 45　　B. 30　　C. 35　　D. 40

2. 小杨三种商品各买了一件，营业员用计算器计算出的总价为：324.00。小明自己核对了一下发现不对，那么营业员算错的可能原因是(　　)。

A. 鞋的价格“137”算成了“173”　　B. T恤的价格“84”算成了“48”

C. T恤多算了一件　　D. 帽子多算了一件

3. 小张和小李一起来服装店购物，小张买了一顶帽子和两件T恤，一共花了193.00元，小李买了一件T恤和一双鞋花了172.60元。帽子不打折，请问鞋的折扣是多少？(　　)

A. 八五折　　B. 八折　　C. 七五折　　D. 七折

4. 现在服装店有以下三种促销方式。

(1) 满100减25元，即满100元立减25元；

(2) 全场八折，即所有商品均八折销售；

(3) 买三免一，即买三件商品其中最便宜的那件商品免费；

如果三种商品各买两件，则最少需花费多少元？(商品可随意分开结算，且每单只能使用一种优惠方式)(　　)

A. 413　　B. 460.8　　C. 451　　D. 425

5. 如果T恤按原售价84元/件卖，每件可获利24元，每天能卖出200件。如果每减价1元，每天可多卖20件。每加价1元，每天会少卖5件。为了获得最多利润，售价应该定为多少元？(　　)

A. 76　　B. 77　　C. 92　　D. 91

6. 你随着老者一路前行，终于进入桃花源。在村子的路旁，有人在挖井。老者上前询问，并称呼打井人为赵师傅。赵师傅说：“本来这活儿是李师傅一个人干的，他10天就能干完。李师傅干活儿比我快一些，我一个人干得15天。可这几天李师傅的老母亲身体不好，他要回家照顾母亲，就请我来帮他做5天，5天后他回来，剩下的我俩一起做，再有一天就能把井挖好。”

听完赵师傅的话，你觉得他来帮忙前，李师傅已经独自挖了几天？(　　)

A. 2　　B. 3　　C. 5　　D. 6

7. 第二天一大早，便跟着老者来到村子后边的小河旁。临行前，老者说：“空幽谷就在这条河下游45里的地方。空船顺流而下4个小时就可以到达，但今天你必须自己加紧划船。因为再过3小时，这条河的河水会暴涨，那时你和船都会有危险。”听完老者的嘱咐你便乘船上路了。

要想在河水暴涨之前到达空幽谷，你划船的速度(静水速度)至少应该是多少里/小时？(　　)

A. 2.25　　B. 3.75　　C. 4.55　　D. 5.25

8. 老者接着说：“好多年前，我曾去过一次凤凰城，当时我早上6点乘马车出发，刚走了3个小时马车就出问题了，此时才走了五分之三的路程。于是我只能步行，每小时走8公里，直到晚上 8 点才到达凤凰城。”

根据老者的描述，麒麟城与凤凰城之间的距离是多少公里？(　　)

A. 72　　B. 80　　C. 200　　D. 220

9. 你放完信鸽往前又走了很久，突然，从前方传来一阵争吵声。你走近之后发现，是三个农夫正围在一起，像是在讨论什么事情，其中一个人说：“我们 2 点多的时候出来干活儿，走的时候时钟的时针和分针重合在一起。到 5 点多的时候干完活儿，收工的时候时钟的时针和分针也重合在一起。因为没有细看，具体的时间记不清了，就只记得个大概，但是时针和分针重合在一起倒是记得挺清楚。现在我们想知道到底花了多长时间干完这活儿。”

你算一下，他们干这个活儿一共用了多久？(　　)

A. 180 分钟　　B. 197 分钟　　C. 200 分钟　　D. 203 分钟

10. 某工程交由四个队来完成，如果从这四个队中任选三个队来做，最快需要 15 天、最慢需要 18 天；如果从这四个队中任选两个队来完成，最快需要 20 天；如果让一个队来做，最快需要 36 天。如果这项工程由两个队来完成，最慢需要多少天？(　　)

A. 20　　B. 24　　C. 26　　D. 30

11. 如果 2017 年 1 月 1 日是周日，那么 2017 年 11 月 4 日是(　　)。

A. 星期三　　B. 星期四　　C. 星期五　　D. 星期六

12. 甲、乙两种商品，均以 240 元出售，甲赚了 20%、乙赔了 20%，则商店盈亏结果为(　　)。

A. 亏了 20 元　　B. 亏了 30 元　　C. 赚了 30 元　　D. 不盈不亏

13. 某商场做促销活动，购买 200 元以内的商品九折优惠；如购买超过 200 元，低于 500 元，其中 200 元以内的九折优惠，超过 200 元、低于 500 元的部分八折优惠；如购买超过 500 元的商品，其中 200 元以内的九折优惠，200—500 元的部分八折优惠，超过 500 元的部分七折优惠。张兰购物实际付款 162 元、小华购物实际付款 490 元，如果两人合并付费，那么可少付多少钱？(　　)

A. 66　　B. 18　　C. 54　　D. 36

14. 某单位有 50 人，男女性别比为 3∶2，其中有 15 人未入党，如从中任选 1 人，则此人为男性党员的概率最大为多少？(　　)

A. $\frac{3}{5}$　　B. $\frac{2}{3}$　　C. $\frac{3}{4}$　　D. $\frac{5}{7}$

15. 某驾校甲、乙、丙三位学员在科目二考试中能通过的概率分别为：$\frac{2}{3}$、$\frac{1}{2}$、$\frac{2}{5}$。那么，这三位学员中恰好有两位学员通过科目二考试的概率为(　　)。

A. $\frac{2}{5}$　　B. $\frac{3}{4}$　　C. $\frac{1}{2}$　　D. $\frac{2}{3}$

16. $3^{2010}+4^{2011}+8^{2012}$的个位数为(　　)。

A. 9　　B. 8　　C. 6　　D. 4

17. 李雷和韩梅梅去昆仑山探险，发现山洞里有一个石门，上面有一个九宫格式的按钮，按钮上有1—9九个数字，在其下方写着：“$3\times9^{2015}-4\times8^{2016}$的个位数是什么?”那么，帮他们打开宝藏大门的数字是(　　)。

A. 1　　B. 4　　C. 3　　D. 2

18. 在等差数列$\{a_n\}$中，$a_2+a_8=4$，则其前9项的和S_9等于(　　)。

A. 18　　B. 27　　C. 36　　D. 9

19. 一天上班后，黎明发现桌子上的日历已经5天没有翻，就一次翻了5天，这5天日期数加起来恰好55天，这天是几号？(　　)

A. 13　　B. 14　　C. 16　　D. 17

20. 现在时间是9点多，问第一次时针和分针重合的时刻是多少？(　　)

A. 9时45分　　B. 9时49$\frac{1}{11}$分　　C. 9时49$\frac{1}{13}$分　　D. 9时50分

21. 某大学的一个专业中有一部分同学要参加2019年中国工商银行的秋招，他们都有自己所擅长的考试内容。其中，擅长英语的有45人，擅长综合知识的有34人，擅长EPI的有52人，擅长其中两部分的有15人，三部分全部擅长的有9人，则该专业中参加2019年中国工商银行秋招的一共有多少人？(　　)

A. 72　　B. 86　　C. 98　　D. 104

22. 一副无“王”的扑克牌，至少抽取几张，方能保证其中至少有两张牌具有相同的点数？(　　)

A. 10　　B. 11　　C. 13　　D. 14

23. 由于天气干旱，村委会决定用抽水机抽取水库中剩余的水浇灌农田。假如每天水库的水以均匀的速度蒸发，经计算，若用20台抽水机全力抽水，水库中水可用5周；若用16台抽水机，水库中水可用6周；若用11台抽水机，水库中的水可用多少周？(　　)

A. 7　　B. 8　　C. 9　　D. 11

24. 10个人身上都有至少1元面值的人民币现金，且他们的钱数各不相同。已知10人一共有980元，小王有134元，是第五多的。则拥有现金最少的人，最多拥有多少张5元面值的人民币？(　　)

A. 9　　B. 10　　C. 11　　D. 12

25. 小李自驾游出行一周，每天开车所行公里数均不相同且均为整数，平均每天走35公里，其中，最少的两天平均每天走10公里，最多的两天平均每天走60公里，问行进距离排名第四的那天最多走了多少公里？(　　)

A. 44　　B. 45　　C. 46　　D. 47

26. 为节约用水，某市决定用水收费实行超额超收，标准用水量以内每吨2.5元，超过标准的部分加倍收费。某用户某月用水15吨，交水费62.5元，若该用户下个月用水12吨，

则应交水费多少钱？(　　)

A. 42.5 元　　B. 47.5 元　　C. 50 元　　D. 55 元

27. 2015 年政府工作报告的高频词有 26 个，“发展”“改革”两词居前，高频词出现的总次数是“改革”一词出现次数的 11.5 倍多 3，“发展”一词出现的次数比“改革”一词多 54 次，比高频词出现的总次数的$\frac{1}{7}$多 6。则 2015 年政府工作报告的 26 个高频词共出现多少次？(　　)

A. 678　　B. 854　　C. 777　　D. 715

28. 小王、小李、小张和小周 4 人共为某希望小学捐赠了 25 个书包，按照数量多少的顺序分别是小王、小李、小张、小周。已知小王捐赠的书包数量是小李和小张捐赠书包的数量之和，小李捐赠的书包数量是小张和小周捐赠的书包数量之和，问小王捐赠了多少书包？(　　)

A. 9　　B. 10　　C. 11　　D. 12

29. 出租车以固定速度从乙地出发到甲地再回到乙地，往返需要 1 小时 40 分。这一天，小明早上 8 点从甲地出发步行去乙地，出租车在上午 9 点从乙地出发，小明中途遇到这辆出租车便坐车去乙地，并于早上 10 点 20 到达。问出租车的速度是小明步行速度的多少倍？(　　)

A. 4　　B. 6　　C. 8　　D. 10

30. 南阳中学有语文教师 8 名、数学教师 7 名、英语教师 5 名和体育教师 2 名。现要从以上四科教师中各选出 1 名教师去参加培训，请问共有几种不同的选法？(　　)

A. 96　　B. 124　　C. 382　　D. 560

情景五

Passage 1

你慢慢地走进废墟，发现到处都是已经倒塌的房屋，只有废墟前的一座石碑依然屹立不倒，你站在石碑前仔细看了看，好像是一些与这座城市有关的碑文：

London was founded by the Romans about 50 AD. Its name is derived from a Celtic word Londinios, which means the place of the bold one. After they invaded Britain in 43 AD, the Romans built a bridge across the Thames. They later decided it was an excellent place to build a port. The water was deep enough for ocean going ships but it was far enough inland to be safe from Germanic raiders. Around 50 AD Roman merchants built a town by the bridge. So London City was born.

There was not a stone wall around the early settlement but there may have been a ditch and an earth rampart with a wooden palisade on top. Then in 61 AD Queen Boudicca led a rebellion against the Romans. Her army marched on London. No attempt was made to defend London. Boudicca burned London but after her rebellion was crushed it was rebuilt. Rich people built houses of stone or brick with tiled roofs but most people lived in wooden houses. By the end of the 2nd century stone wall was erected around London. The wall was 20 feet high. Outside the wall was a ditch. In the middle of the 3rd century 20 bastions were added to the walls (a bastion was a semi-circular tower projecting from the wall).

1. What is this passage mainly about?(请选择正确的一项)

A. The history of London
B. The origination of London's name
C. A rebellion against the Romans
D. The stone wall around London

2. What does the underlined word "erected" mean?(请选择正确的一项)

A. established
B. exceed
C. promoted
D. improved

3. Which of the following statements is true according to the passage?(请选择正确的一项)

A. Queen Boudicca made great contribution to London
B. By the end of the 2nd century, most people lived in wooden houses
C. London suffered several conflicts during the 1st century
D. It was not until the middle of the 3rd century that the bastions were built on the stone walls

Passage 2

From: J. K. Simon
To: Mr. Roger

I've seen your advertisement in the magazine looking for manufacturing engineer who has an experience and willing to undergo extensive training. I would like to apply for the said position because I believe I am competent enough to handle the job. From my enclosed resume, I've handled a lot of academic projects and part-time employment in line to programming languages.

My analytical skills together with my communication and good job experiences could all go hand in hand for me to be suited to the said position. I am confident that I would be an asset to your company through my education and skills.

I would greatly appreciate it if you would contact me to meet you at the time favorable to you. I'm looking forward to hearing from you soon.

Respectfully yours,

J. K. Simon

4. Why did he write this mail?

A. To ask for help
B. To make a complaint
C. To pursue a job
D. To promote products

5. What do we know about Simon?

A. He is good at foreign languages

B. He wants to be a trainer

C. He used to have a full-time job

D. He is quite confident

6. What job position does Mr. Roger most probably have?

A. A real estate agent

B. Advisement designer

C. University

D. Human resource manager

Passage 3

Think for a moment of your definition of persuasion. If you are like most business people I have encountered, you see persuasion as a relatively straightforward process. First, you strongly state your position. Second, you outline the supporting arguments, followed by a highly assertive, data-based exposition. Finally, you enter the deal-making stage and work toward a "close" . In other words, you use logic, persistence, and personal enthusiasm to get others to buy a good idea. The reality is that following this process is one surefire (准不会有错的，一定成功的) way to fail at persuasion.

Persuasion, in other words, often involves — indeed, demands — compromise. Perhaps that is why the most effective persuaders seem to share a common trait: they are open-minded, never dogmatic. They enter the persuasion process prepared to adjust their viewpoints and incorporate others' ideas. When colleagues see that a persuader is eager to hear their views and willing to make changes in response to their needs and concerns, they respond very positively.

7. What is the article mainly about?

A. How to successfully persuade others

B. How business people define persuasion

C. Persuasion as an art

D. Logic, persistence and enthusiasm

8. When will a team member respond to the speaker very positively?

A. When the speaker is very confident and assertive

B. When the speaker is very logic and data-supported

C. When the speaker is open-minded and flexible

D. When the speaker is knowledgeable and authoritative

9. What is the main difference between the "persuasion" of most business people and that of the effective persuaders?

A. Most business people see persuasion as a straightforward process

B. Unlike most business people, effective persuaders are willing to adjust their opinions and hear from others

C. Effective persuaders are open-minded

D. Most business people are more assertive in their persuasion while effective persuaders are-friendlier

Passage 4

OUR BUSES CAN MAKE YOUR HOLIDAYS

East Bus may be the best choice on your visit to the famous places of interest in Beijing.

Sit back, relax and see all there is to see, with no need to worry about driving, finding a parking place or leaving your car with no one to watch it.

We have lots of buses taking you to visit Tian'anmen Square, the Forbidden City, the Summer Palace, the Temple of Heaven Park, the Olympic Center and the Great Wall. The whole tour will take you there three days.

Chinese & English speaking guides.

Booking by phone four days advance.

Tour price: ￥580.00 per person (half price for children under 1.2m tall), including the ticket price, breakfast and lunch.

For more information, please phone Yong' an Tourism Company at 010-23368688/23368689.

Add: 356 Chaoyang Road, Beijing.

Open 7 days a week. 8:00-16:00

10. When they visit the places of interests on an East Bus, the visitor ______.

A. need to watch their cars

B. have to worry about the driving

C. have to find places to park their car

D. can sit back and relax themselves

11. From the advertisement, we can see that East Bus is a kind of ______.

A. tourist bus　　B. village bus　　C. airport bus　　D. school bus

12. ______ on an East Bus can speak two languages.

A. The guide　　B. The driver

C. The visitors　　D. The children

13. Children under 1.2m tall need to pay ______ for the trip.

A. 230yuan　　B. 290yuan　　C. 320yuan　　D. 460yuan

14. Which of the following is NOT true?

A. The tour price includes six meals

B. Visitors can see six places within three days

C. Visitors must go to the company to book the tickets

D. The office hour of the company is eight hours a day

Passage 5

From: promo@ fruittisonrn. com

To: kkaminske@ armail. com

Subject: New flavors

Date: March 8

Dear Mr. Kaminski,

I am writing to share some exciting news with you. Fruittisom is now launching a new line of natural fruit juices. In the opinion of many consumers we surveyed, the flavors taste great, and we would like to send you some samples so that you can try them too.

Free samples are being offered only to customers who have purchased Fruittisom juices from our online store within the last year. If you wish to receive samples of the new line of our products, go to our online store and select up to three products you would like to try. Then, instead of making a payment enter promotional code TY117563, and your selections will be shipped to your home without charge.

With best regards,

Ashley Hockstra

15. What is offered in the e-mail?

A. Instructions for entering a competition

B. A chance to try a new product

C. An apology for an error

D. Thanks for completing a customer survey

16. What is suggested about Mr. Kaminski?

A. He has shopped at Fruittisom's online store

B. He has been charged incorrectly for an order

C. He has worked for Fruittisom

D. He has reported a late delivery

17. How can Mr. Kaminski receive a sample?

A. By providing a code

B. By making a payment

C. By promising to write a review

D. By sending in proof of a purchase

Passage 6

North China's Tianjin Municipality（直辖市）has started a "Blue Sky Project" to control the air pollution. Under the project requirements, the air quality in Tianjin is expected to measure up to the national standard by 2007, when two thirds of days in the year will enjoy fairly good or excellent air quality. In order to achieve the goal, Tianjin will take a series of measures such as controlling the use of coal, reducing the dust floating from construction sites, planting trees along the major streets, and replacing petrol with liquid natural gas as the fuel for vehicles. Since people paid little attention to the environmental protection, the air quality in Tianjin has worsened during the past decade. The project has received wide praise and support from the natives. The newly-discovered "Great Wall" in south China's Hunan Province will open to visitors in the near future. "We will try to make it an internationally famous attraction for tourists," said Yuan Xinhua, director of the Hunan Provincial Tourism Administration（管理局）. The main part of the 190km "Southern China Great Wall" is located in Fenghuang County in western Hunan. Built during the Ming Dynasty (1368—1644) by the local Miao minority people, the Southern China Great Wall is 2.3m high and 1.7m wide.

The Chinese have been enjoying themselves by sightseeing or traveling during the Spring Festival this year rather than engaging in the traditional gathering of relatives and friends at home. In the past five days, over 200,000 Beijingers spent the one-week Spring Festival holiday shopping in Tianjin. Low prices of consumer goods（消费品）and the convenient railway service enable Beijingers to visit the neighboring city during the day. Meanwhile unlike previous years, an increasing number of Tianjiners went to Beijing during the Spring Festival to visit places of interest in the capital. Tourism had been heating up in the last few years. An increase in income and longer holidays have made it possible for Chinese to relax after a year of work.

18. If "Blue Sky Project" is completed, ______.

A. there will be no air pollution in Tianjin

B. the natives can enjoy good air quality most of the year

C. liquid natural gas will have taken the place of coal and petrol

D. people will pay less attention to environmental protection

19. According to Mr. Yuan from Hunan, the opening of the Southern China Great Wall is a good way to ______.

A. rebuild the wall

B. help local Miao minority people

C. discover the history

D. arouse foreigners' interest

20. The Chinese would like to go sightseeing or travel during the Spring Festival this year mainly because ______ .

A. prices are higher in their native places

B. railway service is getting better and better

C. they are tired of meeting relatives and friends at home

D. they have longer holidays and more money

性格测验

指导语：

本测验共 100 道题，每道测验题目是对工作或生活中的一些事实或观点的陈述，请你根据自己的实际情况，从每道题目的 A、B、C 三个选项中分别选出一个最符合你自己、一个最不符合你自己的选项。注意二者不可以选择同一个选项。

规定作答时间：40 分钟之内

注意事项：

1. 请你按照题目顺序作答，每道题目必须作答，否则将无法进入下一答题页面，已完成作答的题目不允许回看。

2. 如未在规定时间内完成作答，系统将自动提交。如作答不完整，系统将无法产生测评结果，可能会影响到你进入下一招聘环节。

3. 请你注意屏幕上的作答时间和剩余题量指示。务必在规定时间内完成答题。

4. 所有选项均没有对错或者好坏之分，尽你所能去判断各个选项并如实作答。

请你根据自己的实际情况，分别从下列每道题目的 A、B、C 三个选项中选出一个最符合你自己，一个最不符合你自己的选项。注意二者不可以选择同一个选项。

编号	选项	请分别选出最符合你和最不符合你的一项	最符合	最不符合
1	A	我喜欢从发展的角度思考问题		
	B	我喜欢在人群中处于支配地位		
	C	我喜欢与人合作完成任务		
2	A	我喜欢分析别人行为背后的动机		
	B	我喜欢经营人际关系		
	C	我喜欢设定长期目标		
3	A	在正式的社交场合，我显得从容淡定		
	B	我常常会看事情光明的一面		
	C	经历挫折后，我能很快恢复		

续表

编号	选项	请分别选出最符合你和最不符合你的一项	最符合	最不符合
4	A	我常常关注论据中的缺陷		
	B	无论发生什么事我都很少慌张		
	C	我善于抓住机遇		
5	A	我喜欢揣摩别人的想法		
	B	我常常总结自己最近的收获		
	C	我常常根据规则做我该做的事情		
6	A	我的情绪很容易放松		
	B	我头脑中经常出现新想法		
	C	对待工作我一丝不苟		
7	A	我喜欢评价自己		
	B	我的决定很少受到他人的左右		
	C	我对自己要求很严格		
8	A	我对别人如何看待事物很感兴趣		
	B	我做事讲求精确		
	C	我会主动帮忙分担同事的任务		
9	A	面对结论我常常想要多问些“为什么”		
	B	在人际交往中，我可以精确把握对方的情绪		
	C	即使与众人观点不同，我也坚持自己的想法		
10	A	我容易找到让自己高兴的理由		
	B	我常留意身边的人是否需要帮助		
	C	遇到困难，我很少会退缩		
11	A	取得卓越的成就对我很重要		
	B	我喜欢讨论假设的情景		
	C	挫折对我的负面影响较小		
12	A	我喜欢总结自己成功或失败的原因		
	B	只要我努力了，事情就会朝好的方向发展		
	C	我喜欢从全新的角度思考问题		
13	A	我对大多数事情都很乐观		
	B	我常常保持工作环境整洁		
	C	别人认为我是个工作很尽责的人		

续表

编号	选项	请分别选出最符合你和最不符合你的一项	最符合	最不符合
14	A	我常常感到很放松		
	B	我在正式社交场合也能表现自如		
	C	我常常总结自己最近的收获		
15	A	我常常能看到事情的积极方面		
	B	我希望能成为本领域的权威		
	C	我很享受赢得竞赛的过程		
16	A	我常常关注别人是否需要帮助		
	B	我喜欢去完成需要较大努力的工作		
	C	我喜欢对事物进行评价		
17	A	我喜欢从发展的角度思考问题		
	B	我喜欢向别人推荐自己的理念		
	C	我喜欢打破原有的工作方式		
18	A	我乐于参与捐助活动		
	B	我喜欢实际操作，而非理论探讨		
	C	建立人际关系对我来说也不是难事		
19	A	我喜欢看有具体数据的资料		
	B	别人说我是个乐天派		
	C	我常常比别人更能把握新的机遇		
20	A	设定目标时我常常着眼于未来		
	B	我敢于不遵从大多数人的决定		
	C	我会向领导主动争取工作任务		
21	A	我喜欢快速做决策		
	B	我喜欢参加竞技性的运动		
	C	我常尽力去影响他人接受我的观点		
22	A	我认真对待每件工作任务		
	B	一想到能帮助别人，我就很愉快		
	C	我很少违反规则		
23	A	我常常会看事情光明的一面		
	B	我常常亲自做一些具体的事情		
	C	我喜欢快速地随问题作出判断		

续表

编号	选项	请分别选出最符合你和最不符合你的一项	最符合	最不符合
24	A	我常常对未来进行规划		
	B	我觉得没什么可担心的		
	C	我做事很少优柔寡断		
25	A	我喜欢与他人谈判		
	B	我常常对事物做抽象的概括		
	C	我喜欢分析统计性的资料		
26	A	赢得比赛是我非常享受的事情		
	B	我能够很好地释放工作压力		
	C	我常常很快摆脱挫折的困扰		
27	A	我喜欢把工作做得细致周到		
	B	我喜欢弄清楚真相		
	C	我喜欢考虑长远问题		
28	A	我喜欢比较和思考不同的理论		
	B	我常常为自己创造机会		
	C	我很少害怕正式的场合		
29	A	我常常关注慈善方面的信息		
	B	很多事我都要分出输赢		
	C	我常常对未来进行规划		
30	A	我常常和别人进行辩论		
	B	我常常从理论层面考虑问题		
	C	我和陌生人交往时轻松自如		
31	A	我喜欢尝试新的工作方法		
	B	我喜欢去解决对别人来说困难的事情		
	C	我很少做有违规则或程序的事		
32	A	我喜欢尝试新东西		
	B	我常常考虑其他人的感受		
	C	我需要朋友的陪伴		
33	A	我经常评估自己的表现		
	B	别人认为我是个循规蹈矩的人		
	C	我认为逻辑比情感重要		

续表

编号	选项	请分别选出最符合你和最不符合你的一项	最符合	最不符合
34	A	我常常对公认的观点有疑问		
	B	我喜欢思考抽象的概念		
	C	我常常基于数据分析做决定		
35	A	我认为有规矩就一定要遵守		
	B	看到无人负责的工作，我会主动去承担		
	C	我遇事很少感到手足无措		
36	A	我通常很快就做决定		
	B	我对分析具体数据很感兴趣		
	C	我常常给自己设定较高标准		
37	A	我享受当领导的权力		
	B	我常常想出新的问题解决方法		
	C	在正式的社交场合，我很少胆怯		
38	A	我常常在一些具体的事情上亲力亲为		
	B	我通常会尽量说服和我意见不一致的人		
	C	我常常关注工作中的细微之处		
39	A	我通常脚踏实地地做事情		
	B	我常常回顾自己的过往经历		
	C	我常常从挫折中获得正能量		
40	A	我追求自己独特的行事风格		
	B	在正式的社交场合，我显得从容淡定		
	C	我做事讲求精确		
41	A	我做事严格，力求准确		
	B	我常常约朋友一起活动		
	C	在面对工作压力时，我很少觉得忧虑不安		
42	A	我喜欢做需要精确细致的工作		
	B	我常常比别人更能把握新的机遇		
	C	我通常很快做出选择		
43	A	我很享受赢得竞赛的过程		
	B	我的思考常常源于实践		
	C	我对别人如何看待事物很感兴趣		

续表

编号	选项	请分别选出最符合你和最不符合你的一项	最符合	最不符合
44	A	我喜欢富于变化的工作		
	B	我常常检查到细节错误		
	C	我喜欢依据理论来分析问题		
45	A	我很少感到焦虑或恐惧		
	B	我做事很少优柔寡断		
	C	我很少服从大多数而违背自己的意愿		
46	A	我很少做违反常规的事		
	B	我希望与众不同		
	C	我常常觉得快乐		
47	A	思考问题时，我常提出很多假设情景		
	B	我能很快从工作压力中解脱出来		
	C	相对于事物的发生，我更关注人		
48	A	我需要朋友的陪伴		
	B	我关注弱势群体的生活状况		
	C	我常常分类储存东西		
49	A	我常常运用逻辑分析做出判断		
	B	在人际交往中，我可以准确把握对方的情绪		
	C	在一群人中，我喜欢由我决定该做什么		
50	A	我喜欢很快得出结论		
	B	我认为分析他人的行为意图很有意思		
	C	遇到困难时，我很少选择放弃		
51	A	我敢于不遵从大多数人的决定		
	B	我喜欢参加他人竞争的活动		
	C	我总是有很多新的问题解决办法		
52	A	我常常思考不同理论之间的差异		
	B	我喜欢与人合作完成任务		
	C	我常常觉得快乐		
53	A	我常常从理论层面考虑问题		
	B	别人认为我是个循规蹈矩的人		
	C	决策时我很少犹豫不决		

续表

编号	选项	请分别选出最符合你和最不符合你的一项	最符合	最不符合
54	A	我喜欢设定长期目标		
	B	我喜欢使用具体数据说明问题		
	C	我喜欢富于变化的工作		
55	A	我常常从挫折中获得正能量		
	B	我喜欢事情按照我的想法进行		
	C	当任务完成得不够完美时，我常常会自责		
56	A	当我失败时，我需要朋友的鼓励		
	B	我拥有与众不同的做事风格		
	C	我是个现实主义者		
57	A	我喜欢做统计和数据分析工作		
	B	即使领导不要求，我也会主动加班		
	C	对我来说在比赛中获胜比参与更重要		
58	A	面对压力时，我常常鼓励自己坚持一下		
	B	我做事时很少打破规则		
	C	我喜欢所有事情都井然有序		
59	A	当我的观点与对方不同时，我喜欢去说服他		
	B	我很少害怕正式的场合		
	C	我认为遵守规定是保证质量的关键		
60	A	我喜欢向他人阐释自己的观点		
	B	我常常能找到让自己快乐的方法		
	C	我喜欢从细节之中分析某个人是什么样的		
61	A	我喜欢和数据打交道		
	B	我经常会因为帮助别人而耽误自己的事情		
	C	我喜欢以我的方式做事而不在乎别人的看法		
62	A	我喜欢分析统计性的资料		
	B	我喜欢主动承担不属于我的工作任务		
	C	我通常很快做出选择		
63	A	我乐于了解与慈善有关的信息		
	B	我喜欢指挥别人做事情		
	C	我喜欢寻找逻辑漏洞		

续表

编号	选项	请分别选出最符合你和最不符合你的一项	最符合	最不符合
64	A	我喜欢快速对问题做出反应		
	B	我认为有规矩就一定要遵守		
	C	没有朋友陪伴的假期会感到寂寞		
65	A	我能很快缓解压力		
	B	我喜欢对问题提出各种假设		
	C	我对多数事情保持乐观态度		
66	A	我常常说服他人同意我的意见		
	B	我喜欢对自己的表现做总结		
	C	我常常约朋友一起活动		
67	A	我常常亲自做一些具体的事情		
	B	我常理性思考，较少受情感左右		
	C	我常常检查到细节错误		
68	A	我常常反省自己的得失		
	B	我常常根据规则做我该做的事情		
	C	我喜欢事情按照我的意图进行		
69	A	我常常约朋友一起活动		
	B	我喜欢看具体有数据的资料		
	C	与陌生人相处，我很少紧张		
70	A	我常常因为工作投入而忘记时间		
	B	当我的观点与对方不同时，我喜欢去说服他		
	C	我常常询问上级的反馈意见		
71	A	我很少违反规则		
	B	只要我努力了，事情就会朝好的方向发展		
	C	我对未来可能出现的风险保持警惕		
72	A	我常常和他人进行辩论		
	B	我对自己要求很严格		
	C	做决策前我常常分析相关的事实		
73	A	没有朋友陪伴的假期我会感到寂寞		
	B	我常常发现公认观点中的潜在问题		
	C	我认为参加活动的目的就是获得胜利		

续表

编号	选项	请分别选出最符合你和最不符合你的一项	最符合	最不符合
74	A	我乐于去完成有重大意义的事情		
	B	我喜欢预先了解工作安排		
	C	我容易找到让自己高兴的理由		
75	A	我注重事情的可行性，而非可能性		
	B	我头脑中经常出现新想法		
	C	我常常发现谈话中的漏洞		
76	A	我常常思考自己的优势和不足		
	B	我做决定时会提前多想几步		
	C	我追求卓越和成功的人生		
77	A	我的情绪很容易放松		
	B	我喜欢总结自己成功或者失败的原因		
	C	我常常保持工作环境整洁		
78	A	我常常从挫折中学习到很多		
	B	我认为逻辑比情感重要		
	C	无论发生什么事情我都很少慌张		
79	A	我喜欢评价自己		
	B	我常常关注慈善方面的信息		
	C	我喜欢迅速做出决定		
80	A	在面对工作压力时，我很少觉得忧虑不安		
	B	我经常看到潜在的隐患		
	C	我很享受当领导的感觉		
81	A	我喜欢快速地对问题做出判断		
	B	经历挫折后，我能很快恢复		
	C	我常常想出新的问题的解决办法		
82	A	很多事我都喜欢亲自动手试一试		
	B	我很少做违反常规的事		
	C	我能够很好地释放工作压力		
83	A	我常常放下个人的事情去帮助别人		
	B	我很少感到焦虑或恐惧		
	C	我常尽力地去影响他人接受我的观点		

续表

编号	选项	请分别选出最符合你和最不符合你的一项	最符合	最不符合
84	A	我做事力求做得更好		
	B	在工作中我力求完美		
	C	我喜欢观察别人的心思		
85	A	我喜欢实践性的课程		
	B	我喜欢事情按照我的想法进行		
	C	我喜欢提前设想应急措施		
86	A	我常常提前为接下来的工作做准备		
	B	我喜欢分析理论之间的区别和联系		
	C	我喜欢与他人合作的工作方式		
87	A	我喜欢寻找事物的不足		
	B	我喜欢能很快得出结论		
	C	我喜欢反思自己的行为表现		
88	A	我喜欢参加竞技性的运动		
	B	我喜欢需要精确细致的工作		
	C	我喜欢被人当做领导		
89	A	我很享受管理一个团队的过程		
	B	我希望能成为本领域的权威		
	C	我通常会尽量说服和我意见不一致的人		
90	A	我做决定时会提前多想几步		
	B	工作做得不好时，我常常感到内疚		
	C	我常常从挫折中获得正能量		
91	A	我很少会因为挫折而气馁		
	B	我喜欢向别人推荐自己的理念		
	C	我希望与众不同		
92	A	我喜欢对问题追根究底		
	B	我常常提前做很多准备工作		
	C	我喜欢经营人际关系		
93	A	遇到挫折时，我能够给自己打气		
	B	我喜欢预先了解工作安排		
	C	我常常回顾自己的过往经历		

续表

编号	选项	请分别选出最符合你和最不符合你的一项	最符合	最不符合
94	A	我追求自己独特的行事风格		
	B	我做事力求做得更好		
	C	我喜欢从长远角度处理问题		
95	A	我常常提前为接下来的工作做准备		
	B	我喜欢尝试新的工作方式		
	C	我常常关注别人是否需要帮助		
96	A	我喜欢与他人谈判		
	B	我常常对公认的观点有疑问		
	C	我常常基于数据分析做决定		
97	A	遇到困难时，我很少会退缩		
	B	当我失败时，我需要朋友们的鼓励		
	C	我追求卓越和成功的人生		
98	A	我经常会因为帮助别人而耽误自己的事情		
	B	我喜欢思考抽象的概念		
	C	我喜欢分析别人行为背后的动机		
99	A	我对大多数事情都很乐观		
	B	当面对压力时，我常常鼓励自己再坚持一下		
	C	我喜欢弄清楚事情真相		
100	A	我喜欢以我的方式做事而不在乎别人的看法		
	B	我喜欢思考哲学问题		
	C	我喜欢指挥别人做事情		

2020全国银行招聘考试真题汇编（一）

答案解析

情景一

1. **答案**：B。

解析：本题考查词语搭配。由“举例来说”后对民间文化与正统文化及精英文化的关系的阐述可知，它们是相辅相成，互相包容与补充的，故可排除A、C。第二个空与“沃土”搭配，“滋养”更合适，形象地传达出了民间文化与正统文化及精英文化的互相包容互相受益的紧密关系。故本题答案为B。

2. **答案**：B。

解析：本题考查解释关系。看第二个空，做人虽然是一门弹性极强的艺术，但其分寸还是可以“控制”和“把握”的，故可排除C、D。再由“做人要活到老学到老”可知，做人这门艺术也是可以“学习”的，排除A。故本题答案为B。

3. **答案**：C。

解析：本题考查含义侧重。“南辕北辙”比喻行动和目的正好相反；“殊途同归”是指通过不同的途径，到达同一个目的地，比喻采取不同的方法而得到相同的结果。两个成语的含义与文意不符，故可排除A、D。“截然不同”形容两者毫无共同之处，“大相径庭”表示彼此相差很远或矛盾很大。“截然不同”强调一点相似之处都没有，语意过于绝对，故可排除B。第二个空，“谨防”与其他几个词相比，含有谨慎的意思，与文意更符合。故本题答案为C。

4. **答案**：B。

解析：本题考查适用范围。“臆造”指凭主观意想编造，多为贬义；“编造”指将资料组织排列起来或靠智力创造。（1）中说翻供是因为受到威胁才编造了一个骗局指使别人买股票，用于形容自己的行为，不适合用贬义词，故可排除C、D。“自治”指行政上相对独立，有权自己处理自己的事务；“自制”是克制自己。（2）中说的是儿童不能管理自己行为的现象，应该选择“自制”。故本题答案为B。

5. **答案**：C。

解析：本题考查解释关系。第二个空，分析可知，题干主要说的是官员退休时一般会写些东西留给后人，并未涉及“好的风尚”或“教训”等内容，故可排除A、B。第一个空，根据题干说的“为官一生”“退休”等可知此处填“持续性”要更恰当。故本题答案为C。

6. **答案**：C。

解析：本题考查语句排序。(1)句“他们”为代词，放在首句指代不明，故可排除A。(3)和(6)句为一问一答，应紧密连接，故可排除D。(1)句代词所指的内容在前文应该交代清楚，而(2)句说到“林楠笙”，(4)句说到“铃木正男军医”，是“他们”所指代的内容，(1)句应在(2)、(4)句之后。故本题答案为C。

7. **答案**：C。

解析：本题考查语句排序。根据首句原则，(5)句为递进关系的后半部分，内容不适合做首句，故可排除B、D；并且(5)应该跟在(1)后面，主语都是“农村家庭”，并有很明显的递进关系，故可排除A。故本题答案为C。

8. **答案**：D。

解析：本题考查语句衔接。由“因此”可知，划横线处填的内容是对文段的总结。前文阐述了大多数技术知识难以共享，不能累积创新，所以忽略寿命、智力水平等因素，人均创新效率并不会有多大差异。由“中国对西方的人口优势将导致中国对西方的技术优势”可知，后面的内容必定与“中国对西方的技术优势”相关，与此相符的只有D项。故本题答案为D。

9. **答案**：B。

解析：本题考查转折结构。文段前两句指出中国杂技因为中国人的刻苦精神，而取得了辉煌成就。接着用“然而”转折内容，面对国际演艺界新形式、新作品的日益涌现，中国杂技的新鲜感慢慢减退，国际竞争力也不强。总结概括尾句，中国杂技不能只靠原来的刻苦精神，更重要的是找到与时俱进的方法。故本题答案为B。

10. **答案**：ACD。

解析：本题考查核心成分分析法。该定义的要点主要有：①努力听别人的话，重视字义、数据等；②在感受、同情和真正理解方面做得不够。A项、D项不符合属性①；C项不符合②，而B项“记录很多笔记”“与领导意图不一致”分别符合两个要点。故本题答案为ACD。

11. **答案**：C。

解析：本题考查递进结构。文段第一句转折词“但”之后是文段的重点，而“但”后面含有表示递进的词语“尤其”，“尤其”后面的内容是重中之重，从正面强调了加快市场化改革对农业发展的重要性，文段的第二句话“如果……那么……”从反面对这一重要性进行论证，其论述的目的在于倡导加快农业市场化改革的步伐。故本题答案为C。

12. **答案**：D。

解析：本题考查添加标题类题目。文段前两句指出如果公司聚焦短期利润和股价，管理层的创新都和提高效率、降低成本有关。接着举了反面的例子，具有变革意义的创新得不到投资。尾句得出结论，公司持续鼓励节省成本的创新，竞争力会不断减弱。D项概括了尾句的意思，信息概括全面，适合作标题。故本题答案为D。

13. **答案**：D。

解析：本题考查承接叙述题。文段首句提出转基因技术尊重自然和顺应自然的方向，接着指出新一代转基因作物所采用的新技术标志着转基因技术里程碑式的突破。接下来最有可能介绍新一代转基因技术是如何顺应自然规律的。故本题答案为D。

14. **答案**：A。

解析：本题考查病句辨析题。B选项，“大约”和“以上”语意重复，去掉其中一个即可；C选项主语残缺，可将“关于”删掉；D选项成分残缺，应该在“检查”后面加上“发现”。故本题答案为A。

15. **答案**：D。

解析：语句表达—病句辨析。A选项，语序不当，应该改为“北方的秋天很短”；B选项，偷换主语，可在“显得很感慨”前加上“大家”；C选项事理矛盾，应该改为“而他是避免这种状况的一个”。故本题答案为D。

16. **答案**：D。

解析：本题考查细节辨析题。A项表述正话反说，文段中说的是“在独立进行的研究活动中”，排除；B项表述正话反说，文段中说的是“这些基因可以使人体正常的健康细胞发生癌变”，排除；C项“成功地克服了癌症”混淆时态，将未来时态变成过去时态，错误。故本题答案为D。

17. **答案**：B。

解析：A项介词使用不当，可把“关于”改为“对于”。C项事理矛盾，“产生一种非常光荣的感觉”和“真是难以形容”矛盾。D项混淆概念，“人员安排”包含了“科室人员的配置”，故二者不能并列。故本题答案为B。

18. **答案**：弥漫　悠扬。

解析：本题考查选词填空。第一空，“弥漫”形容（烟雾、沙尘、气味等）充满空间；“迷漫”形容茫茫一片，看不清楚，与“白云”不搭配。结合句中的“飘动的白云”“在你的身边”，可知选“弥漫”更合适。第二空，对应句中的“远处传来”“时断时续，轻轻袅袅”可知，选“悠扬”比“嘹亮”更合语境。故本题答案为弥漫、悠扬。

19. **答案**：B。

解析：本题考查词句理解。若想知道“这”所指代的内容，则需要联系前文内容。根据前文“由北京军区白求恩……与加蓬军队成功举行了……医疗救援联合行动”，可知“这”指代的是“我军与加蓬军队举行的医疗救援联合行动”。故本题答案为B。

20. **答案**：B。

解析：本题考查总分结构。文段第一句便指出，男人在社交场合使用语言的能力显得比女性差，后文都是对这句话的具体阐述。由此可见第一句为中心句，文段主要讲的是男女在语言能力方面的差异，B项正确。A项“社交能力”夸大范围，文段主要针对的是使用语言的能力；C项“谈话内容”明显与文段第一句不符；D项“谈话方式”在文中没有涉及；由“显得没有什么诚意”与“听起来更加真诚”的对比可知，文段侧重的是男女使用语言后的不同效果，即语言能力的差别。故本题答案为B。

21. **答案**：B。

解析：三书指魏书、蜀书和吴书，B选项的表述错误。A、C、D项的表述均正确。故本题答案为B。

22. **答案**：人造卫星。

解析：卫星通信，是指利用人造卫星作为中继站转发或反射无线电信号，在两个或两个以上地面站之间进行的通信。

23. **答案**：A。

解析：斯诺克运动是19世纪晚期，由驻扎在印度的英国军队发明的，A选项错误。澳大利亚网球公开赛、法国网球公开赛、温布尔顿网球公开赛、美国网球公开赛并称为网球四大满贯赛事，B选项正确。马拉松长跑是国际上非常普及的长跑比赛项目，全程距离是26英里385码，折合为42.195公里，C选项正确。北京奥运会共有6座协办城市，其中沈阳、天津、上海、秦皇岛为足球协办城市，青岛为帆船帆板项目协办城市，香港为马术协办城市，D选项正确。故本题答案为A。

24. **答案**：C。

解析：①③④均是20世纪八九十年代，中国在内政外交上采取的政策以及取得的重大成就。而②中，联合国大会通过恢复新中国在联合国合法席位的2758号决议发生在1971年10月25日，并不是“20世纪八九十年代”这一期间，②不选。故本题答案为C。

25. **答案**：B。

解析：“书圣”是王羲之。王献之是王羲之的儿子，在书法史上被誉为“小圣”，与其父并称为“二王”。故本题答案为B。

26. **答案**：A。

解析：本题考查硬盘故障。硬盘故障可分为硬故障和软故障。硬故障主要是指硬盘机械部件损坏或电路出现故障，这类故障需要对硬盘进行拆卸和检修，修复损坏部件或对硬盘进行更换；软故障主要是指磁盘出现坏道、分区表错误、硬盘逻辑锁被锁定等，这类故障使用各类软件对电脑进行杀毒或硬盘修复即可排除。故本题答案为 A。

27. **答案**：D。

解析：本题考查 IEEE802.11 标准。802.11 协议簇是国际电工电子工程学会（IEEE）为无线局域网络制定的标准。无线局域网拓扑结构的概述如下：基于 IEEE802.11 标准的无线局域网允许在局域网络环境中使用可以不必授权的 ISM 频段中的 2.4GHZ 或 5GHZ 射频波段进行无线连接。它们被广泛应用，从家庭到企业再到 Internet 接入热点。故本题答案为 D。

28. **答案**：B。

解析：本题考查防火墙。所谓防火墙（Firewall）指的是一个由软件和硬件设备组合而成，在内部网和外部网之间、专用网与公共网之间的界面上构造的保护屏障。它是一种获取安全性方法的形象说法，是一种计算机硬件和软件的结合，使 Internet 与 Intranet 之间建立起一个安全网关，从而保护内部网免受非法用户的侵入。防火墙并不具有查杀病毒的功能，查杀病毒是杀毒软件的工作。故本题答案为 B。

29. **答案**：C。

解析：本题考查输入设备。输入设备是指向计算机输入数据和信息的设备。常见的输入设备有鼠标、键盘、摄像头、扫描仪等。显示器和打印机是输出设备。路由器属于网络互联设备。故本题答案为 C。

30. **答案**：B。

解析：本题考查软件的分类。计算机软件总体上分为两类：系统软件和应用软件。系统软件包括操作系统、语言处理程序、数据库管理系统等；应用软件包括通用软件（如 Word、Excel 等）和专用软件等。故本题答案为 B。

31. **答案**：D。

解析：第二个阶段，从 2035 年到 21 世纪中叶，在基本实现现代化的基础上，再奋斗十五年，把我国建成富强民主文明和谐美丽的社会主义现代化强国。故本题答案为 D。

32. **答案**：C。

解析：党的十九大报告中指出：制定国家监察法，依法赋予监察委员会职责权限和调查手段，用留置取代“两规”措施。故本题答案为 C。

33. **答案**：C。

解析：中国共产党第十九次全国代表大会 2017 年 10 月 18 日上午在人民大会堂开幕。习近平总书记代表第十八届中央委员会向大会作了题为《决胜全面建成小康社会夺取新时代中国特色社会主义伟大胜利》的报告。故本题答案为 C。

34. **答案**：B。

解析：由题干可以得出“行百里者半九十”的意义是做事越接近成功越困难，越要坚持到最后。故本题答案为 B。

35. **答案：**ABCD。

解析：选项 ABCD 均属于过去五年我国在全面从严治党方面的成就。故本题答案为ABCD。

36. **答案：**A。

解析：中国共产党人的初心和使命，就是为中国人民谋幸福，为中华民族谋伟大复兴。故本题答案为 A。

37. **答案：**B。

解析：D 项正确，党内政治生活和党内监督属于六中全会内容。《中共中央关于深化文化体制改革推动社会主义文化大发展大繁荣若干重大问题的决定》为十八大前的会议内容。故本题答案为 B。

38. **答案：**B。

解析：党的十八大以来的五年，我国经济保持中高速增长，国内生产总值从五十四万亿元增长到八十万亿元，稳居世界第二，对世界经济增长贡献率超过百分之三十。贫困发生率从百分之十点二下降到百分之四以下。故本题答案为 B。

39. **答案：**B。

解析：制定国家监察法，依法赋予监察委员会职责权限和调查手段，用留置取代“两规”措施。改革审计管理体制，完善统计体制。构建党统一指挥、全面覆盖、权威高效的监督体系，把党内监督同国家机关监督、民主监督、司法监督、群众监督、舆论监督贯通起来，增强监督合力。故本题答案为 B。

40. **答案：**ABCD。

解析：全面推进中国特色大国外交，形成全方位、多层次、立体化的外交布局，为我国发展营造了良好外部条件。实施共建“一带一路”倡议，发起创办亚洲基础设施投资银行，设立丝路基金，举办首届“一带一路”国际合作高峰论坛、亚太经合组织领导人非正式会议、二十国集团领导人杭州峰会、金砖国家领导人厦门会晤、亚信峰会。倡导构建人类命运共同体，促进全球治理体系变革。我国国际影响力、感召力、塑造力进一步提高，为世界和平与发展作出新的重大贡献。故本题答案为 ABCD。

41. **答案：**B。

解析：本题考查中国工商银行的价值观。A 选项，拼搏进取、责任立业、创新超越是交通银行的企业精神；B 选项，工于至诚，行以致远是中国工商银行的价值观；C 选项，诚信立业、稳健行远是中国农业银行的价值观；D 选项，诚实、公正、稳健、创造是中国建设银行的核心价值观。故本题答案为 B。

42. **答案：**ABC。

解析：党的十九大报告指出，当前，国内外形势正在发生深刻复杂变化，我国发展仍处于重要战略机遇期，前景十分光明，挑战也十分严峻。全党同志一定要登高望远、居安思危，勇于变革、勇于创新，永不僵化、永不停滞，团结带领全国各族人民决胜全面建成小康社会，奋力夺取新时代中国特色社会主义伟大胜利。故本题答案为 ABC。

43. **答案**：D。

解析：中国工商银行境内优先股持股比例最大的股东是中国移动通信集团。故本题答案为 D。

44. **答案**：B。

解析：本题考查事务。事务是访问并可能更新数据库中各种数据项的一个程序执行单元。事务应该具有四个属性：原子性、一致性、隔离性和持久性。故本题答案为 B。

情景二

1. **答案**：C。

解析：国家风险是指在国际经济活动中，由于国家主权行为所引起的造成损失的可能性，故在同一国家范围内，一定不会存在国家风险。A 选项信用风险是指借款人或交易对手不能按照事先达成的协议履行义务的可能性。B 选项操作风险是指由不完善或有问题的内部程序、人员及信息科技系统，以及外部事件所造成损失的风险。D 选项法律风险是指商业银行在日常经营活动中，由于无法满足或违反法律要求，导致不能履行合同、发生争议、诉讼或其他法律纠纷，而可能给商业银行造成经济损失的风险。故本题答案为 C。

2. **答案**：A。

解析：期权合约是指在未来一定时期可以买卖某种金融资产的权利，是买方向卖方支付一定数量的金额后拥有的在未来一段时间内或未来某一特定日期以事先规定好的价格向卖方购买或出售一定数量的特定标的物的权利，但不具有必须买进或卖出的义务。期权合约中期权的买方和卖方权利和义务是不对等的，买方只有权利，卖方只有义务；同样，其风险和收益也是不对等的，买方总是收益无限、损失有限，卖方总是损失无限、收益有限。故本题答案为 A。

3. **答案**：C。

解析：凯恩斯的流动性偏好理论提出货币的需求动机有三大动机，包括交易动机、谨慎动机和投机动机。B 选项交易动机是指人们为了日常的交易支付而持有货币的需要；A 选项谨慎动机是指人们为应付一些不时之需而持有货币的需要；D 选项投机动机是指因为未来利息率的不确定，人们为避免资本损失或者增加收益，及时调整资产结构而持有货币的需要。故本题答案为 C。

4. **答案**：C。

解析：在经济过热、存在通货膨胀时，政府要采取紧缩性财政政策，通过减少财政支出、增加税收等措施，控制总需求，抑制通货膨胀。A、B 属于扩张性财政政策，D 属于货币政策，均不符合题目要求。故本题答案为 C。

5. **答案**：D。

解析：常备借贷便利是中国人民银行正常的流动性供给渠道，主要功能是满足金融机构期限较长的大额流动性需求。对象主要为政策性银行和全国性商业银行。期限为 1—3 个月。利率水平根据货币政策调控、引导市场利率的需要等综合确定。常备借贷便利以抵押方式发放，合格抵押品包括高信用评级的债券类资产及优质信贷资产等。故本题答案为 D。

6. **答案**：C。

解析：分业监管体制是根据金融业内不同的机构主体及其业务范围的划分而分别进行监管的体制。各国的分业监管体制通常由多个金融监管机构共同承担监管责任，一般银行业由中央银行负责监管，证券业由证券监督管理委员会负责监管，保险业由保险监督管理委员会负责监管，各监管机构既分工负责，又协调配合，共同组成一个国家的金融监管组织体制。中国的银行业是由银监会监管，证券业是由证监会监管，保险业是由保监会监管，属于典型的分业管理、分业经营的模式。A 选项，二元多头式金融监管体制是指中央和地方都对金融机构或金融业务拥有监管权，且不同的金融机构或金融业务由不同的监管机构实施监管。二元多头式金融监管体制以美国、加拿大等联邦制国家为代表。B 选项，金融混业监管是指由一家监管机构对所有金融机构的全部金融业务进行全面监管。故本题答案为 C。

7. **答案**：D。

解析：通货膨胀按表现形式可以分为公开型通货膨胀和隐蔽型通货膨胀。公开型通货膨胀是指完全通过一般物价水平上涨形式反映出来的通货膨胀；隐蔽型通货膨胀也称为抑制型通货膨胀，是指由于政府实施了严格的价格管制政策，物价水平的上涨并没有完全通过公开的物价指数上涨表现出来的通货膨胀。通货膨胀按预期程度不同分为预期型通货膨胀和非预期型通货膨胀。在发生预期型通货膨胀时，由于人们在日常生活进行经济核算时会把物价上升的比例考虑在内，因此会采取措施和政策对真实效应进行抵消；而非预期型通货膨胀指的是消费者并没有预期到通货膨胀，来不及对突然的物价上涨作出反应，因此能够产生真实的经济效应。故本题答案为 D。

8. **答案**：B。

解析：为了维护世界经济的正常秩序，战后各国政府加强了对国际收支调节政策的国际协调。其中通过各种国际经济协定确定了国际收支调节的一般原则。关贸总协定规定了非歧视原则、关税保护和关税减让原则、取消数量限制原则、禁止倾销和限制出口贴补原则、磋商调解原则等。国际货币基金协定规定了多边结算原则、消除外汇管制和制止竞争性货币贬值原则等。这些原则以贸易和金融自由化为核心，通过限制各国采取损人利己的调节政策来缓和各国之间的矛盾。故本题答案为 B。

9. **答案**：B。

解析：供给曲线平移是由于影响供给的非价格因素造成的，因此首先排除 A 选项。C 选项会导致供给曲线向左移动；D 选项影响需求曲线，会导致需求曲线向右移动。只有 B 选项中生产电冰箱的成本下降，在其他条件不变的情况下，会使企业利润增加，从而导致生产者增加电冰箱的供给数量，供给曲线向右移动。故本题答案为 B。

10. **答案**：A。

解析：机会成本是指在面临多方案择一决策时，被舍弃的选项中的最高价值者。本题中，顾客购买 12 万元理财产品的机会成本是将 12 万元用于定期存款所获得的收益，题目给出定期存款利率为年利率，计算时需要换算成月利率，综上所述，定期存款收益为 120000×3.5%÷12×3＝1050（元）。故本题答案为 A。

11. **答案**：B。

解析：GDP（国内生产总值）是一国或一地区在一定时期内运用生产要素所生产的全部最终产品（物品和劳务）的市场价值。按照支出法核算国内生产总值的公式为：GDP＝居民消费+企业投资+政府购买+净出口。A 选项在生产当期已经计入过 GDP，因此不能重复计算；C 选项中的政府转移支付不具备市场价值，因此不能计入 GDP；D 选项不属于 GDP 核算中的投资，因为 GDP 核算中的投资是指增加或更新资本资产（包括厂房、机器设备、住宅及存货）的支出，不包括股票、债券等生活意义上的投资。故本题答案为 B。

12. **答案**：C。

解析：贴现利息＝到期值（面值）×贴现年利率/360×贴现期＝3000×5%/360×90≈37.50（元），贴现金额＝到期值−贴现利息＝3000−37.50＝2962.5（元）。故本题答案为 C。

13. **答案**：A。

解析：商业汇票贴现息＝到期值×贴现率×贴现期，本题中的年利率为 6%，贴现期为半年，贴现半年利率为 3%（6%/2），则贴现利息＝2060×（6%/2）＝61.8（万元）。贴现金额＝到期值−贴现息＝2060−61.8＝1998.2≈2000（万元）。故本题答案为 A。

14. **答案**：C。

解析：盈利能力分析是指分析企业利润目标的完成情况和不同年度盈利水平的变动情况，预测企业盈利前景。故本题答案为 C。

15. **答案**：D。

解析：选项 D，费用是指企业在日常经营活动中发生的、会导致所有者权益减少的、与向所有者分配利润无关的经济利益的总流出。故本题答案为 D。

16. **答案**：A。

解析：本题考查管理幅度。管理幅度又称管理宽度，是指在一个组织结构中，管理人员所能直接管理或控制的下属数目。根据题意可知，咖啡店采用直线职能制组织结构，小李作为店长，直接管理的人员为财务部部长、出品部部长、外场部主管和采购部组长，共计 4 人。故本题答案为 A。

17. **答案**：A。

解析：本题考查六西格玛管理的理解。六西格玛是一种能够严格、集中和高效地改善企业流程管理质量的实施原则和技术，以“零缺陷”的完美商业追求，带动质量成本的大幅度降低，最终实现财务成效的提升与企业竞争力的突破。六西格玛管理追求完美，但是可以容忍失误，因此 A 选项错误。BCD 三个选项关于六西格玛管理的描述都正确。故本题答案为 A。

18. **答案**：A。

解析：我国《合同法》第八十条规定：“债权人转让权利的，应当通知债务人。未经通知，该转让对债务人不发生效力。”故本题答案为 A。

19. **答案**：ACD。

解析：对于选项 A、B，邓某以高某的名义进行的买卖行为，构成无权代理，因为无权处分须以自己的名义进行，而邓某是以高某的名义进行的，所以邓某的行为是无权代理行为，该买卖合同属于效力待定的合同，A 正确，B 错误。选项 C，陈某属于善意的第三人，在高某追认前，可以行使撤销权，该选项正确。选项 D，根据法律规定，相对人陈某可以催告被代理人高某在 1 个月内予以追认。故本题答案为 ACD。

20. **答案**：ACD。

解析：处分共有的不动产或者动产，或者对共有的不动产或者动产进行重大修缮的，应当经占“份额”2/3 以上（≥2/3）的按份共有人同意，但共有人之间另有约定的除外。根据该规则判断，A、C、D 项的房屋转让行为无效。故本题答案为 ACD。

21. **答案**：B。

解析：个人信息属于隐私范畴，泄露个人信息属于侵犯公民隐私权的行为，而隐私权属于人格权范畴，所以 B 项正确。故本题答案为 B。

22. **答案**：D。

解析：信用风险（Credit Risk）又称违约风险，是指交易对手未能履行约定契约中的义务而造成经济损失的风险，即受信人不能履行还本付息的责任而使授信人的预期收益与实际收益发生偏离的可能性，它是金融风险的主要类型。A 选项流动性风险是指银行无法及时获得充足资金或无法以合理成本及时获得充足资金以应对资产增长或支付到期债务的风险，B 选项市场风险是指因股票价格、商品价格、利率、汇率等的变动而导致价值未预料到的潜在损失的风险，C 选项操作风险是指由于不完善或有问题的内部操作过程、人员、系统或外部事件而导致的直接或间接损失的风险。故本题答案为D。

23. **答案**：A。

解析：中间业务是银行不需动用自己的资金，依托业务、技术、机构、信誉和人才等优势，以中间人的身份代理客户承办收付和其他委托事项，提供各种金融服务并据以收取手续费的业务。在中间业务中，银行不作为参与者，只是接受客户委托代客户办理业务，从而收取服务费，故其不需要用到银行的自有资金，也不直接承担风险。故本题答案为A。

24. **答案**：C。

解析：商业银行与其他金融机构最主要的区别在于商业银行的信用创造能力。商业银行可以通过吸收公众存款，发放贷款，创造更多的存款货币。故本题答案为C。

25. **答案**：B。

解析：我国《消费者权益保护法》第四十条第二款规定："消费者或者其他受害人因商品缺陷造成人身、财产损害的，可以向销售者要求赔偿，也可以向生产者要求赔偿。属于生产者责任的，销售者赔偿后，有权向生产者追偿。属于销售者责任的，生产者赔偿后，有权向销售者追偿。"由此可知，本题中，这位女士可以先向咖啡店请求赔偿，咖啡店赔偿后可再向工艺品厂商追偿。故本题答案为B。

26. **答案**：B。

解析：以生产设备、原材料、半成品、产品、交通运输工具以及正在建造的船舶、航空器抵押的，抵押权自抵押合同生效时设立，即2月15日设立，未经登记，不得对抗善意第三人。故孙某于2月15日已经取得了轿车的抵押权，A项正确，B项不正确。C项，由于孙某已取得了轿车的抵押权，所以其可以就轿车的保险金享有优先受偿权，C项正确。轿车担保的债务不因轿车的毁损发生变化，所以D项正确。故本题答案为B。

情景三

1. **答案**：D。

解析：本题考查命题推理。（1）和（4）是一对具有矛盾关系的命题，必有一真一假。由"只有一句是假的"可知，（2）、（3）、（5）都为真。由（5）为真可知丙和丁都没有捐，即否定了（2）和（3）的后半部分，可推出否定的前半部分，即甲没捐，乙捐了。故本题答案为D。

2. **答案**：C。

解析：本题考查元素对应问题。由"只有一位年龄大于30岁的硕士应聘成功""3人小于30岁，2人大于30岁""小张、小王属于相同年龄段，小赵、小钱属于不同年龄段"可知小张、小王小于30岁，故可排除A、B；由"2人为硕士，3人为博士""小李与小钱的学位相同，小王和小赵的学位不同”，可知小李、小钱为博士，排除 D。故本题答案为 C。

3. **答案**：B。

解析：本题考查削弱型。题干结论是：这种新疗法在疗效方面比常用的疗法更显著；论据是：新疗法主要选择了那些症状比较严重的患者，且治愈率更高。要削弱题干观点，则要指出新疗法并不比常用疗法效果显著，B 项就说明那些症状比较严重的患者反而很容易治疗，指出了实验中的差异，正是由于该差异导致结果的不同，即初期该病症更容易治疗。A、C、D 三项为无关项。故本题答案为 B。

4. **答案**：22。

解析：本题考查递推数列。从第三项开始，每一项都等于前两项的和再加 3。所以？=6+13+3=22。故本题答案为 22。

5. **答案**：A。

解析：本题考查拆分数列。如果分为 102 | 308，没有规律。因此把数字都拆分为十位数，即：10 | 23 | 08，18 | 34 | 16，28 | 45 | 32，40 | 56 | 64，数字分为前、中、后三部分。后：08、16、32、64，公比为 2 的等比数列，(　　)的后部分为 128，排除 B、C 项；中：23、34、45、56，公差为 11 的等差数列，因此(　　)的中间为 56+11=67，排除 D 项，结合选项 A 满足条件。故本题答案为 A。

6. **答案**：31。

解析：本题考查图形数列。第一个图：3×9−4=23；第二个图：5×9−14=31；所以第三个图：？=5×7−4=31。故本题答案为 31。

7. **答案**：A。

解析：本题考查移动。题干图形都是九宫格内有两个黑色方块，从直观来看，两个黑色方块之间的间隔依次是 0、1、2、3，应选择两个黑色方块之间有 4 个间隔的图形，答案为 A。从本质来看，此题是黑色方块的移动问题，第一个图中的一个方块每次逆时针移动两格，另一个方块每次逆时针移动三格，由此可确定两个方块的位置。故本题答案为 A。

8. **答案**：C。

解析：本题考查削弱型。题干以“电视广告宣传有 15 人知晓，而后选用报纸广告有 26 人知晓”为依据做出“将全部广告资金投入报纸广告”的决定。要削弱该决定，只要说明电视广告的效果并不比报纸广告差即可，A 项在一定程度上削弱了结论，但不能有效反驳题干中的数据；决定是基于提高品牌知晓率的目的而做出的，故 B、D 两项属于无关项；C 项说明电视广告的效果要好于报纸广告，削弱了结论。故本题答案为 C。

9. **答案**：B。

解析：本题考查假言命题。由最后一句可知，“产量提高→相关农作物价格飙升”。根据假言命题推理规则“否后”推“否前”，故若农产品价格下降，则生物燃料产量没有提高，即 B 项所说。故本题答案为 B。

10. **答案**：23。

解析：本题考查图形数列。第一个图：（13−8）+（18−6）= 17；第二个图：（15−8）+（15−3）= 19；所以第三个图：? =（17−4）+（19−9）= 13+10 = 23。故本题答案为 23。

11. **答案**：A。

解析：本题考查加强型。题干结论是：常吃橄榄油能够让吸烟者的眼睛远离伤害，论据是：橄榄油提取物羟基酪醇可以减缓“慢性杀手”给眼睛带来的伤害。要想加强这一结论，需要在二者间建立联系，A 项说明了羟基酪醇易于被人体吸收，在二者间建立起了有效的联系；B 项“其他有益于人体的物质”与题干结论无关；C 项“视力优劣”与题干的“眼睛是否健康”不是同一概念；D 项削弱了题干结论。故本题答案为 A。

12. **答案**：48。

解析：本题考查多级数列。

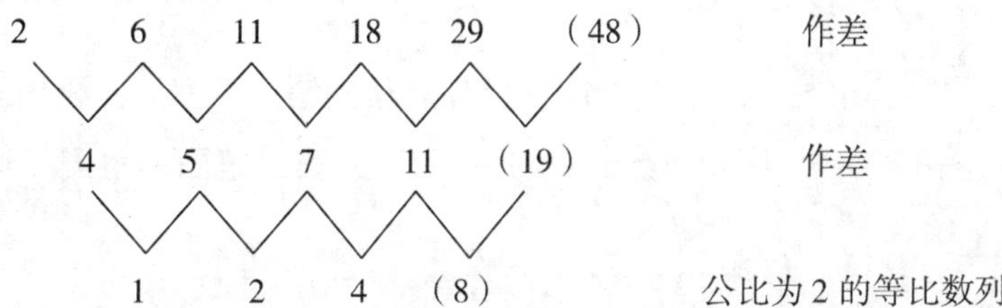

故本题答案为 48。

13. **答案**：B。

解析：本题考查图形数列。最外层数字等于中心数字与第二层相接的两个数字之和，（　　）=（3+4）+3 = 10。故本题答案为 B。

14. **答案**：B。

解析：本题考查折纸盒。若 A 项的右侧面正确，则其左侧面的黑色部分应与右侧面的黑色部分相连，故 A 项不正确；若 C 项右侧面正确，则其左侧面的左半部分应有黑色，故 C 项不正确；D 项左右两侧面应互换位置，故 D 项不正确。故本题答案为 B。

15. **答案**：10619。

解析：本题考查递推数列。第一项 + 第二项的平方 = 第三项，依此类推，$10+103^2=10619$。故本题答案为 10619。

16. **答案**：B。

解析：本题考查数量关系。笔画数分别为 13、11、9、（7）。故本题答案为 B。

17. **答案**：D。

解析：本题考查规律叠加和位置移动。在第一组图形中，外部四边形：前两个图形依据一定的规律叠加为第三个图形，叠加规律为：黑 + 黑 = 白 + 白 = 白，黑 + 白 = 白 + 黑 = 黑；同时内部三角形阴影依次逆时针移动一格。故本题答案为 D。

18. **答案：** A。

解析： 本题考查元素分布。在第一组图形中，第一个图形的外部图形是第三个图形的中间图形，第一个图形的内部图形去掉第二个图形的外部图形是第三个图形的内部图形，第二个图形的内部图形是第三个图形的外部图形，第二组图形也具有相同的变化规律。故本题答案为 A。

19. **答案：** B。

解析： 本题考查对称性。①③④都是轴对称图形，②⑤⑥都是中心对称图形。故本题答案为 B。

20. **答案：** D。

解析： 本题考查去同存异。从每行来看，前两个图形叠加去同存异得到第三个图形。故本题答案为 D。

21. **答案：** A。

解析： 本题考查规律叠加。第一组图形，前两个图形叠加后得到第三个图形，叠加规律为：阴影+空白=空白+阴影=空白，阴影+阴影=空白+空白=阴影，第二组图形也遵循此规律。故本题答案为 A。

22. **答案：** A。

解析： 本题考查元素分布。在第一组图形中，前一个的内部小图形依次是下一个的外部小图形，同时第三个的内部小图形是第一个的外部小图形，第二组图形也遵循此规律。故本题答案为 A。

23. **答案：** B。

解析： 本题考查假言命题。题干信息转换为推出关系为：①有效率地运作经济→富有；②政治稳定→财富平均分配；③财富平均分配→无风险→无法有效率地运作经济。由②③可知，政治稳定→无法有效率运作经济，因此可知经济有效率的运作和政治稳定两者不可兼得。故本题答案为 B。

24. **答案：** D。

解析： 本题考查移动。每组图形中的阴影块沿着一条直线移动，故第二组中阴影方块由圆的左上角移动到圆中间，然后移动到圆的右下角部分，并与第一幅图阴影位置在一条直线上相对。故本题答案为 D。

25. **答案：** A。

解析： 本题考查元素对应问题。根据题干“乙的学历与小学教师不同，小学教师的学历比丙的低”可知，乙和丙都不是小学教师，所以甲是小学教师，对照选项，即可排除 B、C、D 三项。故本题答案为 A。

情景四

1. **答案**：D。

解析：本题考查方程法。设鞋的进价为 x，帽子的进价为 y，则有 $x=2y$，（137−x）−（67−y）=30，解得 $y=40$，即帽子的进价为 40 元。故本题答案为 D。

2. **答案**：A。

解析：本题考查简单计算问题。三者实际的售价为 67+84+137=288（元），计算售价为 324 元，多算了 36 元，三者中没有一种商品的单价是 36 元，故不可能是多算了某种商品，故 C、D 排除。“84”看成“48”是少算了 36，“137”看成“173”才是多算了 36。故本题答案为 A。

3. **答案**：B。

解析：本题考查经济利润问题。由于帽子不打折，所以 T 恤的实际售价为（193−67）÷2=63（元），则鞋的售价为 172.6−63=109.6（元），鞋子的原价为 137（元），折扣为 109.6÷137=0.8。故本题答案为 B。

4. **答案**：D。

解析：本题考查统筹问题。经过比较，在三种方案中，最省钱的是（3），所以按照方案（3）购买的价格为 274+84+67=425（元）。故本题答案为 D。

5. **答案**：B。

解析：本题考查最值类经济利润问题。本题有两种售卖策略，第一种策略获得利润 C_1 为（24−x）×（200+20x），当且仅当 $x=70$，C_1取得最大值；第二种策略利润 C_2为（24+x）×（200−5x），当且仅当 $x=8$ 时，C_2取得最大值。两种方案经比较后发现，按照策略 1 进行价格调整，所获利润最大，即在当前售价基础上降 7 元，获得最大利润，售价为 84−7=77（元）。故本题答案为 B。

6. **答案**：C。

解析：本题考查时间型工程问题。设工作总量为 30，则李师傅的效率为 3，赵师傅的效率为 2。赵师傅独自挖的工程量=5×2=10，赵师傅和李师傅最后一天合作可以挖的工程量=（3+2）×1=5，所以之前李师傅独自挖的工程量=30−（10+5）=15，挖的天数=15÷3=5（天）。故本题答案为 C。

7. **答案**：B。

解析：本题考查流水行船问题。由题目可知 $v_{水}=\frac{45}{4}=11.25$（里/小时），$v_{水}+v_{船}=\frac{45}{3}=15$（里/小时），所以 $v_{船}=15-11.25=3.75$（里/小时）。故本题答案为 B。

8. **答案**：D。

解析：本题考查基础行程问题。由题干可知步行时间＝14－3＝11（小时），步行的路程＝11×8＝88（公里），所以总路程＝88÷（$1-\frac{3}{5}$）＝$88\div\frac{2}{5}$＝220（公里）。故本题答案为D。

9. **答案**：B。

解析：本题考查时钟问题。根据时钟上时针分针重合的公式：n时重合时间为n时零$\frac{60}{11}n$分可知，2点多的时针分针重合时间为2时$\frac{120}{11}$分，5点多的重合时间为5时$\frac{300}{11}$分，所以干活儿所用时间＝（5－2）×60＋（$\frac{300}{11}-\frac{120}{11}$）＝$180+\frac{180}{11}$＝180＋16.4≈197（分钟）。故本题答案为B。

10. **答案**：D。

解析：本题考查时间型工程问题。4个队按效率快到慢设为$abcd$，总量＝效率×时间，三队完成最快的为abc，对应时间为15；三队完成最慢的是bcd，对应时间为18；两队完成最快为ab，对应时间为20；一队完成最快为a，对应时间为36。赋值总量为时间的公倍数180，abc对应效率为12，bcd对应效率为10，ab对应效率为9，a对应效率为5。两队完成最慢为cd，效率可加减，则b对应效率为$ab-a=9-5=4$，cd对应效率为$bcd-b=10-4=6$，cd总量为180，时间为180÷6＝30。故本题答案为D。

11. **答案**：D。

解析：本题考查日期星期问题中的同年推断问题。因为1月1日是周日，故可以根据每个月比28天多几天（3+0+3+2+3+2+3+3+2+3＝24，24÷7……3）来推出11月1日为周三，从而推出11月4日为周六。故本题答案为D。

12. **答案**：A。

解析：本题考查经济利润问题。由题意可知，甲的售价为240÷（1+20%）＝200（元），乙的售价为240÷（1－20%）＝300（元），则240×2－（200+300）＝－20（元），即亏了20元。故本题答案为A。

13. **答案**：D。

解析：本题考查统筹类经济利润问题。200元以内打9折，200—500元打8折，500元以上打7折。合并付费找差距，小华实际付款490元，原价大于500元，9折、8折、7折都经历。张兰实际付款162元，原价不超过200元，原价×0.9＝162（元），原价＝162÷0.9＝180（元）。小华合并后没有变化，张兰原来为9折，合并付费后现在为7折，省180元的2折，180×0.2＝36（元）。故本题答案为D。

14. **答案**：A。

解析：本题考查基础概率问题。分析题干可得：男员工有 $50\times\frac{3}{5}=30$（人），女员工有 20 人，党员人数 $=50-15=35$（人）。现在要使男性党员的概率最大，利用极值思想，就要尽可能让男员工都是党员，即 30 人都是党员，$30<35$，符合题意。所以抽到的男性党员的最大概率 $=\frac{30}{50}=\frac{3}{5}$。故本题答案为 A。

15. **答案**：A。

解析：本题考查分类分步概率。三位学员中恰好有两位学员通过科目二考试，说明另外一位学员未通过。三位学员通过情况分为以下三种：甲未通过、乙和丙通过，概率为 $\frac{1}{3}\times\frac{1}{2}\times\frac{2}{5}=\frac{1}{15}$；乙未通过、甲和丙通过，概率为 $\frac{2}{3}\times\frac{1}{2}\times\frac{2}{5}=\frac{2}{15}$；丙未通过、甲和乙通过，概率为 $\frac{2}{3}\times\frac{1}{2}\times\frac{3}{5}=\frac{3}{15}$。则三位学员中恰好有两位学员通过科目二考试的概率为 $\frac{1}{15}+\frac{2}{15}+\frac{3}{15}=\frac{2}{5}$。故本题答案为 A。

16. **答案**：A。

解析：本题考查尾数循环问题。3 的多次方尾数为 3，9，7，1，…；4 的多次方尾数为 4，6，…；8 的多次方尾数为 8，4，2，6，…。所以，原式的尾数和 $=9+4+6=19$，尾数为 9。故本题答案为 A。

17. **答案**：C。

解析：本题考查尾数循环问题。9 的 n 次方尾数规律为 9，1，9，1，…，n 为奇数时尾数为 9，偶数时尾数为 1。所以，9^{2015} 尾数应为 9，则 3×9^{2015} 尾数为 7。8 的 n 次方尾数规律为 8，4，2，6，8，4，2，…，所以 8^{2016} 尾数为 6，则 4×8^{2016} 尾数为 4。因此，$3\times9^{2015}-4\times8^{2016}$ 的个位数为 $7-4=3$。故本题答案为 C。

18. **答案**：A。

解析：本题考查等差数列求和公式。$a_2+a_8=2a_5$，所以 $2a_5=4$，$a_5=2$。$S_9=9a_5=18$。故本题答案为 A。

19. **答案**：B。

解析：本题考查等差数列求和公式。结合选项可知，这 5 天在同一月份中，所以这 5 天日期构成一个公差为 1 的等差数列，则 5 天日期和为 $S_5=5a_3=55$，则中间那天的日期为 11 日，那么这一天为 $11+2+1=14$（日）。故本题答案为 B。

20. **答案**：B。

解析：本题考查时钟问题。由时针分针的 n 时重合时刻公式：n 时 $\frac{60n}{11}$ 分可知，9 点多的重合时刻为 9 时$\frac{60\times9}{11}$分，即 9 时 49 $\frac{1}{11}$分。故本题答案为 B。

21. **答案**：C。

解析：本题考查容斥问题。根据三元容斥的变形公式 $P=A+B+C-L_2-2L_3+$（x），可知该专业中参加 2019 年中国工商银行秋招的一共有 $P=45+34+52-15-2\times9$，由尾数法可知答案是 98。故本题答案为 C。

22. **答案**：D。

解析：本题考查最不利原则解题。考虑最差情况，A ~ K 各取一张（共 13 张），再任取一张即可满足条件，因此至少抽取 13+1=14（张）。故本题答案为 D。

23. **答案**：B。

解析：本题考查牛吃草问题。根据牛吃草公式 $M=$（牛$_1-x$）$T_1=$（牛$_2-x$）$T_2=$（牛$_3-x$）T_3，可知（$20-x$）×5=（$16-x$）×6，$x=-4$，$M=120$。因此 120=［11-（-4）］×T_3，$T_3=8$。故本题答案为 B。

24. **答案**：C。

解析：本题考查和定最值问题。出现“最……最……”，考虑构造数列。解题步骤：（1）构造名次。共有十个人，名次从 1—10 排列。（2）求谁设谁，问现金拥有最少的人，第十名拥有的现金最少，则设排名第十的拥有的现金数量为 x。（3）加和求解。问拥有现金最少的最多有多少，则其他人拥有的现金尽可能的少。拥有现金数量排名第 1 至第 5 的人各拥有现金 138 元、137 元、136 元、135 元、134 元，则第 6 至第 9 的人分别拥有现金 $x+4$、$x+3$、$x+2$、$x+1$。$680+5x+10=980$，$5x=290$，解得 $x=58$ 元。因此拥有现金最少的人最多有 58 元，58÷5=11……3，最多有 11 张 5 元的现金。故本题答案为 C。

25. **答案**：C。

解析：本题考查和定最值问题。和一定，求最大值或最小值。总公里数=7×35=245。（1）定位：求最大。（2）反向构造：按名次排列，排名第 6 和排名第 7 总共走 20 公里，排名第 1 和排名第 2 总共走 120 公里，排名第 3、排名第 4、排名第 5 共剩 105 公里。设第 4 天为 x，要使排名第 4 的最大，其他尽可能小，均分最小，但彼此各不相同，则排名第 6 最小为 11 公里，排名第 7 最小为 9 公里，排名第 5 最小为 12 公里，排名第 3 最小为 $x+1$。（3）列方程：$x+1+x+12=105$，化简得 $2x+13=105$，$2x=92$，解得 $x=46$。故本题答案为 C。

26. **答案**：B。

解析：本题考查方程法。设标准用水量为 x 吨，可列方程得 $2.5x+$（$15-x$）$\times5=62.5$，解得 $x=5$，则用 12 吨水应交水费 5×2.5+7×5=47.5（元）。故本题答案为 B。

27. **答案**：B。

解析：本题考查整除关系。问题问的是高频词，找高频词，题目中出现倍数和分数，考虑整除关系。根据题意可得：高频=改革×11.5+3，发展=高频×$\frac{1}{7}$+6，明显第二个式子简单，根据第二个式子可得：$\frac{发展-6}{高}=\frac{1}{7}$，说明“高频”是 7 的倍数。A 项：678=700−22，700 可以被 7 整除，22 不能被 7 整除，所以 678 不能被 7 整除。B 项：854=700+154，700 可以被 7 整除，154 可以被 7 整除，则 854 可以被 7 整除。C 项：可以被 7 整除。D 项：715=700+15，700 是 7 的倍数，15 不是 7 的倍数，715 不是 7 的倍数，排除 A、D 项。第一个式子：$\frac{高频-3}{改革}=11.5=\frac{23}{2}$，说明（高频−3）是 23 的倍数。B 项和 C 项中代入一个，简单入手，代入 C 项，777−3=774，直除不能被 23 整除，排除 C 项。故本题答案为 B。

28. **答案**：C。

解析：本题考查不定方程。设小王、小李、小张、小周的数量依次为 a、b、c、d，则有 $a>b>c>d$，$a+b+c+d=25$，$a=b+c$，$b=c+d$。则 $a+2b=25$，由于 25 为奇数，$2b$ 为偶数，所以 a 为奇数，排除 B、D 两项。将 A 项代入，则 $b=(25-9)\div2=8$，$c=b-a=1$，不可能大于 d，排除。可直接选 C。将 C 项代入，可求得 $b=7$，$c=4$，$d=3$，符合。故本题答案为 C。

29. **答案**：D。

解析：本题考查基础行程问题。方法一：假设出租车速度每分钟为 1，出租车往返甲乙两地需要 1 小时 40 分钟（100 分钟），则甲乙两地距离为 1×100÷2=50。

出租车 9 点从乙地出发，10 点 20 分又回到乙地，则出租车实际行驶距离为 1×80=80，故出租车接到小明的地点距离乙地 80÷2=40，此时离出发 40÷1=40（分钟），说明出租车接到小明的时间为 9 点 40 分。

小明从 8 点到 9 点 40 分走的路程为 50−40=10，走的时间是 100 分钟，所以小明速度为 $10\div100=\frac{1}{10}$，出租车的速度为小明速度的 $1\div\frac{1}{10}=10$（倍）。

方法二：车走完全程需要 1 小时 40 分钟（100 分钟），则从乙到甲需要 50 分钟。从乙地到相遇地点折回共用了 1 小时 20 分钟（80 分钟）则从乙地到相遇点需要 40 分钟，即 9 点 40 到达相遇点，因此对应的从相遇点到甲地需要 50−40=10（分钟）。而小明 8 点从甲出发，9 点 40 到达相遇点共 100 分钟，因此小明与车相同距离所用的时间比为 100∶10=10∶1，则速度比为 1∶10，即 10 倍。

故本题答案为 D。

30. **答案**：D。

解析：本题考查分类分步思想。各选一名需同时成立，先从语文选一个，再从数学选一个，再从英语选一个，再从体育选一个，每个科目都要有，共有 8×7×5×2 种选法，尾数为 0，对应 D 项。故本题答案为 D。

情景五

Passage 1

1. **答案**：A。

解析：本题考查文章主旨。文章开篇提到“London was founded by the Romans about 50 AD.”意为“伦敦是在公元50年左右由Romans建立的”。随后又介绍了它的名字来源以及历史发展过程。名字的来源只是文章中的一个细节，而并非整篇都在介绍名字，由此排除选项B；C选项意为“对罗马的反抗”，不符合题意；D选项也是伦敦发展中的一个细节，而并非文章整体的内容。故本题答案为A。

2. **答案**：A。

解析：本题考查语义猜测。由erected定位到原文第二段“Rich people built houses of stone or brick with tiled roofs but most people lived in wooden houses. By the end of the 2nd century stone wall was erected around London.”句意为“有钱人用石头或砖建造房子，房顶以瓦平铺，而大多数普通人居住在木头房子里。第二世纪末的时候，石头墙在伦敦周围建立”。由此可以推断出，在第二世纪末石头墙就在伦敦周围“建立”起来了。establish意为“建立”，exceed意为“超过”，promote意为“促进”，improve意为“提高”；B、C、D三项均不符合题意。故本题答案A。

3. **答案**：D。

解析：本题考查事实细节。A选项意为“Queen Boudicca对伦敦做出了巨大贡献”，根据原文“Then in 61 AD Queen Boudicca led a rebellion against the Romans.”句意为“在公元61年，Queen Boudicca在伦敦发起了针对罗马的叛乱”；B选项意为“第二世纪末，大多数的人住在木头房子里”。文章提到“Rich people built houses of stone or brick with tiled roofs but most people lived in wooden houses. By the end of the 2nd century stone wall was erected around London.”说明到第二世纪末，石头墙就建立起来了，意味着人们不再住木头房子了；C选项文中没有提到；D选项与“In the middle of the 3rd century 20 bastions were added to the walls”意思相符。故本题答案为D。

Passage 2

4. **答案**：C。

解析：本题考查主旨大意。题干：作者为什么要写这封邮件。邮件前两句话便点明了其目的。“I've seen your advertisement in the magazine looking for manufacturing engineer who has an experience and willing to undergo extensive training. I would like to apply for the said position…”句意为“在杂志上看到贵公司招聘生产工程师的广告，要求有经验，愿意接受系统培训。

我想申请这个职位……”作者写邮件的目的是为了寻求一份工作。故本题答案为 C。

5. **答案**：D。

解析：本题考查事实细节。关于邮件作者 Simon 的信息可以从第一段以及第二段了解。A 选项意为“他擅长外语”。在文章当中并没有提到，故 A 选项错误；B 选项意为“他想成为一名训练员”，而在邮件一开始作者便点明自己想应聘的岗位为 manufacturing engineer（生产工程师）”，故 B 选项错误；C 选项说他曾经有过一份全职工作，而在邮件中作者只提到了自己曾经“handled a lot of academic projects and part-time employment in line to programming languages.”句意为“做过很多学术项目，做过与编程语言相关的兼职工作”，故 C 选项错误；D 选项中说到作者非常自信，可以从第二段最后一句话“I am confident that...”看出。故本题答案为 D。

6. **答案**：D。

解析：本题考查推理判断。题干：Mr. Roger 可能的职位是什么？这封邮件是作者 Simon 写给 Mr. Roger 的，目的是求职，所以 Mr. Roger 很有可能做的是与人力资源相关的工作。A 选项意思为“房地产经纪人”，B 选项意思为“广告设计人员”，C 选项意思为“大学”，D 选项为“人力资源经理”，符合题意。故本题答案为 D。

Passage 3

7. **答案**：C。

解析：本题考查文章主旨。选项 A“How to successfully persuade others”，可定位至第二段“Persuasion, in other words, often involves — indeed, demands — compromise”，可知“事实上，劝说往往要求妥协”，作者不赞同说服别人，而是侧重于让步，故 A 选项错误。文章第一段指出在商业人士看来，说服行为是一个直截了当的过程。然而之后作者表达了自己强烈的反对并在第二段提到有效说服者的特质，B 选项错误；D 选项意为“逻辑、坚持和热情。”定位原文“In other words, you use logic, persistence, and personal enthusiasm to get others to buy a good idea. The reality is that following this process is one surefire（准不会有错的，一定成功的）way to fail at persuasion.”句意为“换句话说通过逻辑、坚持和热情等方式让别人接受你的想法是不会成功的”。可知作者不赞同这种做法，D 选项错误；选项 C 意为“说服行为是一门艺术”。符合题意。故本题答案为 C。

8. **答案**：C。

解析：本题考查事实细节。由关键词 team member, respond to 和 positively 可以定位到文章最后一句“When colleagues see that a persuader is eager to hear their views and willing to make changes in response to their needs and concerns, they respond very positively.”句意为“当同事们看到说服者渴望听到他们的意见，并且愿意根据他们的需求和顾虑做出改变时，他们的反应非常积极”。C 项中的 open-minded 和 flexible 分别是原文“is eager to hear their views”和

“willing to make changes” 的同义替换。故本题答案为 C。

9. **答案**：B。

解析：本题考查事实细节。文章第一段提到在商业人士看来，说服行为是一个直截了当的过程，而第二段提到 “They are open - minded, never dogmatic. They enter the persuasion process prepared to adjust their viewpoints and incorporate others' ideas.” 可知有效说服者总是听取别人意见并乐于做出改变，这就是商业人士和有效说服者的主要区别，对应选项 B。故本题答案为 B。

Passage 4

10. **答案**：D。

解析：本题考查事实细节。由题干定位至第一段和第二段 “Sit back, relax and see all there is to see, with no need to worry about driving, finding a parking place or leaving your car with no one to watch it.” 句意为 “坐在后面，放轻松，欣赏一下四周，无须担心自己的车，把它们放在停车场，不需要留人看守”。D 项意为 “坐在后面，放松自己”，符合题意。故本题答案为 D。

11. **答案**：A。

解析：本题考查推理判断。第三段中提到 “We have lots of buses taking you to visit Tian'anmen Square, the Forbidden City, the Summer Palace, the Temple of Heaven Park, the Olympic Center and the Great Wall.” 句意为 “我们有很多巴士带你去参观天安门广场、紫禁城、颐和园、天坛公园、奥运中心和长城”。可以推断出，这类公交车为观光旅游车。故本题答案为 A。

12. **答案**：A。

解析：本题考查事实细节。由题干定位至 “Chinese & English speaking guides”，由此可知，导游可以说两种语言。故本题答案为 A。

13. **答案**：B。

解析：本题考查事实细节。由题干定位至 tour price 那一栏，“￥580.00 per person (half price for children under 1.2m tall)” 句意为 “每人￥580.00（1.2 米以下儿童半价）”。故本题答案为 B。

14. **答案**：C。

解析：本题考查事实细节。定位至第三段 “The whole tour will take you there three days.” 句意为 “整个旅程将持续 3 天”。定位至原文第六段 “including the ticket price, breakfast and lunch.” 句意为 “包括门票价格、早餐和午餐”，综合可知共包括 6 顿饭，A 选项正确；定位至第三段 “We have lots of buses taking you to visit Tian'anmen Square, the Forbidden City, the Summer Palace, the Temple of Heaven Park, the Olympic Center and the Great Wall.” 句意为

"我们有很多巴士带你去参观天安门广场、紫禁城、颐和园、天坛公园、奥运中心和长城"。有 6 个地点，选项 B 正确；C 项意为"游客必须要去到公司订票"，而由"Booking by phone four days advance"可知，并没有提到要去公司订票；定位至原文"Open 7 days a week. 8：00-16：00"，选项 D "The office hour of the company is eight hours a day."句意为"公司办公时间是每天 8 小时。"可知 D 项正确。故本题答案为 C。

Passage 5

15. **答案**：B。

解析：本题考查事实细节。第一段点明了邮件的目的，即"we would like to send you some samples so that you can try them too."句意为"我们想寄给你一些样品，以便你也可以试用"。选项 B 符合句意。故本题答案为 B。

16. **答案**：A。

解析：本题考查事实细节。第二段提到"Free samples are being offered only to customers who have purchased Fruittisom juices from our online store within the last year."句意为"免费样品只提供给去年在我们网上商店购买 Fruittisom 果汁的客户"。而给 Mr. Kaminski 寄样品就说明他曾在网上商店购物。对应 A 选项"他曾在 Fruittisom 的在线商店购物"。故本题答案为 A。

17. **答案**：A。

解析：本题考查事实细节。第二段最后提到"instead of making a payment enter promotional code TY117563, and your selections will be shipped to your home without charge."句意为"不需要付款，只要输入促销代码 TY117563，您购买的商品将被免费送到您家"，对应 A 选项"提供产品编码"。故本题答案为 A。

Passage 6

18. **答案**：B。

解析：本题考查推理判断。根据"Blue Sky Project"定位至第一段第一句"North China's Tianjin Municipality（直辖市）has started a 'Blue Sky Project' to control the air pollution. Under the project requirements, the air quality in Tianjin is expected to measure up to the national standard by 2007, when two thirds of days in the year will enjoy fairly good or excellent air quality."可知"天津市已经开始'蓝天工程'来控制空气污染。根据项目的要求，天津的空气质量预计将在 2007 年达到国家标准，即每年三分之二的天数，天津的空气质量将会保持较高水平"。B 项意为"当地市民一年中的大部分时间都能享受到良好的空气质量"，符合题意。故本题答案为 B。

19. **答案**：D。

解析：本题考查推理判断。根据题干 "Mr. Yuan from Hunan" 定位至第一段第四句、第五句 "The newly-discovered 'Great Wall' in south China's Hunan Province will open to visitors in the near future. 'We will try to make it an internationally famous attraction for tourists,' said Yuan Xinhua, director of the Hunan Provincial Tourism Administration." 可知 "在不久之后，新发现的长城将会在中国南部的湖南省会对游客开放。湖南省旅游局局长袁新华说 '我们将努力使其成为一个国际知名的旅游景点' "。D 选项意为 "吸引外国人"，符合题意。故本题答案为 D。

20. **答案**：D。

解析：本题考查事实细节。定位至最后一段最后一句 "An increase in income and longer holidays have made it possible for Chinese to relax after a year of work." 可知 "收入的增加和假期的延长使得中国人在工作一年之后可以放松下来"。D 选项 "they have longer holidays and more money" 符合题意。故本题答案为 D。

2020全国银行招聘考试真题汇编（二）及解析

扫码进入模考系统

2020 全国银行招聘考试真题汇编（二）

请您在正式答题前仔细阅读以下考试说明，以便让您了解试题构成及考试时间。阅读完成之后，请点击“下一步”开始作答正式试题。

本次考试共分为三个单元，每个单元单独计时，时间到自动进入下一单元。一旦进入下一个单元，将无法返回上一个单元。整场考试共计 155 分钟。

题量分布说明

第一单元（综合知识）	题量（道）	单元用时（分钟）	是否可提前结束单元
行业相关知识	45	50	不可提前结束本单元
时事	10		
中国农业银行特色知识	5		
第二单元（能力测试）	题量（道）	单元用时（分钟）	是否可提前结束单元
言语理解	6	50	不可提前结束本单元
数字运算	13		
逻辑推理	13		
思维策略	13		
资料分析	5		
第三单元（英语）	题量（道）	单元用时（分钟）	是否可提前结束单元
选词填空	45	55	不可提前结束本单元
阅读理解	35		

综合知识（共 60 题）　行业相关知识（总题量：45 题）

1. 交易所债券市场与(　　)共同构成了我国的债券市场。

A. 证券公司间债券市场　　B. 场内债券市场

C. 柜台交易债券市场　　D. 银行间债券市场

2. 反映客户长期偿债能力比率的是(　　)。

A. 流动比率　　B. 资产负债率

C. 净利润率　　　　D. 速动比率

3. 老张准备出国旅游时到银行兑换一些美元。银行工作人员告诉他，当日 1 美元兑换 6.7308 元人民币，工作人员的这种说法用的是(　　)。

A. 直接标价法　　B. 间接标价法　　C. 应收标价法　　D. 当期汇率法

4. 在下列交易事项中，不会影响企业当期营业利润的有(　　)。

A. 出租无形资产取得租金收入

B. 出售无形资产取得出售收益

C. 使用寿命有限的管理用无形资产的摊销

D. 使用寿命不确定的无形资产计提的减值

5. 选举权是公民的权利。根据我国《宪法》，下列人员中，享有选举权的是(　　)。

A. 郑某，男，33 岁，加拿大国籍　　B. 吴某，女，20 岁，个体工商户

C. 王某，女，17 岁，信仰基督教　　D. 周某，男，14 岁，在校学生

6. 民事权利能力是公民进行民事活动的前提条件，公民从(　　)，具有民事权利能力，依法享有民事权利，承担民事义务。

A. 出生时起到退休时止　　B. 16 岁时起到退休时止

C. 16 岁时起到死亡时止　　D. 出生时起到死亡时止

7. 根据《合伙企业法》的规定，在下列选项中，可以成为普通合伙人的是(　　)。

A. 国有独资公司　　B. 国有企业

C. 上市公司　　D. 自然人张某

8. 中国证监会发布的《上市公司信息披露管理办法》属于(　　)。

A. 法律　　B. 行政法规　　C. 部门规章　　D. 司法解释

9. 管理的对象包括人、财、物、时间和(　　)。

A. 效率　　B. 自我　　C. 情绪　　D. 信息

10. 某工厂设置厂长 1 名，3 名车间主任，每个车间有 50 名工人。那么，厂长的管理幅度是(　　)。

A. 3 人　　B. 1 人　　C. 51 人　　D. 154 人

11. 在短期生产中，在其他条件不变的前提下，随着一种可变要素投入量的连续增加，它所带来的边际产量(　　)。

A. 总是递增的

B. 总是递减的

C. 先是递增，达到最大之后再递减

D. 先是递减，达到最小值后再递增

12. 在沟通障碍中，属于主观性沟通障碍的是(　　)。

A. 知识、经验水平、文化背景的差距引起的沟通障碍

B. 信息沟通渠道和沟通方式选择不当引起的沟通障碍

C. 组织结构不合理引起的沟通障碍

D. 沟通环境的影响引起的沟通障碍

13. 以下关于子网掩码的作用，错误的是(　　)。

A. 通过子网掩码标识网络的类型

B. 标识 IP 地址的网络部分和主机部分

C. 网络部分对应的子网掩码部分全为“1”

D. 主机部分对应的子网掩码部分全为“1”

14. 美国管理学家卡茨认为，一个主管人员至少应具备的三大基本技能是(　　)。

A. 技术技能、人事技能、概念技能

B. 技术技能、学习技能、人事技能

C. 人事技能、学习技能、概念技能

D. 概念技能、学习技能、技术技能

15. 对企业的生产经营活动进行监督、监察、发现偏差、采用纠正措施等的工作是管理的(　　)职能。

A. 计划　　B. 组织　　C. 领导　　D. 控制

16. 要求职业安全、稳定，劳动保护，职业保障，社会保险等，以保证免于危险、恐惧及灾难等，这满足的是(　　)。

A. 安全需要　　B. 尊重需要

C. 生理需要　　D. 爱与归属的需要

17. 根据对“管理”定义的分析可以得出，管理的对象是(　　)。

A. 组织活动　　B. 组织目标

C. 组织资源　　D. 组织活动和组织资源

18. 短期市场利率能够反映市场资金供求状况，且变动灵活，因此通常将其作为中央银行货币政策的(　　)。

A. 最终目标　　B. 中间目标　　C. 传统工具　　D. 特殊工具

19. 在银行发放贷款的情况下，货币作为价值运动的独立形式从银行单方面转移到借款人，这时货币执行的职能是(　　)。

A. 价值尺度　　B. 支付手段　　C. 流通手段　　D. 贮藏手段

20. 剔除物价变动的影响，以货币实际对应的商品和劳务表示的货币需求称为(　　)。

A. 名义货币需求　　B. 宏观货币需求

C. 微观货币需求　　D. 实际货币需求

21. 当我们用银行卡交电费时，如果卡内的钱够支付，钱会自动转入账户；如果卡内钱不够，则立即停电。请问这种银行卡属于(　　)。

A. 贷记卡　　B. 准贷记卡　　C. 借记卡　　D. 存折

22. 以下特点中不属于完全竞争市场的是(　　)。

A. 大量的买者和卖者　　B. 资源流动性

C. 信息有限性　　D. 产品同质性

23. 我国商业银行计算核心资本充足率时，应从核心资本中扣除(　　)。

A. 实收资本　　B. 资本公积　　C. 盈余公积　　D. 商誉

24. 某时期国内金融市场动荡不安，各金融机构纷纷提醒投资者注意风险、谨慎投资。同时，各金融机构也适时推出债券类理财产品，高举“安全”“保值”旗帜，他们所奉行的市场营销管理哲学是(　　)。

A. 生产观念　　B. 市场营销观念

C. 社会市场营销观念　　D. 推销观念

25. 假设某商业银行的五级贷款分类情况为：正常类贷款 210 亿元，关注类贷款 60 亿元，次级类贷款 15 亿元，可疑类贷款 9 亿元，损失类贷款 6 亿元，则该商业银行的不良贷款率为（　　）。

A. 30%　　B. 10%　　C. 5%　　D. 2%

26. 在下列表述中，不正确的一项是(　　)。

A. 外汇是以外币表示的一种支付手段

B. 汇率是两种货币之间的相对价格

C. 欧洲债券是由欧洲国家发行的以美元为计价单位的债券

D. 国际储备是一国持有的各种形式的流动资产的综合

27. 在下列关于生活常识的表述中，错误的是(　　)。

A. 营养不良、身体水肿应多吃蔬菜

B. 多吃苹果可以增强记忆

C. 感冒时吃海鱼容易引起过敏反应

D. 在饭菜中少放盐可以预防高血压

28. 下列说法错误的是(　　)。

A. 家用冰箱中不宜存放汽油、乙醇等易燃性液体

B. 使用干粉灭火器灭火时，应对准火焰的底部喷射

C. 火灾现场中首先对人体造成危害的一般是烟雾和毒气

D. 发现室内燃气泄漏，应打开门窗，关闭气源和大功率家用电器

29. 下列关于逃生和急救方法的表述中不正确的是(　　)。

A. 发现有人触电，应立即用手将他拉离

B. 逃离浓烟密布的火灾现场时，应俯身并用湿毛巾遮盖口鼻

C. 被毒蛇咬伤后，在伤口的近心端 5—10 厘米处，用绳子或止血带结扎

D. 地震发生时，要快速离开房间跑到空旷的地方，或躲到面积比较小的房间

30. 诺贝尔奖作为科技领域的最高殊荣，下列有关诺贝尔奖叙述错误的是(　　)。

A. 诺贝尔奖是由瑞典化学家诺贝尔先生的部分遗产作为基金而设立的

B. 诺贝尔奖没有数学奖

C. 诺贝尔奖后来增设了经济学奖

D. 诺贝尔奖是由瑞典相关国家机构颁发给获奖者的

31. 被誉为生命科学“登月”计划的是(　　)。

A. 昆虫脑计划　　B. 蛋白质数据银行计划

C. 人类和生物圈计划　　D. 人类基因组计划

32. 下列说法错误的是(　　)。

A. 城市生态系统容易被污染，主要原因是城市生态系统营养结构简单

B. 在国家或地方自然保护区内建立野生药材保护区，需要征得自然保护部门的同意

C. 我国近年出现的水华和赤潮分别是淡水和海水长期被污染，使水体富营养化而产生的

D. 酸雨是由于大气中二氧化碳浓度过高而引起的，它对人体、水生系统、陆生系统、建筑物等都会产生较大危害

33. 下列表述正确的是(　　)。

A. 房顶被风掀翻是由于屋内的大气压力高于室外的大气压力

B. 用手动打气筒给轮胎打气，气筒内气压始终高于胎内气压

C. 高海拔地区气压低于平原地区是由于氧浓度变化造成的

D. 轮胎充气后，内胎气压升高、摩擦力增大，起到了缓冲作用

34. 下列物品利用凸透镜透光原理的是(　　)。

A. 近视镜　　B. 显微镜目镜

C. 汽车观后镜　　D. 手电筒反光罩

35. 在下列选项中，不属于击剑运动比赛项目的是(　　)。

A. 佩剑　　B. 重剑　　C. 静剑　　D. 花剑

36. 对于夏季防雷常识，下列选项中论述正确的是(　　)。

A. 当遇到雷雨时，人们应尽快进入室内，打开窗户通风，并尽快通过电视、电脑或收音机了解此次雷雨的相关信息

B. 汽车金属外壳易导电，所以在汽车上遇到雷雨时应尽可能跑出汽车避雷

C. 在游泳池或河边遇到雷雨时，可以跳入水中，因为有水的保护，雷难以直接打到人身上，所以在水中较为安全

D. 切勿站在山顶、楼顶，不宜把羽毛球拍、高尔夫球杆等扛在肩上

37. 电子商务系统主体分为四层，电子商务平台属于(　　)。

A. 服务层　　B. 网络层　　C. 传输层　　D. 应用层

38. 高速缓冲存储器是(　　)。

A. 静态 RAM　　B. 动态 RAM　　C. 同步 RAM　　D. 异步 RAM

39. 进程在运行过程中可能会发生死锁，但死锁的发生也必须具备一定的条件，下列不属于发生死锁的四个必要条件的是(　　)。

A. 互斥条件　　B. 请求和保持条件

C. 不剥夺条件　　D. 阻塞

40. TCP 和 UDP 协议的相同之处是(　　)。

A. 面向连接的协议　　B. 面向非连接的协议

C. 传输层协议　　D. 以上都不对

41. 从是否关心软件内部结构和具体实现的角度划分，软件测试不包括的是(　　)。

A. 白盒测试　　B. 黑盒测试　　C. 动态测试　　D. 灰盒测试

42. 以下不属于结构化查询语言 SQL 包括的六部分是(　　)。

A. 数据定义　　B. 数据操作　　C. SELECT　　D. 数据控制

43. 从元器件来说，计算机发展大致经历了四代，第二代是以(　　)为元器件的。

A. 电子管　　B. 晶体管

C. 集成电路　　D. 大规模集成电路

44. 在 OSI 七层参考模型中，路由器工作在哪一层？(　　)

A. 物理层　　B. 传输层　　C. 网络层　　D. 应用层

45. 毫无疑问，人工智能已经越来越深入各个产业，并不断催化变革，这股力量已经实实在在改变了每个人的日常生活。从制造业到服务业、从出行到消费，无数的场景被人工智能技术或颠覆、或改变。作为国内人工智能领军企业的百度，不断发布令人惊艳的新产品、新技术，也创造性地提出“AI Thinking”理念，将 AI 思维与管理理念深度结合。人工智能的研究途径有心理模拟、行为模拟和(　　)。

A. 神经模拟　　B. 言语模拟　　C. 跳跃模拟　　D. 生理模拟

综合知识（共 60 题）　时事（总题量：10 题）

1. 党的十九大报告指出：伟大斗争、伟大工程、伟大事业、伟大梦想紧密联系，相互贯通、相互作用，其中伟大的工程指的是(　　)。

A. 全面小康　　B. 依法治国

C. 党的建设　　D. 实现社会主义现代化

2. 党的十九大报告指出：第二轮土地承包到期后再延长(　　)年。

A. 三十年　　B. 五十年　　C. 七十年　　D. 二十年

3. 中国经济目前保持中高速增长，国内生产总值增长至(　　)元人民币，位居世界(　　)。

A. 百万亿　第一　　B. 五十万亿　第三

C. 七十万亿　第二　　D. 八十万亿　第二

4. 习近平总书记在中国共产党第十九次全国代表大会的报告中的民生部分提出：“确保到(　　)年我国现行标准下农村贫困人口实现脱贫，贫困县全部摘帽，解决区域性整体贫困，做到脱真贫、真脱贫。”

A. 2020　　B. 2025　　C. 2021　　D. 2030

5. （多选题）党的十九大报告指出，过去五年，国防和军队改革取得历史性突破，形成(　　)新格局，人民军队组织架构和力量体系实现革命性重塑。

A. 军委管总　　B. 党委负责　　C. 战区主战　　D. 军种主建

6. （多选题）下列属于党的第十九次全国代表大会主题表述的是(　　)。

A. 不忘初心，牢记使命　　B. 决胜全面建设小康社会

C. 实现中华民族伟大的复兴梦　　D. 社会主义核心价值体系

7. （多选题）根据最新全国金融工作会议习近平总书记讲话精神，金融工作我们要紧紧围绕(　　)、(　　)、(　　)三项任务。

A. 服务实体经济　　B. 防控金融风险

C. 深化金融改革　　D. 创新金融产品

8. （多选题）2017 年 7 月，中国新增的世界遗产包括(　　)。

A. 青海可可西里　　B. 鼓浪屿

C. 湖北神农架　　D. 左江花山岩画文化景观

9. 财政部、国家税务总局发布通知，自 2017 年 7 月 1 日起，简并(　　)税率结构，取消 13%的(　　)税率。

A. 增值税　　B. 印花税　　C. 所得税　　D. 营业税

10. 党的十九大报告指出：弘扬马克思主义学风，推进“两学一做”学习教育常态化制度化，以县处级以上领导干部为重点，在全党开展(　　)主题教育，用党的创新理论武装头脑，推动全党更加自觉地为实现新时代党的历史使命不懈奋斗。

A. “不离不弃、牢记使命”　　B. “不忘初心、奋勇前行”

C. “锐意进取、牢记使命”　　D. “不忘初心、牢记使命”

综合知识（共 60 题）　中国农业银行特色知识（总题量：5 题）

1. 中国农业银行的客户服务电话是(　　)。

A. 95588　　B. 95533　　C. 95599　　D. 95566

2. 中国农业银行的核心价值观是(　　)。

A. 诚信为本　稳健经营　　B. 诚信服务　创新发展

C. 诚信立业　稳健行远　　D. 诚信务实　开拓创新

3. 中国农业银行已在以下哪些交易所挂牌上市？(　　)

（1）上海证券交易所　　（2）香港联合交易所

（3）纳斯达克证券交易所　　（4）东京证券交易所

A. （1）和（3）　　B. （1）和（2）

C. （2）和（3）　　D. （1）、（2）、（3）、（4）

4. 中国农业银行的全称是(　　)。

A. 中国农业银行股份公司

B. 中国农业发展银行股份公司

C. 中国农业银行股份有限公司

D. 中国农业发展银行股份有限公司

5. 中国农业银行是于哪一年挂牌上市的？(　　)

A. 2006 年　　B. 2010 年　　C. 2012 年　　D. 2008 年

能力测试综合知识（共 50 题）　言语理解（总题量：6 题）

1. 依次填入划横线部分最恰当的一项是(　　)。

“徒法不足以自行。”在目前公车管理还不甚规范的大环境下，单一的公车尾号限行政策值得______。真要实行的话，要______其负面作用。至少，要______拿出措施防止公车因此而增加。

A. 商议　提防　临阵磨枪　　B. 商榷　谨防　未雨绸缪

C. 商讨　警惕　居安思危　　D. 商量　防备　有备无患

2. 从 1723 年到 1725 年，圆明园的建筑工程持续了整整 3 年时间。1725 年的秋天，雍正正式搬进圆明园，这里从此成为大清帝国的第二个离宫。皇帝处理朝政和皇室居住的地方是圆明园的核心地带。工作区和居住区用一个人工湖隔开，湖的形状被设计成大清疆域的轮廓。清湖分布着9个人工岛屿，环抱于九岛之中的一群宫殿正是皇帝和他的嫔妃们居住的地方。“九州”是中国的象征，而皇室就是整个帝国的中心。根据雍正的旨意，圆明园的设计处处体现着皇权的至高无上。

这段文字主要是为了强调(　　)。

A. 圆明园工程耗资巨大

B. 圆明园是大清帝国的象征

C. 圆明园是中国传统建筑的精品

D. 圆明园的设计彰显了皇权的至高无上

3. 社会的冷漠不但伤害个人的感情和尊严，而且抑制人们的行善之心，间接损害了社会的和谐、稳定和秩序。当人们的见义勇为行为得不到善意回应，也许就会变得事不关己、高高挂起；当人们在困境中求助之时面对的只是冷眼相对，也许在遇到他人的困难时同样会采取漠然视之的态度。一个处处充满冷漠和怨气的社会，很难长久和谐稳定、秩序井然。

这段文字主要说明的是(　　)。

A. 社会冷漠危害巨大

B. 见义勇为需要得到回报

C. 和谐社会的建设需要摒弃冷漠

D. 社会需要人们行善

4. 在下列句子中，没有语病的一句是(　　)。

A. 法制的漏洞、体制的弊端和政策的不完善，导致贫富差距拉大到世界公认的警戒线，从而导致了一系列社会影响

B. 我们要把改善民生、保障民生、关注民生作为一切工作的目的和出发点

C. 能否积极利用和有效管理互联网，关系到社会主义文化事业和文化产业的健康发展，是国家文化信息安全和国家长治久安的有力保障

D. 要建立出租车运价与油价联动机制，就是当油价上升突破一定界限时，相应加收燃油附加费；当油价回落时，下调或停收燃油附加费

5. 将以下5个句子重新排列，语序正确的是(　　)。

(1) 明洪武年间，朝廷正式在景德镇设立御窑厂，青花瓷成为景德镇瓷业生产的主流，并大量输出国外。

(2) 清代康熙、雍正、乾隆时期，青花瓷在制瓷和青花绘制工艺上获得进一步发展。

(3) 这一时期，无论是御窑还是民窑生产的青花瓷，都有很高的艺术成就。

(4) 元朝在景德镇设立“御土窑”，专烧贡瓷，曾推出卵白釉瓷和青花瓷两种精品瓷器。

(5) 新中国成立后，景德镇成立了十大瓷厂，逐渐成为日用瓷生产重镇。

A. (5) (4) (1) (2) (3)　　B. (5) (2) (3) (1) (4)

C. (4) (1) (2) (5) (3)　　D. (4) (1) (2) (3) (5)

6. 在下列各句中，没有语病且句意明确的一项是(　　)。

A. 再弱小的团队，只要成员相互信任、彼此团结就可以战胜一切困难，赢得胜利

B. 世界经济高速发展，环境问题却日益凸显，环境的恶化严重影响了人类的正常生活，因此，如何解决环境问题已经成为各个国家目前的当务之急

C. 自获得诺贝尔文学奖后，莫言的作品《蛙》对许多人是不陌生的

D. 作为一名优秀的企业家，他创业时期敢为天下先的精神激励着我在职场中不断打拼，至今仍时时浮现在我眼前

能力测试综合知识（共 50 题）　数字运算（总题量：13 题）

1. 京广线上有两列直达列车，一列长 100 米，行驶速度 22 米/秒；另一列长 120 米，行驶速度 17 米/秒。如今，两车在毗邻平行的两条铁轨上同向行驶，从第一辆列车头追及第二列车尾到第一辆列车尾离开第二辆列车头所需的时间是(　　)。

A. 24 秒　　B. 20 秒　　C. 32 秒　　D. 44 秒

2. 三名教练都在某健身中心兼职任教，小张说："我每隔一天就能去上一次课。"小李说："我每隔 4 天去一次。"小王说："我每隔 6 天去一次。"如果 3 人在 7 月 1 日遇到了，那么最快在(　　)他们会再次相遇。

A. 8 月 25 日　　B. 8 月 26 日　　C. 9 月 8 日　　D. 9 月 9 日

3. 某人把 60000 元投资于股票和债券，其中股票的年回报率为 6%、债券的年回报率为 10%。如果这个人一年的总投资收益为 4200 元，那么他用了(　　)元钱买债券。

A. 16000　　B. 15000　　C. 48000　　D. 45000

4. 李华在 8—9 点的某一时刻开始解一道数学题目，当时时针、分针正好成一直线，解完题时两针正好第一次重合，问小华解题用时为(　　)分钟。

A. 32　　B. $33\frac{8}{11}$　　C. 33　　D. $32\frac{8}{11}$

5. 某单位向希望工程捐款，其中部门领导每人捐 50 元、普通员工每人捐 20 元，某部门所有人员共捐款 300 元，已知该部门总人数超过 10 人，问该部门可能有几名部门领导？(　　)

A. 1　　B. 3　　C. 4　　D. 2

6. 某牧场仓库里有饲料若干，第一天用掉了 72 袋后又补充了当时剩余库存的 $\frac{1}{4}$，第二天用掉了库存的 $\frac{1}{9}$ 后又补充了 50 袋，如果此时再用掉现有库存的 $\frac{1}{5}$，则剩余饲料比原有饲料少 $\frac{1}{3}$，问仓库原有饲料多少袋？(　　)

A. 82 袋　　B. 96 袋　　C. 108 袋　　D. 114 袋

7. 公司同样以 30000 元的价格卖出两种商品，其中一种商品亏本 20%、另一种商品盈利 20%，则该公司最终(　　)。

A. 亏了 3000 元　　B. 盈亏持平　　C. 赚了 5000 元　　D. 亏了 2500 元

8. 某乡镇举行运动会，共有长跑、跳远和短跑三个项目。参加长跑的有 49 人、参加跳远的有 36 人、参加短跑的有 28 人，其中只参加两个项目的有 13 人、参加全部项目的有 9 人，那么参加该次运动会的总人数为多少？(　　)

A. 75　　B. 82　　C. 88　　D. 90

9. 有 5 个人分别是甲、乙、丙、丁、戊，有一天他们同时拿着自己的水杯到公司茶水间接水，把各自的水杯接满分别需要 3 分钟、5 分钟、1 分钟、7 分钟和 8 分钟。茶水间只有唯一的一个热水器，请问，如何安排使得他们接水的时间与等待时间之和最短？(　　)

A. 甲丙乙丁戊　　B. 丙甲乙丁戊　　C. 丁戊甲丙乙　　D. 乙丙甲丁戊

10. 4 个空矿泉水瓶可以换 1 瓶矿泉水，梁老师有 25 个空矿泉水瓶，则最多可以换(　　)瓶矿泉水。

A. 8　　B. 7　　C. 9　　D. 6

11. 一小偷藏匿于某商场，三名保安甲、乙、丙分头行动搜查商场的 100 家商铺。已知甲检查过 80 家、乙检查过 70 家、丙检查过 60 家，则三人都检查过的商铺至少有(　　)家。

A. 5　　B. 10　　C. 20　　D. 30

12. 从 A 市到 B 市的航班每周一、二、三、五各发一班。某年 2 月的最后一天是星期三。问当年从 A 市到 B 市的最后一次航班是星期几出发的？(　　)

A. 星期一　　B. 星期二　　C. 星期三　　D. 星期五

13. 小李的弟弟比小李小 2 岁，小王的哥哥比小王大 2 岁、比小李大 5 岁。1994 年，小李的弟弟和小王的年龄之和为 15。问 2014 年小李与小王的年龄分别为多少岁？(　　)

A. 25，32　　B. 27，30　　C. 30，27　　D. 32，25

能力测试综合知识（共 50 题）　逻辑推理（总题量：13 题）

1. 从所给的四个选项中，选择最合适的一个填入问号处，使之呈现一定的规律性。(　　)

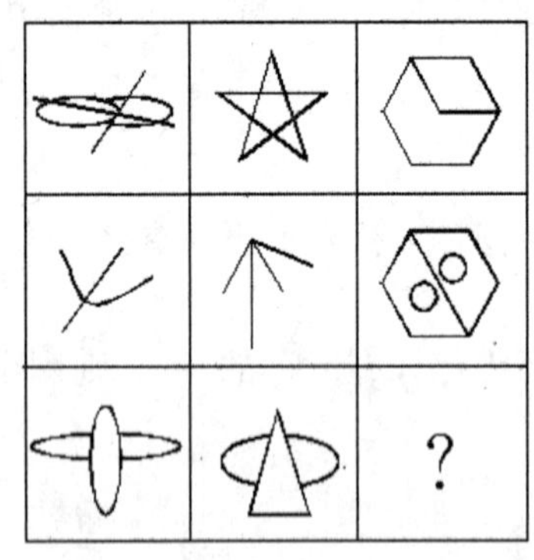

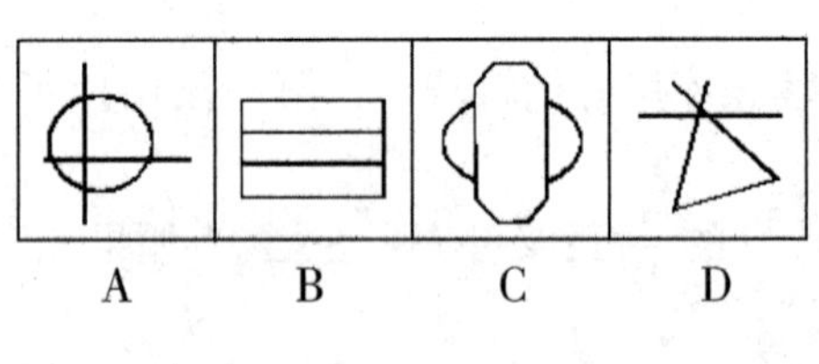

2. 从所给的四个选项中，选择最合适的一个填入问号处，使之呈现一定的规律性。(　　)

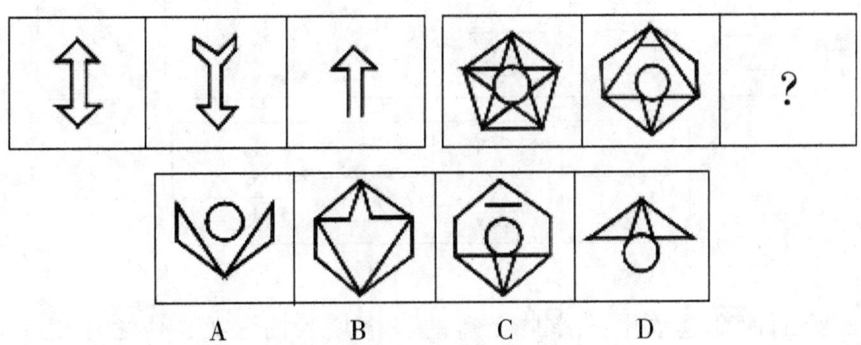

3. 给定纸盒的外表面，下面选项中能由其折叠成的是？(　　)

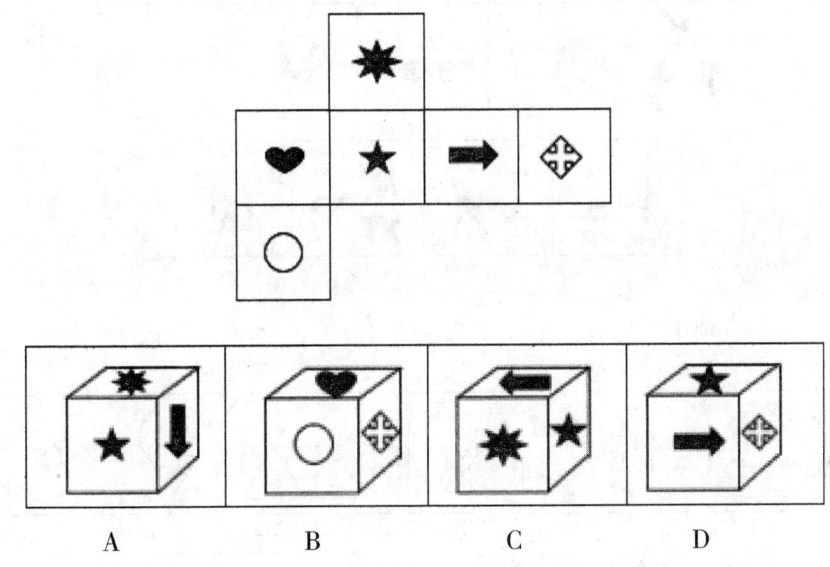

4. 从所给的四个选项中选择最合适的一个填入问号处，使之呈现一定的规律性。(　　)

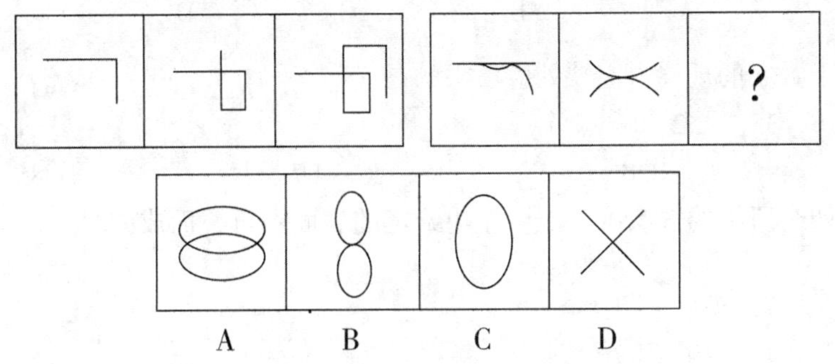

5. 从所给的四个选项中选择最合适的一个填入问号处，使之呈现一定的规律。(　　)

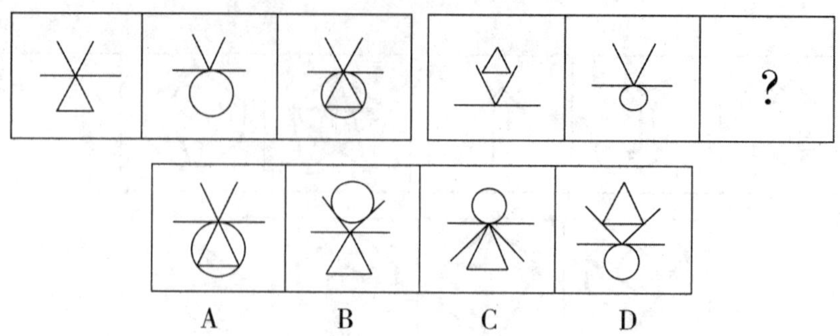

6. 从所给的四个选项中选择最合适的一个填入问号处，使之呈现一定的规律性。(　　)

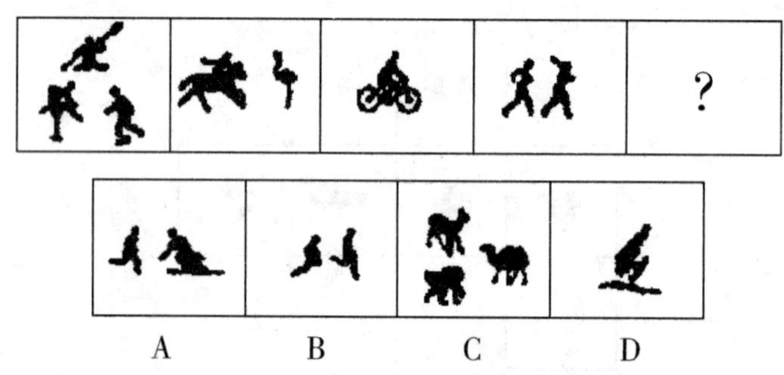

7. 从下列四个选项中选择合适的一个填在问号处，使之呈现一定的规律性。(　　)

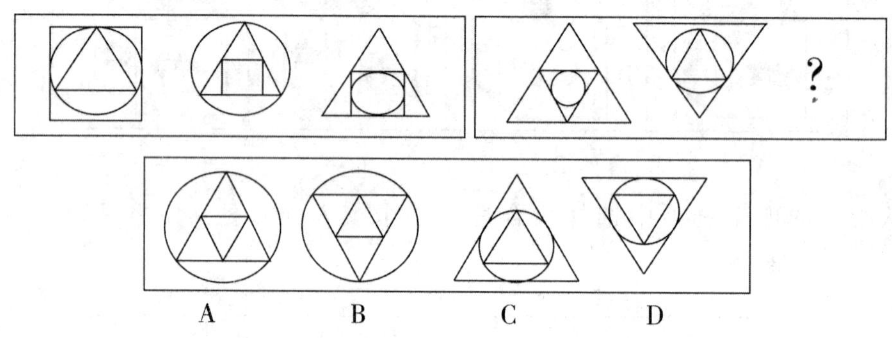

8. 根据以下数字的规律，空缺处应填入的是(　　)。

5，20，-16，35，-52，(　　)

A. -82　　B. 86　　C. -87　　D. 85

9. 在下面四个所给的选项中，能由左边给定的表面图折叠而成的是(　　)。

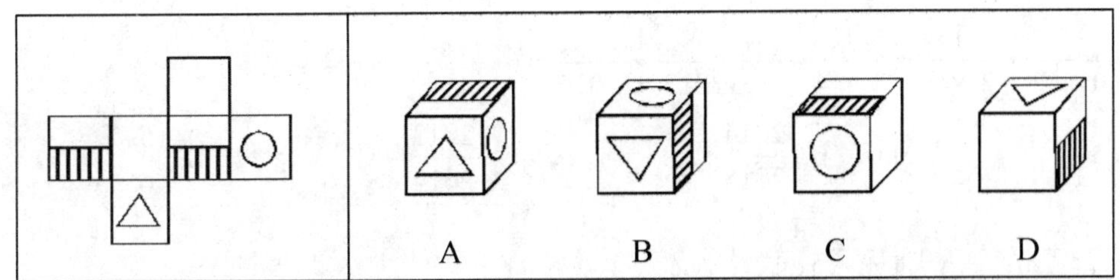

10. 从所给的四个选项中选择最合适的一个，使之和前面图形呈现一定的规律性。(　　)

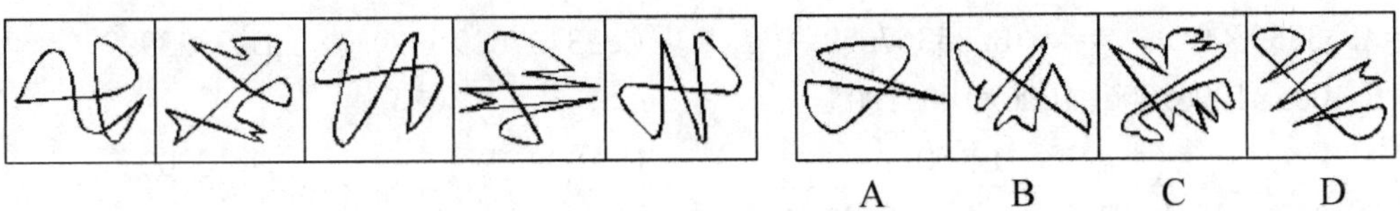

11. 从所给的四个选项中选择最合适的一个填入问号处，使之呈现一定的规律性。(　　)

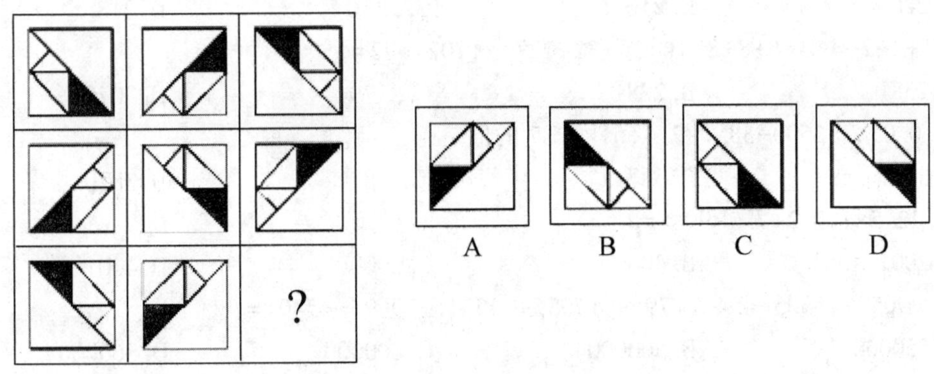

12. 根据以下数字的规律，空缺处应填入的是(　　)。

1，5，10，19，35，(　　)

A. 61　　B. 48　　C. 54　　D. 60

13. 根据以下数字的规律，空缺处应填入的是(　　)。

4，2，$\frac{3}{4}$，$\frac{1}{4}$，$\frac{5}{64}$，(　　)

A. $\frac{7}{128}$　　B. $\frac{9}{256}$　　C. $\frac{3}{128}$　　D. $\frac{5}{256}$

能力测试综合知识（共 50 题）　思维策略（总题量：13 题）

1. 2+4+6+8+…+100 = (　　)

A. 2450　　B. 2550　　C. 10000　　D. 2500

2. 22×22+23×23+25×25−24×24 = (　　)

A. 1164 B. 1118 C. 1062 D. 1173

3. $\frac{1}{1\times2}+\frac{1}{2\times3}+\frac{1}{3\times4}+\cdots+\frac{1}{2013\times2014}=$(　　)

A. $\frac{2}{3}$ B. $\frac{2014}{2015}$ C. $\frac{2013}{2014}$ D. $\frac{5}{6}$

4. $\frac{1}{6}+\frac{1}{30}+\frac{1}{70}+\frac{1}{126}+\frac{1}{198}=$(　　)

A. $\frac{11}{7}$ B. $\frac{2}{9}$ C. $\frac{5}{22}$ D. $\frac{10}{11}$

5. 9999×2223+3333×3334=(　　)

A. 33330000 B. 35367659 C. 23437629 D. 33339999

6. 1005×10061006−1006×10051005=(　　)

A. 0 B. 100 C. 1000 D. 10000

7. 13. 24−25. 17+7. 19−3. 58+13. 57−1. 25=(　　)

A. 5 B. 4 C. 3 D. 2

8. 24×26−19×21+1=(　　)

A. 228 B. 216 C. 226 D. 218

9. 1+2+2+4+4+6+8+8+16+10+32+12+…+1024+22=(　　)

A. 2381 B. 2281 C. 2179 D. 2079

10. 0. 0387×2500+38. 7×2. 4+51×3. 87 的值是(　　)。

A. 38. 7 B. 387 C. 3. 87 D. 3870

11. 12. 5×100. 2+7. 5×99. 8=(　　)

A. 2001 B. 4000 C. 2000 D. 4001

12. 79659+45305+45431+79596+79569+45341+79695+45404=(　　)

A. 550000 B. 500000 C. 800000 D. 860000

13. 若 $abc=100$，则 $\frac{100a}{ab+100a+100}+\frac{b}{bc+b+100}+\frac{100c}{100ac+100c+100}=$(　　)。

A. 50 B. 2 C. 100 D. 1

能力测试综合知识（共 50 题）　资料分析（总题量：5 题）

根据以下资料，回答 1~5 题。

2010 年，某省广电实际总收入为 145. 83 亿元，同比增长 32. 07%。其中，广告收入为 67. 08 亿元，同比增长 25. 88%；有线网络收入为 45. 38 亿元，同比增长 26. 35%；其他收入为 33. 37 亿元，同比增长 57. 3%。

2010 年，该省广电收入中，省级收入为 65. 32 亿元，比上年增加 15. 5 亿元；地市级收入为 41. 61 亿元，比上年增加 13. 39 亿元；县级收入为 38. 90 亿元，比上年增加 6. 52 亿元。

2010 年该省各市、县广电收入区域分布如下：

东部地区 50. 06 亿元，同比增长 32. 48%，占市县收入份额的 62. 18%，该地区的市均收入为 10.01 亿元，上年同期为 7.56 亿元。中部地区 17.78 亿元，同比增长 40.07%，该地区的市均收入为 5.93 亿元，上年同期为 4.21 亿元。西部地区 12.67 亿元，同比增长 80.86%，该地区的市均收入为 2.53 亿元，上年同期为 1.4 亿元。

截至 2010 年，该省有线电视用户数为 1885.88 万户，比上年末净增 161.7 万户。其中有线数字电视用户为 1007.8 万户，比上年末净增 277.58 户。

1. 2009 年，该省的有线网络收入约为多少亿元？(　　)

A. 21　　B. 36　　C. 57　　D. 110

2. 2009 年，该省广告收入占广电总收入的比重约为(　　)。

A. 48%　　B. 31%　　C. 26%　　D. 23%

3. 2010 年，该省地市级广电收入的同比增速约为(　　)。

A. 15%　　B. 20%　　C. 32%　　D. 47%

4. 2010 年，该省有线电视用户每户平均每月的有线网络费用约为多少元？(　　)

A. 20　　B. 36　　C. 180　　D. 240

5. 关于该省广电收入情况，下列说法正确的是(　　)。

A. 2010 年，省级广电收入同比增长金额低于县级

B. 2010 年，东部地区广电收入超过中部地区的 3 倍

C. 2009 年，中部地区市均广电收入约是西部地区的 3 倍

D. 2010 年，有线电视用户中有线数字电视用户比重不足一半

英语（共 80 题）　选词填空（总题量：45 题）

1. Though they do not possess the best technology, they never underestimate the ______ of a determined manager working with motivated staff members.

A. price　　B. grade　　C. value　　D. cost

2. Difficult as the problem is, I need your ______.

A. advices　　B. advice　　C. appraise　　D. appraises

3. As humans we usually try our best to prevent ______.

A. love　　B. luck　　C. loss　　D. life

4. Please listen to me carefully. I won't ______ what I say again.

A. relax　　B. recover　　C. search　　D. repeat

5. There is water on the floor. Be careful, or you will ______.

A. smiled　　B. slip　　C. straighten　　D. spoil

6. The painkiller can ______ you of your toothache.

A. relax　　B. rejected　　C. remind　　D. relieve

7. Dogs bark at strangers because they can ______ the smell of their masters.

A. recommend　　B. recognize　　C. refined　　D. recycle

8. Our latest mobile phones ______ those of main competitor, except that they have more features and are more reliable.

A. similar to　　B. similarly　　C. alike　　D. resemble

9. The new salesman refused to wear a tie on ______.

A. principle　　B. principality　　C. principal　　D. principally

10. The editorial page is where writers can ______ how they really feel about the issues.

A. indicative　　B. indicating　　C. indicator　　D. indicate

11. He makes extra money ______ selling photographs of community events to the local newspaper.

A. in　　B. by　　C. for　　D. after

12. He always did well at school ______ having to do part-time jobs every now and then.

A. in spite of　　B. instead of　　C. in case of　　D. in favor of

13. To ensure that we always achieve the ______ in quality, we obtain our cacao beans from a select number of respected farms and then handcraft our chocolate in small batches.

A. token　　B. history　　C. prospect　　D. utmost

14. Don't be joking. It's time to ______ your business.

A. set out　　B. take up　　C. go on　　D. get down

15. I hope we ______ the instructions ready before you come tomorrow.

A. will get　　B. will have got　　C. would get　　D. suppose to get

16. As a special ______, we will give current members one free month of membership when one of their friends purchase a one-year membership.

A. retail　　B. interest　　C. incentive　　D. appearance

17. — Did your uncle fly to Paris directly?

— No, he travelled from Hong Kong ______ London.

A. through　　B. by way of　　C. across　　D. on way of

18. Of the two coats, I'd choose the ______ one to spare some money for a book.

A. cheapest　　B. cheaper

C. more expensive　　D. most expensive

19. Although she has been transferred to Mexico City, Ms. Baxter and her colleagues at the New York branch ______ in contact.

A. remain　　B. remains　　C. remaining　　D. has remained

20. The police have asked for the ______ of the public in tracing the whereabouts of the missing boy.

A. cooperation　　B. advice　　C. helpfulness　　D. aid

21. The audience waited in ______ silence while their aged speaker searched among his note for the figures he could not remember.

A. respective　　B. respect　　C. respectful　　D. respectable

22. Training and development is the most important thing about a first job, because it's the ______ for your career.

A. spring board　　B. useful tool

C. daily routine　　D. minor success

23. These goods do not come up to the ______.

A. mark　　B. sign　　C. token　　D. signal

24. ______ more care, the flowers might have grown much better than now.

A. Giving　　B. To give　　C. Having given　　D. Given

25. Although he was disabled when he was only ten years of age, yet he aimed ______, for which his classmates spoke ______ of him.

A. high; high　　B. highly; highly

C. highly; high　　D. high; highly

26. With the high price of office ______ these days, many small businesses are turning to so-called all-in-one offices-ready-made office suites that include things like high-speed Internet connections, desks, chairs, and filling cabinets, a shared conference room, a kitchen, and sometimes even a receptionist.

A. rent　　B. staff　　C. hours　　D. software

27. — What a terrible rain we are having!

— Yes. We are asked to pay more attention to the information about the rain ______ flood.

A. as well as　　B. so long as　　C. because of　　D. in case of

28. So far, several ships have been reported missing ______ the Coast of Bermuda Island.

A. off　　B. along　　C. on　　D. around

29. — How did the robber get in?

— ______ an open window on the first floor.

A. Past　　B. From　　C. Over　　D. Through

30. As it was almost time for the flight, all the passengers got ______ the plane.

A. around　　B. abroad　　C. aboard　　D. ahead

31. Many jobs at the auto manufacturing plant have been ______ by robots.

A. replace　　B. replaced　　C. replacing　　D. replacement

32. ______ how much the price of our shares rises, we may be able to offer shareholders a larger return on their investments.

A. Depending on　　B. Resulting from　　C. Leading to　　D. Relying on

33. There were no tickets ______ for Friday's performance.

A. applicable　　B. approachable　　C. attainable　　D. available

34. Young children easily ______ words that their parents frequently use.

A. put up　　B. turn up　　C. bring up　　D. pick up

35. I left for the school earlier than usual this morning ______ traffic jam.

A. in terms of　　B. in case of　　C. for the sake of　　D. at the risk of

36. It was several hours before I was ______ of what was happening.

A. alive　　B. aware　　C. awake　　D. ware

37. Many new ______ will be opened up in the future for those with a university education.

A. opportunities B. necessities C. probabilities D. realities

38. The root of this plant can produce one of the most prized oils for high-end perfumes, ______ delicate packaging and aroma have attracted large number of female customers around the world.

A. that B. which C. whose D. what

39. We have made ______ clear that we are strongly against smoking in the office.

A. this B. that C. it D. one

40. As we know it's difficult to live in a foreign country. ______ if you can't understand the language there.

A. Exactly B. Naturally C. Usually D. Especially

41. It is acknowledged that it is the small habit in life ______ determines what kind of life we will lead.

A. where B. that C. which D. what

42. According to the shopping list, ______ a dozen socks.

A. there seems to be B. it seems

C. there seem to be D. it seem

43. Professor Sophia, together with 60 scientists from across the world, ______ more than 50 kinds of animals for two years to learn why not all species are equally skilled at controlling themselves.

A. have been studying B. study

C. studies D. has been studying

44. In a new car, the oil should be changed every 6 months or 5000 miles, ______ comes first.

A. wherever B. whoever C. whenever D. whichever

45. Studio Ceramics Monthly does not accept manuscripts ______ have previously appeared in print.

A. what B. whose C. they D. that

英语（共 80 题） 阅读理解（总题量：35 题）

Passage 1

The entrepreneur, according to French economist J. B. Say, "is a person who shifts economic resources out of an area of lower and into an area of higher productivity and yield." But Say's definition does not tell us who this entrepreneur is. Some define the entrepreneur simply as one who starts his or her own new and small business. For our purposes, we will define the entrepreneur as a person who takes the necessary risks to organize and manage a business and receives the financial profits and nonmonetary rewards.

The man who opens a small pizza restaurant is in business, but is he an entrepreneur? He took a risk and did something, but did he shift resources or start the business? If the answer is yes, then he is considered as an entrepreneur. Ray Kroc is an example of an entrepreneur because he founded and established McDonald's. His hamburgers were not a new idea, but he applied new techniques, resource allocations, and organizational methods in his venture. Ray Kroc upgraded the productivity and yield from the resources applied to create his fast-food chain. This is what entrepreneurs do; this is what entrepreneurship means.

Many of the sharp, black-and-white contrasts between the entrepreneur and the professional have faded to gray color. Formerly, professionals such as doctors, lawyers, dentists, and accountants were not supposed to be entrepreneurial, aggressive or market oriented. They were "above" the market-driven world. Entrepreneurs, on the other hand, were the mavericks of society. They were risk-takers who aggressively sought to make something happen. Long hours were about all the two worlds had in common. However, increased competition, saturated markets, and a more price-conscious public have changed the world of the professionals. Today they need to market their skills, talents and competencies. Lawyers advertise their services. Doctors specialize in one form of surgery. Accounting firms join with other businesses (e. g. consulting and law) to serve clients.

Entrepreneurs exhibit many different behaviors; searching for a specific personality pattern is very difficult. Some entrepreneurs are quiet, introverted, and analytical. On the other hand, some are brash, extroverted, and very emotional. Many of them share some qualities. Viewing change as the norm, entrepreneurs usually search for it, respond to it, and treat it as an opportunity. An entrepreneur such as Ray Kroc of McDonald's is able to take resources and shift them to meet a need. Making the decision to shift resources works better if a person is creative, experienced, and confident.

1. According to the first paragraph, who can be regarded as an entrepreneur?

A. The CEO of a big company

B. The owner of a profitable restaurant

C. A man who started a new kind of business

D. A successful salesman

2. According to the text, the professionals ______.

A. are quite different from entrepreneurs even now

B. were considered to be enterprising and market-centered

C. were price-conscious

D. have to advertise themselves nowadays

3. From the text, we learn that ______.

A. an entrepreneur should be very extroverted

B. an entrepreneur should be quick to seize opportunities

C. change is not norm in an entrepreneur's eyes

D. the French economist J. B. Say is the first person who gave the definition of "entrepreneur"

4. The purpose of the author in writing the passage is to ______.

A. complete the definition of entrepreneur

B. tell the readers what is entrepreneur and the main characteristics of entrepreneurs

C. show what kind of people can become entrepreneurs

D. illustrate why Ray Kroc can become an entrepreneur

5. What will most possibly follow the text?

A. An example of how an entrepreneur operates

B. Another theory about entrepreneurship

C. The bad effects of entrepreneurs

D. The good effects of entrepreneurs

Passage 2

As we have seen, the focus of medical care in our society has been shifting from curing disease to preventing disease — especially in terms of changing our many unhealthy behaviors, such as poor eating habits, smoking and failure to exercise. The line of thought involved in this shift can be pursued further. Imagine a person who is about the right weight, but does not eat very nutritious food, who feels OK but exercises only occasionally, who goes to work every day, but is not an outstanding worker, who drinks a few beers at home most nights but does not drive while drunk, and who has no chest pains or abnormal blood counts, but sleeps a lot and often feels tired. This person is not ill. He may not even be at risk for any particular disease. But we can imagine that this person could be a lot healthier.

The field of medicine has not traditionally distinguished between someone who is merely "not ill" and someone who is in excellent health and pays attention to the body's special needs. Both types have simply been called "well". In recent years, however, some health specialists have begun to apply the terms "well" and "wellness" only to those who are actively striving to maintain and improve their health. People who are well concerned with nutrition and exercise, and they make a point of monitoring their body's condition. Most importantly, perhaps, people who are well take active responsibility for all matters related to their health. Even people who have a physical disease or handicap may be "well", in this new scene, if they make an effort to maintain the best possible health they can in face of their physical limitations. "Wellness" may perhaps best be viewed not as a state that people can achieve, but as an ideal that people can strive for. People who are well are likely to be better able to resist disease and to fight disease when it strikes. And by focusing attention on healthy ways of living, the concept of wellness can have a beneficial impact on the ways in which people face the challenges of daily life.

6. Today medical care is placing more stress on ______.

A. keeping people in a healthy physical condition

B. monitoring patients' body functions

C. removing people's bad living habits

D. ensuring people's psychological well-being

7. In the first paragraph, people are reminded that ______ .

A. good health is more than not being ill

B. drinking, even if not to excess, could be harmful

C. regular health checks are essential to keeping fit

D. prevention is more difficult than cure

8. Traditionally, a person is considered "well" if he ______ .

A. does not have any unhealthy living habits

B. does not have any physical handicaps

C. is able to handle his daily routines

D. is free from any kind of disease

9. According to the author, the true meaning of "wellness" is for people ______ .

A. to best satisfy their body's special needs

B. to strive to maintain the best possible health

C. to meet the strictest standards of body health

D. to keep a proper balance between work and leisure

10. According to what the author advocates, which of the following groups of people would be considered healthy?

A. People who have strong muscles as well as slim figures

B. People who are not presently experiencing any symptoms of disease

C. People who try to be as healthy as possible, regardless of their limitations

D. People who can recover from illness even without seeking medical care

Passage 3

2014 has been a landmark year for Alibaba. Just last week, the Chinese e-commerce juggernaut set a world-record selling US \$ 9.3 billion worth of goods in 24 hours on Singles' Day. A few months back, Alibaba claimed the title of the world's biggest IPO, raising US \$ 25 billion on the NYSE. Things will only get bigger for Alibaba.

On the back of the historic signing of the China-Australia Free Trade Agreement yesterday, Alibaba announced in Melbourne their continued commitment to bringing Australian products, brands and businesses closer to China's online consumers via its Alipay payment platform and Taobao Marketplace.

Alipay is the largest online payment service provider in China. With more than 800 million Chinese accounts. Alipay is already the biggest mobile payment processor in the world. It clears 80 million transactions per day, including 45 million transactions through its Alipay Wallet mobile app and processed US \$ 780 billion worth of transaction in the year ended June 30. Alipay is one of the six financial services entities that will fall under the umbrella of the Ant Financial Services Group, a rebranding of Alipay Financial Services. There are plans to take this money making machine public too.

Alipay Australia has been established as a local entity that will work with its joint venture partner. Paying to help Australian businesses and merchants access Alipay's cross-border payment solutions. Alipay has also been working with Australia Post to sell, distribute and promote the Alipay Purchase Card across 4,400 retail outlets for Australian shoppers to use on the Tmall. com and Taobao Marketplace platforms.

Alipay's extension into Australia, follows its move into the U. S. with the launch of its eBay payment program, which handles everything from payment processing and currency translation for U. S. retailers.

11. What is this article mainly about?

A. Alibaba's new business strategy

B. Alibaba's acquisition of Australian local companies

C. Alibaba's Alipay and Taobao marketplace expand into Australia

D. The introduction of Alibaba

12. What did Alibaba do after sign-off of China-Australia Free Trade Agreement?

A. It announced that they would import Australian products into China

B. It announced that they would introduce more Australian products to Chinese online consumers

C. It announced that they would promote the trade between China and Australia

D. It announced that they would bring more Chinese goods into the Australian market

13. How many transactions does Alibaba clear every day without using Alipay Wallet mobile app?

A. 35 million B. 780 million C. 45 million D. 80 million

14. It can be inferred from the article that ______ .

A. Alibaba would open chain after entering Australian market

B. Alibaba would record of selling US $ 9. 3 billion worth of goods in 24 hours on Singles' Day has helped its public offering

C. Alibaba has established cooperation with Australian Post

D. After entering into Australia, Alibaba will try to expand to the U. S.

15. According to the article, which of the following is NOT correct about Alibaba?

A. It is the largest online payment service provider in China

B. It has a strong social responsibility

C. It has sold more than US $ 9 billion worth of goods in 24 hours on Singles' Day

D. It is the world's biggest IPO

Passage 4

Scientists have devised a way to determine roughly where a person has lived using a strand of hair, a technique that could help track the movements of criminal suspects or unidentified murder victims.

The method relies on measuring how chemical variations in drinking water show up in people's hair.

"You're what you eat and drink, and that's recorded in your hair," said Thure Cerling, a geologist at the University of Utah.

While U. S diet is relatively identical, water supplies vary. The differences result from weather patterns. The chemical composition of rainfall changes slightly as rain clouds move.

Most hydrogen and oxygen atoms in water are stable, but traces of both elements are also present as heavier isotopes. The heaviest rain falls first. As a result, storms that form over the Pacific deliver heavier water to California than to Utah.

Similar patterns exist throughout the U. S. By measuring the proportion of heavier hydrogen and oxygen isotopes along a strand of hair, scientists can construct a geographic timeline. Each inch of hair corresponds to about two months.

Cerling's team collected tap water samples from 600 cities and constructed a map of the regional differences. They checked the accuracy of the map by testing 200 hair samples collected from 65 barber shops.

They were able to accurately place the hair samples in broad regions roughly corresponding to the movement of rain systems.

"It's not good for pinpointing," Cerling said, "it's good for eliminating many possibilities."

Todd Park, a local detective, said the method has helped him learn more about an unidentified woman whose skeleton was found near Great Salt Lake.

The woman was 5 feet tall. Police recovered 26 bones, a T-shirt and several strands of hair.

When Park heard about the research, he gave the hair samples to the researchers.

Chemical testing showed that over the two years before her death, she moved about every two months.

She stayed in the Northwest, although the test could not be more specific than somewhere between eastern Oregon and western Wyoming.

"It's still a substantial area," Park said "but it narrows it way down for me."

16. What is the scientists' new discovery?

A. One's hair growth has to do with the amount of water they drink

B. A person's hair may reveal where they have lived

C. Hair analysis accurately identifies criminal suspects

D. The chemical composition of hair varies from person to person

17. What does the author mean by "You're what you eat and drink" (Line 1, Para. 3)?

A. Food and drink affect one's personality development

B. Food and drink preferences vary with individuals

C. Food and drink leave traces in one's body tissues

D. Food and drink are indispensable to one's existence

18. What is said about the rainfall in America's West?

A. There is much more rainfall in California than in Utah

B. The water it delivers becomes lighter when it moves inland

C. Its chemical composition is less stable than in other areas

D. It gathers more light isotopes as it moves eastward

19. What did Cerling's team produce in their research?

A. A map showing the regional difference of tap water

B. A collection of hair samples from various barber shops

C. A method to measure the amount of water in human hair

D. A chart illustrating the movement of the rain system

20. What is the practical value of Cerling's research?

A. It helps analyze the quality of water in different regions

B. It helps the police determine where a crime is committed

C. It helps the police narrow down possibilities in detective work

D. It helps identify the drinking habits of the person under investigation

Passage 5

When Tina Nicolai began working as a recruiter for Walt Disney World in the late 1990s, she noticed that many job seekers were submitting flawed resumes. "I realized people simply did not know how to market themselves or their achievements." Nicolai tells Business Insider. "And that's how I knew there was a marker to educate job candidates at all levels and in all industries."

In 2010 she founded Resume Writers' Inc., "since launching my company, I've read over 40000 resumes." she says." And this is what most people get wrong: They think a 'buffet resume' is the best way to go." Nicolai says a buffet resume is one that has too much going on... one that offers too much information.

"My clients often think a resume that is a smorgasbord is best because it demonstrates the bandwidth of skill, experiences, and achievements that they have in their repertoire of success," she says. "But this is a recipe for getting overlooked."

Nicolai says hiring managers do not have time to sift through your resume. Picking out what is directly related to the job opening." A resume is like a wardrobe. Just because a person has everything from casual to formal doesn't mean they wear all of those pieces together," she explains. "We dress according to where we're going, the activity we're doing, and the climate — but we don't wear it all at once."

Only include information that's relevant to the job you're applying for. And yes, this means you need to tailor your resume for each job application. Don't be lazy!

21. The word "repertoire" in Paragraph 3, is closest in meaning to ______.

A. variety B. selection C. collection D. repetition

22. According to the passage, what is a smorgasbord resume?

A. A resume that impresses all

B. A resume that has a special focus

C. A resume that contains everything

D. A resume that is fancy-looking

23. What does Tina Nicolai mean when she said "This is a recipe for getting overlooked" in paragraph 3?

A. The details in the resume could be easily overlooked because of the arrangement

B. Putting too much information in the resume distracts the reader's attention

C. One needs to add more information to the resume

D. The resume needs to be more eye-catching

24. Which of the following is recommended according to the passage?

A. Tailoring the resume for each application

B. Making the resume like a wardrobe

C. Offering as much information in the resume as possible

D. Putting all of one's achievements in the resume

25. If you are applying for a sales manager, which of the following should NOT be included in your resume according to the passage?

A. Intern as a sales assistant

B. Award of the best debater

C. Experience as a group leader

D. Demonstrated sales results

Passage 6

Dear Mr. Chen,

As the president, I am proud to announce that this Friday marks the 50th anniversary of long and successful company. This, of course, calls for a night of celebration. And for this reason, we have reserved the Grand Hall at the Garden Hotel this Friday at 6 p. m. for a night of fine dining and dancing.

On this special evening, the food will be superb. I've had a chance to dine at the hotel several times in the past in other functions, and it was the food that convinced me to hold our event here. I am quite certain that all of our staff will share my feeling. Anyhow, I am looking forward to this Friday when all of our staff can let loose and have some fun.

Therefore, this is a letter to officially invite you and your spouse or significant other to join us on this memorable evening.

Please let us know if you can't attend.

Yours Sincerely,

Jeff Connelly

26. What is the main purpose of this letter?

A. To provide information about the company's product

B. To welcome the newest staff to the company

C. To notify the employees of a yearly meeting

D. To invite the staff to an upcoming event

27. Which of the following will be part of the event?

A. Discussions | B. Dancing
C. Presentations | D. Product release

28. According to Mr. Connelly, what led him to hold the event there?

A. It has become a tradition of the company

B. The hotel is located close to the company

C. He has special ties with the hotel staff

D. He was impressed with its menu

Passage 7

With hundreds, even thousands of photo-editing apps available on smart-phones nowadays, a perfect selfie (自拍照) is only a few clicks and swipes away. But choosing the right app can be a headache for many. Here, to save some trouble and time, our company will offer a few popular and new ones for you.

The first one is called Perfect 365, which can be operated on Android and iOS. It is free of charge and is useful for enhancing skin color, defining eyebrows and whitening teeth with tools dedicated to each of these aspects. United other image editing tools, it automatically recognizes your face and then lets you apply certain airbrushes to it.

The second free one is called Visage Lab which can also be operated on the above two platforms. While some photo-editing apps perform partial face retouching, Visage Lab offers a full-package approach to image enhancement and high quality retouches. Also, it gives portraits a natural feel so nobody can tell they have been edited.

The third one which also charges nothing is called Glamzy, being able to be operated on both Android and iOS. From subtle day looks to expressive night images at parties, this app offers more than 2,000 beauty products to get creative with. Just pick a face shape and pick a style-subtle, casual or expressive and then apply the makeup from the color catalogue.

The last one is called Facetune. It can only be operated on iOS and you have to pay 18 yuan to download it. "Facetune helps you look your Hollywood best, even in photos taken on mobile phones," says a comment by *The New York Times*. It's able to retouch and add artistic flair to selfies and portraits with ease. It also features options to reshape the face, such as reshaping the nose, redefining the jaw line.

29. What category of writing does this passage belong to?

A. Narration | B. Exposition
C. Description | D. Argumentation

30. What is the unique feature of Perfect 365 compared with the other three apps?

A. It is free of charge

B. It can give the portraits a natural feel

C. It can reshape the face

D. It can automatically recognize the users' face

31. What can we learn about these apps?

A. They are all free of charge

B. They are sold at a low price

C. They can all be operated on Android and iOS

D. They can help users take beautiful pictures

32. What would be the best title for the passage?

A. Selfie: A New Culture

B. New Apps for Selfies

C. How to Choose the Best App for Selfies

D. Reshaping the Face

Passage 8

Having a sense of purpose may add years to your life, regardless of what the purpose is, research suggests. Not only does it contribute to healthy aging, but it may also stave off early death, according to a study of 7,000 Americans.

The research, published in Psychological Science, applies across adult life, says a US-Canadian team. It may be because purposeful people look after their health better and are physically fitter, they believe. The study tracked the physical and mental health of more than 7,000 US adults aged 20 to 75 years.

Their purpose in life was assessed by the extent to which they agreed or disagreed with three statement: some people wander aimlessly through life, but I am not one of them. I live life one day at a time and don't really think about the future. I sometimes feel as I've done all there is to do in life.

When followed up 14 years later, the researchers found purposeful people had outlived their counterparts, even when controlling for other factors such as negative mood. Furthermore, the added years did not appear to depend on the person's age, or whether or not they had retired from work. In other words, having a purpose in life appears to be good for you across the adult years, the researchers say.

Dr. Patrick Hill, head of the department of psychology at Carleton University in Canada, said the notion of living a life of purpose — setting large goals that direct your day-to-day activities seemed to be protective on a number of fronts. "In this study it is mortality, but other studies have shown people report better health," he told BBC News. "There is clearly a benefit from feeling a sense of direction or feeling you have these goals directing your day-to-day life."

33. Among the following questions, for which one you cannot find answers in the text?

A. How many people were tracked in the research?

B. How long did the research last?

C. How many years did the purposeful people live more than others?

D. How was the research conducted?

34. Which of the following is not the benefit of being purposeful?

A. Extending one's life

B. Making people have better health

C. Staving off early death

D. Making people look younger

35. Where is the text most likely from?

A. A magazine B. A newspaper C. A journal D. A report

2020 全国银行招聘考试真题汇编（二）

答案解析

综合知识（共 60 题） 行业相关知识（总题量：45 题）

1. **答案**：D。

解析：我国债券市场分为银行间债券市场和交易所债券市场。银行间债券市场成立于 1997 年 6 月 6 日。经过近几年的迅速发展，银行间债券市场目前已成为我国债券市场的主体部分，并与交易所债券市场共同构成了我国的债券市场。故本题答案为 D。

2. **答案**：B。

解析：本题考查长期偿债能力指标。反映企业长期偿债能力的财务比率主要有：资产负债率、股东权益比率、权益乘数、负债股权比率、有形净值债务率和利息保障倍数。短期偿债能力是指企业以流动资产偿还流动负债的能力，它反映企业偿付日常到期债务的能力。选项 AD 属于短期偿债能力比率。故本题答案为 B。

3. **答案**：A。

解析：直接标价法又叫应付标价法，是以一定单位的外国货币为标准，来计算应付多少单位本国货币。间接标价法又叫应收标价法，是以一定单位的本国货币为标准，来计算应收多少单位的外国货币。本题中美元为外币、人民币为本币，因此 1 美元兑换 6.7308 元人民币的说法为直接标价法。故本题答案为 A。

4. **答案**：B。

解析：无形资产出租租金收入作为其他业务收入核算，使用寿命有限的管理用无形资产的摊销金额计入“管理费用”，使用寿命不确定的无形资产计提减值准备通过“资产减值损失”核算，出售无形资产取得的处置收益计入“营业外收入”。营业利润=营业收入-营业成本-税金及附加-管理费用-销售费用-财务费用-资产减值损失±公允价值变动损益±投资收益。故本题答案为 B。

5. **答案**：B。

解析：根据我国《宪法》的规定，公民享有选举权的基本条件：具有中国国籍，年满 18 周岁，依法享有政治权利。A 项郑某不具有中国国籍；C、D 项中王某、周某不符合年龄要求，所以不选。故本题答案为 B。

6. **答案**：D。

解析：我国《民法总则》第十三条规定：“自然人从出生时起到死亡时止，具有民事权利能力，依法享有民事权利，承担民事义务。”故本题答案为 D。

7. **答案**：D。

解析：根据我国《合伙企业法》的规定，国有独资公司、国有企业、上市公司以及公益性的事业单位、社会团体不得成为普通合伙人。所以 A、B、C 项错误。而自然人是可以成为普通合伙人的。故本题答案为 D。

8. **答案**：C。

解析：由国务院的组成部门及其直属机构在其职权范围内制定的规范性文件是部门规章。证监会属于国务院的直属机构，故其发布的《上市公司信息披露管理办法》属于部门规章。故本题答案为 C。

9. **答案**：D。

解析：本题考查管理的对象。管理是在特定的环境下，对组织所拥有的资源进行有效的计划、组织、领导和控制，以便达成既定的组织目标的过程。管理的对象就是组织拥有的各类资源，主要包括人、财、物、时间和信息。因此，管理的过程可以描述为对各类资源进行最优配置的过程。故本题答案为 D。

10. **答案**：A。

解析：本题考查管理幅度的含义。管理幅度是指一个管理人员所能有效地直接领导和控制的实际人员数，管理层次是指组织内部纵向管理系统所划分的等级数。一般情况下，管理幅度和管理层次呈反比关系。扩大管理幅度，可以减少管理层次；反之，缩小管理幅度，会增加管理层次。本题当中厂长的管理幅度为 3、组织的管理层次为 3，故本题答案为 A。

11. **答案**：C。

解析：根据边际报酬递减规律可知，在短期生产中，在其他条件不变的前提下，随着一种可变要素投入量的不断增加，它所带来的边际产量先是递增，达到最大值后再递减。故本题答案为 C。

12. **答案**：A。

解析：本题考查主观沟通障碍的构成。沟通障碍主要包括主观沟通障碍和客观沟通障碍。其中有效沟通的主观障碍包括：（1）个人的性格、气质、态度、情绪、见解等的差别，使信息在沟通过程中受个人的主观心理因素的制约。（2）如果双方在经验水平和知识结构上差距过大，就会产生沟通的障碍。（3）在按层次传达同一条信息时，往往会受到个人的记忆、思维能力的影响，从而降低信息沟通的效率。（4）对信息的态度不同，使有些员工和主管人员忽视对自己不重要的信息，而只重视和关心与他们物质利益有关的信息。（5）主管人员和下级之间相互不信任，而相互不信任则会影响沟通的顺利进行。（6）下级人员的畏惧感也会造成障碍。根据题意可知，本题中属于主观沟通障碍的只有 A 选项。故本题答案为 A。

13. **答案**：D。

解析：本题考查子网掩码。子网掩码是一种用来指明一个 IP 地址的哪些位标识的是主机所在的子网，以及哪些位标识的是主机的位掩码。子网掩码的长度是 32 位，左边是网络位，用二进制数字“1”表示，“1”的数目等于网络位的长度；右边是主机位，用二进制数字“0”表示，“0”的数目等于主机位的长度；所以 B、C 两项正确，D 项错误。A 项，可通过子网掩码标识网络的类型（A 类、B 类、C 类），所以 A 项正确。故本题答案为 D。

14. **答案**：A。

解析：本题考查管理者具备的技能。美国管理学家卡茨在《管理者的技能》（1955）一文中提出，一个有效的管理者应具备三方面的技能：技术技能、人际技能（人事技能）、概念（观念）技能。故本题答案为 A。

15. **答案**：D。

解析：本题考查控制职能的含义。法约尔认为，管理的职能包括计划、组织、指挥、协调与控制。其中，控制就是要证实企业的各项工作是否已经和计划相符，其目的在于指出工作中的缺点和错误，以便纠正并避免重犯。故本题答案为 D。

16. **答案**：A。

解析：本题考查马斯洛的需求层次理论。马斯洛认为，人的需要可以分成五个层次，分别是生理需要、安全需要、社交需要、尊重需要和自我实现的需要。马斯洛对于安全需要的理解是"整个有机体是一个追求安全的机制，人的感受器官、效应器官、智能和其他能量主要是寻求安全的工具，甚至可以把科学和人生观都看成是满足安全需要的一部分"，题目中所提到的职业安全、稳定，劳动保护等都属于安全需要的范畴。故本题答案为 A。

17. **答案**：D。

解析：本题考查管理的定义。管理是指在特定的环境条件下，以人为中心通过计划、组织、指挥、协调、控制及创新等手段，对组织所拥有的人力、物力、财力、信息等资源进行有效的决策、计划、组织、领导、控制，以期高效地达到既定组织目标的过程。根据管理的定义可以得出管理的对象是组织活动和组织资源。故本题答案为 D。

18. **答案**：B。

解析：短期利率通常被认为是中央银行货币政策的操作目标，操作目标是短期中间目标。在银行的货币政策目标中，操作目标即短期中间目标主要有短期利率、银行准备金和基础货币。故本题答案为 B。

19. **答案**：B。

解析：支付手段的主要特点是价值单方面地转移，而题干中涉及价值的单方面转移，因此货币执行的职能是支付手段。A 选项，价值尺度是指货币充当衡量价值的手段。C 选项，流通手段是指货币在商品流通中充当交易媒介，是价值的双向流动。D 选项，贮藏手段是指货币退出流通领域被人们当做财富储藏起来。故本题答案为 B。

20. **答案**：D。

解析：名义货币需求是社会各经济部门适应物价增减幅度在名义上增减的货币需求，是未剔除物价变动影响的货币需求；实际货币需求是剔除物价变动的影响，以货币实际对应的商品和劳务表示的货币需求。宏观货币需求是指一国经济合理协调运转或者要达到当局制定的某些经济目标在总体上需要多少货币供应量；微观货币需求是指企业、家庭、个人等微观经济主体，在既定的收入水平、利率水平和其他经济条件下，把自己财富中的多大比例以货币形式持有。故本题答案为 D。

21. **答案**：C。

解析：借记卡是指先存款后消费（或取现）、没有透支功能的银行卡，而贷记卡和准贷记卡是具有透支功能的银行卡。贷记卡是指发卡银行给予持卡人一定的信用额度，持卡人可在信用额度内先使用、后还款的信用卡。准贷记卡是指持卡人须先按发卡银行的要求缴存一定金额的备用金，当备用金账户余额不足时，可在发卡银行规定的信用额度内透支的信用卡。根据本题的描述可知用于交电费的银行卡是没有透支功能的，因此属于借记卡。故本题答案为C。

22. **答案**：C。

解析：完全竞争市场的特点：（1）市场上有大量的买者和卖者；（2）市场上的产品都是同质的；（3）资源具有完全的流动性；（4）信息是完全的。故本题答案为C。

23. **答案**：D。

解析：我国《商业银行资本充足率管理办法》第十二条规定，商业银行资本包括核心资本和附属资本。核心资本包括实收资本或普通股、资本公积、盈余公积、未分配利润和少数股权。附属资本包括重估储备、一般准备、优先股、可转换债券、混合资本债券和长期次级债务。同时，在计算资本充足率时，还需要从资本中扣除一些项目，称为扣除项。在计算核心资本充足率时，应从核心资本中扣除以下项目：（1）商誉；（2）商业银行对未并表金融机构资本投资的50%；（3）商业银行对非自用不动产和企业资本投资的50%。之所以要对这些项目进行扣除，主要是在银行出现损失时，银行不可能拿这些项目所对应的资金来弥补银行所出现的损失。故本题答案为D。

24. **答案**：C。

解析：营销观念分为生产观念、产品观念、推销观念、市场营销观念和社会营销观念。生产观念认为消费者喜欢那些可以随处买到和价格低廉的商品，企业应当组织和利用所有资源，集中一切力量提高生产效率和扩大分销范围，增加产量，降低成本。产品观念认为消费者喜欢高质量、多功能和具有某些特色的产品。因此，企业管理的中心是致力于生产优质产品，并不断精益求精、日臻完善。推销观念认为消费者通常有一种购买惰性或抗衡心理，若听其自然，消费者就不会自觉地购买大量本企业的产品，因此企业管理的中心任务是积极推销和大力促销，以诱导消费者购买产品。市场营销观念认为实现企业诸目标的关键在于正确确定目标市场的需要和欲望，一切以消费者为中心，并且比竞争对手更有效、更有利地传送目标市场所期望满足的东西。社会营销观念是市场营销观念的优化，它的基本核心是以实现消费者满意以及消费者和社会公众的长期福利作为企业的根本目的与责任。理想的营销决策应同时考虑到消费者的需求与愿望的满足、消费者和社会的长远利益、企业的营销效益。故本题答案为C。

25. **答案**：B。

解析：本题考查不良贷款率的计算。商业银行的不良贷款率=（次级类贷款+可疑类贷款+损失类贷款）/贷款总额×100%=（15+9+6）/（210+60+15+9+6）×100%=10%。故本题答案为B。

26. **答案**：C。

解析：欧洲债券是指一国政府、金融机构和工商企业在国际市场上以可以自由兑换的第三国货币标值并还本付息的债券，其票面金额货币并非发行国家当地货币的债券。例如，法国一家机构在英国债券市场上发行的以美元为面值的债券即欧洲债券。欧洲债券的发行人、发行地以及面值货币分别属于三个不同的国家。欧洲债券按照计价货币，分为欧洲美元债券、欧洲日元债券等。A、B、D 选项的描述均正确。故本题答案为 C。

27. **答案**：A。

解析：水肿型营养不良与摄入蛋白质的质差且量不足有关，轻者仅有下肢水肿，重者于上肢、腹部及颜面等处均有水肿。豆类植物中的蛋白质含量较高、蔬菜中含量较少，此时应多喝豆浆缓解水肿状况，而不是多吃蔬菜，A 选项表述错误。苹果中含有微量元素锌，可以增强记忆，B 选项表述正确。不少深海鱼都含有组胺物质，一旦人体内的组胺量超标，该物质就会进入人体血液循环中，导致组胺过敏反应。平时吃深海鱼之所以没有上述不适症状，是因为人体肠胃和肝脏中有一种抑制组胺活性的物质——单胺氧化酶，它可使组胺无法进入血液循环中。但是有些感冒药却存有单胺氧化酶抑制剂，也就是说会抑制人体肠胃和肝脏分泌出单胺氧化酶，此时再食用海鱼非常容易造成组胺物质快速在体内积蓄，并进入到人体的血液循环中，C 选项表述正确。因为盐中含钠离子，食入过多，细胞外钠离子浓度就会加大，则细胞内钠离子也增多，随之出现细胞肿胀。小动脉壁平滑肌细胞肿胀后会使管腔狭窄，外周阻力加大；另一方面会使小动脉壁对血液中的缩血管物质（如肾上腺素、去甲肾上腺素、血管紧张素）反应增加，引起小动脉痉挛，使全身各处细小动脉阻力增加，血压就升高了，长时间这样，就患上了高血压，D 选项表述正确。故本题答案为 A。

28. **答案**：D。

解析：发现室内燃气泄漏后，应该首先关闭气源、打开门窗通风，然后撤离事故发生的房屋。到达安全地域后，要马上电话报警或者通知燃气公司进行检修。出现燃气泄漏事故后，在室内开关电源的行为、在室内使用明火的行为都是危险的。故本题答案为 D。

29. **答案**：A。

解析：A 选项，人体是导体，发现有人触电，若立即用手去拉，会造成施救者也触电，正确的做法是先切断电源或用绝缘棒将电线挑开，故该说法错误；B 选项，燃烧时的烟气因温度高、密度小而向高处飘散，因此，逃离浓烟密布的火灾现场时，应俯身并用湿毛巾遮盖口鼻，该说法正确；C 选项，被毒蛇咬伤后，在伤口的近心端 5—10 厘米处，用绳子或止血带结扎是正确的，这样可以防止毒素通过心脏流到全身，对人造成更大的危害，该说法正确；D 选项，面积比较小的房间相对牢固，支撑物也较多，在地震逃生时可以选择，如果来得及应快速离开房间，跑到空旷的地方更加安全一些，该说法正确。故本题答案为 A。

30. **答案**：D。

解析：诺贝尔奖并非都是由瑞典相关国家机构颁发给获奖者的。物理和化学奖由瑞典皇家科学院授予，生理学和医学奖由瑞典的卡罗琳医学院授予，文学奖由瑞典文学院授予，和平奖是由挪威议会来授予获奖者。故本题答案为 D。

31. **答案**：D。

解析：人类基因组计划主要目的是测定组成人类染色体上的三十亿个碱基的序列，识别人类碱基对及其在 DNA 上的位置，被誉为生命科学研究领域的“登月”计划。故本题答案为 D。

32. **答案**：D。

解析：酸雨是由于大气中二氧化硫浓度过高引起的。故本题答案为 D。

33. **答案**：A。

解析：刮大风时，根据流体力学的伯努利原理，空气运动速度越快，对物体表面的压力越小，当大气从屋顶吹过时，由于空气快速流动，空气对屋顶的压力变小，这时屋内空气向上的压力远大于空气向下的压力，因此房顶就可能被掀翻。故本题答案为A。

34. **答案**：B。

解析：近视镜是凹透镜，显微镜目镜是凸透镜，汽车观后镜是凸面反光镜，手电筒反光罩是凹面反光镜。故本题答案为B。

35. **答案**：C。

解析：击剑是从古代剑术决斗中发展起来的一项体育项目，它结合优雅的动作和灵活的战术，要求运动员精神的高度集中与身体的良好协调性，体现出运动员良好的动作和敏捷的反应。运动员穿戴击剑服装和护具，在击剑场上用一手持剑互相刺击，被先击中身体有效部位的一方为被击中方。比赛项目男子有花剑、重剑、佩剑，女子有花剑、重剑、佩剑，均有个人赛和团体赛。故本题答案为C。

36. **答案**：D。

解析：在打雷时，不宜使用无防雷措施或防雷措施不足的电视、音响等电器，要拔掉电器用具插头，故A项是错误的。汽车往往是极好的避雷设施，因有屏蔽作用，即使被闪电击中汽车也不会伤人，故B项是错误的。切勿游泳或从事其他水上运动或活动，不宜停留在游泳池、湖泊、海滨、水田等地和船上，故C项是错误的。不宜进行室外球类运动，在空旷场地不宜打伞，不宜把锄头、铁锹、羽毛球拍、钓鱼竿、高尔夫球杆等扛在肩上。故本题答案为D。

37. **答案**：A。

解析：本题考查电子商务系统。电子商务系统是指企业、消费者、银行、政府等在Internet和其他网络的基础上，以实现企业电子商务活动的目标，满足企业生产、销售、服务等生产和管理的需要，支持企业的对外业务协作，从运作、管理和决策等层次全面提高企业信息化水平，为企业提供具备商业智能的计算机网络系统。电子商务系统主体分为四层：(1) 网络层（网络平台）；(2) 传输层（信息发布平台）；(3) 服务层（电子商务平台）；(4) 应用层（电子商务各应用系统）。故本题答案为A。

38. **答案**：A。

解析：本题考查高速缓冲存储器。高速缓冲存储器是存在于主存与CPU之间的一级存储器，由静态存储芯片（SRAM）组成，容量比较小但速度比主存高得多，接近于CPU的速度。动态RAM用来做内存。故本题答案为A。

39. **答案**：D。

解析：本题考查死锁。死锁是指两个或两个以上的进程在执行过程中，由于竞争资源或者由于彼此通信而造成的一种阻塞的现象，若无外力作用，它们都将无法向前推进。死锁的发生必须具备以下四个必要条件：互斥条件、请求和保持条件、不剥夺条件和环路等待条件。D项的“阻塞”是指进程在运行过程中，由于发生某事件而暂时无法继续执行时，便放弃处理机而处于暂停状态。故本题答案为D。

40. **答案**：C。

解析：本题考查传输层协议。TCP 和 UDP 协议都属于传输层协议。TCP 是面向连接的协议，提供可靠的数据传输；UDP 是面向非连接的协议，提供不可靠的数据传输。故本题答案为 C。

41. **答案**：C。

解析：本题考查软件测试的分类。软件测试是指在规定的条件下对程序进行操作，以发现程序错误、衡量软件质量，并对其是否能满足设计要求进行评估的过程。从是否关心软件内部结构和具体实现的角度划分，软件测试分为：白盒测试、黑盒测试和灰盒测试。从是否执行程序的角度分为：动态测试和静态测试。故本题答案为 C。

42. **答案**：C。

解析：本题考查 SQL。结构化查询语言，简称 SQL，是一种特殊目的的编程语言，是一种数据库查询和程序设计语言，用于存取数据以及查询、更新和管理关系数据库系统；同时也是数据库脚本文件的扩展名。SQL 包括六部分：数据查询语言（DQL）、数据操作语言（DML）、事务处理语言（TPL）、数据控制语言（DCL）、数据定义语言（DDL）和指针控制语言（CCL）。保留字 SELECT 是 DQL（也是所有 SQL）用得最多的动词，表示查询。故本题答案为 C。

43. **答案**：B。

解析：本题考查计算机的发展。从元器件来说，计算机发展大致经历了四代：第一代是电子管计算机，第二代是晶体管计算机，第三代是中小规模集成电路计算机，第四代是大规模、超大规模集成电路计算机。故本题答案为 B。

44. **答案**：C。

解析：本题考查路由器。OSI 七层结构从下到上分别是：物理层、数据链路层、网络层、传输层、会话层、表示层、应用层。路由器（Router），是连接因特网中各局域网、广域网的设备，它会根据信道的情况自动选择和设定路由，以最佳路径，按前后顺序发送信号。路由器工作在网络层，而交换机一般工作在数据链路层。故本题答案为 C。

45. **答案**：D。

解析：本题考查人工智能。人工智能（AI）是研究、开发用于模拟、延伸和扩展人的智能的理论、方法、技术及应用系统的一门新的技术科学。人工智能的研究途径有心理模拟、生理模拟和行为模拟。故本题答案为 D。

综合知识（共 60 题）　时事（总题量：10 题）

1. **答案**：C。

解析：伟大斗争，伟大工程，伟大事业，伟大梦想，紧密联系、相互贯通、相互作用。其中的伟大工程指的是党的建设，它起着决定性作用。故本题答案为 C。

2. **答案**：A。

解析：党的十九大报告指出：第二轮土地承包到期后再延长三十年。故本题答案为 A。

3. **答案**：D。

解析：党的十八大以来，我国经济保持中高速增长，国内生产总值从五十四万亿元增长到八十万亿元，稳居世界第二，对世界经济增长贡献率超过百分之三十。贫困发生率从百分之十点二下降到百分之四以下。故本题答案为D。

4. **答案**：A。

解析：习近平总书记在中国共产党第十九次全国代表大会的报告中的民生部分提出："确保到二〇二〇年我国现行标准下农村贫困人口实现脱贫，贫困县全部摘帽，解决区域性整体贫困，做到脱真贫、真脱贫。"故本题答案为A。

5. **答案**：ACD。

解析：党的十九大报告指出，国防和军队改革取得历史性突破，形成军委管总、战区主战、军种主建新格局，人民军队组织架构和力量体系实现革命性重塑。故本题答案为ACD。

6. **答案**：ABC。

解析：党的十九大的主题：不忘初心，牢记使命，高举中国特色社会主义伟大旗帜，决胜全面建成小康社会，夺取新时代中国特色社会主义伟大胜利，为实现中华民族伟大复兴的中国梦不懈奋斗。故本题答案为ABC。

7. **答案**：ABC。

解析：A项正确，单纯服务金融经济容易发生国家动荡。D项错误，创新金融产品是为服务实体经济的具体举措。故本题答案为ABC。

8. **答案**：AB。

解析：2017年7月7日下午，在波兰克拉科夫举行的第四十一届世界遗产大会上，中国青海可可西里经世界遗产委员会一致同意，获准列入《世界遗产名录》，成为中国第51处世界遗产，也是我国面积最大的世界自然遗产地。2017年7月8日，福建省鼓浪屿在波兰克拉科夫举行的世界遗产大会上获准列入世界文化遗产名录。至此，中国已拥有52处世界遗产。故本题答案为AB。

9. **答案**：A。

解析：财政部官网发布《关于简并增值税税率有关政策的通知》，自2017年7月1日起，简并增值税税率结构，取消13%的增值税税率。故本题答案为A。

10. **答案**：D。

解析：弘扬马克思主义学风，推进"两学一做"学习教育常态化制度化，以县处级以上领导干部为重点，在全党开展"不忘初心、牢记使命"主题教育，用党的创新理论武装头脑，推动全党更加自觉地为实现新时代党的历史使命不懈奋斗。故本题答案为D。

综合知识（共60题）　中国农业银行特色知识（总题量：5题）

1. **答案**：C。

解析：中国工商银行的客服电话是95588，中国建设银行的客服电话是95533，中国农业银行的客户服务电话是95599，中国银行的客服电话是95566。故本题答案为C。

2. **答案**：C。

解析：中国农业银行的核心价值观是"诚信立业　稳健行远"。故本题答案为C。

3. **答案**：B。

解析：2010年7月，中国农业银行分别在上海证券交易所和香港联合交易所挂牌上市，完成了向公众持股银行的跨越。故本题答案为B。

4. **答案：**C。

解析：中国农业银行的全称是中国农业银行股份有限公司，英文名称是Agricultural Bank of China，简称ABC。故本题答案为C。

5. **答案：**B。

解析：2009年，中国农业银行由国有独资商业银行整体改制为现代化股份制商业银行。2010年7月，中国农业银行分别在上海证券交易所和香港联合交易所挂牌上市，完成了向公众持股银行的跨越。故本题答案为B。

能力测试综合知识（共50题）　言语理解（总题量：6题）

1. **答案：**B。

解析：本题考查色彩辨析。由“公车管理”“政策”等词可知文段是书面体风格，第一个空所填词也应该是书面语，故可排除C、D。再看第三个空，由“拿出措施防止公车因此而增加”可知，第三个空应填入一个褒义词，“未雨绸缪”比喻事先做好准备工作，含有褒义色彩，符合文段的语境。故本题答案为B。

2. **答案：**D。

解析：本题考查分总结构。文段先阐述了圆明园的建筑工程用时之长、地位之高。紧接着又介绍圆明园的设计，通过“大清疆域的轮廓”、“9个人工岛屿”和“环抱于九岛之中的一群宫殿”这些内容，可以得到尾句的结论，圆明园的设计处处体现着皇权的至高无上。故本题答案为D。

3. **答案：**C。

解析：本题考查总分总结构。文段首句提出观点：社会的冷漠损害了社会的和谐。紧接着分析了形成冷漠社会的原因，最后推出冷漠的社会很难和谐的结论。因此，文段的观点是“建设和谐社会需要摒弃冷漠”。故本题答案为C。

4. **答案：**D。

解析：本题考查病句辨析。A项动宾搭配不当，“导致”与“影响”搭配不当，可将“影响”改为“问题”。B项语序不当，应该将“关注民生”放在“改善民生”之前。C项搭配不当，“能否”和“有利保障”属于两面对一面的错误，可将“能否”删掉。故本题答案为D。

5. **答案：**D。

解析：本题考查语句排序。由“明洪武年间”“清代康熙、雍正、乾隆时期”“新中国成立后”可知，这几个句子之间暗含着时间顺序，应该为（1）、（2）、（5），故可排除A、B。C、D两项的区别在（3）、（5）的顺序，（3）中的“这一时期”“青花瓷”“很高的艺术成就”指代的（2）的“青花瓷在制瓷和青花绘制工艺上获得进一步发展”，应在（2）后面。故本题答案为D。

6. **答案：**A。

解析：本题考查病句辨析。B 项成分赘余，句子中的“目前”和“当务之急”语意重复，应删掉“目前”。C 项主客倒置，应改为“许多人对莫言的作品《蛙》是不陌生的”。D 项“……的精神……浮现在眼前”搭配不当。故本题答案为 A。

能力测试综合知识（共 50 题）　数字运算（总题量：13 题）

1. **答案**：D。

解析：本题考查火车过桥问题。根据题意可知，快车行驶的路程差 = 两车的车长和，两车的速度差为 22−17 = 5（米/秒），所以所需的时间 = 220÷5 = 44（秒）。故本题答案为 D。

2. **答案**：D。

解析：本题考查倍数周期。隔 1 天就是每 2 天，隔 n 天就是每 $n+1$ 天，所以他们每 2 天、每 5 天、每 7 天去一次，想要最快相遇，再过的天数一定是 2，5，7 的最小公倍数，即最快再过 70 天，三人再次相遇。第一次是在 7 月 1 日相遇，最快 9 月 9 日再次相遇。故本题答案为 D。

3. **答案**：B。

解析：本题考查十字交叉法。总体的回报率为 4200÷60000 = 7%，按照十字交叉法：

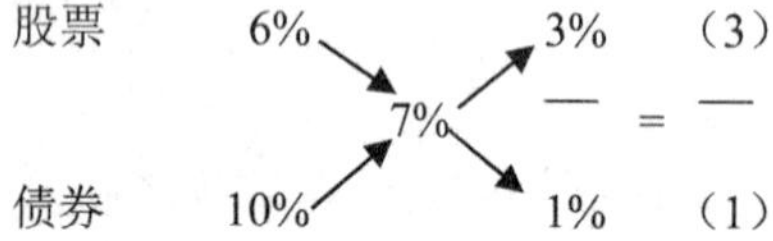

(3)/(1)

60000 元的投资按照 3∶1 的比例混合，债券占了$\frac{1}{4}$，即债券的投资为 $60000\times\frac{1}{4}=15000$（元）。故本题答案为 B。

4. **答案**：D。

解析：本题考查时钟问题。依题意，小华解题这段时间，分针比时针多走了 180°，每分钟分针与时针相差 5.5°，所求为 $180°\div5.5=32\frac{8}{11}$（分钟）。故本题答案为 D。

5. **答案**：D。

解析：本题考查不定方程。设有 x 个领导、y 个普通员工，根据题意可列方程：$50x+20y=300$，化简得 $5x+2y=30$。由于 30 是偶数，$2y$ 是偶数，所以 x 必须是偶数，排除 A、B。将 C、D 代入：求出 $x=4$ 时，$y=5$，不满足总人数超过 10 人的条件；$x=2$ 时，$y=10$，满足条件，故有 2 名部门领导。故本题答案为 D。

6. **答案**：C。

解析：本题考查整除关系。方程法相对复杂，题目中出现分数，考虑整除关系。当时的库存可以分成 4 份，可以被 4 整除，即（原有−72）能被 4 整除，分别计算选项为 10、24、36、42，A 项不满足，排除 A 项。第二天的库存可以分成 9 份，可以被 9 整除，即（原有−72）$+\frac{1}{4}$（原有−72）$=\frac{5}{4}$（原有−72）能被 9 整除，$\frac{5}{4}$不能被 9 整除，则（原有−72）能被 9 整除，只有 C 项满足。故本题答案为 C。

7. **答案**：D。

解析：本题考查经济利润问题。设亏本卖的商品原价为 x，盈利卖的商品原价为 y，则有 $0.8x=30000$，$1.2y=30000$，解得 $x=37500$，$y=25000$，原计划收入 $x+y=62500$，实际收入 $30000\times2=60000$，二者相差2500。故本题答案为D。

8. **答案**：B。

解析：本题考查容斥问题。出现参加两个项目，判定题型：三集合非标准型容斥问题。套公式：49+36+28−13−9×2＝总人数−0（参加的人数中没有不参加的）。尾数法：−9×2尾数是−8，8和−8消掉，6和−3变成3，9+3尾数是2，对应B项。故本题答案为B。

9. **答案**：B。

解析：本题考查排队取水问题。为了让总时间最少，应该让用时最少的先打水，所以接水顺序为丙甲乙丁戊。故本题答案为B。

10. **答案**：A。

解析：本题考查空瓶换水问题。4个空瓶换1瓶的实质是：有3个空瓶就能喝到一瓶汽水，现在有25个空瓶，可以喝到25÷3＝8……1。故本题答案为A。

11. **答案**：B。

解析：本题考查极限类容斥问题。判定题型："都……至少"。（1）反向：20、30、40。（2）求和：20+30+40＝90。（3）作差：100−90＝10。故本题答案为B。

12. **答案**：A。

解析：本题考查日期推断问题。由某年2月最后一天是星期三可知，该年的3月1日是周四，所以可以根据（3+2+3+2+3+3+2+3+2+3）÷7余5推出次年的1月1日为周二，因此该年的12月31日为周一。又因为周一有一班航班出发，所以当年从A市到B市的最后一次航班是星期一出发的。故本题答案为A。

13. **答案**：B。

解析：本题考查代入排除法解年龄问题。由"小王的哥哥比小王大2岁、比小李大5岁"可知，小王比小李大3岁，观察选项只有B选项满足这一条件。故本题答案为B。

能力测试综合知识（共50题）　逻辑推理（总题量：13题）

1. **答案**：B。

解析：本题考查数量关系。从每列来看，题干图形直线数依次为2、1、0；5、4、3；8、7、（6），只有B项直线数为6。故本题答案为B。

2. **答案**：D。

解析：本题考查组合叠加。第一组图形中第二个图形上下翻转后与第一个图形叠加，去异存同得到第三个图形。第二组图形也遵循此规律。故本题答案为D。

3. **答案**：C。

解析：本题考查折纸盒。A项立体图的右侧面箭头的方向不对，箭头的方向应该是水平的；B项立体图的右侧面应该是黑色的五角星；D项立体图的上表面应该是多角星而不是五角星。故本题答案为C。

4. **答案**：D。

解析：本题考查数量关系。第一组图形的笔画数是 1，第二组图形的笔画数是 2。故本题答案为 D。

5. **答案**：D。

解析：本题考查直接叠加。每组前两个图形叠加，保留全部线条得到第三个图形。故本题答案为 D。

6. **答案**：C。

解析：本题考查数量关系。题干图形的部分数分别是 3、2、1、2、（3）。故本题答案为 C。

7. **答案**：A。

解析：本题考查元素分布。观察第一组图形发现，前一个图形的内部图形是后一个图形的中部图形、前一个图形的中部图形是后一个图形的外部图形、前一个图形的外部图形是后一个图形的内部图形。第二组图形也遵循此规律。故本题答案为 A。

8. **答案**：B。

解析：本题考查递推数列。规律为第一项－第二项－1＝第三项，按此规律，未知项为 35－（－52）－1＝86。故本题答案为 B。

9. **答案**：B。

解析：本题考查折纸盒。若以三角形面和圆形面分别作为正面和右面，则上面的阴影应与三角形面有公共边，A 项错误；若以圆形面为正面，则阴影面的长边应与圆形面垂直，C 项错误；若以空白面和三角形面分别为正面和上面，则阴影应与三角形面有公共边，D 项错误。故本题答案为 B。

10. **答案**：B。

解析：本题考查数量关系。题干图形均有四个封闭区域，所选图形也应有四个封闭区域。故本题答案为 B。

11. **答案**：C。

解析：本题考查旋转。从每行看，每个图形依次逆时针旋转 90°得到下一个图形。故本题答案为 C。

12. **答案**：A。

解析：本题考查作差型多级数列。

三级等差数列。

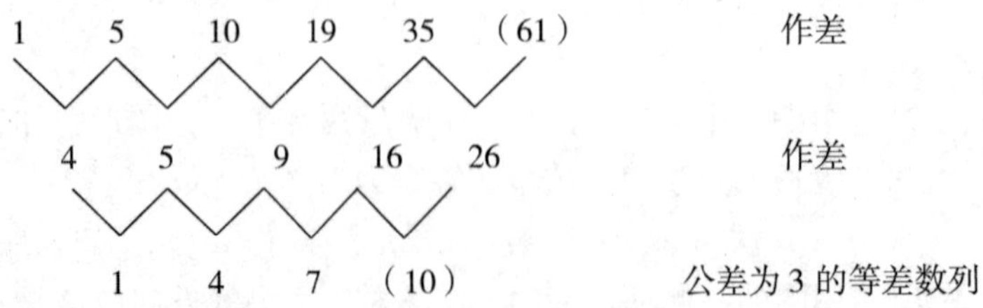

故本题答案为 A。

13. **答案**：C。

解析：本题考查分数数列。将$\frac{1}{4}$化作$\frac{4}{16}$，可以发现规律。分子 1，2，3，4，5，下一项应该为 6；分母是$\frac{1}{4}$，1，4，16，64，（　），后一项是前一项的 4 倍，下一项应该为 256。（　）$=\frac{6}{256}=\frac{3}{128}$。故本题答案为 C。

能力测试综合知识（共 50 题）　思维策略（总题量：13 题）

1. **答案**：B。

解析：本题考查等差数列求和。原式＝（2+100）÷2×50＝2550。故本题答案为 B。

2. **答案**：C。

解析：本题考查完全平方公式，原式$=22^2+23^2+(23+2)^2-(22+2)^2=23^2+23^2+(2\times46-2\times44)=1058+4=1062$。故本题答案为 C。

3. **答案**：C。

解析：本题考查分式裂项。原式$=1-\frac{1}{2}+\frac{1}{2}-\frac{1}{3}+\cdots+\frac{1}{2013}-\frac{1}{2014}=1-\frac{1}{2014}=\frac{2013}{2014}$。故本题答案为 C。

4. **答案**：C。

解析：本题考查分式裂项。原式$=\frac{1}{2}\times\left(\frac{1}{3}+\frac{1}{15}+\frac{1}{35}+\frac{1}{63}+\frac{1}{99}\right)=\frac{1}{2}\times\left(\frac{1}{1\times3}+\frac{1}{3\times5}+\frac{1}{5\times7}+\frac{1}{7\times9}+\frac{1}{9\times11}\right)=\frac{1}{2}\times\frac{1}{2}\times\left(1-\frac{1}{3}+\frac{1}{3}-\frac{1}{5}+\frac{1}{5}-\frac{1}{7}+\frac{1}{7}-\frac{1}{9}+\frac{1}{9}-\frac{1}{11}\right)=\frac{1}{4}\times\left(1-\frac{1}{11}\right)=\frac{1}{4}\times\frac{10}{11}=\frac{5}{22}$。故本题答案为 C。

5. **答案**：D。

解析：本题考查提取公因式。原式＝3333×（3×2223+3334）＝3333×10003＝33339999。故本题答案为 D。

6. **答案**：A。

解析：本题考查重复数。原式＝1005×10061006－1006×10051005＝1005×1006×10001－1006×1005×10001＝0。故本题答案为 A。

7. **答案**：B。

解析：本题考查凑数法。原式＝13.24+7.19+13.57－（25.17+3.58+1.25）＝4。故本题答案为 B。

8. **答案**：C。

解析：本题考查平方差公式。原式$=(25-1)\times(25+1)-(20-1)\times(20+1)+1=25^2-1-20^2+1+1=25^2-20^2+1=(25+20)\times(25-20)+1=45\times5+1=225+1=226$。故本题答案为 C。

9. **答案**：C。

解析：本题考查等差、等比数列的求和。奇数项构成等比数列、偶数项构成等差数列，

原式 = （1+2+4+8+16+32+…+1024） + （2+4+6+8+10+…+22） = $1\times\frac{1-2^{11}}{1-2}$ + （2+22） ÷2×11 = $2^{11}-1+132$ = 2048+131 = 2179。故本题答案为 C。

10. **答案**：B。

解析：本题考查提取公因式。原式 = 3. 87× （25+24+51） = 3. 87×100 = 387。故本题答案为 B。

11. **答案**：A。

解析：本题考查乘法分配律。原式 = （7. 5+5） ×100. 2+7. 5×99. 8 = 7. 5×100. 2+5×100. 2+7. 5×99. 8 = 7. 5× （100. 2+99. 8） +5×100. 2 = 7. 5×200+501 = 1500+501 = 2001。故本题答案为 A。

12. **答案**：B。

解析：本题考查凑整法。原式 = （79659+45341） + （45305+79695） + （79596+45404） + （79569+45431） = 125000×4 = 500000。故本题答案为 B。

13. **答案**：D。

解析：本题考查换元法。因为 $abc=100$，所以原式 = $\frac{abcd}{ab+abcd+abc}+\frac{b}{bc+b+abc}+\frac{abcc}{abcac+abcc+abc}=\frac{ab}{1+ac+c}+\frac{1}{c+1+ac}+\frac{c}{ac+c+1}=\frac{ac+1+c}{1+ac+c}=1$。故本题答案为 D。

能力测试综合知识（共 50 题） 资料分析（总题量：5 题）

1. **答案**：B。

解析：本题考查初期值的计算。由材料可知，2009 年该省的有线网络收入为 $\frac{45.38}{1+26.35\%}\approx\frac{45}{1.25}=36$（亿元）。故本题答案为 B。

2. **答案**：A。

解析：本题考查初期比重的计算。由材料可知，2009 年该省广告收入为 $\frac{67.08}{1+25.88\%}$ 亿元，该省广电总收入为 $\frac{145.83}{1+32.07\%}$ 亿元，广告收入占广电总收入的比重为 $\frac{67.08\times(1+32.07\%)}{145.83\times(1+25.88\%)}\times100\%>\frac{66}{150}\times100\%=44\%$，只有 A 项符合。故本题答案为 A。

3. **答案**：D。

解析：本题考查增长率的计算。由材料可知，2010 年该省地市级广电收入的同比增速为 $\frac{13.39}{41.61-13.39}\times100\%=\frac{13.39}{28.22}\times100\%>\frac{12}{30}\times100\%=40\%$，只有 D 项符合。故本题答案为 D。

4. **答案**：A。

解析：本题考查平均量的计算。由材料可知，2010 年该省有线电视用户每户平均每月的有线网络费用约为$\frac{45.38\times10^4}{1885.8\times12}\approx\frac{45\times10000}{1800\times12}=\frac{250}{12}\approx\frac{240}{12}=20$（元）。故本题答案为 A。

5. **答案**：C。

解析：本题考查综合分析。A 项，由材料可知，2010 年省级广电收入同比增长金额 15.5 亿元，县级广电收入同比增长金额 6.52 亿元，省级广电收入同比增长金额高于县级，A 项错误；

B 项，2010 年中部地区广电收入的 3 倍为 $17.78\times3>17\times3=51$（亿元），而东部地区广电收入为 50.06 亿元，B 项错误；

C 项，2009 年西部地区市均广电收入的 3 倍为 $1.4\times3=4.2$（亿元），而中部地区市均广电收入为 4.21 亿元，C 项正确；

D 项，2010 年有线电视用户中有线数字电视用户所占比重为$\frac{1007.8}{1885.88}\times100\%>50\%$，D 项错误。

故本题答案为 C。

英语（共 80 题）　选词填空（总题量：45 题）

1. **答案**：C。

解析：本题考查名词词义辨析。句意为“尽管他们没有掌握最前沿的科技，但是他们也从不低估一个果决的经营者以及一群有上进心的员工的价值”。句子表示“经营者的价值”，A 项 price 意为“价格”；B 项 grade 意为“成绩”，通常与学业挂钩；D 项 cost 表示“成本”。故本题答案为 C。

2. **答案**：B。

解析：本题考查名词复数。句意为“这个问题很难，我需要你的建议”。advice 为不可数名词，其复数形式为其原型，排除 A。appraise 意为“评估”，与句意不符，排除 C、D。故本题答案为 B。

3. **答案**：C。

解析：本题考查名词词义辨析。句意为“作为人类，我们通常尽我们所能来避免损失”。选项 A 意为“爱”，选项 B 意为“幸运”，选项 C 意为“损失”，选项 D 意为“生活”。prevent loss 意为“避免损失”。故本题答案为 C。

4. **答案**：D。

解析：本题考查动词词义辨析。句意为“请仔细听我讲，我不会再重复我说过的话”。A 项意为“放松”，B 项意为“恢复，康复”，C 项意为“搜寻”，D 项意为“重复”。repeat 最符合题意。故本题答案为 D。

5. **答案**：B。

解析：本题考查动词词义辨析。句意为“地板上有水。小心点，否则会滑倒”。A 项意为“微笑”，B 项意为“滑到，摔倒”，C 项意为“使……变直”，D 项意为“损害”。slip 最符合题意。故本题答案为 B。

6. **答案**：D。

解析：本题考查动词词义辨析。句意为“这颗止痛药可以减轻你的牙痛”。A 项意为“放松”；B 项意为“拒绝”，情态动词后应用动词原形，不符合题意；C 项意为“提醒”；D 项意为“解除，减轻”。relieve 最符合题意。故本题答案为 D。

7. **答案**：B。

解析：本题动词词义辨析。句意为“狗对着陌生人叫，因为它们能识别自己主人的味道”。A 项意为“推荐”；B 项意为“识别，认出”；C 项意为“提炼”，情态动词后应用动词原形，不符合题意；D 项意为“循环”。recognize 最符合题意。故本题答案为 B。

8. **答案**：D。

解析：本题考查词性确定。句意为“我们最新的手机与主要竞争对手的手机相似，但是我们的新手机有更多的功能也更可靠”。句中缺少谓语，故应填动词。A 选项为形容词短语；B 选项为副词，C 选项有形容词和副词两种词性；D 选项为动词，意为“类似、和……相似”。故本题答案为 D。

9. **答案**：A。

解析：本题考查词性确定。句意为“根据自身的习惯，新的售货员拒绝戴领带”。on principle 意为“按照原则；按照习惯；根据为人处世的原则”。故本题答案为 A。

10. **答案**：D。

解析：本题考查词性确定。句意为“社论专页是作者可以表达他们对问题的真实感受的地方。”A 项为形容词，意为“象征的，指示的”；B 项为名词，意为“表明，指示”；C 项为名词，意为“指示器”；D 项为动词，意为“表明，指示”。情态动词后只能接动词原形，因此横线处需要填写一个动词的原形。故本题答案为 D。

11. **答案**：B。

解析：本题考查介词辨析。句意为“他通过向当地报纸出售社区活动的照片赚外快”。in 表示在……里面；by 表示通过某种方式；for 表示因为，为了……；after 表示在……后面。by 最符合题意。故本题答案为 B。

12. **答案**：A。

解析：考点为介词短语辨析。句意为“尽管有时他需要出去做兼职工作，但是他的成绩依然很好”。A 项 in spite of 意为“虽然，尽管……”，B 项 instead of 意为“代替，取而代之”，C 项 in case of 意为“假设，万一”，D 项 in favor of 意为“赞同，有利于”。根据句意为，in spite of 最符合题意。故本题答案为 A。

13. **答案**：D。

解析：本题考查名词词义辨析。句意为“为了能够在质量上达到最好，我们精心挑选出一些口碑好的农场，然后小批量地制作巧克力”。选项 A 意为“象征，记号”，选项 B 意为“历史”，选项 C 意为“期望，前景”，选项 D 意为“极限，最大限度”。选项 D 使得句意完整通顺。故本题答案为 D。

14. **答案**：A。

解析：本题考查动词词组辨析。句意为“不要开玩笑了，是干活的时候了”。A 项 set out 意为“着手，开始”，set out your business 意为“开始干活”；B 项 take up 意为“占用”；

C 项 go on 意为“继续”，后不能直接接名词；D 项意为“下来，使沮丧”。故本题答案为 A。

15. **答案**：B。

解析：本题考查时态。句意为“在你明天来之前，希望我们能做好准备”。做好准备应使用完成时，由于时间截止点为明天之前，时态应使用将来时。综合起来时态为将来完成时。故本题答案为 B。

16. **答案**：C。

解析：本题考查名词词义辨析。句意为“我公司有一种奖励制度，凡是向好友推荐我们的俱乐部，好友购买一整年会员的人，将会免费享有一个月的会员期”。A 项 retail 意为“零售”，B 项 interest 意为“兴趣”，C 项 incentive 意为“刺激、鼓励”，D 项 appearance 意为“外貌”。根据句意，作为一种鼓励制度、应激机制最合适。故本题答案为 C。

17. **答案**：B。

解析：本题考查介词短语辨析。句意为“‘——你叔叔直接飞去巴黎了吗?’‘——不，他从香港出发取道伦敦去巴黎’”。A 项意为“通过，穿过”，B 项意为“途径，经由，取道”，C 项意为“穿过，横过”，D 项意为“以……方式”。A、C、D 三项均不符合题意。故本题答案为 B。

18. **答案**：B。

解析：本题考查形容词比较级的用法。句意为“在这两件外套中，我想选择较便宜的一件，省一些钱买书”。因是两者比较，故用比较级，可将答案锁定在 B 和 C 之间。根据句意，排除 C。故本题答案为 B。

19. **答案**：A。

解析：本题考查时态。句意为“尽管巴克斯特女士已被调往墨西哥城，但是她与纽约分行的同事仍保持联系”。remain 作为系动词，表示“仍然，依旧”，不用于进行时态和被动语态。故首先排除 C 选项。主句的主语 Ms. Baxter and her colleagues 是复数，后面的谓语动词应与主句保持一致，故选项 B 排除。从时态上来看，句子表达现在仍然与同事联系，不用完成时，排除 D 选项。故本题答案为 A。

20. **答案**：A。

解析：本题考查名词词义辨析。句意为“警方要求公众合作追查失踪男孩子的下落”。A 项意为“合作，协调，配合”，B 项意为“劝告，忠告”，C 项意为“有用”，D 项意为“救护，援助”。根据句意，cooperation 最符合题意。故本题答案为 A。

21. **答案**：C。

解析：本题考查词性确定。句意为“当上了年纪的演讲者搜寻笔记去看他不记得的数字时，观众们都充满敬意地默默等待”。A 项为形容词，意为“分别的”；B 项为动词，意为“尊敬，敬重”；C 项为形容词，意为“充满敬意的”；D 项为形容词，意为“品行端正的、高尚的”。横线处需要一个形容词修饰名词 silence，根据句意，respectful 最符合题意。故本题答案为 C。

22. **答案**：A。

解析：本题考查名词词义辨析。句意为“培训和发展是第一份工作中最重要的事情，因为它是你职业生涯的跳板”。A 选项意为“（使某事得以开始的）跳板”，B 选项意为“有用工具”，C 选项意为“日常生活”，D 选项意为“一点点成功”。B、C、D 三项均不符合语意。故本题答案为 A。

23. **答案**：A。

解析：本题考查名词词义辨析。句意为“这些货物与商标不符”。A 项意为“商标，标签”，B 项意为“招牌，标牌”，C 项意为“凭证、预示、预兆”，D 项意为“暗号，信号”。根据句意，mark 最符合题意。故本题答案为 A。

24. **答案**：D。

解析：本题考查状语从句。句意为“要是给予更多关爱，这些花可能比现在长得更好”。动词不定式一般表示目的，故排除 B；题中主语为 flowers，与 give care 之间为被动关系，排除 A、C。故本题答案为 D。

25. **答案**：D。

解析：本题考查副词词义辨析。句意为“尽管他在十岁的时候就残疾了，然而他目标远大，他的同学对此评价也很高”。high 和 highly 均可做副词讲，high 表示具体的高度，如 jump high，aim high；highly 表示抽象的高度，比如 speak highly of him。故本题答案为 D。

26. **答案**：A。

解析：本题考查名词词义辨析。句意为“以高昂的租金为代价，许多小型企业正在转向所谓的一站式办公套件，包括高速互联网连接、办公桌、椅子和填充柜、共享会议室、厨房，有时甚至是共享前台接待员”。office rent 意为“办公室租金”。故本题答案为 A。

27. **答案**：D。

解析：本题考查介词短语辨析。句意为“——雨下得太大了！——是的，我们被告知要多注意雨水方面的信息以防洪水的发生”。in case of 有两个意思，一是表示条件，意为“如果”；二是表示目的，意为“以防”。如 Take an umbrella with you in case of rain. 意为“带把雨伞，以防下雨”。as well as 意为“也”；so long as 意为“只要”；because of 意为“因为”。故本题答案为 D。

28. **答案**：A。

解析：本题考查介词辨析。句意为“据报道，迄今为止已经有几艘船只在百慕大三角沿岸失踪”。off 用作介词时可表示距离，此时尤其用于指距离某一大路或靠近某海面。又如：Our house is about 20 meters off the main road.“我们家离大路大约有 20 米远。”故本题答案为 A。

29. **答案**：D。

解析：本题考查介词辨析。句意为“——盗贼是怎么进来的？——从一楼的窗户中进来的”。选项 D through 意为“穿过，贯穿，经过，透过”。又如：The train ran through the tunnel（火车穿过隧道）。故本题答案为 D。

30. **答案**：C。

解析：本题考查介词辨析。句意为“快到起飞的时间了，所有的乘客都已经登机了”。aboard 用作介词时意思为“在（船、飞机、车）上”“上（船、飞机、车）”。故本题答案为 C。

31. **答案**：B。

解析：本题考查被动语态。句意为“汽车制造厂的许多工作都被机器人取代了”。根据题干可以判断出备选动词 replace 和逻辑主语 jobs 存在被动关系，所以整句的谓语部分应该是 have been replaced，为现在完成时的被动语态。故本题答案为 B。

32. **答案**：A。

解析：本题考查动词词组辨析。句意为“根据我们股价的上涨幅度，我们可能会为股东提供更大的投资回报”。该题难点在于分辨“depend on”、“rely on”与“depending on”。不过题目中的 depending 并不是 depend 做状语而采用的动名词结构，而是组成了习语“depending on”意为“视乎，决定于，根据”。另外，“depend on”与“rely on”都有“依靠”的含义，不过前者指出于需要而依靠，后者指出于信任而依靠。故本题答案为 A。

33. **答案**：D。

解析：本题考查形容词词义辨析。句意为“星期五的演出已经没有票了”。available 意为“可以得到的，可供利用（使用）的”，applicable 意为“适用的，有效的”，approachable 意为“可以到达的，容易接近的”，attainable 意为“可以达到的”。根据句意，available 最符合题意。故本题答案为 D。

34. **答案**：D。

解析：本题考查动词词组辨析。句意为“小孩子们会很容易学会父母常使用的话语”。pick up 意为“拾起；（偶然地）学会，学到”，put up 意为“举起；修建；留……住宿”，turn up 意为“出现，出席”，bring up 意为“抚养大，提出”。根据句意，pick up 最符合题意。故本题答案为 D。

35. **答案**：B。

解析：本题考查介词短语辨析。句意为“我今天提前去学校，以防塞车”。in terms of 意为“根据，按照”，in case of 意为“假设，万一”，for the sake of 意为“为了”，at the risk of 意为“冒危险”。根据句意，in case of 最符合题意。故本题答案为 B。

36. **答案**：B。

解析：本题考查形容词词义辨析。句意为“等我意识到发生了什么时，已经过去几个小时了”。alive 意为“活着的”，aware 意为“意识到的”，awake 意为“醒的”，ware 意为“器皿”。故本题答案为 B。

37. **答案**：A。

解析：本题考查名词词义辨析。句意为“将来更多的机会将会对受过大学教育的人开放”。opportunity 意为“（做……的）机会”，符合句意；necessity 意为“必需品”；probability 意为“可能的结果”；reality 意为“现实，实际存在的事物”。B、C、D 三项均不符合句意。故本题答案为 A。

38. **答案**：C。

解析：本题考查定语从句。句意为“这种高端香水是从一种植物的根中提取的，精油极其珍贵，该款香水以其精致的包装和迷人的香气吸引了来自世界各地的女性顾客”。定语从句分为限制性定语从句和非限制性定语从句。此题是非限制性定语从句，在句中起补充说明的作用，是对先行词的附加说明，缺少也不会影响全句的理解，它与主句之间通常用逗号隔开。选项 A 不能引导非限制性定语从句；选项 B 在非限制性定语从句中充当一般成分；选项 D 引导名词性从句，不能引导定语从句。此句从句缺少定语的成分，用 whose 充当后面从句的定语，翻译为“香水的精致包装和香味”。故本题答案为 C。

39. **答案**：C。

解析：本题考查代词的用法。句意为“我们已经制定明确规定：办公室禁止抽烟”。make it + adj + that 从句，that 引导的是宾语从句，it 是形式宾语。故本题答案为 C。

40. **答案**：D。

解析：本题考查副词词义辨析。句意为“众所周知，在外国生活是很困难的。尤其是如果你不懂当地的语言，就会更困难”。A 项意为“精确地”，B 项意为“自然地”，C 项意为“通常”，D 项意为“尤其，特别”。A、B、C 三项均不符合题意。故本题答案为 D。

41. **答案**：B。

解析：本题考查强调句。句意为“生活中的小习惯能决定我们过什么样的生活”。强调“生活中的小习惯”，因此用 that。故本题答案为 B。

42. **答案**：C。

解析：本题考查 there be 句型。句意：“根据购物清单，单子上有一打袜子。” there seem to be 是 there be 句型的变形体，其中，seem 一次的单复数形式取决于 be 动词后面的名词是不可数名词，可数单数名词单数，还是复数名词。本题中，be 动词后面跟的是 a dozen socks 为可数名词复数，故 seem 的动词形式也是复数形式。故本题答案为 C。

43. **答案**：D。

解析：本题考查完成时态和主谓一致。句意为“在这两年时间里，索菲亚教授和来自世界各地的 60 名科学家致力于 50 多种动物的研究，他们想要研究某些生物不能自控的原因”。首先排除 A 选项和 B 选项，together with 连接两个主语的时候，中心词应该是 Professor Sophia，和前面的主语保持一致。for two years 为时间段，后面应该用现在完成时或者现在完成进行时。故本题答案为 D。

44. **答案**：D。

解析：本题考查主语从句。句意为“使用一辆新汽车时，应该每 6 个月或每 5000 公里更换机油，以先到期者为准”。whichever comes first 意为“无论哪一个先到来”，这里 whichever 代表上一句的 6 months 和 5000 miles。其他选项均不符合题意。故本题答案为 D。

45. **答案**：D。

解析：本题考查定语从句。句意为“Studio Ceramics Monthly 不接受之前已经出现在印刷中的手稿”。manuscripts 是先行词，that 做主语引导定语从句。故本题答案为 D。

英语（共 80 题） 阅读理解（总题量：35 题）

Passage 1

1. **答案**：C。

解析：本题考查事实细节。根据第一段可知“The entrepreneur, according to French economist J. B. Say, ‘is a person who shifts economic resources out of an area of lower and into an area of higher productivity and yield.'"句意为“据法国经济学家 J. B. Say 说，‘企业家是一个把经济资源从一个更低的地区转移到更高生产力和收益的地区的人’”。或者“we will define the entrepreneur as a person who takes the necessary risks to organize and manage a business and receives the financial profits and nonmonetary rewards.”句意为：“我们将企业家界定为一个承担组织和管理企业所必要的风险的人，并获得经济利润和非金钱利益”。可知一个企业家必须具备三个条件：有效配置有利的资源并使自己有所得；具有创业者身份，冒必要的风险。A 选项中的首席执行官，B 选项中的老板和 D 选项中的销售商都不一定是创业者。只有 C 选项，自己开创新事业的人才同时符合以上三个条件。故本题答案为 C。

2. **答案**：D。

解析：本题考查事实细节。由题干关键词 the professionals 定位文章第三段“However, increased competition, saturated markets, and a more price-conscious public have changed the world of the professionals. Today they need to market their skills, talents, and competencies.”句意为“然而，激烈的竞争，饱和的市场和精打细算的大众已经改变了专业人士的世界。如今，他们需要推销他们的技能、天赋，展现能力”。D 选项提到“如今他们需要推销自己”，与文中的意思相符，故为正确答案；B 选项所说的“有事业心、以市场为中心”是企业家的特质，故排除；第一句提出：现在企业家和专业人员之间的明显差异已经逐渐变得模糊了，由此可知 A 选项不正确；C 选项为强干扰项，价格意识是针对大众而非只针对专业人士的，故排除。故本题答案为 D。

3. **答案**：B。

解析：本题考查事实细节。由选项可知，本题针对企业家的情况进行提问，第四段提到“Some entrepreneurs are quiet, introverted, and analytical. On the other hand, some are brash, extroverted, and very emotional. Many of them share some qualities. Viewing change as the norm, entrepreneurs usually search for it, respond to it, and treat it as an opportunity.”句意为“企业家们在性格上是有所不同的，有的冲动、外向，有的从容含蓄，但他们有一个共同的特点，就是冷静看待变化，寻找变化并对其作出反应，把变化看作机遇”。由此可排除 A、C 两项，B 选项意为“应该迅速抓住机遇”，与该段中“treat it (change) as an opportunity”意思相符，故为答案。文中并没有说 J. B. Say 是给 entrepreneur 定义的第一人，因此也可排除 D。故本题答案为 B。

4. **答案**：B。

解析：本题考查文章主旨。文章开篇提到 J. B. Say 给 entrepreneur 下的定义只是一个引子，并不是作者的写作意图，故排除 A；文章第二段开始谈到如何判断真正的企业家，第三段比较企业家和专业人士的不同，第四段谈到企业家的特质，由此可知 B 最符合题意；文章只是提到企业家的特点，但并未具体说明哪种人可以成为企业家，故 C 错误；而谈到 Ray Kroc 只是举了一个成功的例子，故 D 也是错误的。故本题答案为 B。

5. **答案**：A。

解析：本题考查推理判断。文章最后说“Making the decision to shift resources works better if a person is creative, experienced, and confident.”句意为“一个人如果具有创造力、富有经验且有信心，就能做出正确的决定使资源得到更好的配置和利用”。这应该是作者提出的一个论点，但文章此处并没有用例子去证明怎样运用创造力、经验和信心。因此可以推断，作者接下来将会举例对此进行说明。故本题答案为A。

Passage 2

6. **答案：**C。

解析：本题考查事实细节。根据文章第一段的首句“the focus of medical care in our society has been shifting from curing disease to preventing disease — especially in terms of changing our many unhealthy behaviors...”可以看出，破折号后的 especially 说明了下文的意思，是解题的关键所在，“改变我们许多不健康的行为”就是C项“去除人们的不良生活习惯”。故本题答案为C。

7. **答案：**A。

解析：本题考查事实细节。根据文章的第一段可以看出，从 Imagine a person 到 feel tired 都是在描述同一个例子，这时要特别注意作者举这个例子的意图是什么，他要通过这个例子说明一个什么道理。接下来从 This person is not ill 到段末 a lot healthier 作者表明了自己举例的意图：这个人没有病，但他完全可以以一种更健康的方式生活。由此可得A项所论述的内容是正确的。故本题答案为A。

8. **答案：**D。

解析：本题考查事实细节。根据文章第二段的前两句“The field of medicine has not traditionally distinguished between someone who is merely ‘not ill’ ... Both types have simply been called ‘well’.”可以看出，第二句是对第一句的归纳总结。第一句中提到 not ill 和 in excellent health 两种人，而第二句将他们归纳为：well。因此可将 well 的条件归纳为“只要不生病”。故本题答案为D。

9. **答案：**B。

解析：本题考查事实细节。根据第二段第三句“...apply the terms ‘well’ and ‘wellness’ only to those who are actively striving to maintain and improve their health.”可以看出句中的“striving to maintain and improve their health”与B项的内容形成了同义转述。故本题答案为B。

10. **答案：**C。

解析：本题考查事实细节。因该文章作者的观点出现在第二段，因此首先将答案定位在第二段，题干中提到了 groups of people，因第二段第四句至倒数第二句均提到了 people who ...，故可将答案大致定位于此。C项中的“try to be as healthy as possible”对应倒数第四句中的“maintain the best possible health”；“regardless of their limitation”对应该句后面的“in the face of their physical limitations”。故本题答案为C。

Passage 3

11. **答案：**C。

解析：本题考查文章主旨。根据题干“这篇文章主要是关于什么内容？”文章主旨题可先找到文章的主题句，一般是在文章的开头或者结尾，此篇文章的主题句在文章的结尾“Alipay’s extension into Australia.”句意为“阿里巴巴的支付宝的业务扩展到了澳大利亚”。

选项 C “阿里巴巴的支付宝和淘宝市场扩展到了澳大利亚”。故本题答案为 C。

12. **答案：**B。

解析：本题考查事实细节。根据题干“在签署中澳自由贸易协定后，阿里巴巴是怎样做的?”定位原文第二段“On the back of the historic signing of the China-Australia Free Trade Agreement yesterday, Alibaba announced in Melbourne their continued commitment to bringing Australian products.”句意为“在昨天签署‘中澳自由贸易协定’后，阿里巴巴在墨尔本宣布继续致力于推出澳大利亚产品”。选项 B 意为“该公司宣布，他们将向中国的在线消费者推出更多的澳大利亚产品”与原文表述相符。故本题答案为 B。

13. **答案：**A。

解析：本题考查事实细节。根据题干“阿里巴巴每天有多少交易是在不使用支付宝钱包的情况下进行的?”定位原文第三段“It clears 80 million transactions per day, including 45 million transactions through its Alipay.”句意为“一共有 8000 万笔交易，其中有 4500 万交易是通过支付宝达成的”。那么，不用支付宝的交易数为 8000-4500=3500（万）。故本题答案为 A。

14. **答案：**C。

解析：本题考查推理判断。根据题干“我们能从这篇文章中推断出什么?”选项 A “阿里巴巴将在进入澳大利亚市场后开设连锁店”和选项 B “阿里巴巴将在光棍节 24 小时内销售价值为 9.3 美元的商品”文中并未提及；选项 C “阿里巴巴与澳大利亚邮政建立了合作关系”，根据文章第四段“Alipay has also been working with Australia Post to sell,”可知选项 C 符合原文；选项 D 意为“进入澳大利亚后，阿里巴巴将努力扩展业务到美国”定位最后一段“Alipay's extension into Australia, follows its move into the U. S”句意为“支付宝在扩展业务至美国后，又扩展业务到了澳大利亚”可知业务是先扩展到美国的，D 选项错误。故本题答案为 C。

15. **答案：**B。

解析：本题考查事实细节。根据题干“以下关于阿里巴巴的表述哪项不是正确的?”选项 A “它是中国最大的在线支付服务提供商”，符合原文“Alipay is the largest online payment service provider in China.”；选项 B “它有很强的社会责任感”；选项 C “在光棍节的 24 小时里，它已经卖出了价值 90 多亿美元的商品”，与原文“set a world-record selling US $ 9.3 billion worth of goods in 24 hours on Singles' Day.”表述一致；选项 D “它是世界上最大的 IPO”，与原文“A few months back, Alibaba claimed the title of the world's biggest IPO”表述一致。选项 B 文章中并未提到。故本题答案为 B。

Passage 4

16. **答案：**B。

解析：本题考查事实细节。根据文章第一段第一句“Scientists have devised a way to determine roughly where a person has lived using a strand of hair”，可知“科学家已经找到一种方法，用一缕头发大体判断出一个人生活过的地方，这种技术能够追踪出犯罪嫌疑人或身份不明的受害者的活动情况”。而 B 项的内容与该句的信息最为接近。故本题答案为 B。

17. **答案：**C。

解析：本题考查语义猜测。根据文章第三段“You're what you eat and drink, and that's recorded in your hair"，可以看出"你就是你所吃的和所喝的东西，这些都记录在你的头发里"，而 C 项的内容"食物和水会在人体组织中留下痕迹"最为接近文章的意思。故本题答案为 C。

18. **答案**：B。

解析：本题考查事实细节。根据文章第五段最后一句"As a result, storms that form over the Pacific deliver heavier water to California than to Utah"可得知，在"结果，太平洋上形成的风暴给加利福尼亚州带来的雨水要比犹他州的比重更大一些"。B 项中"雨水由沿海进入内陆地区时重量会变轻"，美国加州属于沿海地区，犹他州属于内陆地区，因此 B 项是对原文内容的概括。故本题答案为 B。

19. **答案**：A。

解析：本题考查事实细节。根据文章第七段第一句"Cerling's team collected tap water samples from 600 cities and constructed a map of the regional differences"可以看出，"瑟林的团队从 600 个城市收集了自来水样本，并且绘制出一张地区差异图"，而题干中问的是瑟林团队的研究成果之一，因此 A 项的内容最符合题意。故本题答案为 A。

20. **答案**：C。

解析：本题考查事实细节。根据文章第九段"'It's not good for pinpointing', Cerling said. 'it's good for eliminating many possibilities'"可以看出，瑟林团队的研究成果的现实意义就是能够缩小众多的可能性，而根据下文的举例可以看到在犯罪侦查中的实践应用，即帮助警察缩小侦查范围，而 C 项的内容与文中的内容完全吻合。故本题答案为 C。

Passage 5

21. **答案**：C。

解析：本题考查语义猜测。需要找到相应词的前后句进行分析，"My clients often think a resume that is a smorgasbord is best because it demonstrates the bandwidth of skill, experiences, and achievements that they have in their repertoire of success"，句意为"我的客户往往认为简历就像一个自助餐，因为它展示了许多技能、经验和成就"。由此可知 repertoire 意为"集合"，是构成成功的技能、经验和成就的集合，所以 collection 符合题意。故本题答案为 C。

22. **答案**：C。

解析：本题考查事实细节。题干：根据本文，什么是自助餐简历？定位到"smorgasbord is best because it demonstrates the bandwidth of skill, experiences, and achievements that they have in their repertoire of success"，由此可知，应该是包含了一切的是自助餐简历。故本题答案为 C。

23. **答案**：B。

解析：本题考查语义猜测。题干：这往往是会被忽视的食谱，这是什么意思？作者在这句的前面介绍了自助餐简历的特点，就是包括一切好的东西，而这是简历被忽视的原因，所以答案应该是 B，简历里的信息太多会分散读者的注意力。故本题答案为 B。

24. **答案**：A。

解析：本题考查事实细节。题干：根据这篇文章，下面哪个是值得推荐的？根据"Only include information that's relevant to the job you're applying for. And yes, this means you need to tailor your resume for each job application."可以得出答案"只包含与你申请的工作相关的信

息，是的，这就意味着你需要为每个职位申请定制一个简历。”故本题答案为 A。

25. **答案**：B。

解析：本题考查事实细节。题干：如果你申请的是销售经理的职位，下面哪一项不需要写入简历。A、C、D 三项都和销售有关，如销售助理实习生、团队领导经验、销售结果，只有 B 项最佳辩手奖与职位无关。故本题答案为 B。

Passage 6

26. **答案**：D。

解析：本题考查文章主旨。阅读文章后，在文章的第三段可以看到作者写这封信的目的。“Therefore, this is a letter to officially invite you and your spouse or significant other to join us on this memorable evening.”句意为“因此，这封信正式邀请您和您的配偶或其他重要来宾来参加我们这个难忘的晚会”。所以，这封信的目的是“invite the staff to an upcoming event”，意为“邀请员工参加即将来临的聚会”。故本题答案为 D。

27. **答案**：B。

解析：本题考查事实细节。信件的一、二段介绍了一些关于此次聚会的情况。“we have reserved the Grand Hall at the Garden Hotel this Friday at 6 p. m. for a night of fine dining and dancing.”句意为“本周五六点，我们预定了花园酒店的大礼堂，以便我们享受豪华的晚宴和盛大的舞会”。因此，题干所提到的聚会中会有的环节为 B 选项中的 Dancing。故本题答案为 B。

28. **答案**：D。

解析：本题考查事实细节。题干问道，Mr. Connelly 为什么会选择这里作为聚会的地点。由题干定位到文章的第二段“I've had a chance to dine at the hotel several times in the past in other functions, and it was the food that convinced me to hold our event here.”句意为“过去我曾多次在这个酒店里吃饭，正是这里的食物说服了我在此举行活动”。因此，选择这里作为聚会地点的原因为“He was impressed with its menu”句意为“他对这里的菜肴印象深刻”。故本题答案为 D。

Passage 7

29. **答案**：B。

解析：本题考查文章主旨。Narration 意为“记叙文”，主要讲述一个故事；Exposition 为“说明文”，主要是解释事物客观特征和本质；Description 为“描述文体”，主要是指事物或人的细节性描写；Argumentation 是“议论文”，主要是阐述观点，用实例论证自己的观点。该文章是对几款自拍软件的介绍，主要介绍了它们的特征和本质。故本题答案为 B。

30. **答案**：D。

解析：本题考查事实细节。题干问道，Perfect 365 比起其他三款应用程序的独特性是什么？由题干中的 Perfect 365 定位到文章的第二段以及后面介绍其他三款应用程序的三、四、五段。A 选项“它是免费的”，而除了 Perfect 365 不收费外，Visage Lab 和 Glamzy 也是不收费的，故 A 选项不对；B 选项“可以把人像拍出一种自然的感觉”，从第三段可以看出，这是 Visage Lab 所具有的特点，故 B 选项不对；C 项“它可以重塑面部”，由文章第五段可以看出，这是 Facetune 的特点，故 C 选项不对；D 选项“它可以自动识别用户的脸”，在文章第二段最后一句话提到，正是 Perfect 365 的特点。故本题答案为 D。

31. **答案**：D。

解析：本题考查推理判断。A 选项“这几款应用都是免费的”，由文章第五段可以看到，Facetune 并不是免费的，故 A 选项不对；B 选项“他们均售价很低”，通过阅读二、三、四、五段，只有 Facetune 是收费的，其他三款并没有售价，故 B 选项不对；C 选项“他们都同时适用于 iOS 系统和安卓系统”，文章第五段提道，Facetune 只适用于 iOS 系统，故 C 选项不对；D 选项“这几款应用都可以帮用户照出漂亮的照片”，符合题意。故本题答案为 D。

32. **答案**：B。

解析：本题考查文章主旨。为文章选择一个合适的题目需要对文章大意进行把握。该文章主要介绍了几款自拍软件的功能与特点。A 选项意为“自拍照：一种新型文化”，与文章整体大意不符，故排除 A；B 选项意为“新颖的自拍应用”，符合文章的整体内容；C 选项意为“怎样选择最好的自拍应用”，文章只是介绍了几款新颖的应用，并没有提到该怎么去选择这些应用，故排除 C；D 选项意为“重塑面部”，这是 Facetune 的一个特点，不能作为文章整体的题目。故本题答案为 B。

Passage 8

33. **答案**：C。

解析：本题考查事实细节。题干：你在文中找不到以下哪项的答案。由“The study tracked the physical and mental health of more than 7, 000 US adults aged 20 to 75 years.”句意为“这项研究跟踪了超过 7000 名 20 至 75 岁的美国成年人的身心健康”。可知 A 项、B 项及 D 项均有涉及。故本题答案为 C。

34. **答案**：D。

解析：本题考查事实细节。根据文中第一段“Having a sense of purpose…according to a study of 7, 000 Americans.”可知有目的地生活能延长寿命、健康成长、延缓衰老。D 项并未在文中涉及。故本题答案为 D。

35. **答案**：D。

解析：本题考查文章主旨。本文主要谈到了一项关于“有目的生活所带来的好处”的研究报告。故本题答案为 D。

2020 全国银行招聘考试真题汇编（三）及解析

扫码进入模考系统

2020 全国银行招聘考试真题汇编（三）

请您在正式答题时，仔细阅读以下考试说明，以便让您了解试题及考核时间。阅读完成之后，请点击“下一步”开始作答正式试题。

本次考试共分为四个单元，每个单元单独计时，时间到自动进入下一个单元，一旦进入下一个单元，将无法返回上一个单元，整场考试共计 150 分钟。

2020 银行秋季校园招聘考试模拟试卷（三）

（题量分布说明）

第一单元	题量（道）	单元用时（分钟）	是否可提前结束单元
言语理解	15	70	不可提前结束
数学运算	10		
逻辑推理	15		
思维策略	10		
资料分析	15		
第二单元	题量（道）	单元用时（分钟）	是否可提前结束单元
选词填空	15	20	不可提前结束
阅读理解	20		
第三单元	题量（道）	单元用时（分钟）	是否可提前结束单元
金融	8	35	不可提前结束
经济学	8		
财会	6		
法律	8		
管理	6		
信息科技	6		
银行特色知识	8		
时政热点	10		
第四单元	题量（道）	单元用时（分钟）	是否可提前结束单元
作答说明	72	5	不可提前结束
Saville Fcous		20	

EPI（共 65 题）　言语理解（总题量：15 题）

1. 依次填入下列句中横线处的词语，最恰当的一组是（　　）。

（1）市场调研对于新唱片的开发与推广意义非凡，市场调研能够______到与产品相关的一手资料，帮助企业开拓思路、定位产品、拓展市场。

（2）潜规则的生产与盛行，是因为拥有______和占有财富多的那部分人，以非正常手段和途径获取更多的优势与便利的欲望而来。

A. 收集　权力　　B. 搜集　权力

C. 收集　权利　　D. 搜集　权利

2. 下列句子中没有语病的一项是（　　）。

A. 到很远的地方旅行是 19 世纪后期开始的旅行民主化和航空技术提升的共同结果

B. 球迷观赛的主动积极，决定于国家队比赛成绩的好坏，但真正吸引球迷到球场的因素还是比赛质量，说白了就是高水平的比赛

C. 在这个电影里，真实地反映了拐卖儿童的行为对孩子及其家人产生的巨大影响，很多情节催人泪下

D. 推行面部识别打卡，主要是通过新科技手段培养员工们按时出勤，也能杜绝代人打卡的现象发生

3. 将以下 5 个句子重新排列组合，最连贯的是（　　）。

（1）饭桌上的“劝君更尽一杯酒”让很多领导干部苦不堪言，实干精力被抽掉。

（2）诗与酒的因子流淌在中华民族历史长河中，“酒文化”源远流长。

（3）不良酒风带动公款吃喝，污染党风政风，成为必须治理的顽症。

（4）然而，内涵丰富的酒文化，却往往被简单曲解。

（5）“李白斗酒诗百篇”“淳于髡以酒谏酒”，三国里青梅煮酒论英雄的气概，常为人们津津乐道。

A.（2）（5）（1）（3）（4）　　B.（1）（3）（5）（2）（4）

C.（2）（5）（4）（1）（3）　　D.（1）（3）（4）（2）（5）

4. 某市的一份报告显示，相比 2010 年和 2009 年的数据，尽管通讯产品申（投）诉总体数量呈下降趋势，但一直居年度十大热点的第二位。随着大量新技术的应用，手机的科技含量不断提高，但产品质量和售后服务参差不齐。经营者凭借商品质量鉴定优势地位推脱“三包”责任，是引发消费争议的主要原因。此外，移动电话机型更新换代快，科技含量高，功能复杂，没有统一的国家和行业鉴定标准，厂商操作空间较大，拖延、推卸商品“三包”责任的情况屡见不鲜。

根据以上资料，符合文段所表达意思的是（　　）。

A. 手机在更新换代加快的同时质量却不断下降

B. 2011 年通讯产品申（投）诉总体数量与 2010 年相比保持不变，都是第二位

C. 我国亟须在手机行业制定统一的国家和行业鉴定标准

D. 手机科技含量的提高并没有体现在产品质量上

5. 依次填入下列句中横线处的词语，最恰当的一组是（　　）。

（1）市场法制不健全，监督管理机制滞后，经济活动中的是与非、合理与不合理的______不分明。

（2）我们一定要坚持原则，对于达不到质量标准的产品，就不能______，否则，对国家对人民都会造成不应有的损失。

（3）两个企业的领导商定，要加强横向联系，经常______情况，互帮互学，共同提高。

A. 界线　接受　沟通　　　　B. 界线　接收　勾通

C. 界限　接受　勾通　　　　D. 界限　接收　沟通

6. 政府职能转变，关键在于处理好与市场和社会的关系，确保政府在与市场、社会的关系上不“越位”，在保障民生等基本公共服务、监管违法行为等方面不“缺位”。这就需要政府理清与市场和社会之间的边界，明确政府该做什么、不该做什么。一方面，进一步简政放权，使市场在资源配置中起决定性作用；另一方面，政府可通过购买服务的方式，激发社会活力，增加民生福祉。

这段文字的主旨是（　　）。

A. 政府、市场和社会三者职能不同，各有重点各有侧重

B. 政府职能边界不清导致市场、社会不能发挥正常作用

C. 通过简政放权、购买服务政府能够推动市场、社会的发展

D. 政府处理好与市场、社会的关系首先要明确各自的边界

7. 将以下6个句子重新排列组合，最连贯的是（　　）。

（1）直到今天，这仍是不少人选择出游的初衷。

（2）但本应宾至如归的景区服务，在商业气息的弥漫中开始渐渐迷失。

（3）从三亚天价海鲜的波澜，到青岛大虾的喧嚣，再到哈尔滨天价鱼的愤慨，旅游乱象丛生，由此衍生的负面情绪大大冲抵了人们说走就走的兴致。

（4）正是在山水之间、人文当中，人们的志趣得到激发。

（5）虚涨的票价、缩水的服务、混乱的管理、坑人的设施……让原本质朴的情感蒙上了阴影。

（6）古人云，“乘兴而行，兴尽而返”。

A.（6）（4）（1）（3）（5）（2）

B.（6）（1）（4）（2）（5）（3）

C.（5）（1）（4）（6）（3）（2）

D.（5）（3）（2）（6）（1）（4）

8. 经历了近年来重霾的洗礼，雾霾之害已无需赘言，对其成因，人们也基本上能知其详。现时正忍受着呼吸不畅，健康受到威胁、生活被PM2.5打乱的人们最深切的感受是胸间的憋闷感，对防霾治霾的迫切感和对“放毒”企业的痛恨感，对那些有令不行、偷排偷放的不良企业，人们期待监管者能高举利剑，像反腐一样始终保持高压态势，使其不敢排、不能排、不想排。

作者的主要观点是（　　）。

A. 雾霾的影响是广泛的、全方位的

B. 人们对制造雾霾的企业十分痛恨

C. 人们知道雾霾的成因到底是什么

D. 监管者应该严格控制制造雾霾的不良企业

9. 将以下 5 个句子重新排列组合，最连贯的是(　　)。

（1）穷人的公正标准与富人的公正标准不同。

（2）穷人追求平等，希望法律矫正社会的不平等。

（3）公正是一个带有主观判断的道德术语，不同的人有不同的公正观念。

（4）就正义的两个标准而言，穷人追求矫正的正义，富人则追求分配的正义。

（5）富人则追求个人才智和财富的最大化，并不反对社会的不平等。

A. （3）（1）（2）（5）（4）　　B. （3）（1）（4）（2）（5）

C. （2）（5）（4）（3）（1）　　D. （1）（2）（5）（4）（3）

10. 依次填入下列句中横线处的词语，最恰当的一组是（　　）。

（1）曹汝霖、章宗祥和陆宗舆，是“五四”运动中众口一词的卖国贼，连地摊说相声的都编了相声《揣骨相》，______地骂他们，“没骨头，金钱搂足，以外人为护符”。

（2）在某个不起眼的角落，幸福就这样尾随着我们，从开始到最后，从未离开，人们往往已经拥有了幸福，却不知道抓住它，宁愿选择______地寻找幸福，疲于奔命。

A. 指桑骂槐　无的放矢　　B. 旁敲侧击　无的放矢

C. 指桑骂槐　漫无目的　　D. 旁敲侧击　漫无目的

11. 锂电池主要由正极材料（如锂钴氧）、电解液和负极材料（如石墨）组成。每当充电时，锂离子从正极材料锂钴氧晶格中脱出，经过电解液后嵌入到层状石墨中；放电时，锂离子又从层状石墨的晶格中脱出，经过电解质后嵌入到锂钴氧中。在电池充放电的过程中，锂离子在正极和负极之间来回转移，所以锂电池也被形象地称为“摇椅电池”。近年来，科学家们对新型锂电池，尤其是高容量的锂硫、锂氧电池以及纳米硅电池的研发呈井喷态势，但由于合成工艺复杂、成本高、循环寿命短等原因，很多成果没能得到普及。

下列选项中，对原文理解正确的一项是（　　）。

A. 锂离子在锂电池中可以来回移动

B. “摇椅电池”指的是新型锂电池

C. 新型锂电池的研发成果并不多

D. 锂电池由锂钴氧、电解液和石墨组成

12. 下列句子中没有语病的一项是（　　）。

A. 杜绝滥用抗生素，除了加强老百姓的宣传教育外，还要创新一套医疗制度，在医院中切实实行，调控以药取利的盲目治疗行为

B. 他的文笔很美，源于他细致观察的能力，一阵清风、一声鸟鸣都能激发他的想象力，都能从中找到抒情的切入点

C. 过于强调经验，工作中就会出现点大于面、旧多于新，不仅影响了生产的进度，还影响了产品的质量

D. 欧洲的反对派以意大利为首，他们认为，数以百万计的工作岗位将因认可中国市场经济地位而失去

13. 将以下 5 个句子重新排列组合，最连贯的是（　　）。

（1）也不是系统宕机——死了一个云粒子，还有千万个在撑着。

（2）从事件本身来看，云计算的危险性在于，要是哪天哪个云服务公司一不高兴，终止你的云服务，整个互联网都要挂。

（3）在一个云计算应用尚不够发达的市场，中国用户第一次深刻感受到的却是云计算安全的威胁。

（4）从这个意义上来讲，云计算最大的安全问题不是数据泄密——你硬盘上的数据可以被轻易窃取。

（5）而是操控权的垄断。

A.（3）（4）（1）（5）（2）

B.（1）（2）（5）（4）（3）

C.（3）（2）（4）（1）（5）

D.（1）（3）（4）（5）（2）

14. 在下列各句中，没有语病且句意明确的一句是（　　）。

A. 中国是一个资源的消费大国，随着经济的繁荣，该国的石油生产已经不能自给，越来越需要依赖进口

B. 不到一年时间，这本名著接连出了三个中文译本，不仅让这本写于 100 年前小说在中文世界得到了集中关注，而且让中文读者有了更多选择

C. 不只是记忆，几乎所有的心理活动，都来源于复杂的心理机制

D. 青少年做事很情绪化，这是由于他们的身心发展还不成熟，控制情绪的能力欠缺等因素影响所决定的

15. 中医药作为传统“国粹”，除具有预防和治疗疾病的功能外，在养身、保健等方面也具有不可替代的优势。无论是基于传统还是现实，中医药“重视整体、强调个体化、突出‘治未病’”的优势都得到了充分的验证。不过，中医药作为一种专业性很强的学科，其基本特点和主要原理并未被绝大多数人所掌握。其中最主要的原因还在于全民科学素养的缺失，这也导致一些人对中医药存在极大的偏见，在认识上有很大的缺陷。

作者的主要观点是（　　）。

A. 中医药是一种专业性很强的学科，切忌乱用滥用

B. 一些人对中医药存在极大的偏见，这是认识上的缺陷

C. 中医药具有预防、治病、养生保健等优势

D. 中医药不够普及的原因是全民科学素养还有待提高

EPI（共 65 题）　数学运算（总题量：10 题）

16. 一艘货轮行驶在江面时发现货轮漏水，现在水匀速漏入船内，3 人舀水 40 分钟可以舀完，6 人舀水 16 分钟可以舀完，则 5 人把水舀完需要（　　）。

A. 18 分钟　　B. 24 分钟　　C. 28 分钟　　D. 20 分钟

17. 某工程项目，由甲项目公司单独做需 4 天才能完成，由乙项目公司单独做需 6 天才能完成，甲、乙、丙三个公司共同做 2 天就可完成。现因交工日期在即，需多公司合作，但甲公司因故退出，则由乙、丙公司合作完成此项目共需多少天？（　　）

A. 3　　B. 4　　C. 5　　D. 6

18. 某医院医生和护士共计 360 人，男女比例为 1∶8，已知护士均为女性，医生中男女比例为 2∶3，则女医生有（　　）人。

A. 40　　B. 60　　C. 20　　D. 80

19. 某委员会有成员 465 人，对 2 个提案进行表决，要求必须对 2 个提案分别提出赞成或反对意见。其中赞成第一个提案的有 364 人、赞成第二个提案的有 392 人、两个提案都反对的有 17 人。问赞成第一个提案且反对第二个提案的有几人？（　　）

A. 56 人　　B. 67 人　　C. 83 人　　D. 84 人

20. 一艘游轮从甲港口顺水航行至乙港口需 7 小时，从乙港口逆水航行至甲港口需 9 小时。问如果在静水条件下，游轮从甲港口航行至乙港口需多少小时？（　　）

A. 7.75 小时　　B. 7.875 小时

C. 8 小时　　D. 8.25 小时

21. 某人离返 A 地最多 4 小时，离开 A 地 75 公里/小时、返回 25 公里/小时，请问他离开 A 地后多少公里后需要返回？（　　）

A. 65　　B. 75　　C. 95　　D. 85

22. 在一次满分为 100 分的测验中，按成绩高低设立奖项。原定一等奖 6 名，若将一等奖减少 2 名，则得一等奖的同学的平均分会提高 2 分；若将一等奖增加 2 名，则得一等奖的同学的平均分会降低 2 分。已知每个同学的分数都是整数且各不相同，那么本次测验中第五名比第八名最多多几分？（　　）

A. 5　　B. 6　　C. 7　　D. 8

23. 5 人的体重之和是 423 斤，他们的体重都是整数，并且各不相同，则体重最轻的人，最重可能重（　　）。

A. 80 斤　　B. 82 斤　　C. 84 斤　　D. 86 斤

24. 一个圆盘上按顺时针方向依次排列着编号为 1 到 7 的七盏彩灯，通电后每个时刻只有三盏亮着，每盏亮 6 秒后熄灭，同时其顺时针方向的下一盏开始亮，如此反复。若通电时编号为 1，3，5 的三盏先亮，则 200 秒后亮着的三盏彩灯的编号是（　　）。

A. 1，3，6　　B. 1，4，6

C. 2，4，7　　D. 2，5，7

25. 甲地有 177 吨货物要一起运到乙地，大卡车的载重量是 5 吨，小卡车的载重量是 2 吨，大小卡车从甲地到乙地的耗油量分别是 10 升和 5 升，则使用大小卡车将货物从甲地运到乙地最少要耗油多少升？（　　）

A. 442.5 升　　B. 356 升　　C. 355 升　　D. 354 升

EPI（共 65 题）　逻辑推理（总题量：15 题）

26. 朝阳中学的一些英语老师取得了英语八级证书。因此，朝阳中学的有些女老师取得了英语八级证书。

以下哪项为真，最能支持上述论证？（　　）

A. 朝阳中学的一些女英语老师并没有取得英语八级证书

B. 朝阳中学的英语老师中有些不是女老师

C. 朝阳中学的女老师中有些是英语老师

D. 朝阳中学的英语老师都是女老师

27. 研究表明，蜂巢是一个真正的民主社会，当蜜蜂需要找个新家时，地点的选择是由许多蜜蜂投票的，比如根据这一地点的大小、湿度和周围鲜花多少等“质量”参数，每只蜜蜂都用舞蹈投票，当跳某种舞蹈的蜜蜂数目足够多时，大多数的意见也就倾向于该舞蹈所代表的地点。蜜蜂不仅投票决定“迁都”，在候选蜂后的决斗中，工蜂也会以某种方式干预“选举”的走向，选择对整个蜂巢的发展最有好处的那位当女王。

根据文段，以下推论正确的是（　　）。

A. 蜜蜂的民主社会比人类更加完善

B. 少数服从多数是蜜蜂选择新家的标准

C. 哪只候选蜂后能够胜出取决于工蜂的喜好

D. 蜜蜂的舞蹈能够传递出信息

28. 小明、小兰、小亮和小军四人商量周末出游，小明说：“小兰去我就肯定去。”小兰说：“小亮去，我就不去。”小亮说：“无论小军去不去，我都去。”小军说：“小明、小兰中至少有一人去我就去。”

以下哪项推论可能是正确的？（　　）

A. 小明、小亮、小军三个人去了

B. 小明一个人去了

C. 四个人都去了

D. 小兰、小亮两个人去了

29. 在一项实验中，研究人员人工诱发白鼠心脏缺血性伤害，这与人心脏病发作时的情况一样。经过对比发现，在 24 小时内、1 周和 2 周内吃高脂食物的白鼠与那些在 6 周内食用高脂食物及以素食为主的白鼠相比，在抵挡心脏缺血性伤害方面更有优势，它们的心脏受到的伤害更小。由此，研究人员得出结论，短期摄入高脂食物有益于心脏健康。

以下哪项为真，最能支持题干的结论？（　　）

A. 高脂食物增加血液黏稠程度，长时间食用这类食物会增加心脏的负担

B. 高脂食物对心脏的危害一般都需要经过 2 周及以上才能真正地体现出来

C. 抵抗心脏缺血性伤害的能力并不等于“心脏健康”

D. 24 小时内吃高脂食物的白鼠比那些 2 周内的更能抵抗心脏缺血性伤害

30. 请从所给的选项中选择唯一的一项填在空缺处，使之呈现一定的规律性。(　　)

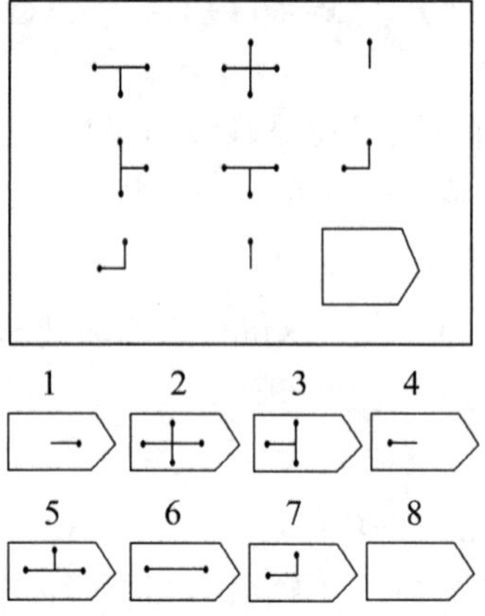

A.（4）　　B.（3）　　C.（8）　　D.（1）

31. 根据以下数字的规律，空缺处应填入的是（　　）。

100，102，113，124，(　　)

A. 129　　B. 130　　C. 131　　D. 135

32. 根据以下数字的规律，空缺处应填入的是（　　）。

1，4，27，16，125，(　　)

A. 9　　B. 36　　C. 49　　D. 216

33. 请从所给的选项中选择唯一的一项填在问号处，使之呈现一定的规律性。(　　)

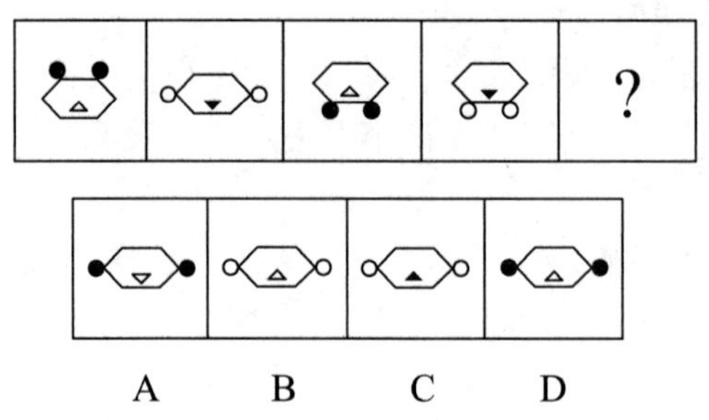

34. 根据以下数字的规律，空缺处应填入的是（　　）。

4，27，16，25，36，23，64，21，(　　)

A. 81　　B. 100　　C. 121　　D. 19

35. 请从所给的选项中选择唯一的一项填在问号处，使之呈现一定的规律性。(　　)

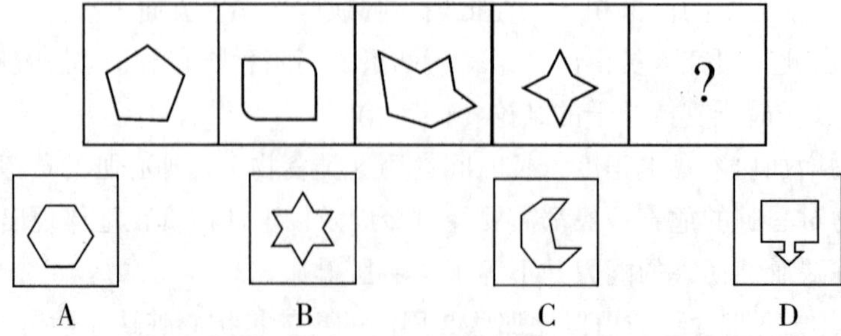

36. 根据以下数字的规律，空缺处应填入的是（　　）。

0，10，24，68，（　　）

A. 96　　B. 120　　C. 194　　D. 254

37. 某村有四个石匠，这四个石匠会在自己做成的石器上面刻上字，但甲、乙二人一向刻真话，而丙、丁二人一向刻假话。村口有一个大石碑，在石碑的底部刻着："此碑非乙所做。"

那么，这石碑是谁做的？（　　）

A. 甲　　B. 乙　　C. 丙　　D. 丁

38. 请从所给的选项中选择唯一的一项填在问号处，使之呈现一定的规律性。（　　）

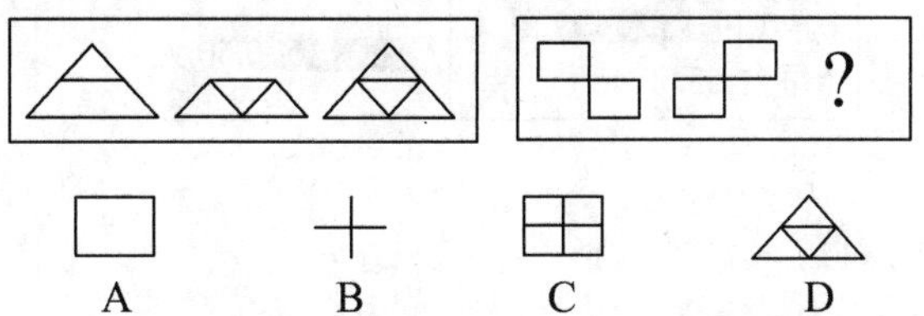

39. 从下列四个选项中选择合适的一个填在问号处，使之呈现一定的规律性。（　　）

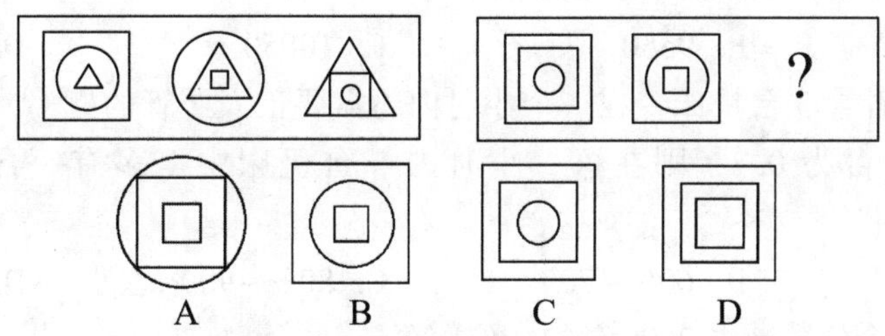

40. 一项对 Naota 国男女收入差异的研究结果表明，全职工作的妇女的收入是全职工作的男人收入的 80%。然而，其他调查结果却一致显示，在 Naota 所有受雇妇女的平均年收入只是所有受雇男性的平均年收入的 65%。

下面哪一项，如果也被调查所证实，最有助于解释上面研究结果之间的明显分歧？（　　）

A. 在 Naota，所有女性雇员的平均年收入与所有男性雇员的平均年收入的差距在过去 30 年中一直在逐渐增大

B. 在 Naota，全职工作的妇女的平均年收入与具有完全相同职业的全职男性的平均年收入是一样的

C. 在 Naota，女性工作者占据全职的、管理的、监督的、专业的职位比例在增加，这些职位赚的钱通常比其他类型的职位赚的钱多

D. 在 Naota，妇女干兼职工作的比例比男性高，并且兼职工作者赚的钱通常比全职工作者少

EPI（共 65 题） 思维策略（总题量：10 题）

41. 有一个不透明的盒子，装有 3 种颜色的小球（除颜色不同外，其余都相同），每种颜色的小球各 5 个，现随机摸球，至少摸出（　　）个球，才能保证有 4 个球颜色相同。

A. 8　　B. 9　　C. 5　　D. 10

42. 某商店账本上有一笔账被墨水污染成如下图的样子，金额的百位和十位上的数字已被墨水染盖住。问卖出游戏机几台？（　　）

摘要	金额
游戏机 ■■■ 台（每台 65.50 元）	■■■ 0.50 元

A. 11　　B. 10　　C. 9　　D. 8

43. 292929÷161616×112＝（　　）

A. 174　　B. 190　　C. 203　　D. 206

44. 102+104+106+…+196+198+200 的值为（　　）。

A. 7550　　B. 9550　　C. 10050　　D. 12550

45. 一个工人看管 3 台机床，在一个小时内不需要工人照管的概率，第一台为 0.9、第二台为 0.8、第三台为 0.7，则在这一小时内 3 台机床中至多有一台需要照管的概率为（　　）。

A. 70%以下　　B. 60%～70%　　C. 80%～90%之间　　D. 大于 90%

46. 2008^{2009}的个位数减去2009^{2008}的个位数等于（　　）。

A. −1　　B. 0　　C. 3　　D. 7

47. 一只天平有 7 克、2 克砝码各一个，如果需要将 140 克的盐分成 50 克、90 克各一份，至少要称几次？（　　）

A. 六　　B. 五　　C. 四　　D. 三

48. 将 3 个不同的玻璃球放到 3 个不同的杯子中，但每个杯子里至多只能放 2 个球。那么，一共有（　　）分配方案。

A. 9　　B. 6　　C. 18　　D. 24

49. 某班 8 名同学买了 8 瓶汽水，商店规定每 3 个空瓶可以换一瓶汽水，那么这 8 名同学最多可以喝多少瓶汽水？（　　）

A. 10　　B. 11　　C. 12　　D. 13

50. 四对情侣排成一队买演唱会门票，已知每对情侣必须排在一起，问共有多少种不同的排队顺序？（　　）

A. 24 种　　B. 96 种　　C. 384 种　　D. 40320 种

EPI（共 65 题） 资料分析（总题量：15 题）

根据下面提供的信息完成 51—55 题

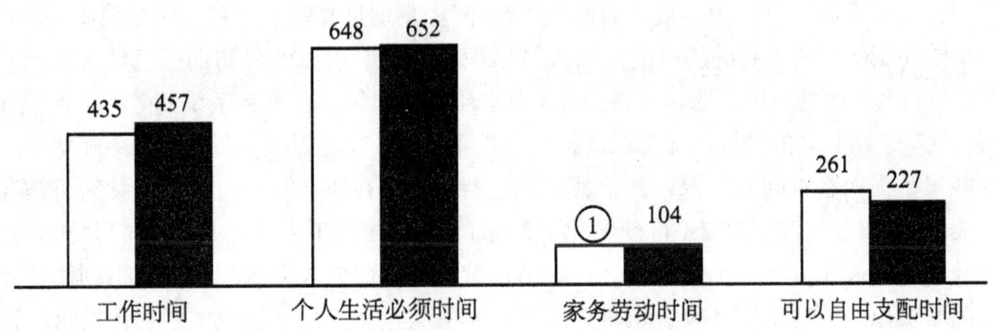

某市城乡居民人均每日时间利用情况（分钟 / 天）

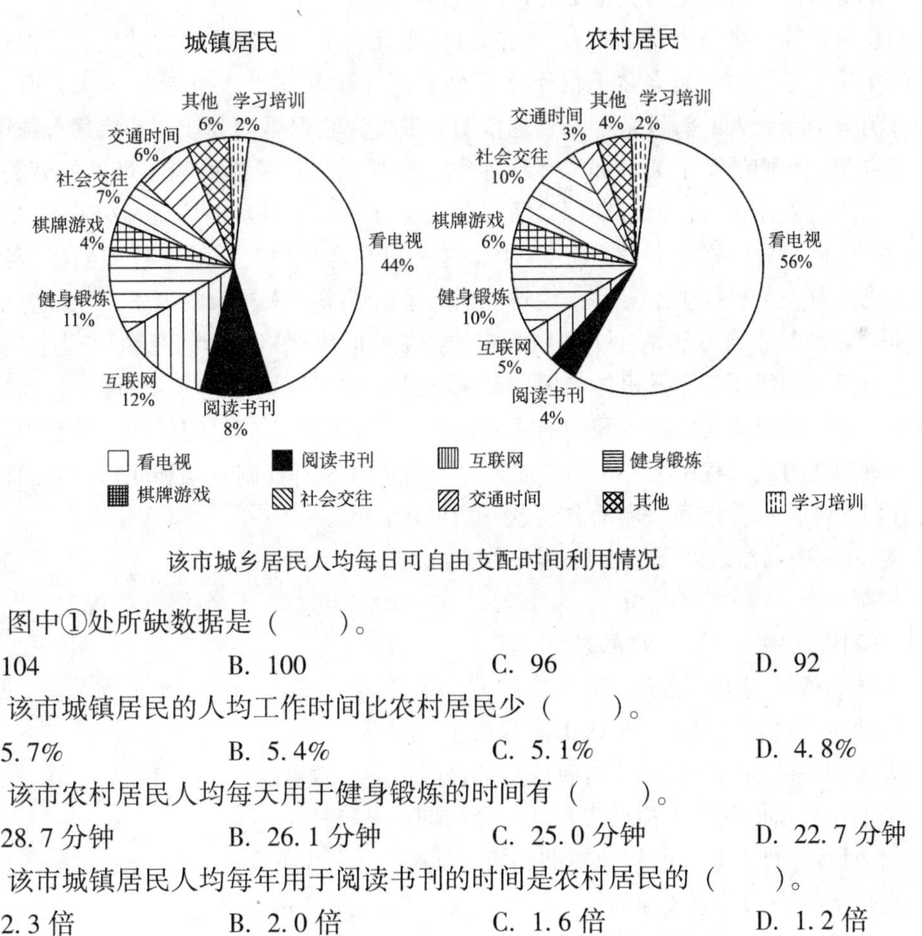

该市城乡居民人均每日可自由支配时间利用情况

51. 图中①处所缺数据是（　　）。

A. 104　　B. 100　　C. 96　　D. 92

52. 该市城镇居民的人均工作时间比农村居民少（　　）。

A. 5.7%　　B. 5.4%　　C. 5.1%　　D. 4.8%

53. 该市农村居民人均每天用于健身锻炼的时间有（　　）。

A. 28.7 分钟　　B. 26.1 分钟　　C. 25.0 分钟　　D. 22.7 分钟

54. 该市城镇居民人均每年用于阅读书刊的时间是农村居民的（　　）。

A. 2.3 倍　　B. 2.0 倍　　C. 1.6 倍　　D. 1.2 倍

55. 下列关于该市城乡居民人均每日时间利用情况的说法正确的有（　　）。

（1）城镇居民与农村居民用于学习培训的时间一样多；

（2）城镇居民用于看电视的时间比农村居民少 12%；

（3）城镇居民用于社会交往的时间比农村居民少。

A. 0 个　　B. 1 个　　C. 2 个　　D. 3 个

我们将“衰老” ______为：机体的各个“组件”，特别是 DNA，某些特殊蛋白质，碳水化合物和脂质（脂肪）所受到的随机损伤的大量累积。这一累积在生命初期就已经开始，并最终达到机体自我修复的极限。这种伤害会逐渐削弱细胞、组织、器官和系统的效能，使机体更易患病，且呈现出衰老的特征，比如肌肉损失、骨质疏松、反应迟缓、听力和视力降低等。

这些累积损伤有不同的来源，其中甚至还包括我们生存所必需的将食物转化为可被我们使用的能量的过程。在线粒体（将糖转化为能量的细胞器）工作的时候，它们会同时制造出具有破坏性的氧化分子——自由基。这种活性分子所造成的大多数损伤都能得到修复，但是不乏漏网之鱼。生物学家怀疑，正是这些自由基的氧化侵蚀最终造成了线粒体的永久性损伤，让细胞不能继续保持诸多分子的结合，而这是维持机体正常工作的重要因素。除此之外，自由基也可能会对细胞的其他部分造成直接破坏。

固然衰老让我们更易患上心脏病、阿尔兹海默症、中风或癌症之类的疾病，但这些和衰老有关的疾病只是叠加于衰老之上的不幸事件，而并非等同于“衰老”本身。所以，即使科学能够消灭当今老人的头号杀手，衰老依旧会发生，它迟早也会让别的疾病有隙可乘。另外，衰老也会让我们的某个关键部位（比如说心血管系统）最终面临灾难性的衰竭。现在，人类比他们的祖先在过去任何时期都要活得更久，有些国家男女平均寿命分别是 75 岁和 80 岁，而过去他们祖先的平均寿命只有 25 岁。这一切都是因为人类的智慧和创造给我们带来了卫生系统以及疫苗、抗生素等等，成功地消除了造成很多人早夭的因素，比如感染和寄生虫病。但“衰老”本身并非是一个按照既定的详细时间表严格执行的基因“程序”。演化没有给予我们任何专门用于激发机体衰竭的基因，让我们能够调控它，从而控制我们的寿命。毫无疑问，一些基因确实影响了我们的衰老过程，但是这种影响是间接的，是在生长、发育和维持健康和活力的过程中无心产生的副产品。我们并没有控制衰老和死亡的基因程序，这意味着我们无法像治愈疾病一样治愈衰老。

56. 填入文中划横线处最恰当的一项是（　　）。

A. 概括　　B. 定义　　C. 限定　　D. 规定

57. 下列说法中与文意不符的是（　　）。

A. 人体患病说明机体已有衰老的特征

B. 人的机体具有自我修复随机损伤的功能

C. 人体累积的损伤达到机体自我修复的极限后会导致衰老

D. 人的机体所受的随机损伤累积从生命初期就已经开始

58. 下列对“自由基”的描述不准确的一项是（　　）。

A. 造成的损伤均是永久性的　　B. 人人体内都具有

C. 它是具有破坏性的氧化分子　　D. 在将糖转化为能量的过程当中产生

59. 作者认为现代人比古人活得更久的根本原因在于（　　）。

A. 现代人比古人更有智慧，更有创造力

B. 卫生系统以及疫苗、抗生素等等的出现

C. 很多老年性疾病找到了治疗的方法

D. 感染和寄生虫病已无法威胁人类

60. 下列概括全文大意最恰当的一项是（　　）。

A. 人类基因与衰老的关系

B. 衰老如何夺走人的生命

C. 造成衰老的几种主要原因

D. 衰老是无法控制和改变的

根据以下资料，回答 61—65 题

据调查，截至 2009 年底，中国网民规模在总人口中的比重从 2008 年的 22.6% 提升到 28.9%。

61. 2008 年，我国网民规模有（　　）万人。

A. 13700　　B. 29800　　C. 21000　　D. 38400

62. 在下列年份中，相比上一年，我国网民数量增长最多的是（　　）年。

A. 2004　　B. 2006　　C. 2008　　D. 2009

63. 2001 年，我国的网民规模约有（　　）万人。

A. 2563　　B. 3370　　C. 4456　　D. 5320

64. 2009 年，我国人口数量比 2008 年约（　　）万人。

A. 多 1000　　B. 少 1000　　C. 多 6000　　D. 少 6000

65. 下列说法正确的一项是（　　）。

A. 从 2001 年到 2009 年，我国网民数量年均增长率为 36.7%

B. 由图中数据可知，新世纪以来我国互联网普及率稳步上升

C. 我国网民数量的增长率有逐年降低的趋势

D. 由图中数据可以推知，2010 年我国网民数量很有可能突破 4 亿

英语（共 35 题）　选词填空（总题量：15 题）

1. Jackson's innovative assembly processes have been ______ used by manufacturers.

A. wide　B. wider　C. widened　D. widely

2. Organic farming has enormous ______ to improve environmental conditions around the world.

A. proposal　B. mark　C. indication　D. potential

3. Before we can estimate the cost of your property insurance, we will need a ______ list of the items to be included on the policy.

A. comprehensive　B. variable

C. supervised　D. likely

4. Home sizes at Timberland Ranch ______ from 1,200 to 8,000 square feet.

A. cost　B. count　C. range　D. weigh

5. Please be sure to ______ your account number when mailing your payment to Mainguard Credit Services.

A. include　B. address　C. extend　D. maintain

6. The jacket that Mr. Cho wants to order is ______ out of stock, but the vendor will notify him when a new shipment arrives.

A. temporarily　B. rapidly　C. immediately　D. shortly

7. Popular Driver magazine recently ranked 50 family car models ______ their fuel efficiency.

A. similar　B. according to　C. allowing　D. in order to

8. The bank services ______ the expansion of trade both inside and out of a nation.

A. devote with　B. attribute with　C. contribute to　D. contribute

9. Although she has been transferred to Mexico City, Ms. Baxter and her colleagues at the New York branch ______ in contact.

A. remain　B. remains　C. remaining　D. has remained

10. Tickets to special exhibits at the botanical gardens may be reserved ______ advance.

A. of　B. in　C. at　D. for

11. The steam machine ______ industry ______ dependence on running water for the only way to transport big amount of goods.

A. departed; to　B. helped; with　C. free; by　D. liberated; from

12. The charity fund-raising event will be held on May 3 and is ______ to all employee and their families.

A. invited　B. intended　C. open　D. right

13. The management course will be ______ on Monday evenings from 5: 00 to 7: 00 P. M. in room 215 of the Maywood office building.

A. donated　B. passed　C. exhibited　D. offered

14. Although a sufficient number of rooms were reserved at the conference center, several attendees chose to stay at a ______ hotel instead.

A. brief B. nearby C. next D. closest

15. Each mattress is ______ to provide lifelong durability and comfort.

A. designed B. designing C. designs D. designer

英语（共 35 题） 阅读理解（总题量：20 题）

Text 1

Sparrow is a fast-food chain with 200 restaurants. Some years ago, the group to which Sparrow belonged was taken over by another company. Although Sparrow showed no sign of declining, the chain was generally in an unhealthy state. With more and more fast-food concepts reaching the market, the Sparrow menu had to struggle for attention. And to make matters worse, its new owner had no plans to give it the funds it required.

Sparrow failed to grow for another two years, until a new CEO, Carl Pearson, decided to build up its market share. He did a survey, which showed that consumers who already used Sparrow restaurants were extremely positive about the chain, while customers of other fast-food chains were unwilling to turn away from them. Sparrow had to develop a new promotional campaign.

Pearson faced a battle over the future of the Sparrow brand. The chain's owner now favored rebranding Sparrow as Marcy's restaurants. Pearson resisted, arguing for an advertising campaign designed to convince customers that visits to Sparrow restaurants were fun. Such an attempt to establish a positive relationship between a company and the general public was unusual for that time. Pearson strongly believed that numbers were the key to success, rather than customers' spending power. Finally, the owner accepted his idea.

The campaign itself changed the traditional advertising style of the fast-food industry. The TV ads of Sparrow focused on entertainment and featured original songs performed by a variety of stars. Instead of showing the superiority of a specific product, the intension was to put Sparrow in the hearts of potential customers.

Pearson also made other decisions which he believed would contribute to the new Sparrow image. For example, he offered to lower the rent of any restaurants which achieved a certain increase in their turnover（营业额）.

These efforts paid off, and Sparrow soon became one of the most successful fast-food chains in the regions where it operated.

16. Which was one of the problems Sparrow faced before Pearson became CEO?

A. The number of its customers was declining

B. Its customers found the food unhealthy

C. It was in need of financial support

D. Most of its restaurants were closed

17. What does the underlined word "them" in Paragraph 2 refer to?

A. Customers of Sparrow restaurants

B. Sparrow restaurants

C. Customers of other fast-food chains

D. Other fast-food chains

18. For what purpose did Pearson start the advertising campaign?

A. To build a good relationship with the public

B. To stress the unusual tradition of Sparrow

C. To learn about customers' spending power

D. To meet the challenge from Marcy's restaurants

19. The TV ads of Sparrow ______.

A. changed people's views on pop stars

B. amused the public with original songs

C. focused on the superiority of its products

D. influenced the eating habits of the audience

20. What was Pearson's achievement as a CEO?

A. He managed to pay off Sparrow's debts

B. He made Sparrow much more competitive

C. He helped Sparrow take over a company

D. He improved the welfare of Sparrow employees

Text 2

The business announced that revenue had grown by 10.2 per cent year-on-year to RMB 18.264 billion ($2.74 billion) . However, profit fell to RMB 2,866 ($431.3 million), a 17.4 percent decrease from the same period in 2015.

Robin Li, Chairman and CEO of Baidu, said: "The challenge Baidu faced in the second quarter served a healthy reminder to stay focused on the key driver of growth, sustainability and leadership: delivering the best user experience and staying at the forefront of technology. As we enter the next chapter of the Internet, led by artificial intelligence, Baidu has never been better positioned to serve our users and work with our customer and partner, and change the world through technology."

The business has been rocked by a series of high profile issues with its advertising business this year. Baidu was called out for its practices around selling access to forums early this year. Not long after it also agreed to overhaul the way it deliver its search ads, including the volume of ads served, after a huge public backlash saw Baidu taking some of the blame for the death of a student who died after taking experimental cancer treatment that he found from a search ad.

The overhaul has been welcomed by the industry which believes will create a better user experience, particularly on mobile.

The business said the revenue from mobile was growing as it represented 62 percent of total revenues for the second quarter of 2016, compared to 50 percent in 2015. According to Baidu, mobile search monthly active users were 667 million for the month of June 2016, an increase of 6 percent year-over-year. It said users of its mobile maps service grew by 13 percent and the number of activated Baidu Wallet accounts reached 80 million, representing a 131 percent year-on-year growth.

21. Which of the following is correct about Baidu's business condition in 2016?

A. Baidu's revenues have been falling

B. Baidu has been losing money

C. Baidu's profit has fallen

D. Baidu has been cutting off their costs

22. According to the article, which of the following is NOT an aim of Baidu?

A. Developing high-tech products

B. Offering consumers good user experience

C. Taking a leading role in the industry

D. Expanding its business to foreign countries

23. What can be inferred from the paragraph 3?

A. Baidu is expected to undergo a big change

B. Baidu has concluded several high-profit advertising campaigns this year

C. Baidu has invested in an experiment on cancer

D. Baidu has gained more popularity this year

24. According to the last paragraph, what action will Baidu possibly take?

A. Expand its business to other areas

B. Continue developing its mobile business

C. Launch more marketing campaign

D. Modify its business strategy

25. What is the author's attitude towards Baidu?

A. Unbiased B. Supportive C. Critical D. Subjective

Text 3

President Coolidge's statement, "The business of America is business," still points to an important truth today—that business institutions have more prestige (威望) in American society than any other kind of organization, including the government. Why do business institutions possess this great prestige?

One reason is that Americans view business as being more firmly based on the ideal of competition than other institutions in society. Since competition is seen as the major source of progress and prosperity by most Americans, competitive business institutions are respected. Competition is not only good in itself, it is the means by which other basic American values such as individual freedom, equality of opportunity, and hard work are protected.

Competition protects the freedom of the individual by ensuring that there is no monopoly (垄断) of power. In contrast to one, all-powerful government, many businesses compete against each other for profits. Theoretically, if one business tries to take unfair advantage of its customers, it will lose to competing business which treats its customers more fairly. Where many businesses compete for the customers' dollar, they cannot afford to treat them like inferiors or slaves.

A contrast is often made between business, which is competitive, and government, which is a monopoly. Because business is competitive, many Americans believe that it is more supportive of freedom than government, even though government leaders are elected by the people and business leaders are not. Many Americans believe, then, that competition is as important, or even more important, than democracy in preserving freedom.

Competition in business is also believed to strengthen the ideal of equality of opportunity. Competition is seen as an open and fair race where success goes to the swiftest person regardless of his or her social class background. Competitive success is commonly seen as the American alternative to social rank based on family background. Business is therefore viewed as and expression of the idea of equality of opportunity rather than the aristocratic (贵族的) idea of inherited privilege.

26. The statement "The business of America is business" probably means "______".

A. the business institutions in America are concerned with commerce

B. business problems are of great importance to the American government

C. business is of primary concern to Americans

D. America is a great power in world business

27. Americans believe that they can realize their personal values only ______.

A. when given equality of opportunity

B. through doing business

C. by protecting their individual freedom

D. by way of competition

28. Who can benefit from business competition?

A. Honest businessmen

B. Both businessmen and their customers

C. People with ideals of equality and freedom

D. Both business institutions and government

29. Government is believed to differ strikingly from business in that government is characterized by ______.

A. its absolute control of power

B. its function in preserving personal freedom

C. its role in protecting basic American values

D. its democratic way of exercising leadership

30. It can be inferred from the passage that the author believes ______.

A. Americans are more ambitious than people in other countries

B. in many countries success often depends on one's social status

C. American businesses are more democratic than those in other countries

D. businesses in other countries are not as competitive as those in America

Text 4

According to our research, Best Buy in China was perceived as being too expensive, with many of their products priced higher than in local market. Why buy a Sony DVD player or Nokia phone at Best Buy when you can pay less for the extra same product at a local store? Consumers will only be willing to pay more, like at the Apple stores, if they are buying something they cannot get elsewhere.

While scales of economy have allowed big chain stores in America to offer cheaper prices than niche players, local retailers in China are able to undercut prices because they pay less in salaries, benefits, rent and electricity. Rampant piracy in China also means local computers shops are willing to install counterfeit Microsoft software in products, which makes it more appealing for customers.

Apart from failing to differentiate its product lines, Best Buy also made the mistake of focusing on building large flagship stores, like in the U. S., rather than smaller, conveniently located retail outlets. China may have one of the highest car adoption rates in the world, but its perennial traffic congestion and lack of parking mean consumers often prefer to shop closer to their homes. A government ban on free shopping bags have also resulted in consumers shopping more often, but buying less each time, further fueling the popularity of neighborhood stores.

31. What is the most likely content the speaker discussed before these three paragraphs?

A. Overseas retailers' struggle in the Chinese market

B. Best Buy's failure in China

C. Chinese local retailers' reason for success

D. The development of retail industry in China

32. What western retailers can do to stay competitive?

A. Better understand the evolving Chinese consumer preferences

B. Localize their product selection

C. Be aware of the importance of location choice

D. All above

33. What can be inferred from the third paragraph?

A. Americans do not like small, conveniently located retail outlets

B. Shopping at the neighborhood stores are most of Chinese consumers' shopping habit

C. Large flagship stores are unpopular in China

D. A government ban on free shopping bags has dampened Chinese buyers' enthusiasm

34. The underlined part in the second paragraph means ______.

A. rife B. illegal C. condemnable D. common

35. Which of the following statement is not true?

A. In China, owning a car does not necessarily mean efficient travel

B. Chinese market needs more regulations

C. Western retailers cannot succeed in Chinese market

D. To start a successful business, a better understanding of consumer preferences is important

行业知识（共 60 题）　金融（总题量：8 题）

1. 没有剔除通货膨胀因素的利率，也就是借款合同或单据上标明的利率，称为(　　)。

A. 实际利率　B. 注水利率　C. 名义利率　D. 基本利率

2. 按对黄金交易管理程度的不同，黄金交易市场可分为（　　）。

A. 自由交易市场和限制交易市场　B. 实物交易市场和虚拟交易市场

C. 有限交易市场和无限交易市场　D. 准入交易市场和准出交易市场

3. 下列关于商业汇票贴现的说法，不正确的是（　　）。

A. 贴现属于银行贷款的一种方式

B. 持票人将商业汇票进行贴现，需由持票人或第三人向金融机构贴付一定的利息

C. 对于持票人来说，贴现是以出让票据的形式，提前收回垫支的商业成本

D. 对于金融机构来说，贴现是买进票据，成为票据的债务人

4. 在以下关于基金、股票、债券的表述中，不正确的是（　　）。

A. 基金、股票和债券都是直接投资工具，筹集的资金主要投向有价证券等金融工具或产品

B. 债券反映的是债权债务关系，是一种债权凭证，投资者购买债券后就成为债权人

C. 基金反映的是一种信托关系，是一种受益凭证，投资者购买基金份额就成为基金的受益人

D. 股票反映的是一种所有权关系，是一种所有权凭证，投资者购买股票后就成为公司的股东

5. 根据我国 2007 年 7 月 3 日实行的《商业银行内部控制指引》，我国商业银行在内部控制中应贯彻的审慎性原则是指（　　）。

A. 效益优先　B. 内控优先

C. 发展优先　D. 创新优先

6. 以下关于绝对购买力平价的表述，不正确的是（　　）。

A. 绝对购买力平价的一般形式是，$S=P/P^*$，P 表示本国的一般物价水平，P^* 表示外国物价水平

B. 绝对购买力平价的一般形式，取决于不同货币对可贸易商品的最高购买力

C. 绝对购买力平价认为，一国货币对外汇率主要是由两国货币在其本国所具有的购买力决定的

D. 绝对购买力平价的一般形式，它意味着汇率取决于不同货币衡量的可贸易商品的价格水平之比

7. 以下关于掉期交易叙述错误的是（　　）。

A. 掉期交易实质上是一种套期保值的做法

B. 在掉期外汇交易中，买卖的外汇金额相同、货币相同，只是买卖的方向相反

C. 掉期的第二笔交易须发生于第一笔交易之后

D. 进行掉期交易的目的也在于避免汇率变动的风险

8. 在进行外汇买卖时，以下表述错误的是（　　）。

A. 多头仓位是以基准货币为基础进行表述的

B. 做多某一货币指买进该货币

C. 做多某一货币表示买进货币对的第一种货币同时卖出第二种货币

D. 空头指持有买单的投资者

行业知识（共60题）　经济学（总题量：8题）

9. 消费者增加一个单位的商品消费时所带来的满足程度的增加或者效用的增量叫作（　　）。

A. 总效用　　B. 基数效用　　C. 序数效用　　D. 边际效用

10. 由企业购买或雇佣任何生产要素所发生的成本是指（　　）。

A. 显性成本　　B. 隐性成本　　C. 机会成本　　D. 边际成本

11. 市场中有许多厂商，他们生产和销售的是同种产品，但这些产品又存在一定的差别，该市场称为（　　）。

A. 内部竞争市场　　B. 差别竞争市场

C. 有限竞争市场　　D. 垄断竞争市场

12. 根据均衡选择时参与人之间是相同行动的行为预期，还是不同行动的行为预期，而把协调博弈分为（　　）。

A. 对称行为博弈与非对称行为博弈

B. 对称协调博弈与非对称协调博弈

C. 对称合作博弈与非对称合作博弈

D. 对称预期博弈与非对称预期博弈

13. 在以价格为纵坐标，收入为横坐标的坐标系中，（　　）。

A. 水平的直线被称为长期总供给曲线

B. 水平的直线被称为短期总供给曲线

C. 垂直的直线被称为短期总供给曲线

D. 向右上方倾斜的曲线被称为短期总供给曲线

14. 当使用国内生产总值反映一个国家的经济发展规模时，国内生产总值的计算应采用（　　）。

A. 不变价格　　B. 现行价格　　C. 平均价格　　D. 预期价格

15. 当经济出现通货膨胀但不是十分严重的时候，可以（　　）。

A. 采用扩张性财政政策和紧缩性货币政策组合

B. 采用扩张性货币政策和紧缩性财政政策组合

C. 采用紧缩性货币政策和紧缩性财政政策组合

D. 只采用紧缩性货币政策

16. 通货紧缩是指物价水平的全面持续下降，一般认为通货紧缩可分为三种类型，以下类型中不包括（　　）。

A. 货币紧缩论　　B. 生产紧缩论　　C. 供需失衡论　　D. 债务紧缩论

行业知识（共 60 题）　财会（总题量：6 题）

17. 会计资料最基本的质量要求是（　　）。

A. 真实性和相关性　　B. 明晰性和谨慎性

C. 真实性和完整性　　D. 重要性和及时性

18. （　　）是指核对不同会计账簿之间的账簿记录是否相符。

A. 账证核对　　B. 账账核对　　C. 账实核对　　D. 余额核对

19. 规模较小、业务量较少的单位适用（　　）。

A. 记账凭证账务处理程序

B. 汇总记账凭证账务处理程序

C. 多栏式日记账账务处理程序

D. 科目汇总表账务处理程序

20. 在下列各项中，利润表无法直接反映的是（　　）。

A. 主营业务利润　　B. 营业利润

C. 利润总额　　D. 净利润

21. 在财务报表分析中，将两期或连续数期的财务报表中的相同指标进行对比，确定增减变动方向、数额和幅度，以说明财务状况与经营成果的方法，该分析方法称为（　　）。

A. 比较分析法　　B. 比率分析法　　C. 趋势分析法　　D. 结构分析法

22. 关于单利和复利的区别，下列说法正确的是（　　）。

A. 单利的计息期总是一年，而复利则有可能为季度、月或日

B. 用单利计算的货币收入没有现值和终值之分，而复利就有现值和终值之分

C. 单利属于名义利率，而复利则为实际利率

D. 单利仅在原有本金上计算利息，而复利是对本金及其产生的利息一并计算

行业知识（共 60 题）　法律（总题量：8 题）

23. 下列哪一情形构成无因管理？（　　）

A. 下大雪清扫路面，避免行人跌伤

B. 路遇受伤者，主动送至医院治疗，并支付车费

C. 将他人的牛误认为是自己的牛而进行饲养

D. 在旅客运输合同中，司乘人员代管旅客物品

24. 借款人张某日前想提前偿还贷款，为此专门来银行向工作人员咨询这种情况下按什么期间计算利息，工作人员给出的下列说法中哪项是符合法律规定的？(　　)

A. 除当事人另有约定外，按照实际借款的期间计算

B. 按照借款合同约定的期间计算

C. 按照借款合同约定的期间计算，若实际借款期间小于 1 年的，按 1 年计算

D. 按照实际借款的期间计算，但是借款人应当承担相应的违约责任

25. 下列选项中符合《中华人民共和国劳动法》有关规定的是（　　）。

A. 用人单位不得与被依法追究刑事责任者解除劳动合同

B. 劳动合同可以约定试用期，但是试用期最长不得超过 6 个月

C. 女职工在孕期、产期和哺乳期，用人单位视实际情况可以与其解除劳动合同

D. 用人单位以暴力、威胁或非法限制人身自由的手段强迫劳动的，劳动者解除劳动合同必须提前 30 天以书面形式通知用人单位

26. 下列权利中属于人格权的是（　　）。

A. 名誉权　　B. 财产权　　C. 监护权　　D. 配偶权

27. 现行行政诉讼法规定的受案范围往往只限于人身权、财产权领域，而现代社会广受关注的受教育权、劳动权、知情权乃至民主政治权利则往往进入不了诉讼程序。对此，有关法律专家建议，在行政诉讼法修改时，应适当扩大受案范围、放宽原告资格。这表明(　　)。

A. 任何公民在法律面前一律平等

B. 公民的合法权利都应受到法律保护

C. 公民应敢于拿起法律武器维护自身权利

D. 公民的权利和义务是统一的

28. 我国法律规定“公民在行使自由和权利的时候，不得损害国家的、社会的、集体的利益和其他公民的合法的自由和权利。”下列违背这项法律规定的行为的是（　　）。

A. 李某不是回族人，但在某饭店吃饭时仍要求服务员不上有猪肉的饭菜

B. 周某的钱物被同寝室的胡某偷去后，周某伙同两位同学将胡某打伤并夺回被偷钱物

C. 北方人艾某将自己积攒的 18 万元人民币捐赠给地处南方的某科研机构

D. 警察常某在几次警告无效后，将正在持刀抢劫的劫匪击毙

29. 按照我国有关法律规定，遗产继承的第一顺序继承人为（　　）。

A. 配偶、子女、父母　　B. 兄弟、配偶、子女

C. 子女、兄弟、配偶　　D. 父母、兄弟、配偶

30. 消费者依法所享有的了解与其购买、使用的商品或接受的服务有关的真实情况的权利是指消费者的（　　）。

A. 安全权　　B. 知悉权

C. 公平交易权　　D. 选择权

行业知识（共 60 题）　管理（总题量：6 题）

31. 马斯洛理论把需求分成五类，在中间层次的是（　　）。

A. 尊重的需求　　B. 自我实现的需求

C. 安全的需求　　D. 归属与爱的需求

32. 在研究有效沟通的障碍时，发送信息时不管信息接收者反应的沟通属于（　　）。

A. 单工沟通　　B. 指令沟通　　C. 定向沟通　　D. 单向沟通

33. 从心理学角度看，影响力一般指人在人际交往中能影响和改变他人（　　）。

A. 气质与状态的能力　　B. 心理与行为的能力

C. 情感与目标的能力　　D. 性格与素养的能力

34. 关于六西格玛改进流程，错误的是（　　）。

A. 六西格玛项目的选择原则之一：可管理，是指该项目可派人员进行监督管理

B. 作为一种管理方法，六西格玛管理包括“六西格玛改进”和“六西格玛设计”

C. 一般的六西格玛改进流程包括 D 定义、M 测量、A 分析、I 改进和 C 控制五个阶段

D. 六西格玛改进流程主要解决现有流程中的波动问题

35. 计划在管理的各种职能中处于主导地位，以下关于计划描述错误的是（　　）。

A. 计划和控制工作是不可分的

B. 计划的确定总是在其他管理职能之前

C. 计划工作是一成不变的

D. 计划工作始终贯穿于组织、人事等工作中

36. 管理学中的热炉法则具有警示性、必然性、即时性和公平性特点，这种激励方式是（　　）。

A. 目标激励　　B. 奖励激励　　C. 竞争激励　　D. 反激励

行业知识（共 60 题）　信息科技（总题量：6 题）

37. 哪个关键字可以抛出异常？（　　）

A. transient　　B. finally　　C. throw　　D. static

38. 下列哪个不是算法的特性？（　　）

A. 有穷性　　B. 可数性　　C. 可行性　　D. 确定性

39. 以下属于机械硬盘软故障的是（　　）。

A. 分区表丢失　　B. 磁头芯片损坏

C. 通电后无任何声音　　D. 固件信息丢失

40. 下列不属于多媒体特点的是（　　）。

A. 模拟信号　　B. 集成性　　C. 交互性　　D. 实时性

41. 遗传算法是解决搜索问题的一种通用算法，搜索算法的共同特征不包括（　　）。

A. 依据某些适应性条件测算这些候选解的适应度

B. 根据适应度保留某些候选解，放弃其他候选解

C. 对保留的候选解进行某些操作，生成新的候选解

D. 按照宽容度变换某些候选解，放弃其他候选解

42. 当人们还在关注 AIphaGo 的时候，AIphaGo 已不再是地球上最好的棋手。新式高超的人工智能机器人（　　）已经出现。它从零开始，仅仅通过自学使自己的游戏技能得以提高。在一场白热化对决中，它以 100：0 的不败战绩绝杀“前辈”，在每场对弈结束后，它实际上都训练了一个新的神经网络。

A. AIphaGo Zero　　B. Deepmind　　C. AIpha ZeroD　　D. Ponanza

行业知识（共 60 题）　银行特色知识（总题量：8 题）

43. 以下对建设银行企业文化内容的表述错误的是（　　）。

A. 经营理念：以市场为导向　以效益为中心

B. 核心价值观：诚实　公正　稳健　创造

C. 使命：为客户提供更好服务，为股东创造更大价值，为员工搭建广阔的发展平台，为社会承担全面的企业公民责任

D. 愿景：建设最具价值创造力的国际一流银行集团

44. 经国务院批准，（　　）年中国银行从中国人民银行中分设出来，同时行使国家外汇管理总局职能，直属国务院领导。

A. 1950　　B. 1979　　C. 1983　　D. 1994

45. 交通银行的英文名字是（　　）。

A. Bank of Communication　　B. Bank of Communications

C. Bank of Constructions　　D. Bank of Construction

46. 中国农业银行是（　　）。

A. 国家专业银行　　B. 国有控股商业银行

C. 国有合资银行　　D. 国有独资银行

47. 中国工商银行成立于（　　），经过持续努力和稳健发展，已经迈入世界领先大银行之列。

A. 1985 年 1 月 1 日　　B. 1984 年 1 月 1 日

C. 1983 年 1 月 1 日　　D. 1982 年 1 月 1 日

48. 2016 年 9 月 28 日，中国邮政储蓄银行股份有限公司在（　　）主板正式挂牌交易。

A. 上海证券交易所　　B. 香港联合交易所

C. 深圳证券交易所　　D. 台湾证券交易所

49. 1986 年 10 月，中国银行发行以人民币为统一结算货币的信用卡，明确规定中国银行的信用卡统称为（　　）。

A. 长城卡　　B. 金葵花卡　　C. 牡丹卡　　D. 龙卡

50. 下列选项中哪个不是农行的“五金”之一？（　　）

A. 金钥匙　　B. 金葵花　　C. 金益农　　D. 金 e 顺

行业知识（共60题）　时政热点（总题量：10题）

51. 2018年8月22日，欧洲空间局航天器家族的“追风少年”——（　），从法属圭亚那库鲁航天发射中心升空。据悉，它是全球首颗能全面监测风的“一举一动”的卫星。

A. “测风”　B. “追风者”　C. “追风”　D. “风神”

52. 2018年8月19日，在首个（　）即将到来之际，国家主席习近平作出重要指示，强调弘扬救死扶伤的人道主义精神，不断为增进人民健康作出新贡献。

A. 中国医师节　B. 中国护士节　C. 中国环保节　D. 中国律师节

53. 2018年8月17日，2018年中非卫生合作高级别会议在北京举行。会议以（　）为主题，围绕多领域开展对话和交流。

A. “深化中非卫生合作，共筑健康丝绸之路”

B. “深化中非新型战略伙伴关系，谋求可持续发展”

C. “继往开来——开创中非文化交流与合作新局面”

D. “深化中非卫生合作”

54. 2018年中非合作论坛北京峰会于9月3日至4日在北京举行。本次峰会主题为（　），中国国家主席习近平主持峰会并举行相关活动。

A. 合作共赢，携手构建更加紧密的中非命运共同体

B. 推动建立国际政治经济新秩序

C. 深化中非新型战略伙伴关系，谋求可持续发展

D. 中非携手并进：合作共赢、共同发展

55. 我国第一艘自主建造的极地科学考察破冰船（　），目前已完成全部主船体的结构合拢，雄姿初现。

A. “雪龙2”号　B. “雪龙1”号　C. “海洋”号　D. “大洋1”号

56. 来自国家药监局的消息，我国自主研发的创新药、治疗部分（　）新药——马来酸吡咯替尼片近日获批上市。

A. 肝癌　B. 乳腺癌　C. 胃癌　D. 宫颈癌

57. 2018年8月全国第二届青年运动会会徽吉祥物发布。会徽名称为（　），以汉字“山西”的书法形态为创作来源。吉祥物名称为“青青”。

A. “山峰”　B. “大河”　C. “山河”　D. “山川”

58. 2018年8月19日，2018雅加达亚运会长拳项目比赛，中国选手孙培原以9.75分获得武术长拳项目金牌，中国队因此实现自2002年釜山亚运会以来的亚运首金（　）。

A. “六连冠”　B. “五连冠”　C. “四连冠”　D. “三连冠”

59. 国防部新闻局2018年8月20日发布消息，根据中俄双方达成的共识，中国军队将于8月中下旬至9月中旬赴俄罗斯参加俄军（　）战略演习，9月11日至15日双方在俄后贝加尔边疆区楚戈尔训练场共同组织联合战役行动演练。

A. “西方-2018”　B. “东方-2018”　C. “北方-2018”　D. “南方-2018”

60. 2018年8月21日，中科院长春光机所研制的（　）大口径碳化硅反射镜研制成功通过验收，这是目前公开报道的世界上最大口径碳化硅单体反射镜。

A. 4.03 米　　B. 5.03 米　　C. 6.03 米　　D. 7.03 米

职场个性测试（共 72 题）

指导语——第 1 页，共 4 页

此问卷将请您提供有关您在工作中的偏好、需要和才能的信息。

问卷共包括 12 页，每页将显示 6 个陈述句。您需要对每个陈述句以 9 点的尺度进行评分，范围从“非常强烈地不同意”到“非常强烈地同意”。

请看下面已经完成了的示例。

我是一个……的人

	非常强烈地不同意	强烈不同意	不同意	轻微不同意	不确定	轻微同意	同意	强烈同意	非常强烈地同意
有很强的竞争心									√
喜欢挑战他人的想法									√
享受独自工作			√						
大部分时间**都**快乐					√				
更愿意领导别人								√	
善于与他人建立融洽关系								√	

在上述示例中，该作答者非常强烈地同意他**有**很强的竞争心和**喜欢**挑战他人的想法。他不同意自己**享受**独自工作，并且不确定自己在大部分时间内**都**快乐。最后，该作答者强烈同意他**更愿意**领导别人和**善于**与他人建立融洽的关系。

指导语——第 2 页，共 4 页

如果您对两个或者多个陈述给了相同的评分，这些陈述句会再次呈现，此时您需要指出哪一个是最接近您的陈述以及哪一个是最不接近您的陈述。

请看下面已经完成了的示例。

我是一个……的人

	最接近您	最不接近您
有很强的竞争心	√	
喜欢挑战他人的想法		
更愿意领导别人		
善于与他人建立融洽关系		√

在上述示例中，该作答者表示“有很强的竞争心”是最接近他的陈述，“善于与他人建立融洽关系”是最不接近他的陈述。

在某些情况下，您只需要选择跟您最接近的陈述句，有时则需要在进入下一组陈述句前多次重复此过程。

指导语——第 3 页，共 4 页

下面您将开始对一系列陈述进行评分。问卷共包括 12 页，每页显示 6 个陈述句。

请您从“非常强烈地不同意”到“非常强烈地同意”选择一项来表示您对每一个陈述句的评分，如果任何陈述句再次出现，请选择适当的“最接近”和/或“最不接近”按钮。

如果您想更改您的回答，只需直接选择代表您的新回答的按钮就可以了。

当您对该页上所有陈述句完成了评分，您可以点击“继续”按钮进入下一页。

一旦您点击了“继续”按钮，您就不能返回前页更改您的回答。

在每一页上都有一个“帮助”按钮，您可以点击它来得到指导，以帮助您完成问卷。

这份问卷限时 20 分钟，请您快速、准确地作答。

指导语——第 4 页，共 4 页

在完成问卷的过程中，请记住以下几点：

当你对每一个陈述句进行评分时，应尽可能运用整个从“非常强烈地不同意”到“非常强烈地同意”的尺度范围。您可能会觉得有些陈述句很难判定，但请您务必回答每一句陈述。

有些陈述句可能开始看起来和其他您已经评分过的陈述非常相似，但实际上它们是有不同的。

有些陈述句是跟您的长处有关，另外一些是关于您的偏好、需要或兴趣。

请仔细阅读每一句陈述，因为您的长处和您的需要可能是非常不同的。

请诚实作答。这份问卷没有正确或错误的答案；每一份工作都不一样，而且在一份工作中也有多种有效的做事方法。

问卷中设置了一些回答检验，检验您的回答是否一致和准确。而且您的回答也会和其他与您有关的信息进行比较及确认。

请从您的工作角度进行回答。

陈述——第 1 页，共 12 页

请指出您对下列陈述的同意程度。

我是一个……的人

	非常强烈地不同意	强烈不同意	不同意	轻微不同意	不确定	轻微同意	同意	强烈同意	非常强烈地同意
准备好随时做出重要决策									
善于找出改进事物的方法									
善于辨识商机									
在重大活动时很少**会**紧张									
能够**制定**有效计划									
能**体会**别人的感受									

陈述——第 2 页，共 12 页

请指出您对下列陈述的同意程度。

我是一个……的人

	非常强烈地不同意	强烈不同意	不同意	轻微不同意	不确定	轻微同意	同意	强烈同意	非常强烈地同意
当不同意别人的意见时**需要**告诉他									
会被学习新事物的机会所**激励**									
想取得突出的成绩									
对自己**感到**认可									
从与他人建立融洽关系中得到**乐趣**									
从书面沟通中得到**乐趣**									

陈述——第 3 页，共 12 页

请指出您对下列陈述的同意程度。

我是一个……的人

	非常强烈地不同意	强烈不同意	不同意	轻微不同意	不确定	轻微同意	同意	强烈同意	非常强烈地同意
有活泼的性格									
能**有效地**处理数字资料									
善于把事情做得井井有条									
能**积极**接纳他人的反馈									
能**有效地**制定策略									
能在团队中**有效地**工作									

陈述——第 4 页，共 12 页

请指出您对下列陈述的同意程度。

我是一个……的人

	非常强烈地不同意	强烈不同意	不同意	轻微不同意	不确定	轻微同意	同意	强烈同意	非常强烈地同意
需要成为别人注意的焦点									
从想出很多主意中得到**乐趣**									
想促使事情发生									
认为应该为他人着想									

续表

	非常强烈地不同意	强烈不同意	不同意	轻微不同意	不确定	轻微同意	同意	强烈同意	非常强烈地同意
认为领导他人很**重要**									
想要确保细节准确									

陈述——第 5 页，共 12 页

请指出您对下列陈述的同意程度。

我是一个……的人

	非常强烈地不同意	强烈不同意	不同意	轻微不同意	不确定	轻微同意	同意	强烈同意	非常强烈地同意
有作演讲陈述的**天赋**									
学东西**很快**									
能**严格**遵守规则									
善于应对变革									
在发展概念方面有**天赋**									
善于快节奏地工作									

陈述——第 6 页，共 12 页

请指出您对下列陈述的同意程度。

我是一个……的人

	非常强烈地不同意	强烈不同意	不同意	轻微不同意	不确定	轻微同意	同意	强烈同意	非常强烈地同意
认为说服他人认同我的观点很**重要**									
能从分析信息中得到**乐趣**									
认为在最后期限完成任务很**重要**									
认为自己可以**从容自若**地面对不高兴的人									
认为自己能够鼓励他人很重要									
倾向于保持乐观的态度									

陈述——第 7 页，共 12 页

请指出您对下列陈述的同意程度。

我是一个……的人

	非常强烈地不同意	强烈不同意	不同意	轻微不同意	不确定	轻微同意	同意	强烈同意	非常强烈地同意
拥有说服别人的**天赋**									
能**有效地**分析信息									
善于在最后期限前完成任务									
善于应对不高兴的人									
擅长激励他人									
对未来**感到**乐观									

陈述——第 8 页，共 12 页

请指出您对下列陈述的同意程度。

我是一个……的人

	非常强烈地不同意	强烈不同意	不同意	轻微不同意	不确定	轻微同意	同意	强烈同意	非常强烈地同意
喜欢作演讲陈述									
从快速学习中得到**乐趣**									
倾向于做事情有章可循									
喜欢思考新的概念									
认为变革可以激励人心									
喜欢快节奏地工作									

陈述——第 9 页，共 12 页

请指出您对下列陈述的同意程度。

我是一个……的人

	非常强烈地不同意	强烈不同意	不同意	轻微不同意	不确定	轻微同意	同意	强烈同意	非常强烈地同意
通常是别人的焦点									
善于出主意									
促成事情的发生									
为他人着想									
能**有效地**领导他人									
非常**注意**细节									

陈述——第 10 页，共 12 页

请指出您对下列陈述的同意程度。

我是一个……的人

	非常强烈地不同意	强烈不同意	不同意	轻微不同意	不确定	轻微同意	同意	强烈同意	非常强烈地同意
喜欢保持活力									
从处理数字资料中得到**乐趣**									
做事需要井井有条									
想获得他人对我表现的反馈									
从制定策略中获得**乐趣**									
喜欢在团队中工作									

陈述——第 11 页，共 12 页

请指出您对下列陈述的同意程度。

我是一个……的人

	非常强烈地不同意	强烈不同意	不同意	轻微不同意	不确定	轻微同意	同意	强烈同意	非常强烈地同意
当与别人的意见不同时会**告诉**他们									
寻找学习新事物的机会									
取得突出成绩									
对自己持有**肯定**态度									
能**迅速**与他人建立融洽关系									
在书面沟通上有**天赋**									

陈述——第 12 页，共 12 页

请指出您对下列陈述的同意程度。

我是一个……的人

	非常强烈地不同意	强烈不同意	不同意	轻微不同意	不确定	轻微同意	同意	强烈同意	非常强烈地同意
喜欢为事情做出详细计划									
认为负责重大决策很**重要**									
想对事物不断做出改进									
从发现商业良机中得到**乐趣**									
在重大活动期间很少**感到**焦虑									
愿意了解别人的感受									

感谢您完成这部分测试。

您的答案已成功保存，请点击完成按钮。

2020全国银行招聘考试真题汇编（三）

答案解析

EPI（共65题） 言语理解（总题量：15题）

1. **答案**：B。

解析：本题考查含义侧重。“搜集”与“收集”都有聚集到一起的意思，但是侧重点各有不同。“收集”侧重把分散在各处的东西等收拢、聚集在一起；“搜集”是指有选择性、方向性地进行搜索、聚集的活动。根据句（1），市场调研获取一手资料的过程应该是比较辛苦的搜索的过程，使用“搜集”比较合适。“权利”是指公民或法人依法行使的权力和享受的利益，是每个人都具有的。“权力”是指政治上的强制力量或职责范围内的支配力量，往往掌握在少数人手中。根据句（2）可知，此处用来形容的是少数人，选“权力”更合适。故本题答案为B。

2. **答案**：A。

解析：本题考查病句辨析。B项两面对一面，应改为“球迷观赛的主动积极与否，取决于国家队比赛成绩的好坏”。C项缺少主语，“在……里”介词掩盖了主语，应去掉。D项，“培养”缺少宾语，应改为“培养员工们按时出勤的习惯”。故本题答案为A。

3. **答案**：C。

解析：本题考查语句排序。（5）句中的诗句是对（2）句中“酒文化”的进一步阐述，故（5）应在（2）后，排除B项。（4）句是对（5）句内容的转折，故（4）应紧跟在（5）之后，排除A、D项。故本题答案为C。

4. **答案**：C。

解析：本题考查细节辨析。文段中没有提到手机的质量是否下降，也没有提到手机科技含量的提高是否体现在产品质量上，A、D项错误。由“尽管通讯产品申（投）诉总体数量呈下降趋势，但一直居年度十大热点的第二位”可知B项说法错误。由“移动电话机型更新换代快，科技含量高，功能复杂，没有统一的国家和行业鉴定标准，厂商操作空间较大，拖延、推卸商品‘三包’责任的情况屡见不鲜”，可知统一国家和行业标准的问题亟待解决，C项正确。故本题答案为C。

5. **答案**：D。

解析：本题考查含义侧重。先看第一个空，“界限”指不同事物的分界，含有尽头处、限度之意，适用的对象一般是抽象事物；“界线”指不同事物的分界，含有某些事物的边缘以及两个地区分界的线之意，适用的对象往往是具体事物。由（1）句中“经济活动中的是与非、合理与不合理”可知适用的对象是比较抽象的，因此要用“界限”，排除A、B项。再看第三个空，“沟通”指使双方能交流、通连，“勾通”指暗中勾结，是贬义词。(3)句表达的意思是两个企业要加强联系，经常交流情况，不含贬义，使用“沟通”更合适。故本题答案为D。

6. **答案**：D。

解析：本题考查主旨概括。文段首先提出观点“政府职能转变，关键在于处理好与市场和社会的关系，需要政府理清与市场和社会之间的边界”，接着从“简政放权”和“购买服务”两个方面进行论述。因此，文段的重点是：政府处理好与市场、社会的关系需要先明确各自的边界。故本题答案为D。

7. **答案**：B。

解析：本题考查语句排序。(1)句中的“这”指的是（6）句中的“乘兴而行，尽兴而返”，故（1）应紧跟在（6）之后，故排除A、C项。(5)句中“虚涨的票价、缩水的服务、混乱的管理、坑人的设施”是对（2）句“景区服务，在商业气息的弥漫中开始渐渐迷失”的进一步解释，因此（5）应在（2）之后，排除D项。故本题答案为B。

8. **答案**：D。

解析：本题考查主旨概括。文段首先说明人们对雾霾产生的原因非常清楚；接着指出人们深受雾霾之害，迫切希望防霾治霾；最后借人们的希望提出作者的观点，即“人们期盼监管者能高举利剑，像反腐一样始终保持高压态势，使其不敢排、不能排、不想排”。因此作者的观点是监管者要对制造雾霾的企业进行严格监管。故本题答案为D。

9. **答案**：A。

解析：本题考查语句排序。(3)句说不同的人有不同的公正观念，(1)句说的是穷人和富人的公正标准不同，(2)和（5）分别说的是穷人和富人各自的公正观念，根据写作逻辑可知这四句话的顺序应是（3）(1)(2)(5)，排除B、C、D项。故本题答案为A。

10. **答案**：C。

解析：本题考查含义侧重。“指桑骂槐”比喻表面上骂这个人，而实际上却骂另一个人。“旁敲侧击”比喻不直接表达本意，而从侧面转弯抹角地暗示。根据“骂他们，‘没骨头，金钱搂足，以外人为护符’”可知人们不是暗示而是直接谩骂，因此“指桑骂槐”更为合适，排除B、D项。“无的放矢”指没有目标乱射箭，比喻说话做事没有明确目的，或不切合实际。“漫无目的”是指完全没有目的地去做某事，也指做某事的时候没有固定目标。可作定语、状语。根据“宁愿选择______地寻找幸福，疲于奔命”可知第二个空应填一个定语来修饰“寻找”，选“漫无目的”更合适。故本题答案为C。

11. **答案**：A。

解析：本题考查细节辨析。由“锂离子在正极和负极之间来回转移，所以锂电池也被形象地称为‘摇椅电池’”可知A项正确、B项错误。由“近年来，科学家们对新型锂电池、尤其是高容量的锂硫、锂氧电池以及纳米硅电池的研发呈井喷态势”可知C项说法错误。由“锂电池主要由正极材料（如锂钴氧）、电解液和负极材料（如石墨）组成”可知D

项错误。故本题答案为 A。

12. **答案**：D。

解析：本题考查病句辨析。A 项，“调控……行为”动宾搭配不当，可将“调控”改为“阻止”。B 项，“都能从中找到抒情的切入点”的主语是“他”而不是“清风”“鸟鸣”，应改为“都能让他从中找到抒情的切入点”。C 项，“出现”缺宾语，应改为“出现点大于面、旧多于新的现象”。故本题答案为 D。

13. **答案**：C。

解析：本题考查语句排序。根据关联词“不是……”“也不是……”“而是”可以判断（1）（4）（5）三句话的顺序是（4）（1）（5），排除 B、D 项。（3）中提到“云计算安全的威胁”，（2）中提到“云计算的危险性在于”，根据话题一致性，（3）（2）应紧挨在一起，排除 A 项。故本题答案为 C。

14. **答案**：C。

解析：本题考查病句辨析。A 项搭配不当，“石油生产”和“自给”不能搭配，应改为“该国生产的石油”。B 项，“不仅”引导的分句主语为“三个中文译本”，与前半部分的主语“这本名著”不一致，应改为“这不仅……”。D 项句式杂糅，应改为“这是由于……”或者“这是由……所决定的”。故本题答案为 C。

15. **答案**：D。

解析：本题考查主旨概括。文段前半部分介绍了中医药的优势，接着以“不过”进行转折，强调了中医药的基本特点和主要原理未被绝大多数人掌握的主要原因是全民科学素养的缺失，造成认识上的误区。因此，作者的观点是中医药不普及的原因是全民科学素养有待提高，D 项正确。故本题答案为 D。

EPI（共 65 题）　数学运算（总题量：10 题）

16. **答案**：D。

解析：本题考查牛吃草问题。设每人每分钟可舀水量为 1，货轮每分钟进水量为 x，现货轮中水量为 M，5 人舀完需要时间为 T，则由牛吃草公式得：$M=(3-x)\times40=(6-x)\times16$，可得 $x=1$，$M=80$。所以 $(5-1)T=80$，时间 $T=20$（分钟）。故本题答案为 D。

17. **答案**：B。

解析：本题考查时间型工程问题。设工程总量 $W=12$，则甲的效率 $P_{甲}=12\div4=3$，乙的效率 $P_{乙}=12\div6=2$，甲乙丙的效率和 $P_{甲}+P_{乙}+P_{丙}=12\div2=6$，因此乙丙的效率和 $P_{乙}+P_{丙}=6-3=3$。因此由乙、丙公司合作完成此项目共需时间 $t=12\div3=4$（天）。故本题答案为 B。

18. **答案**：B。

解析：本题考查比例问题。由“某医院医生和护士共计 360 人，男女比例为 1∶8”可知，男性共有 40 人，女性有 320 人。而护士均为女性，所以男性全是医生，共 40 位男医生。而医生中男女比例为 2∶3，所以女医生有 60 人。故本题答案为 B。

19. **答案**：A。

解析：本题考查二元容斥问题。由二元容斥公式 $P=A+B-AB+(x)$ 可知，$465=364+$

$392-AB+17$，因此两个提案都赞成的人数 $AB=308$。所以赞成第一个提案且反对第二个提案的人数 = 364-308 = 56（人）。故本题答案为 A。

20. **答案**：B。

解析：本题考查流水行船问题。设全程为 63，由题可知游轮顺水航行时间为 7 小时，则顺水速度为 63÷7 = 9；逆水航行时间为 9 小时，逆水速度为 63÷9 = 7。根据流水行船公式：船速 =（顺水速度+逆水速度）÷2 可知，在静水条件下游轮航行的速度为（9+7）÷2 = 8，则所求航行全程所需的时间为 63÷8 = 7.875（小时）。故本题答案为 B。

21. **答案**：B。

解析：本题考查反比类行程问题。由题意可知某人离开和返回的速度比 = 3∶1，由于路程相同，时间和速度成反比，所以离开和返回的时间比 = 1∶3。由于总时间为 4 小时，因此离开 1 小时后即要返回，所以 $S=1\times75=75$（公里）。故本题答案为 B。

22. **答案**：C。

解析：本题考查极限类问题。按分数由高到低排序，设前 6 名平均分为 x，由题意得前 4 名平均分为（$x+2$），前 8 名平均分为（$x-2$），则有第 5 名+第 6 名 = $6x-4$（$x+2$）= $2x-8$，第 7 名+第 8 名 = 8（$x-2$）$-6x=2x-16$，有第 5 名+第 6 名-（第 7 名+第 8 名）= $2x-8-(2x-16)=8$，即（第 5 名-第 8 名）+（第 6 名-第 7 名）= 8，若想第 5 名-第 8 名最大，则第 6 名-第 7 名最小，又因为每个同学的分数都是整数且各不相同，则 6 名-第 7 名最小，此时第 5 名-第 8 名最大为 7 分。故本题答案为 C。

23. **答案**：B。

解析：本题考查和定最值问题。设体重最轻的人体重是 x，要想让体重最轻的人尽量重，其他的人就要尽量轻。因为体重各不相同且都是整数，所以其余 4 个人的体重最小分别是 $x+1$，$x+2$，$x+3$，$x+4$。因此，$x+(x+1)+(x+2)+(x+3)+(x+4)=423$，$x=82.6$。由于 82.6 是 x 的最大值，所以 x 的最大整数取值为 82，即体重最轻的人，最重可能重 82 斤。故本题答案为 B。

24. **答案**：A。

解析：本题考查循环周期问题。6s 换一次，200÷6 = 33……2s，说明换了 33 次余 2s，亮 2s 不变，7 盏灯为一个顺序，7 个为一组，33÷7 = 4……5，经历了 4 个循环+5 次，1 号灯：4 个循环再亮 5 次，1→2→3→4→5→6，亮的是 6 号灯；3 号灯：3 号灯在 1 号灯的后面两个，则其现在是在 6 的基础上再加 2 次，7→1，亮的是 1 号灯；5 号灯：同理，在 1 的基础上加 2 次，1→3，最后亮的是 3 号灯。200 秒后亮着的三盏彩灯的编号是 6、1、3。故本题答案为 A。

25. **答案**：C。

解析：本题考查能效比问题。大卡车每吨的耗油量为 10÷5 = 2（升），小卡车每吨的耗油量为 5÷2 = 2.5（升），因此大卡车更省油，应更多的由大卡车完成运送任务。177÷5 = 35……2，因此 35 辆大卡车和 1 辆小卡车恰好能完成 177 吨货物的运送，无浪费。最小耗油量 = 35×10+1×5 = 355（升）。故本题答案为 C。

EPI（共 65 题） 逻辑推理（总题量：15 题）

26. **答案**：D。

解析：本题考查三段论的前提型题目。根据三段论的推理规则，要由“一些英语老师取得了英语八级证书”得到“有些女老师取得了英语八级证书”，需要加上一个包含“所有英语老师”和“所有女老师”的前提，只有 D 项符合。故本题答案为 D。

27. **答案**：D。

解析：本题考查结论型题目。题干中没有将蜜蜂和人类的民主社会进行对比，A 项无法推出。由“根据这一地点的大小、湿度和周围鲜花多少等‘质量’参数”可知少数服从多数只是蜜蜂选择新家地点的方式而非标准，B 项错误。由“在候选蜂后的决斗中，工蜂也会以某种方式干预‘选举’的走向”可知，工蜂可以干预蜂后的选举，但不代表可以根据工蜂的喜好来决定蜂后，C 项错误。由“当跳某种舞蹈的蜜蜂数目足够多时，大多数的意见也就倾向于该舞蹈所代表的地点”可知蜜蜂可以通过舞蹈来传递出信息，D 项正确。故本题答案为 D。

28. **答案**：A。

解析：本题考查假言命题的推理规则。题干中的假言命题转化成逻辑语言为：（1）小兰去→小明去；（2）小亮去→小兰不去；（3）小明去或小兰去→小军去。由“小亮去”根据“肯前可以推肯后”的推理规则可知小兰不去，排除 C、D 项。又因为小亮一定会去，所以小明不可能会一个人去，排除 B 项。故本题答案为 A。

29. **答案**：D。

解析：本题考查加强型题目。题干的结论是：短期摄入高脂食物有益于心脏健康；论据是：在 24 小时内、1 周和 2 周内吃高脂食物的白鼠与那些在 6 周内食用高脂食物及以素食为主的白鼠相比，在抵挡心脏缺血性伤害方面更有优势，心脏受到的伤害更小。A 项指出长时间食用会增加心脏负担，与结论中“短期摄入”无关，不能支持。B 项说明高脂食物对心脏的危害需要经过 2 周才能体现出来，所以短期摄入未必是有好处的，可能只是未体现出来而已，不能支持。C 项指出抵抗心脏缺血性伤害的能力并不等于“心脏健康”，切断了论据和结论之间的联系，削弱了题干论证。D 项通过举例，有力地支持了题干论证。故本题答案为 D。

30. **答案**：A。

解析：本题考查去同存异。观察题干图形发现，每一行前两个图形叠加去同存异得到第三个图形。故本题答案为 A。

31. **答案**：D。

解析：本题考查形式拆分数列。每一项的各位数字之和分别为 1、3、5、7，构成等差数列，则（　　）中数字和为 9，符合条件的只有 135。故本题答案为 D。

32. **答案**：B。

解析：本题考查幂次数列。数列各项可写为：1^3，2^2，3^3，4^4，5^3，底数是自然数列，指数是立方、平方的循环，则（　　）$=6^2=36$。故本题答案为 B。

33. **答案**：D。

解析：本题考查元素分布。观察题干图形发现，奇数项上的图形内部是白色向上的三角形，偶数项上的图形内部是黑色向下的三角形。所以，问号处图形的内部应为白色向上的三角形，排除 A、C 项。进一步观察外部图形发现，奇数项上的图形外部的圆是黑色的、偶数项的图形外部的圆是白色的，所以问号处图形外部的圆是黑色的，排除 B 项。故本题答案为 D。

34. **答案**：B。

解析：本题考查奇偶组合数列。数列的奇数项 $4=2^2$，$16=4^2$，$36=6^2$，$64=8^2$，是底数为等差数列的幂次数列，则（ ）$=10^2=100$；数列的偶数项 27，25，23，21 是公差为 −2的等差数列。故本题答案为 B。

35. **答案**：C。

解析：本题考查线条的数量。题干中每个图形的线条数量依次为 5、6、7、8、(9)。故本题答案为 C。

36. **答案**：B。

解析：本题考查幂次数列。各项分别是 $0=1^3-1$，$10=2^3+2$，$24=3^3-3$，$68=4^3+4$，则（ ）$=5^3-5=120$。故本题答案为 B。

37. **答案**：A。

解析：本题考查真假话问题。假设石碑是乙做的，则由“此碑非乙所做”可知其说假话，与“甲、乙二人一向刻真话”矛盾，所以不是乙做的。假设是丙做的，则与“丙、丁二人一向刻假话”矛盾，可知不是丙做的；同理，可知不是丁做的。假设是甲做的，则符合题意。故本题答案为 A。

38. **答案**：C。

解析：本题考查直接叠加。观察已知图形发现，每组前两个图形直接叠加得到第三个图形。故本题答案为 C。

39. **答案**：A。

解析：本题考查元素分布。观察题干图形发现，每一组前一个图形经过变化得到后一个图形。变化规律为：前一个图形的外部图形是后一个图形的内部图形，前一个图形的中部图形是后一个图形的外部图形，前一个图形的内部图形是后一个图形的中部图形。故本题答案为 A。

40. **答案**：D。

解析：本题考查解释型题目。题干中的矛盾在于全职工作的妇女的收入是全职工作的男人的收入的 80%，但所有受雇妇女的平均年收入只是所有受雇男性的平均年收入的 65%。D 项说明有部分妇女的收入过低，拉低了平均收入水平，合理地解释了题干矛盾。故本题答案为 D。

EPI（共 65 题）　思维策略（总题量：10 题）

41. **答案**：D。

解析：本题考查最不利原则解题。考虑最不利的情况，每种颜色的球先摸出 3 个，三种

颜色共计摸出 $3\times3=9$（个）。因此，要保证其中有 4 个球颜色相同，至少要摸出 $9+1=10$（个）。故本题答案为 D。

42. **答案**：A。

解析：本题考查代入排除法。由每台的单价和总金额都是小数可知，卖出游戏机的台数是奇数，因此排除 B、D 选项；将 A 选项代入，当卖出游戏机 11 台时，金额为 $11\times65.5=720.5$（元），符合条件；将 C 项代入，当卖出游戏机 9 台时，金额为 $9\times65.5=589.5$（元），不符合最后为 0.5 的形式，C 项错误。故本题答案为 A。

43. **答案**：C。

解析：本题考查重复数的计算。原式 $=(29\times10101)\div(16\times10101)\times112=29\times(112\div16)=29\times7=203$。故本题答案为 C。

44. **答案**：A。

解析：本题考查等差数列求和。根据等差数列的求和公式可得，原式 $=(102+200)\times50\div2=7550$。故本题答案为 A。

45. **答案**：D。

解析：本题考查分类分步概率。至多有一台需要照管可分为四类，即一台都不需要照管、只第一台需要照管、只第二台需要照管和只第三台需要照管。由这三台机器是相互独立的，可得概率 $P=0.9\times0.8\times0.7+(1-0.9)\times0.8\times0.7+0.9\times(1-0.8)\times0.7+0.9\times0.8\times(1-0.7)=0.902$。故本题答案为 D。

46. **答案**：D。

解析：本题考查尾数循环问题。8 的 n 次方尾数呈 8，4，2，6 循环，$2009\div4=502\cdots\cdots1$，因此 2008^{2009} 尾数是 8；9 的 n 次方尾数呈 9、1 循环，$2008\div2=1004$，2009^{2008} 尾数是 1。所求个位数是 $8-1=7$。故本题答案为 D。

47. **答案**：D。

解析：本题考查天平称重问题。第一步，用天平将 140g 分成两份，每份 70g；第二步，将其中的一个 70g，平均分成两个 35g；第三步，将砝码，分别放在天平的两边，将 35g 盐放在天平两边至平衡，则每边为 $\frac{35+7+2}{2}=22$g，那么砝码为 2g 的一边，盐就为 20g，将其与第一步剩下的 70g 盐混合就是 90g，剩下的就是 50g。故本题答案为 D。

48. **答案**：D。

解析：本题考查排列组合问题。由于本题从正面考虑，情况较多且复杂，所以下面我们从反面来思考这个问题。如果没有限定条件，则全部分配方案有：$3\times3\times3=27$（种），由于每个杯子至多只能放 2 个球，则三个球放到一个杯子中的情况不符合要求，而属于这种情况的分配方案有 3 种，需要从总体方案数量中减掉，所以符合要求的分配方案有 $27-3=24$（种）。故本题答案为 D。

49. **答案**：C。

解析：本题考查空瓶换水问题。每 3 个空瓶可以等价交换一瓶汽水的实质是每有 2 个空瓶就能喝到 1 瓶无瓶的汽水。因此，可以先喝到 8 瓶汽水，然后用 8 个空瓶等价喝到 4 瓶无瓶的汽水。所以，总共可以喝 $8+4=12$ 瓶汽水。故本题答案为 C。

50. **答案**：C。

解析：本题考查排列组合问题。把四对情侣看作四个组合进行四个组合的排序，一共有 $A_4^4=24$ 种排法。每对情侣内部再进行排列，每对情侣有 $A_2^2=2$ 种排列，共有 $2^4=16$ 种排法。总的排队顺序有 24×16=384（种）。故本题答案为 C。

EPI（共 65 题） 资料分析（总题量：15 题）

51. **答案**：C。

解析：本题考查数据查找。一天共有 1440 分钟，因此图中①处所缺数据是 1440-435-648-261=96。故本题答案为 C。

52. **答案**：D。

解析：本题考查增长率的计算。城镇居民人均工作时间为 435、农村居民人均工作时间为 457，因此该市城镇居民的人均工作时间比农村居民少 1-（435/457）=4.8%。故本题答案为 D。

53. **答案**：D。

解析：本题考查比重的计算。农村居民一天可自由支配时间中有 10%的时间用于健身锻炼，农村居民自由时间为 227 分钟，因此该市农村居民人均每天用于健身锻炼的时间有 227×10%=22.7（分钟）。故本题答案为 D。

54. **答案**：A。

解析：本题考查倍数的计算。城镇居民中可自由支配时间为 261 分钟，8%用于阅读，得城镇居民中用于阅读时间为 261×8%=20.88（分钟）；农村居民中可自由支配时间为 227 分钟，4%用于阅读，得农村居民用于阅读时间为 227×4%=9.08（分钟）。因此，该市城镇居民人均每年用于阅读书刊的时间是农村居民的 20.88÷9.08=2.3（倍）。故本题答案为 A。

55. **答案**：B。

解析：本题考查综合分析。城镇居民中可自由支配时间为 261 分钟，2%用于学习培训，44%用于看电视，7%用于社会交往，则城镇居民用于学习培训、看电视、社会交往的时间分别为：5.22，114.84，18.27。农村居民中可自由支配时间为 227 分钟，2%用于学习培训，56%用于看电视，10%用于社会交往，农村居民用于学习培训、看电视、社会交往的时间分别为：4.54，127.12，22.7。则（1）（2）错误，（3）正确。故本题答案为 B。

56. **答案**：B。

解析：本题考查选词填空。由第一段冒号后的内容可知，后文是对“衰老”这一科学术语的具体解释。“概括”是指归纳、总结，与文意相反，排除 A 项。“规定”一般适用于法律、制度层面，与语境不符，排除 D 项。“限定”是指在数量、范围等方面加以规定，而文中是对“衰老”性质的解释，与语境不符，排除 C 项。故本题答案为 B。

57. **答案**：A。

解析：本题考查细节辨析。由第一段“我们将‘衰老’定义为：机体的各个‘组件’，特别是 DNA，某些特殊蛋白质，碳水化合物和脂质（脂肪）所受到的随机损伤的大量累积。这一累积在生命初期就已经开始，并最终达到机体自我修复的极限”可知 B、C、D 项正确。

故本题答案为A。

58. **答案：**A。

解析：本题考查细节辨析。由第二段“在线粒体（将糖转化为能量的细胞器）工作的时候，它们会同时制造出具有破坏性的氧化分子——自由基。这种活性分子所造成的大多数损伤都能得到修复，但是不乏漏网之鱼”可知C、D项正确，A项错误。故本题答案为A。

59. **答案：**B。

解析：本题考查细节辨析。由第三段“这一切都是因为人类的智慧和创造给我们带来了卫生系统以及疫苗、抗生素等等，成功地消除了造成很多人早夭的因素”可知，现代人比古人活得更久的根本原因是疫苗、抗生素等的出现。故本题答案为B。

60. **答案：**D。

解析：本题考查主旨概括。文章首先介绍了衰老的定义，接着介绍了衰老的影响因素，最后阐述了衰老不可控制、不可治愈的观点，对此概括最恰当的是D项。故本题答案为D。

61. **答案：**B。

解析：本题考查数据查找。由柱状图可知2008年网民规模为29800万人。故本题答案为B。

62. **答案：**C。

解析：本题考查比较大小。由柱状图可知2008、2009年网民数量增长远比2004、2006年多。2008年我国网民数量增长了29800－21000＝8800（万人），2009年增长了38400－29800＝8600（万人），所以，2008年网民数量增长最多。故本题答案为C。

63. **答案：**B。

解析：本题考查初期值的计算。2002年比2001年增长了75.4%，因此2001年网民规模为5910÷（1+75.4%）≈59÷18＝3XX。故本题答案为B。

64. **答案：**A。

解析：本题考查比重的计算。2008年人口数为29800÷22.6%＝131XXX（万人），2009年人口数为38400÷28.9%＝132XXX（万人），所以2009年我国人口数量与2008年相比约多1000万人。故本题答案为A。

65. **答案：**D。

解析：本题考查综合分析。A项，2001年到2009年我国网民数量年均增长率计算起来难度较大，可先跳过看其他项；B项，图中只给出历年网民的数量和增长率，不能代表互联网的普及率，无法判断，B项错误；C项，折线图中显示的网民数量增长率是波动的，无法判断呈现逐年降低的趋势，C项错误；D项，2009年网民数量为3.84亿，若增长10%即超过4亿，近10年来增长率均高于10%，故2010年我国网民数量很有可能突破4亿，D项正确。故本题答案为D。

英语（共35题）　选词填空（总题量：15题）

1. **答案：**D。

解析：本题考查词性确定。句意为“杰克逊的创新组装工艺已经被制造商广泛使用”。

A 选项是形容词，意为“广阔的”，通常形容具体事物；B 选项是形容词的比较级形式；C 选项是形容词，意为“扩展了的、扩宽的”；D 选项是副词，意为“普遍地、广泛地”，通常形容抽象事物。空格单词用于修饰动词 use，应使用副词，题中主要形容应用的广泛性，属于抽象概念。故本题答案为 D。

2. **答案**：D。

解析：本题考查名词词义辨析。句意为“有机农业有巨大的潜力来改善世界各地的环境条件”。A 选项意为“建议”，B 选项意为“标志”，C 选项意为“指示”，D 选项意为“潜能”。A、B、C 项均不符合语意。故本题答案为 D。

3. **答案**：A。

解析：本题考查形容词词义辨析。句意为“在我们估算您的财产保险的费用之前，我们需要一份包含在保险单上的综合项目清单”。A 选项意为“综合的”，B 选项意为“多变的、可变的”，C 选项意为“监督的”，D 选项意为“很可能的”。B、C、D 项均不符合语意。故本题答案为 A。

4. **答案**：C。

解析：本题考查动词词义辨析。句意为“Timberland 牧场的住宅面积从 1200 平方英尺到 8000 平方英尺不等”。A 选项意为“花费”；B 选项意为“计算”；C 选项意为“变动”，range from 为固定搭配，意为“从……到……变动”；D 选项意为“权衡、称……重量”。A、B、D 项均不符合语意。故本题答案为 C。

5. **答案**：A。

解析：本题考查动词词义辨析。句意为“当邮寄您的付款到 Mainguard 信用服务中心时，请务必把您的账户号码列入其中”。A 选项意为“包括；把……列入”，B 选项意为“提出”，C 选项意为“延伸、扩大”，D 选项意为“维持、主张”。B、C、D 三项均不符合语意。故本题答案为 A。

6. **答案**：A。

解析：本题考查副词词义辨析。句意为“赵先生想订购的夹克衫暂时缺货，但当新货到达时，小贩会通知他”。A 选项意为“临时地”，B 选项意为“迅速地”，C 选项意为“立即”，D 选项意为“不久、简短地”。B、C、D 三项均不符合语意。故本题答案为 A。

7. **答案**：B。

解析：本题考查词组辨析。句意为“《大众驾驶》杂志最近根据其燃料效率对 50 个家庭汽车样式进行了排名”。A 选项意为“相似的”；B 选项意为“根据”；C 选项为 allow 的现在分词，意为“允许”；D 选项意为“为了”。A、C、D 三项均不符合语意。故本题答案为 B。

8. **答案**：C。

解析：本题考查词组辨析。句意为“银行服务有助于扩大国内外的贸易”。devote 经常与介词 to 连用，意为“献身于”；attribute 经常与介词 to 连用，意为“把……归因于……”；contribute to 意为“有助于”；contribute 意为“贡献出，捐赠（款项）”。故本题答案为 C。

9. **答案**：A。

解析：本题考查时态。句意为“尽管巴克斯特已被调往墨西哥城，但是她与纽约分行的同事仍保持联系”。remain 作为系动词，表示“仍然，依旧”，不用于进行时态和被动语态。故首先排除 C 选项。主句的主语是 Ms. Baxter and her colleagues，是复数，后面的谓语动词应与主句保持一致，故排除选项 B。从时态上来看，句子表达的是现在仍然与同事联系，不用完成时，排除选项 D。故本题答案为 A。

10. **答案**：B。

解析：本题考查固定搭配。句意为“植物园里特别展览的门票需要提前预定”。in advance 为固定搭配，意为“提前”。选项 B 符合语法和句意。故本题答案为 B。

11. **答案**：D。

解析：本题考查动词词义辨析。句意为“蒸汽机械解放了工业，不再依赖自来水来运输大量的货物。”选项 A 意为“动身去某地”，选项 B 意为“帮助某人做某事”，选项 C 搭配不当，选项 D 意为“把……从……中解放出来”。A、B、C 三项均不符合语意。故本题答案为 D。

12. **答案**：C。

解析：本题考查动词词义辨析。句意为“慈善筹款活动将于 5 月 3 日举行，并向所有员工及其家属开放”。A 选项意为“邀请”，B 选项意为“打算”，C 选项 be open to 意为“对……开放”，D 选项意为“纠正”。A、B、D 三项均不符合语意。故本题答案为 C。

13. **答案**：D。

解析：本题考查动词词义辨析。句意为“周一晚上 5 点到 7 点在 Maywood 办公大楼 215 室将提供管理课程”。A 选项意为“捐赠”，B 选项意为“通过”，C 选项意为“展览”，D 选项意为“提供”。A、B、C 项均不符合语意。故本题答案为 D。

14. **答案**：B。

解析：本题考查形容词词义辨析。句意为“虽然会议中心预留了足够多的房间，但还是有几位出席者选择住在附近的一家酒店”。A 选项意为“简短的”，B 选项意为“附近的”，C 选项意为“下一个的”，D 选项意为“最靠近的”。A、C 两项均不符合语意；D 选项为最高级形式，应用 the 修饰。故本题答案为 B。

15. **答案**：A。

解析：本题考查固定搭配。句意为“每个床垫的设计是为了提供终身的耐用性和舒适感”。be deigned to 是固定搭配，意为“目的是……、被设计用于做……”。故本题答案为 A。

英语（共 35 题）　阅读理解（总题量：20 题）

16. **答案**：C。

解析：本题考查事实细节。定位第一段最后一句“And to make matters worse, its new owner had no plans to give it the funds it required”可知“更糟糕的是，新的管理者没有计划给它所需的资金”。可知，需要资金的支持是 Sparrow 所面临的问题。故本题答案为 C。

17. **答案**：D。

解析：本题考查语义猜测。定位划线部分“which showed that consumers who already used

Sparrow restaurants were extremely positive about the chain, while customers of other fast-food chains were unwilling to turn away from them”可知“已经在 Sparrow 餐馆用过餐的顾客对连锁店的态度都非常积极，然而其他快餐连锁店的客户都不愿意离开他们吃过的连锁店”。由此可知，from 后面应该指的是其他品牌的忠实顾客用过餐的连锁店，即 other fast-food chains。故本题答案为 D。

18. **答案**：A。

解析：本题考查事实细节。定位第三段第四句“Such an attempt to establish a positive relationship between a company and the general public was unusual for that time”可知“这种试图在公司和公众之间建立一种积极的关系的尝试在当时是不寻常的”。Pearson 启动广告活动的目的是为了在公司与公众之间建立起一种积极的关系。故本题答案为 A。

19. **答案**：B。

解析：本题考查事实细节。定位第四段第二句“The TV ads of Sparrow focused on entertainment and featured original songs performed by a variety of stars”可知“Sparrow 的电视广告以娱乐为主，并且以由各种明星表演的原创歌曲为特色”。可知 B 选项与定位句语意相符。故本题答案为 B。

20. **答案**：B。

解析：本题考查推理判断。从全文看 Pearson 为 Sparrow 连锁店重新获得成功作出了很大的贡献，使连锁店受到公众的喜爱，且使其具备了更多的竞争力。B 选项与文章相吻合，A、C、D 项文章均未提及。故本题答案为 B。

21. **答案**：C。

解析：本题考查事实细节。根据题干“关于 2016 年百度的商业状况，以下陈述哪项是正确的”，选项 A 意为“百度的收入一直在下降”，选项 B 意为“百度一直在赔钱”，选项 C 意为“百度的利润有所下降”，选项 D 意为“百度已经降低了成本”。定位原文第一段“However, profit fell to RMB2,866（$431.3 million）, a 17.4 percent decrease from the same period in 2015”，选项 C 与原文句意相符。故本题答案为 C。

22. **答案**：D。

解析：本题考查事实细节。根据题干“以下哪个选项不是百度的目的”定位至原文第二段第二句“As we … better positioned to serve our users and work with our customer and partner, and change the world through technology”。选项 A 意为“开发高科技产品”，选项 B 意为“为消费者提供良好的用户体验”，选项 C 意为“在行业中起主导作用”，选项 D 意为“将业务扩展到国外”。原文中不包括选项 D。故本题答案为 D。

23. **答案**：A。

解析：本题考查推理判断。根据题干“从第三段可以推断出什么”，选项 A 意为“百度将发生重大的变化”，选项 B 意为“今年百度从广告活动中获得高利润”，选项 C 意为“百度对癌症实验进行了投资”，选项 D 意为“今年，百度的知名度越来越高”。根据第三段内容可知百度今年由于一起医疗事件，会发生重大改变。故本题答案为 A。

24. **答案**：B。

解析：本题考查推理判断。题干“根据最后一段可知，百度有可能采取什么行动”，定位原文最后一段“The business said the revenue from mobile was growing as it represented 62 percent of total revenues for the second quarter of 2016, compared to 50 percent in 2015”可知百度移动业务收入有所增加。选项 A 意为“将业务扩展至其他领域”，选项 B 意为“继续发展移动业务”，选项 C 意为“开展更多的营销活动”，选项 D 意为“转变商业策略”。根据最后一段内容推测，百度有可能继续发展移动业务。故本题答案为 B。

25. **答案：**A。

解析：本题考查个人态度。根据题干“作者对百度的态度是什么”，选项 A 意为“不偏不倚”，选项 B 意为“支持的”，选项 C 意为“批评的”，选项 D 意为“主观的，个人的”。本文中并没有表示作者观点态度的词，作者以一种局外人的态度叙述百度的盈亏和百度经历的变化，所以作者的态度应该是客观公正的。故本题答案为 A。

26. **答案：**C。

解析：本题考查语义猜测。回答本题的关键是理解 business 的两个不同的含义：一为“商业、生意”，二为“职责、事物、事”。句中前一个 business 的意思应当是“事物、职责”，而后一个 business 的意思应当是“商业”。选项 C 意为“美国人最关心的是生意”，符合文章意思。故本题答案为 C。

27. **答案：**D。

解析：本题考查事实细节。定位到文章最后一句“Competition is not only good in itself, it is the means by which other basic American values such as individual freedom, equality of opportunity, and hard work are protected”可知“竞争不仅本身是好的，而且是美国其他基本价值观，如个人自由、机会平等和努力工作的保护手段”。选项 D 意为“通过竞争的方式”，符合文章意思。故本题答案为 D。

28. **答案：**B。

解析：本题考查推理判断。定位到文章第三段第二、三句话“In contrast to one, all-powerful government, many businesses compete against each other for profits. Theoretically, if one business tries to take unfair advantage of its customers, it will lose to competing business which treats its customers more fairly”可知“与一个强大的政府相比，许多企业为了利润而互相竞争。从理论上讲，如果一个企业试图利用其客户的不公平优势，那么它将输给对待客户更公平的竞争企业”。由此可知，商业之间为利润而互相竞争，因此商人在竞争中能获利；而对待其顾客不好的商家会被友好地对待其顾客的商家在竞争中打败，因此顾客也能从竞争中获利，选项 B 意为“商人与顾客”，符合文章意思。故本题答案为 B。

29. **答案：**A。

解析：本题考查事实细节。定位到文章第四段第一句话“A contrast is often made between business, which is competitive, and government, which is a monopoly”，可知“商业与政府的不同之处在于商业是竞争性的，而政府是垄断性的”，也即有着绝对的控制权。选项 A 意为“对权力的绝对控制”，符合文章意思。故本题答案为 A。

30. **答案：**B。

解析：本题考查推理判断。定位到文章第五段第三句“Competitive success is commonly seen as the American alternative to social rank based on family background”可知“靠竞争而来的

成功通常被看作是用来替代基于家庭背景的社会地位的成功的美国式的成功”。其言下之意是在别的国家成功不是靠竞争，而是靠社会地位。选项 B 意为“在许多国家，成功往往取决于一个人的社会地位”，符合文章意思。故本题答案为 B。

31. **答案**：B。

解析：本题考查推理判断。根据题干“在这三段之前，作者可能讨论了什么内容”，第一段作者主要介绍了百思买比其他店面价格昂贵，第二段主要叙述了规模经济使得大型连锁店比利基市场要便宜，第三段作者介绍了百思买的另一个失误。所以，这三段之前应该是和百思买有关的内容。选项 B 意为“百思买在中国的失败”。故本题答案为 B。

32. **答案**：D。

解析：本题考查推理判断。根据题干“为了保持竞争力，西方零售商应该做些什么”，选项 A 意为“了解中国消费者的需要”，选项 B 意为“使产品选择具有地方特色”，选项 C 意为“意识到厂址选择的重要性”，选项 D 意为“都对”。选项 A、B、C 都是西方零售商保持竞争力的途径。定位第三段，本段讲述了百思买的战略失误归结于三个原因：（1）产品线差异化程度的不足。（2）商场规模和选址的考虑不周。（3）对中国消费者消费习惯的研究不到位。分别对应 A、B、C 项。通过百思买失败原因的反向推理，我们可以得出 A、B、C 项就是西方零售商想在中国获得成功的办法。故本题答案为 D。

33. **答案**：B。

解析：本题考查推理判断。根据题干“从第三段中可以推断出什么”，选项 A 意为“美国人不喜欢小而便利的零售网点”，不能从文中推断出来；选项 B 意为“在附近的商店购物符合中国消费者的购物习惯”，与原文“mean consumers often prefer to shop closer to their homes”表述相符；选项 C 意为“大型旗舰店在中国并不流行”；选项 D 意为“政府对免费购物袋的禁令抑制了中国消费者的热情”。故本题答案为 B。

34. **答案**：A。

解析：本题考查语义猜测。根据题干“第二段中的划线部分是什么意思”，定位原文“Rampant piracy in China also means local computers shops are willing to install counterfeit Microsoft software in products”。可知“在中国，盗版猖獗，这意味着当地的电脑商店愿意在产品中安装一些盗版的微软软件”。选项 A 意为“不良或令人讨厌的事物是普遍存在的，流行的”，选项 B 意为“违法的”，选项 C 意为“应受责备的”，选项 D 意为“普通的”。故本题答案为 A。

35. **答案**：C。

解析：本题考查事实细节。根据题干“以下陈述哪个不是正确的”，选项 A 意为“在中国，有汽车也并不一定能旅行顺畅”，根据最后一段提到的中国交通拥堵严重可知此陈述是正确的；选项 B 意为“中国市场需要制定一些规则”；选项 C 意为“西方零售商在中国市场不可能成功”，此陈述过于绝对，不符合原文；选项 D 意为“能否成功开展业务，了解消费者的喜好很重要”。故本题答案为 C。

行业知识（共60题）　金融（总题量：8题）

1. **答案**：C。

解析：本题考查名义利率的概念。所谓名义利率，是央行或其他提供资金借贷的机构所公布的未调整通货膨胀因素的利率，即利息（报酬）的货币额与本金的货币额的比率。实际利率是指剔除通货膨胀率后储户或投资者得到利息回报的真实利率。故本题答案为C。

2. **答案**：A。

解析：本题考查黄金交易市场的分类。按对黄金交易管理程度的不同，黄金交易市场可分为自由交易市场和限制交易市场。（1）自由交易市场。是指黄金可以自由输出入，居民和非居民均可自由买卖的黄金市场，如苏黎世。（2）限制交易市场。又可分为两种情况：一种是黄金的输出入一般要受管制，只准非居民自由买卖，而不准居民进行自由交易的黄金市场；另一种是对黄金的输出入实行管制，只准许居民自由买卖的国内黄金市场。但这并不意味着它同国际黄金市场没有联系，事实上黄金也可以流入，且在黄金的交易价格上是相互影响的。故本题答案为A。

3. **答案**：D。

解析：本题考查对商业汇票贴现的理解。对于贴现银行来说，贴现是买进票据，成为票据的权利人，可持有票据到期获得票据所载金额的资金，或可提前卖出获取利差收入。故本题答案为D。

4. **答案**：A。

解析：本题考查资本市场的相关内容。基金与股票、债券所筹资金的投向不同：股票和债券是直接投资工具，筹集的资金主要投向实业领域；基金是一种间接投资工具，所筹集的资金主要投向有价证券等金融工具。其余选项说法均正确。故本题答案为A。

5. **答案**：B。

解析：本题考查审慎性原则。商业银行内部控制的原则有：①全面性原则；②审慎性原则；③有效性原则；④独立性原则。审慎性原则是指商业银行在内部控制当中应当贯彻内控优先的原则。故本题答案为B。

6. **答案**：B。

解析：本题考查绝对购买力平价理论。绝对购买力平价的一般形式，意味着汇率取决于不同货币衡量的可贸易商品的价格水平之比，即取决于不同货币对可贸易商品的购买力之比，而非最高购买力，因此B选项说法错误。其余选项说法均正确。故本题答案为B。

7. **答案**：C。

解析：本题考查掉期交易的特点。掉期交易是指同时买进或卖出相同金额的某种外汇但买与卖的交割期限不同的一种外汇交易，进行掉期交易的目的也在于避免汇率变动的风险。在掉期外汇交易中，买卖的外汇金额相同、货币相同，只是买卖的方向相反。尽管掉期交易的两笔交易是在不同时间交割的，但第二笔交易须与第一笔交易同时进行，因此，掉期交易者需要在同一时间签订两笔交易的合约。故本题答案为C。

8. **答案**：D。

解析：本题考查外汇交易多头和空头的概念。外汇交易，是指将一国的货币兑换成另一国货币的行为。狭义地说，持有多单的投资者叫作多头，而反之，持有空单就是空头。空单与多单也叫做空（看跌）与做多（看涨），也就是外汇的升值与贬值。故本题答案为 D。

行业知识（共 60 题）　经济学（总题量：8 题）

9. **答案**：D。

解析：本题考查边际效用的概念。总效用是指消费者在一定时期，从一定数量的商品和劳务的消费中得到的总的满足程度。边际效用是指消费者增加一个单位的商品消费时所带来的满足程度的增加或者效用的增量。故本题答案为 D。

10. **答案**：A。

解析：本题考查成本相关概念的区分。显性成本是指厂商在生产要素市场上购买或租用所需要的生产要素的实际支出，A 项正确。B 项，隐性成本是指厂商本身自己所拥有的且被用于企业生产过程的那些生产要素的总价格。C 项，机会成本是指放弃使用相同生产要素在其他生产用途中所得到的最高收入。D 项，边际成本是指每一单位新增生产的产品（或者购买的产品）带来的总成本的增量。故本题答案为 A。

11. **答案**：D。

解析：本题考查垄断竞争市场的特点。垄断竞争市场是这样一种市场，市场中有许多厂商，他们生产和销售的是同种产品，但这些产品又存在一定的差别，厂商进、出一个行业比较容易。对市场进行分类，包括完全竞争市场、完全垄断市场、垄断竞争市场、寡头垄断市场，不存在 A、B、C 选项的分类。故本题答案为 D。

12. **答案**：B。

解析：本题考查协调博弈的分类。根据均衡选择时参与人之间是相同行动的行为预期，还是不同行动的行为预期，而把协调博弈分为对称协调博弈与非对称协调博弈。A、C、D 选项都不是协调博弈的分类。故本题答案为 B。

13. **答案**：D。

解析：本题考查总供给曲线。水平的直线被称为凯恩斯总供给曲线，A、B 选项错误。垂直的直线被称为长期总供给曲线，C 选项错误。向右上方倾斜的曲线被称为短期总供给曲线，D 选项正确。故本题答案为 D。

14. **答案**：B。

解析：本题考查名义 GDP 和实际 GDP。反映一国经济发展规模时采用现行价格计算的 GDP，即名义 GDP；反映一国经济增长速度时采用不变价格计算的 GDP，即实际 GDP。故本题答案为 B。

15. **答案**：B。

解析：本题考查财政政策与货币政策的搭配。当经济出现通货膨胀但不是十分严重时，应采取紧缩性财政政策抑制总需求，用扩张性货币政策防止财政过度紧缩引发衰退。故本题答案为 B。

16. **答案**：B。

解析：本题考查通货紧缩的分类。目前，经济学界关于我国通货紧缩的成因有三种不同观点。第一种是供需失衡论，强调通货紧缩是由实体经济因素所致，包括生产过剩论和有效需求不足论；第二种观点是货币紧缩论，认为通货紧缩是一种货币现象，是由紧缩性货币政策导致的；第三种观点是债务紧缩论，认为通货紧缩是由债务收缩引起的总需求下降而导致的。不存在 B 选项的说法。故本题答案为 B。

行业知识（共 60 题） 财会（总题量：6 题）

17. **答案**：C。

解析：本题考查会计信息质量要求。可靠性要求企业应当以实际发生的交易或者事项为依据进行确认、计量和报告，如实反映符合确认和计量要求的会计要素及其他相关信息，保证会计信息真实可靠、内容完整，是高质量会计信息的重要基础和关键所在。真实性和完整性属于可靠性所要求的内容。会计资料的真实性和完整性，是对会计资料最基本的质量要求，是会计工作的生命，各单位必须保证所提供的会计资料真实和完整。任何单位和个人不得伪造、变造会计凭证、会计账簿和其他会计资料，不得提供虚假的财务会计报告。故本题答案为 C。

18. **答案**：B。

解析：本题考查对账。账账核对是指核对不同会计账簿之间的账簿记录是否相符。账账核对的内容主要包括：①总分类账簿之间的核对。②总分类账簿与所属明细分类账簿之间的核对。③总分类账簿与序时账簿之间的核对。④财务部门的明细账与财产物资保管部门的明细账之间的核对。故本题答案为 B。

19. **答案**：A。

解析：本题考查记账凭证账务处理程序的适用范围。记账凭证账务处理程序，是指对发生的经济业务，先根据原始凭证或汇总原始凭证填制记账凭证，再直接根据记账凭证登记总分类账的一种账务处理程序。记账凭证账务处理程序，适用于规模较小、经济业务量较少的单位。故本题答案为 A。

20. **答案**：A。

解析：本题考查利润表的格式。我国的利润表采用多步式，第一步，以营业收入为基础计算营业利润；第二步，以营业利润为基础，计算利润总额；第三步，以利润总额为基础，计算净利润。利润表能够直接反映营业利润、利润总额和净利润，不包括营业利润。故本题答案为 A。

21. **答案**：C。

解析：本题考查财务报表的基本分析方法。趋势分析法是指将两期或连续数期的财务报表中的相同指标进行对比，确定增减变动方向、数额和幅度，以说明财务状况与经营成果的方法。比较分析法是通过比较不同数据，发现规律性东西并找出与被比较对象的差别的一种分析方法。比率分析法是指把某些彼此存在关联的项目加以对比，计算出比率，据以确定经济活动变动程度的分析方法。故本题答案为 C。

22. **答案**：D。

解析：本题考查利息的计算方法。单利的计算始终以最初的本金为计算收益的基数，而复利则以本金和利息为基数计息，从而产生利上加利、息上添息的收益倍增效应。单利的计息期可以是季度、月、日或年，单利和复利均有现值和终值之分。单利、复利和名义利率、实际利率不具有对应性，同样的年名义利率，不同的复利频率，将会得出不同的有效年利率。故本题答案为D。

行业知识（共60题）　法律（总题量：8题）

23. **答案**：B。

解析：本题考查无因管理。A项不构成无因管理，因为没有特定的受益人，因此无法要求受益人承担费用，只能算是做好人好事。B项的行为符合无因管理的概念，属于无因管理。C项不是无因管理，因为行为人没有为他人管理的意思。D项不构成无因管理，因为乘务员代管物品是基于运输合同，是有原因的。故本题答案为B。

24. **答案**：A。

解析：本题考查借款合同。我国《合同法》第二百零八条规定："借款人提前偿还借款的，除当事人另有约定的以外，应当按照实际借款的期间计算利息。"所以A项表述正确，B、C、D项表述错误。故本题答案为A。

25. **答案**：B。

解析：本题考查劳动合同的解除。A项错误，用人单位可以与被依法追究刑事责任者解除劳动合同。B项正确，劳动合同可以约定试用期，但是试用期最长不得超过6个月。C项错误，女职工在孕期、产期和哺乳期，用人单位不得与其解除劳动合同。D项错误，用人单位以暴力、威胁或非法限制人身自由的手段强迫劳动的，劳动者解除劳动合同无需提前30天以书面形式通知用人单位。故本题答案为B。

26. **答案**：A。

解析：本题考查人身权。民法是调整平等主体之间的人身关系和财产关系的法律规范的总称。其中人身关系包括两类：一是基于公民和法人的人格产生的人身关系，在民法上体现为人格权，包括公民的生命和健康权、姓名权、肖像权、名誉权、隐私权等；二是基于公民和法人一定身份产生的身份权，如亲权、亲属权、配偶权、监护权等。所以，本题中名誉权属于人格权。故本题答案为A。

27. **答案**：B。

解析：本题考查法学基本理论。根据题干，本题主要强调的是目前法律所保护的公民的权利还是有局限性的，像公民的受教育权、劳动权等权利往往得不到良好的保护，B项符合题意。故本题答案为B。

28. **答案**：B。

解析：本题考查法学基本理论。A项关于李某的饮食习惯不属于法律范畴，是个人的生活习惯范畴，而且也没有损害他人合法权益，所以不违背法律规定。B项周某的钱物被胡某盗窃后，可以采取报警等合法手段维护自己的合法权益，而将胡某打伤的行为侵犯了胡某的人身权益，是违法行为。C项艾某的行为属于处置个人私有财产，符合法律规定。D项警察常某的行为属于正当职务行为，符合法律规定。故本题答案为B。

29. **答案**：A。

解析：本题考查法定继承的顺序。我国《继承法》第 10 条第 1 款规定：“遗产按照下列顺序继承：第一顺序：配偶、子女、父母。第二顺序：兄弟姐妹、祖父母、外祖父母。继承开始后，由第一顺序继承人继承，第二顺序继承人不继承。没有第一顺序继承人继承的，由第二顺序继承人继承……”故本题答案为 A。

30. **答案**：B。

解析：本题考查消费者的权利。消费者依法所享有的了解与其购买、使用的商品或接受的服务有关的真实情况的权利是指消费者的知悉权。故本题答案为 B。

行业知识（共 60 题）　管理（总题量：6 题）

31. **答案**：D。

解析：本题考查马斯洛的需求层次理论。马斯洛的需求层次理论认为人类需求像阶梯一样从低到高按层次分为五种，分别是：生理的需求、安全的需求、归属与爱的需求、尊重的需求和自我实现的需求。在中间层次的是归属与爱的需求。故本题答案为 D。

32. **答案**：D。

解析：本题考查单向沟通。研究有效沟通的障碍时，以自我为中心的权威型管理者发送信息时漠视信息接收者的反应，会使沟通局限于从上到下的单向沟通。单向沟通是指发送者和接受者这两者之间的地位不变（单向传递），一方只发送信息，另一方只接收信息。A、B、C 项属于迷惑选项，不符合题意。故本题答案为 D。

33. **答案**：B。

解析：本题考查领导影响力。影响力一般指人在人际交往中影响和改变他人心理与行为的能力。领导影响力就是领导者在领导过程中，有效改变和影响他人心理与行为的一种能力或力量。任何领导活动都是在领导者与被领导者的相互作用中进行的。领导工作的本质就是人与人之间的一种互动关系，在领导过程中，领导者如果不能有效影响或改变被领导者的心理或行为，那他就很难实现领导的功能，组织目标也就无法实现。故本题答案为 B。

34. **答案**：A。

解析：本题考查六西格玛改进流程。作为一种管理方法，六西格玛管理包括“六西格玛改进”和“六西格玛设计”。其中，六西格玛改进流程主要解决现有流程中的波动问题，一般的六西格玛改进流程包括 D 定义、M 测量、A 分析、I 改进和 C 控制五个阶段；六西格玛设计流程可以用来解决六西格玛改进流程无法解决的问题。六西格玛项目的选择原则之一：可管理，是指项目的规模应该能使团队有能力完成，便于管理，A 选项描述错误。故本题答案为 A。

35. **答案**：C。

解析：本题考查计划职能。计划在管理的各种职能中处于主导地位，主要表现在三个方面：（1）计划和控制工作是不可分的；（2）计划的确定总是在其他管理职能之前；（3）计划工作始终贯穿于组织、人事等工作中。计划工作并不是一成不变的，它会随着实际情况的变化而发生调整。故本题答案为 C。

36. **答案**：D。

解析：本题考查热炉法则。热炉法则，又称惩处法则，是指规章制度面前人人平等。它是将惩罚作为管理的一种基本方法，这种方法认为一个组织必须具有大家遵循的行为准则，当一个组织的行为准则的底线被突破的时候，必须给予恰当的惩罚。与奖赏之类的正面强化手段相反，惩罚属于反面强化手段。故本题答案为D。

行业知识（共60题）　信息科技（总题量：6题）

37. **答案**：C。

解析：本题考查Java的抛出异常。异常就是指在程序运行的过程中发生的一些不正常事件（如除0溢出，数组下标越界，所要读取的文件不存在）。Java的异常通过两种机制来处理：捕获：try-catch-finally；抛出：throw，throws；throw是语句抛出一个异常，语法为：throw（异常对象）；所以C项正确。Java处理异常采用try-catch-finally语句捕获处理异常，finally常用来处理一些后续的工作，不用来抛出异常，所以B项错误。transient是Java语言的关键字，用来表示一个域不是该对象串行化的一部分，不用来抛出异常，所以A项不符合题意。static修饰的变量称为类变量或全局变量或成员变量，不用来抛出异常，所以D项错误。故本题答案为C。

38. **答案**：B。

解析：本题考查算法的特性。算法是指解题方案的准确而完整的描述，是一系列解决问题的清晰指令，算法代表着用系统的方法描述解决问题的策略机制。算法有五大特征：有穷性、确切性（确定性）、输入项、输出项和可行性，所以A、C、D项都是算法的特征，B项可数性不是算法的特征，所以B项符合题意。故本题答案为B。

39. **答案**：A。

解析：本题考查硬盘软故障。硬盘的软故障即非物理性故障，比如主引导记录、分区表、启动文件等被破坏而导致系统无法启动，硬盘被病毒感染造成无法运行，以及非法操作、维护不当等，所以A项分区表丢失属于机械硬盘软故障，A项符合题意。B项属于机械硬盘硬故障，所以B项不符合题意。C项，通电后无任何声音，不是机械硬盘的软故障，而是硬盘物理故障，所以C项不符合题意。D项，固件信息丢失不是机械硬盘的软故障，而是磁盘物理故障，所以D项不符合题意。故本题答案为A。

40. **答案**：A。

解析：本题考查多媒体的特点。在计算机系统中，多媒体指组合两种或两种以上媒体的一种人机交互式信息交流和传播媒体。多媒体技术有以下几个主要特点：集成性、控制性、交互性、非线性、实时性、互动性、信息使用的方便性、信息结构的动态性，所以B、C、D项都属于多媒体的特点；而A项不属于多媒体的特点，所以A项符合题意。故本题答案为A。

41. **答案**：D。

解析：本题考查搜索算法的特征。搜索算法的共同特征：（1）首先组成一组候选解；（2）依据某些适应性条件测算这些候选解的适应度；（3）根据适应度保留某些候选解，放弃其他候选解；（4）对保留的候选解进行某些操作，生成新的候选解；D项不是搜索算法的特征，所以D项符合题意。故本题答案为D。

42. **答案**：A。

解析：本题考查人机对弈常识。《麻省理工科技评论》（MIT Technology Review）、《Slate》等美国媒体在2017年10月19日发表文章称，用不了多长时间，AIphaGo将不再是地球上最好的棋手。新式高超的人工智能程序版本已经出现，它堪称怪物：在一场白热化对决中，AlphaGo Zero 以 100：0 的不败战绩绝杀“前辈”。原来的 AlphaGo 需要与人类专家进行成千上万次对弈，才能从中获取数据，而 AlphaGo Zero 则截然不同。虽然它也是由 Alphabet 旗下的子公司 DeepMind 开发的，但它从零开始，面对的只是一张空白棋盘和游戏规则。它无师自通，仅仅通过自学使自己的游戏技能得以提高，所以 A 项正确。故本题答案为 A。

行业知识（共 60 题）　银行特色知识（总题量：8 题）

43. **答案**：A。

解析：本题考查中国建设银行特色知识。中国建设银行的经营理念是“以市场为导向，以客户为中心”，A 选项错误，而 B、C、D 的表述均正确。故本题答案为 A。

44. **答案**：B。

解析：本题考查中国银行特色知识。1979 年 3 月 13 日，经国务院批准，中国银行从中国人民银行中分设出来，同时行使国家外汇管理总局职能，直属国务院领导。故本题答案为 B。

45. **答案**：B。

解析：本题考查交通银行特色知识。交通银行的英文名字是 Bank of Communications。故本题答案为 B。

46. **答案**：B。

解析：本题考查中国农业银行特色知识。中国农业银行最初成立于 1951 年，是新中国成立的第一家国有商业银行，也是中国金融体系的重要组成部分，总行设在北京。2009 年，中国农行由国有独资商业银行整体改制为现代化股份制商业银行。故本题答案为 B。

47. **答案**：B。

解析：本题考查中国工商银行特色知识。中国工商银行成立于 1984 年 1 月 1 日。故本题答案为 B。

48. **答案**：B。

解析：本题考查中国邮政储蓄银行特色知识。2016 年 9 月 28 日，中国邮政储蓄银行股份有限公司在香港联合交易所主板正式挂牌交易，股份代号为 1658. HK，以每手 1,000 股 H 股为单位进行买卖。邮储银行的 H 股股份定价为每股 H 股 4. 76 港元（不包括 1%经济佣金、0. 0027%香港证监会交易征费及 0. 005%香港联交所交易费）。根据发售价每股 H 股 4. 76 港元计算，经扣除全球发售相关承销佣金及其他估计开支后，并假设超额配股权未获行使，邮储银行将收取的全球发售所得款项净额估计约为 56,627 百万港元。故本题答案为 B。

49. **答案**：A。

解析：本题考查中国银行特色知识。1986 年 10 月，中国银行发行以人民币为统一结算货币的长城信用卡，明确规定中国银行的信用卡统称为“长城卡”，自此国内通用的人民币信用卡诞生了。故本题答案为 A。

50. **答案**：B。

解析：本题考查中国农业银行特色知识。中国农业银行的五金是指金钥匙、金光道、金 e 顺、金益农、金穗卡五种品牌。故本题答案为 B。

行业知识（共 60 题） 时政热点（总题量：10 题）

51. **答案**：D。

解析：北京时间 2018 年 8 月 22 日，欧洲空间局航天器家族的“追风少年”——“风神”，从法属圭亚那库鲁航天发射中心升空。据悉，“风神”是全球首颗能全面监测风的“一举一动”的卫星。故本题答案为 D。

52. **答案**：A。

解析：在首个“中国医师节”即将到来之际，国家主席习近平作出重要指示，强调弘扬救死扶伤的人道主义精神，不断为增进人民健康作出新贡献。故本题答案为 A。

53. **答案**：A。

解析：2018 年 8 月 17 日，2018 年中非卫生合作高级别会议在北京举行。会议以“深化中非卫生合作，共筑健康丝绸之路”为主题，围绕多领域开展对话和交流。故本题答案为 A。

54. **答案**：A。

解析：2018 年中非合作论坛北京峰会于 2018 年 9 月 3 日至 4 日在北京举行。本次峰会主题为“合作共赢，携手构建更加紧密的中非命运共同体”，中国国家主席习近平主持峰会并举行相关活动。故本题答案为 A。

55. **答案**：A。

解析：我国第一艘自主建造的极地科学考察破冰船“雪龙 2”号，目前已完成全部主船体的结构合拢，雄姿初现。故本题答案为 A。

56. **答案**：B。

解析：国家药监局消息，我国自主研发的创新药、治疗部分乳腺癌新药——马来酸吡咯替尼片近日获批上市。故本题答案为 B。

57. **答案**：C。

解析：全国第二届青年运动会会徽名称为“山河”，以汉字“山西”的书法形态为创作来源。吉祥物名称为“青青”。故本题答案为 C。

58. **答案**：B。

解析：2018 年 8 月 19 日，2018 雅加达亚运会长拳项目比赛，中国选手孙培原以 9.75 分获得武术长拳项目金牌，中国队因此实现自 2002 年釜山亚运会以来的亚运首金“五连冠”。故本题答案为 B。

59. **答案**：B。

解析：国防部新闻局 2018 年 8 月 20 日发布消息，根据中俄双方达成的共识，中国军队将于 8 月中下旬至 9 月中旬赴俄罗斯参加俄军“东方-2018”战略演习，9 月 11 日至 15 日双方在俄后贝加尔边疆区楚戈尔训练场共同组织联合战役行动演练。故本题答案为 B。

60. **答案**：A。

解析：2018 年 8 月 21 日，中科院长春光机所研制的 4.03 米大口径碳化硅反射镜研制成功通过验收，这是目前公开报道的世界上最大口径碳化硅单体反射镜。故本题答案为 A。

2020 全国银行招聘考试真题汇编（四）及解析

扫码进入模考系统

2020 全国银行招聘考试真题汇编（四）

考试说明：

在正式考试之前，请仔细阅读以下考试说明，以便您了解试题构成和考试时间。阅读完之后，请点击“下一步”按钮开始正式答题。

本次考试分为两个单元，考试题型为单选题和多选题。

1. 第一单元，综合能力测试，共 100 题，限时 90 分钟，90 分钟后系统将自动进入下一个单元。考生也可在开考 30 分钟后自己点击“结束单元”按钮进入下一个单元，在进入下一个单元后不能返回上一个单元。

2. 第二单元，心理测试，共 60 题，限时 30 分钟，时间到系统将自动交卷。

您即将进入**综合能力测试**，本单元共 100 题、时长为 90 分钟；

请点击“下一步”开始作答。

选择题（共 100 题，其中包含单选题和多选题）

第一单元（综合能力测试）

1. S 省“明星杯”篮球大赛开赛在即，教练要从小张、小李、小王、小赵、小田 5 人中挑选两名球员充实上场阵容。考虑到队员之间的最佳配合，教练做出如下 5 点决定：

（1）如果小张不上场，那么，或者小李上场或者小王上场；

（2）如果小李上场，则小赵上场；

（3）要么小王上场，要么小田上场；

（4）如果小赵上场，那么小田不上场；

（5）小田一定要上场。

据此，可以推出(　　)。

A. 小张上场　　B. 小李上场　　C. 小王上场　　D. 小赵上场

2. 正版计算机系统安装盘销售不佳，而盗版光盘却比较好，主要是因为盗版光盘价格奇低，更符合消费者利益。

这句话隐含的假设是(　　)。

A. 正版盘和盗版盘在质量上没有明显差异

B. 正版光盘的销售渠道不够方便

C. 盗版盘的交易是私下进行的

D. 很多盗版系统盘集成了用户必需的软件和程序，更适应消费者的需求

3. 依次填入横线处最恰当的一项是(　　)。

现在一些谈中国科技落后的文章，经常以晚清保守派把西方科技斥为“奇技淫巧”的

例子来说明中国封建社会______科学技术。这只是一种______的说法。实际上中国传统上并不排斥科学技术，中国早期学者对于此前影响生产力变化和社会变迁的重大发明创造都是相当看重的，并对它们给予了没有任何神秘色彩的记述和肯定。

A. 排斥　以点带面　　B. 抵制　断章取义

C. 鄙夷　信口开河　　D. 轻视　以偏概全

4. 下列各句没有语病的一项是(　　)。

A. 这位曾经驰骋乒坛的名将已经回到祖国，现就任于北京大学医学部教授，从事运动医学的教学与研究，为国家的体育事业贡献他的力量

B. 海峡两岸关系协会与海峡交流基金会今天下午针对第三次陈江会谈的各项协议文本，举行了最后一次预备性磋商，历时大约一个多小时

C. 目前国际金融危机的影响仍在持续，尽管国内外旅游业面临的压力和不确定性都在加大，但中国旅游业繁荣与发展的基本面貌并未改变

D. 大学毕业生不应该只关注一己之屈伸，一家之饥饱，真正需要关注的是作为接受过高等教育的个体对于群体、社会、他人的责任和义务

5. 将以下5个句子重新排列，语序正确的是(　　)。

(1) 以知识为主导所得出的美丑的概念，是不真实的，也是没有意义的。

(2) 即如美丑而言，当天下人知道追求美的时候，就有了美丑的区分，就有了分别的见解。

(3) 在老子看来，相反相成，是知识构成的特性，但并非世界本身所具有。

(4) 老子并非反对人们追求美，但他认为这种追求美的方式，并不能得到真正的美。

(5) 人为世界分出高下美丑，是在下判断，以人的理性确定世界的意义，这样的知识并不符合世界的特性。

A. (3)(5)(2)(1)(4)　　B. (2)(4)(3)(1)(5)

C. (1)(3)(5)(4)(2)　　D. (5)(4)(2)(3)(1)

6. 相关研究发现，每天睡眠不足7小时的人普遍比睡眠时间更长的人胖。这是因为睡眠不足影响了新陈代谢功能，使刺激食欲的荷尔蒙增加，同时使产生饱胀感的荷尔蒙水平降低。

由此不能推出(　　)。

A. 胖人的食欲比体重正常的人好

B. 睡眠状况影响新陈代谢

C. 荷尔蒙水平影响食欲

D. 胖人的荷尔蒙水平可能异于常人

7. 从下列四个选项中选择合适的一个填在问号处，使之呈现一定的规律性。(　　)

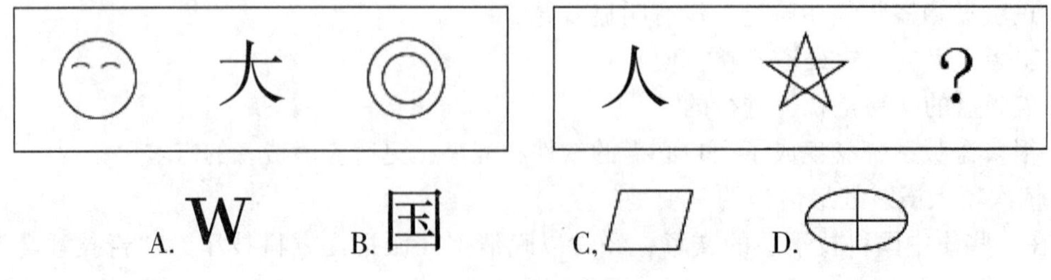

A. W　B. 国　C. ▱　D. ⊖

8. 根据以下数字的规律，空缺处应填入的是(　　)。

0，$\frac{1}{3}$，$\frac{2}{9}$，$\frac{4}{81}$，(　　)

A. $\frac{4}{243}$　　B. $\frac{5}{243}$　　C. $\frac{7}{243}$　　D. $\frac{6}{243}$

9. 根据以下数字的规律，空缺处应填入的是(　　)。

10，6，14，18，30，(　　)

A. 34　　B. 55　　C. 46　　D. 62

10. 海洋中珊瑚的美丽颜色来自于其体内与之共存的藻类生物，其中虫黄藻是最重要的一类单细胞海藻。二者各取所需，相互提供食物。全球气候变暖造成的海水升温导致虫黄藻等藻类大量死亡，进而造成珊瑚本身死亡，引发珊瑚礁白化现象。然而研究发现，珊瑚能通过选择耐热的其他藻类生物等途径，来应对气候变暖带来的挑战。

以下哪项如果为真，将削弱这一研究发现？(　　)

A. 一些虫黄藻能够比耐热的其他藻类耐受更高的海水温度

B. 有些藻类耐热性的形成需要一个长期的过程

C. 有些虫黄藻逐渐适应了海水温度的升高并存活下来

D. 有些已白化的珊瑚礁中也发现了死去的耐热藻类生物

11. 从所给四个选项中选择最适合的一个填入问号处，使之呈现出一定的规律性。(　　)

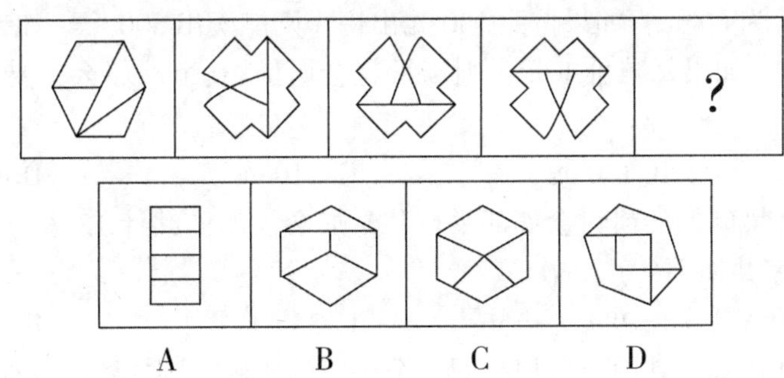

12. 请从所给的四个选项中选择最合适的一个填入问号处，使之呈现一定的规律性。(　　)

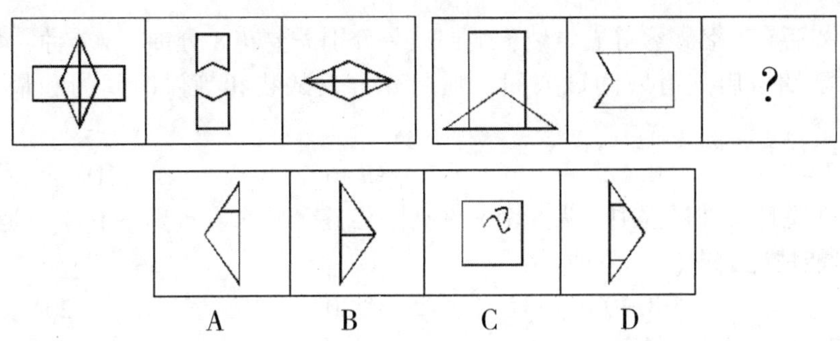

13. 根据以下数字的规律，问号处应填入的是(　　)。

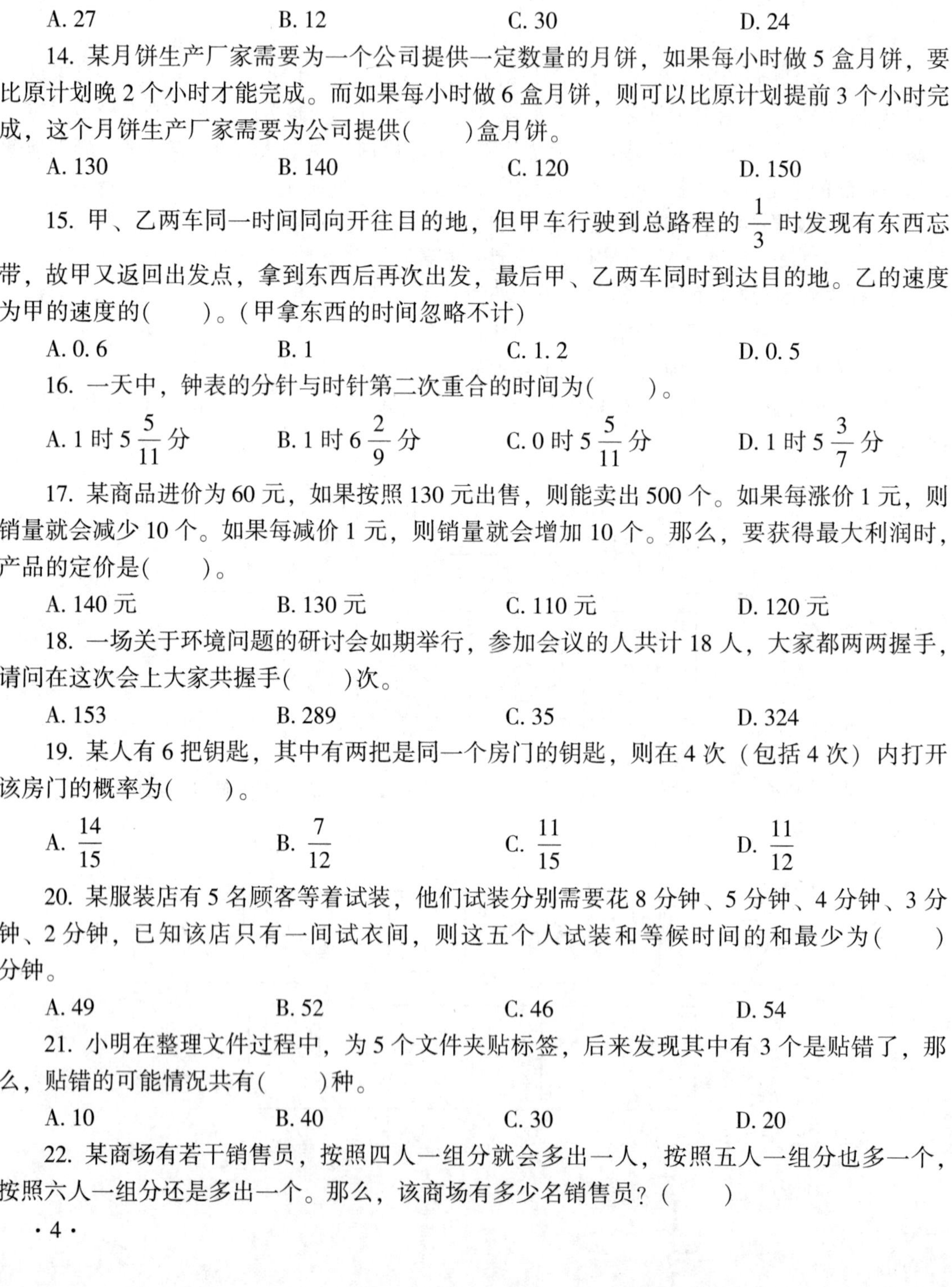

A. 27　　B. 12　　C. 30　　D. 24

14. 某月饼生产厂家需要为一个公司提供一定数量的月饼，如果每小时做 5 盒月饼，要比原计划晚 2 个小时才能完成。而如果每小时做 6 盒月饼，则可以比原计划提前 3 个小时完成，这个月饼生产厂家需要为公司提供(　　)盒月饼。

A. 130　　B. 140　　C. 120　　D. 150

15. 甲、乙两车同一时间同向开往目的地，但甲车行驶到总路程的 $\frac{1}{3}$ 时发现有东西忘带，故甲又返回出发点，拿到东西后再次出发，最后甲、乙两车同时到达目的地。乙的速度为甲的速度的(　　)。(甲拿东西的时间忽略不计)

A. 0. 6　　B. 1　　C. 1. 2　　D. 0. 5

16. 一天中，钟表的分针与时针第二次重合的时间为(　　)。

A. 1 时 $5\frac{5}{11}$ 分　　B. 1 时 $6\frac{2}{9}$ 分　　C. 0 时 $5\frac{5}{11}$ 分　　D. 1 时 $5\frac{3}{7}$ 分

17. 某商品进价为 60 元，如果按照 130 元出售，则能卖出 500 个。如果每涨价 1 元，则销量就会减少 10 个。如果每减价 1 元，则销量就会增加 10 个。那么，要获得最大利润时，产品的定价是(　　)。

A. 140 元　　B. 130 元　　C. 110 元　　D. 120 元

18. 一场关于环境问题的研讨会如期举行，参加会议的人共计 18 人，大家都两两握手，请问在这次会上大家共握手(　　)次。

A. 153　　B. 289　　C. 35　　D. 324

19. 某人有 6 把钥匙，其中有两把是同一个房门的钥匙，则在 4 次（包括 4 次）内打开该房门的概率为(　　)。

A. $\frac{14}{15}$　　B. $\frac{7}{12}$　　C. $\frac{11}{15}$　　D. $\frac{11}{12}$

20. 某服装店有 5 名顾客等着试装，他们试装分别需要花 8 分钟、5 分钟、4 分钟、3 分钟、2 分钟，已知该店只有一间试衣间，则这五个人试装和等候时间的和最少为(　　)分钟。

A. 49　　B. 52　　C. 46　　D. 54

21. 小明在整理文件过程中，为 5 个文件夹贴标签，后来发现其中有 3 个是贴错了，那么，贴错的可能情况共有(　　)种。

A. 10　　B. 40　　C. 30　　D. 20

22. 某商场有若干销售员，按照四人一组分就会多出一人，按照五人一组分也多一个，按照六人一组分还是多出一个。那么，该商场有多少名销售员？(　　)

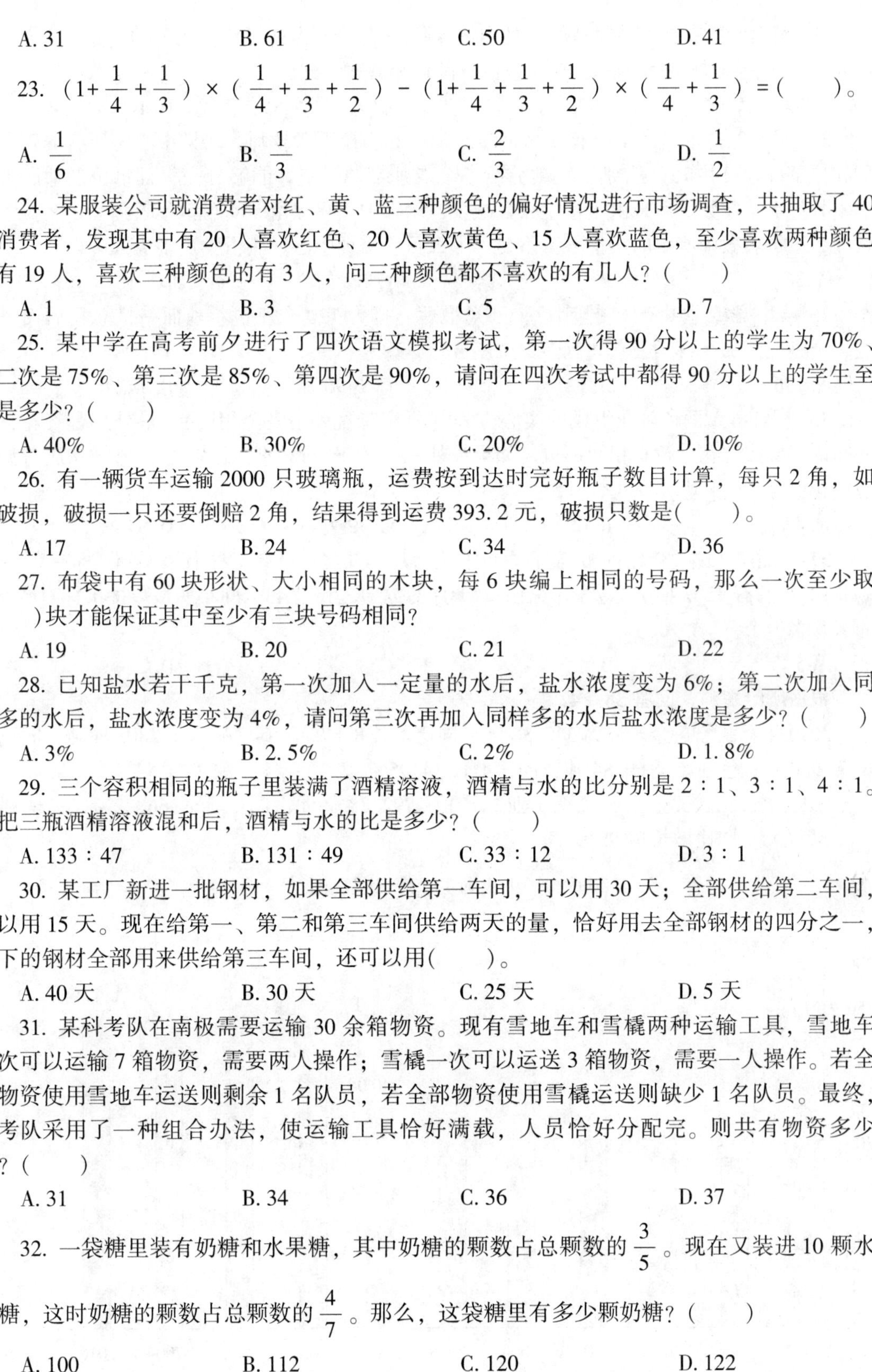

A. 31　　B. 61　　C. 50　　D. 41

23. $(1+\frac{1}{4}+\frac{1}{3})\times(\frac{1}{4}+\frac{1}{3}+\frac{1}{2})-(1+\frac{1}{4}+\frac{1}{3}+\frac{1}{2})\times(\frac{1}{4}+\frac{1}{3})=($　　$)$。

A. $\frac{1}{6}$　　B. $\frac{1}{3}$　　C. $\frac{2}{3}$　　D. $\frac{1}{2}$

24. 某服装公司就消费者对红、黄、蓝三种颜色的偏好情况进行市场调查，共抽取了40名消费者，发现其中有20人喜欢红色、20人喜欢黄色、15人喜欢蓝色，至少喜欢两种颜色的有19人，喜欢三种颜色的有3人，问三种颜色都不喜欢的有几人？(　　)

A. 1　　B. 3　　C. 5　　D. 7

25. 某中学在高考前夕进行了四次语文模拟考试，第一次得90分以上的学生为70%、第二次是75%、第三次是85%、第四次是90%，请问在四次考试中都得90分以上的学生至少是多少？(　　)

A. 40%　　B. 30%　　C. 20%　　D. 10%

26. 有一辆货车运输2000只玻璃瓶，运费按到达时完好瓶子数目计算，每只2角，如有破损，破损一只还要倒赔2角，结果得到运费393. 2元，破损只数是(　　)。

A. 17　　B. 24　　C. 34　　D. 36

27. 布袋中有60块形状、大小相同的木块，每6块编上相同的号码，那么一次至少取(　　)块才能保证其中至少有三块号码相同？

A. 19　　B. 20　　C. 21　　D. 22

28. 已知盐水若干千克，第一次加入一定量的水后，盐水浓度变为6%；第二次加入同样多的水后，盐水浓度变为4%，请问第三次再加入同样多的水后盐水浓度是多少？(　　)

A. 3%　　B. 2. 5%　　C. 2%　　D. 1. 8%

29. 三个容积相同的瓶子里装满了酒精溶液，酒精与水的比分别是2∶1、3∶1、4∶1。当把三瓶酒精溶液混和后，酒精与水的比是多少？(　　)

A. 133∶47　　B. 131∶49　　C. 33∶12　　D. 3∶1

30. 某工厂新进一批钢材，如果全部供给第一车间，可以用30天；全部供给第二车间，可以用15天。现在给第一、第二和第三车间供给两天的量，恰好用去全部钢材的四分之一，剩下的钢材全部用来供给第三车间，还可以用(　　)。

A. 40天　　B. 30天　　C. 25天　　D. 5天

31. 某科考队在南极需要运输30余箱物资。现有雪地车和雪橇两种运输工具，雪地车一次可以运输7箱物资，需要两人操作；雪橇一次可以运送3箱物资，需要一人操作。若全部物资使用雪地车运送则剩余1名队员，若全部物资使用雪橇运送则缺少1名队员。最终，科考队采用了一种组合办法，使运输工具恰好满载，人员恰好分配完。则共有物资多少箱？(　　)

A. 31　　B. 34　　C. 36　　D. 37

32. 一袋糖里装有奶糖和水果糖，其中奶糖的颗数占总颗数的$\frac{3}{5}$。现在又装进10颗水果糖，这时奶糖的颗数占总颗数的$\frac{4}{7}$。那么，这袋糖里有多少颗奶糖？(　　)

A. 100　　B. 112　　C. 120　　D. 122

33. 某次测验有50道判断题，每做对一题得3分，不做或做错一题倒扣1分，某学生共得82分，问答对题数和答错题数（包括不做）相差多少？(　　)

A. 33　　B. 39　　C. 17　　D. 16

34. 某儿童艺术培训中心有5名钢琴教师和6名拉丁舞教师，培训中心将所有的钢琴学员和拉丁舞学员共76人分别平均地分给各个老师带领，刚好能够分完，且每位老师所带的学生数量都是质数。后来由于学生人数减少，培训中心只保留了4名钢琴教师和3名拉丁舞教师，但每名教师所带的学生数量不变，那么目前培训中心还剩下学员多少人？(　　)

A. 36　　B. 37　　C. 39　　D. 41

35. 某科学会堂共有17排座位，已知最后一排为120个座位，前面一排总比后面一排差4个座位，那么科学会堂共有多少个座位？(　　)

A. 1066　　B. 1214　　C. 1496　　D. 1724

36. 用红、黄两色鲜花组成的实心方阵（所有花盆大小完全相同），最外层是红花，从外往内每层按红花、黄花相间摆放。如果最外一圈的正方形有红花44盆，那么完成造型共需黄花(　　)。

A. 48盆　　B. 60盆　　C. 72盆　　D. 84盆

37. 某超市根据顾客消费的金额举行抽奖活动，抽奖箱里有三种卡片，分别标有数字2、3和5。小明有12次抽奖机会，他抽出的卡片的数字之和是43。问小明最多抽出标有数字2的卡片多少个？(　　)

A. 5　　B. 4　　C. 3　　D. 2

根据所给资料，回答38—42题

2010年，我国黄金产量为340.88吨，同比增长8.57%。其中矿产金280.04吨，同比增长7.27%；有色副产金60.84吨，同比增长14.95%。

2010年，我国黄金企业实现工业总产值2292.88亿元，同比增长66.72%；实现利润248.74亿元，同比增长78.19%。

2000—2010年我国黄金产量状况图

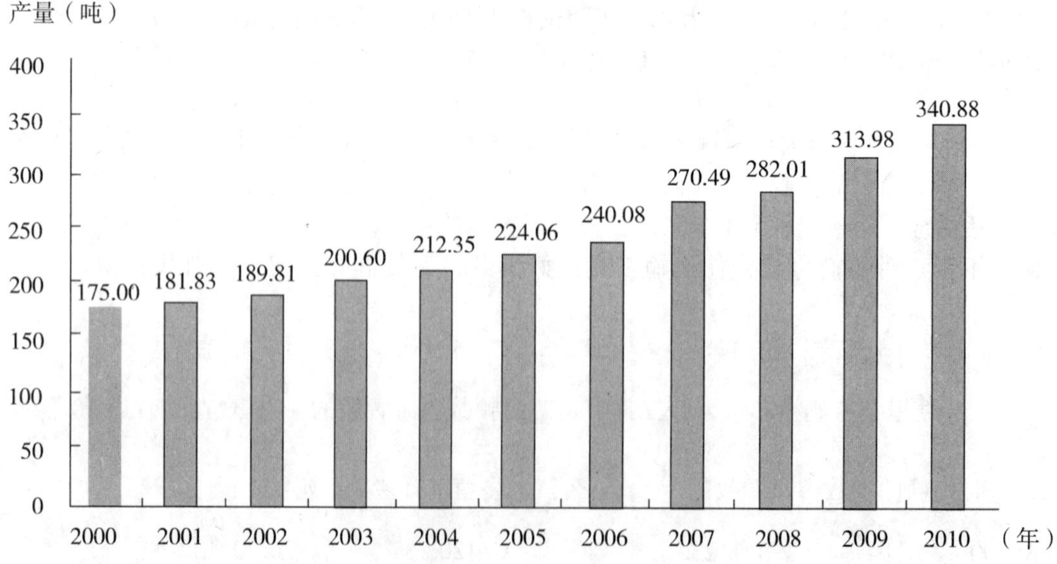

38. 2010 年，我国矿产金产量占黄金产量的比重约为(　　)。

A. 80%　　B. 82%　　C. 84%　　D. 86%

39. 上图中我国的黄金产量超过 200 吨的年份有几个？(　　)

A. 7　　B. 8　　C. 9　　D. 10

40. 2010 年，我国黄金企业工业总产值同比增长了约多少亿元？(　　)

A. 918　　B. 920　　C. 922　　D. 924

41. 以下哪一年黄金产量同比增速最快？(　　)

A. 2007 年　　B. 2008 年　　C. 2009 年　　D. 2010 年

42. 能够从上述资料中推出的是(　　)。

A. 2009 年我国黄金企业利润约为 170 亿元

B. 2010 年我国黄金产量是 2000 年的 2 倍多

C. 2010 年我国黄金产量首次突破 300 吨

D. 2000 年以来我国黄金产量每年均有所增长

阅读以下文字，回答 43—47 题

地震发生时，最基本的现象是地面的连续振动，主要是明显的晃动。极震区的人在感到大的晃动之前，有时首先会感到上下跳动。这是因为地震波从地内向地面传来，纵波首先到达的缘故。横波接着产生大振幅的水平方向的晃动，是造成地震灾害的主要原因。1960 年智利大地震时，最大的晃动持续了 3 分钟。地震造成的灾害首先是破坏房屋和构筑物，如在 1976 年中国河北唐山地震中，70%—80%的建筑物倒塌，人员伤亡惨重。

地震对自然界景观也有很大影响，最主要的后果是地面出现断层和地裂缝。大地震的地表断层常绵延几十千米至几百千米，往往具有较明显的垂直错距和水平错距，能反映出震源处的构造变动特征。但并不是所有的地表断裂都直接与震源的运动相联系，它们也可能是由于地震波造成的次生影响。特别是地表沉积层较厚的地区，坡地边缘、河岸和道路两旁常出现地裂缝，这往往是由于地形因素，在一侧没有依托的条件下晃动使表土松垮和崩裂。地震的晃动使表土下沉，浅层的地下水受挤压会沿地裂缝上升到地表，形成喷沙冒水现象。大地震能使局部地形改观，或隆起，或沉降，使城乡道路坼裂、铁轨扭曲、桥梁折断。在现代化城市中，由于地下管道破裂和电缆被切断造成停水、停电和通信受阻。煤气、有毒气体和放射性物质泄漏可导致火灾和毒物、放射性污染等次生灾害。在山区，地震还能引起山崩和滑坡，常造成掩埋村镇的惨剧。崩塌的山石堵塞江河，在上游形成地震湖。

43. 文中提到“唐山地震中，70%—80%的建筑物倒塌，人员伤亡惨重”，旨在说明(　　)。

A. 地震的表现即地面的破坏　　B. 地震首先破坏地面建筑物

C. 地震灾害后的主要表现　　D. 地震带给人类巨大的伤害

44. 属于地震“次生灾害”的是(　　)。

A. 桥梁断裂　　B. 管道破裂　　C. 山体滑坡　　D. 通信中断

45. 下列说法不符合文意的是(　　)。

A. 地震中道路旁出现的地裂缝直接与震源的运动相关

B. 造成地震灾害的主要原因是横波产生的大振幅晃动

C. 地震中发生的火灾很可能是地震波造成的次生影响

D. 地震中喷沙冒水的现象也是地震晃动产生的结果

46. 下列说法符合文意的是(　　)。

A. 地震极震区的人首先必定感受到上下跳动

B. 山区发生地震就会造成掩埋村镇的惨剧

C. 地震造成地形的改变既有隆起也有下降

D. 地震崩塌的山石往往在山下形成地震湖

47. 本文主要讨论的问题是(　　)。

A. 地震产生的原因　　B. 地震的次生灾害

C. 地震的各种现象　　D. 地震造成的危害

48. (多选题) 当社会总供给小于社会总需求时，可供选择的财政政策工具包括(　　)。

A. 提高利率　　B. 减少财政支出

C. 降低利率　　D. 提高税率

E. 增加财政补贴

49. 在完全竞争市场上，整个行业的需求曲线是(　　)。

A. 与个别企业需求曲线一致　　B. 向右下方倾斜的

C. 与横轴平行　　D. 不影响市场价格

50. (多选题) 根据你对商业银行的理解，下列有关商业银行的哪些表述是不恰当的？(　　)

A. 商业银行既可以是国有独资银行，也可以是非国有的股份制银行

B. 商业银行是依照《商业银行法》而非《公司法》设立的

C. 经国务院银行业监督管理机构批准成立的商业银行的分支机构依法独立承担民事责任

D. 商业银行只能被接管而不能破产

51. 根据短期均衡条件 (价格 *P* 等于短期边际成本 *SMC*)，在不同的价格水平下会选择不同的最优产量，以下表述正确的是(　　)。

A. *P* 与 *AVC* 无关的时候，厂商会转产

B. *P* 等于 *AVC* 的时候，厂商单件生产

C. *P* 大于 *AVC* 的时候，厂商会继续生产

D. *P* 小于 *AVC* 的时候，厂商小批生产

52. 再贴现是指(　　)。

A. 中央银行对企事业单位所持有的商业票据进行的贴现行为

B. 商业银行对中央银行持有的金融债券进行的贴现行为

C. 中央银行对商业银行所持有的商业票据进行的贴现行为

D. 商业银行对企事业单位持有的金融债券进行的贴现行为

53. 凯恩斯的货币需求函数非常重视(　　)。

A. 恒久收入的作用　　B. 汇率的作用

C. 货币供应量的作用　　D. 利率的作用

54. 金融资产定价是当代金融理论的核心，金融资产定价的基础是(　　)。

A. 资金的时间价值和风险的量化
B. 资金的空间价值和风险的程度
C. 资金的时效价值和风险的性质
D. 资金的内在价值和风险的形式

55. 同一条无差异曲线上的不同点表示(　　)。
A. 效用水平不同，但所消费的两种商品组合比例相同
B. 效用水平相同，但所消费的两种商品组合比例不同
C. 效用水平不同，两种商品的组合比例也不同
D. 效用水平相同，两种商品的组合比例也相同

56. 根据凯恩斯流动性偏好理论，投机性需求由(　　)决定。
A. 利率　　B. 收入　　C. 消费　　D. 储蓄

57. 两家银行 USD/CNY 报价分别为：A 银行 6. 1500—6. 2100，B 银行 6. 1600—6. 2150，小明为出国留学准备购买 2 万美元，他至少需要人民币(　　)。
A. 12. 30 万元　　B. 12. 42 万元　　C. 12. 32 万元　　D. 12. 43 万元

58. （多选题）为了调解国际收支顺差，一国可以采取的政策有(　　)。
A. 实施扩张性财政政策
B. 在外汇市场上抛售外汇
C. 实施紧缩性财政政策
D. 本币升值
E. 在外汇市场上购进外汇

59. 对于完全垄断厂商来说，下述说法不正确的是(　　)。
A. 面临的需求曲线向右下方倾斜
B. 在利润最大化产量上，价格等于边际收益
C. 边际收益与平均收益不相等
D. 在利润最大化产量上，价格高于边际成本

60. 以下不属于直接融资的是(　　)。
A. 商业信用　　B. 国家信用　　C. 消费信用　　D. 银行信用

61. 牙买加协定的主要内容不包括(　　)。
A. 各成员国在协商的基础上选择统一的汇率制度
B. 国际储备多元化：美元、日元、黄金、特别提款权等
C. 取消黄金官价，黄金非货币化，按市价自由交易
D. 取消汇率平价和美元中心汇率，确认浮动汇率制

62. 在下列金融市场中，既具有货币市场属性，又具有资本市场属性的是(　　)。
A. 商业票据市场
B. 银行承兑汇票市场
C. 同业拆借市场
D. 债券市场

63. 以下关于劣等品的收入效应表述正确的是(　　)。
A. 劣等品的收入效应是需求量与实际收入同方向变化
B. 劣等品的收入效应是需求量与实际收入呈正相关性
C. 劣等品的收入效应是需求量与实际收入没有相关性
D. 劣等品的收入效应是需求量与实际收入反方向变化

64. 关于供给曲线的表述，正确的是(　　)。

A. 供给曲线是在极坐标图上把商品价格——供给量组合所得到的坐标点连接起来的线

B. 它是建立在价格和相应的供给量的变化具有离散性和模糊性的假设基础上的

C. 供给曲线与需求曲线不同，供给曲线是非线性函数，是二次曲线型

D. 表示在不同的价格水平下生产者愿意而且能够提供出售的商品数量

65. 中央银行在公开市场上卖出政府债券是企图(　　)。

A. 回收一笔资金帮助政府弥补财政赤字

B. 减少商业银行在中央银行的存款

C. 减少流通中的基础货币以紧缩货币供给

D. 通过买卖债券获取差价利益

66. 四部门经济是指四种经济单位所组成的经济，把三部门经济变成了四部门经济，需加进(　　)。

A. 政府　　B. 居民户　　C. 厂商　　D. 国外部门

67. 如果消费者动用活期存款进行消费，货币构成将发生的变化是(　　)。

A. M 1减少，M 2增加　　B. M 1减少，M 2减少

C. M 2不变，M 1减少　　D. M 2不变，M 1增加

68. （多选题）为了推广二维码支付，咖啡店举行了“扫码支付随机减”活动。客人们对这种新的支付方式很好奇，也有很多问题，这时就需要你耐心给他们介绍。请选择正确的几项(　　)。

A. 二维码在水平和垂直方向都可以存储信息

B. 二维码能存储字母、数字、汉字和图片信息

C. 二维码具有条码技术的一些共性：每种码制有其特定的字符集，且每个字符占有一定的宽度

D. 使用若干个与十进制相对应的几何形体来表示文字数值信息

69. 图灵测试的标准是当超过(　　)的测试者不能确定被测试者是人还是机器，那么这台机器就通过了测试，并被认为具有人类智能。

A. 40%　　B. 30%　　C. 50%　　D. 60%

70. 遗传算法是解决搜索问题的一种通用算法，搜索算法的共同特征不包括(　　)。

A. 依据某些适应性条件测算这些候选解的适应度

B. 根据适应度保留某些候选解，放弃其他候选解

C. 对保留的候选解进行某些操作，生成新的候选解

D. 按照宽容度变换某些候选解，放弃其他候选解

71. 和外存相比，内存的特点是(　　)。

A. 容量大，速度快，成本低　　B. 容量大，速度慢，成本高

C. 容量小，速度快，成本高　　D. 容量小，速度快，成本低

72. 数据库（DB）、数据库系统（DBS）和数据库管理系统（DBMS）之间的关系是(　　)。

A. DBS 包括 DB 和 DBMS　　B. DBMS 包括 DB 和 DBS

C. DB 包括 DBS 和 DBMS　　D. DBS 就是 DB，也就是 DBMS

73. 若网络形状是由站点和连接点的链路组成的一个闭合环，则称这种拓扑结构

为(   )。

A. 星型拓扑　　B. 总线拓扑　　C. 环型拓扑　　D. 树型拓扑

74. 软件测试的对象有程序、数据和文档。那么软件测试的主要对象是(   )。

A. 概要设计文档　　B. 需求说明文档

C. 详细说明文档　　D. 源程序

75. 宏病毒专门攻击(   )文件。

A. 可执行文件　　B. Word 和 Excel 文件

C. 文本文件　　D. 多媒体文件

76. 电子商务是以商务活动为主体，以计算机网络为基础，以电子化方式为手段的一种商业运营模式。下列不属于它的构成要素的是(   )。

A. 商城　　B. 消费者　　C. 产品　　D. 云计算

77. 退出 Excel 软件的快捷键组合是(   )。

A. Alt + F4　　B. Ctrl + Z　　C. Ctrl + C　　D. Shift +空格键

78. （多选题）以下历史事件，与抗日战争有关的是(   )。

A. 百团大战　　B. 平型关大捷

C. 蒋介石庐山讲话　　D. 渡江战役

79. 下列哪一种菜描述的口味与实际情况不同？(   )

A. 四川菜、湖南菜重辛辣　　B. 江苏菜、浙江菜重鲜嫩

C. 广东菜重甜味和变化　　D. 东北、华北菜重酸味

80. 以下关于体育运动的说法中，正确的是(   )。

A. 李娜于 2011 年夺得了温网女单冠军，创造了历史

B. 现代羽毛球运动诞生于英国，汤姆斯杯赛和尤伯杯赛也是由英国人发起的

C. 在跳台跳水中，跳台距水面的高度有 3 米、5 米和 10 米三种

D. 橄榄球项目在中国大球运动管理中心的管理范围内

81. 以下地理常识中，说法不正确的是(   )。

A. 美国本土以外的州除了夏威夷以外，还有阿拉斯加州

B. 慕尼黑是德国最大的航空港、重要的铁路枢纽和化工城市

C. 连接大西洋和太平洋之间最短的海上通道是巴拿马运河

D. 世界七大洲的地形各不相同，欧洲以平原为主，非洲则以高原为主

82. 南半球直立的竹竿在正午时影子最长的那一天是中国的(   )。

A. 冬至　　B. 夏至　　C. 立春　　D. 立夏

83. 我国的舟山渔场每年都有一段时间的“休渔期”，其主要原因是(   )。

A. 鱼类每年有一个集中的产卵期

B. 舟山渔场附近海域污染越来越严重，以致鱼量越来越少

C. 那段时期沿海地区台风活动频繁，为渔民安全考虑，因此不让他们出海捕鱼

D. 舟山因捕鱼过量，致使目前已无鱼可捕

84. 对于年龄，我国历来有很多说法，如三十而立、四十不惑、五十知天命等。其中一百岁被称为(   )。

A. 耄耋　　B. 期颐　　C. 古稀　　D. 杖朝

85. （多选题）下列有关文学常识的表述，正确的有(　　)。

A. 首位获得诺贝尔文学奖的亚洲人是印度文学家泰戈尔

B. 托尔斯泰的代表作是《战争与和平》《安娜·卡列尼娜》

C. 朱自清，著名散文家、诗人，《荷塘月色》《背影》等都是他的作品

D. 塞万提斯，西班牙作家，著有《鲁滨逊漂流记》

86. （多选题）文景之治、光武中兴、贞观之治、开元盛世、康熙盛世涉及的朝代有(　　)。

A. 汉朝　　B. 唐朝　　C. 宋朝　　D. 清朝

87. 散发浓香的塑料书皮、铅笔等香味文具深受中小学生喜爱。但据专业人士指出，这些带刺鼻香味的文具会威胁人体健康，因为这些文具含有大量的(　　)。

A. 甲醛　　B. 乙醛　　C. 香精　　D. 甲苯

88. 人们很早就已经发现，鳄鱼在吃掉捕获的食物前往往会流出几滴眼泪，于是“鳄鱼的眼泪”被人们用于形容伪善。鳄鱼流眼泪的原因是(　　)。

A. 眼泪均匀覆盖眼球，使眼睛保持良好视力

B. 鳄鱼的肾脏发育不完全，需要靠眼睛附近的腺体排出盐分

C. 鳄鱼的眼泪可以发出特殊的气味，召唤同类前来捕食猎物

D. 鳄鱼进化不完善，唾液腺分泌和泪腺分泌的神经控制系统未完全分离

89. （多选题）在下列竞技体操的项目中，哪些项是女子体操特有的？(　　)

A. 自由体操　　B. 平衡木　　C. 跳马　　D. 高低杠

90. 中国共产党第十九次全国代表大会会议时间是(　　)。

A. 2017 年 10 月 18—24 日　　B. 2017 年 10 月 18—25 日

C. 2017 年 10 月 19—24 日　　D. 2017 年 10 月 18—26 日

91. 党的十九大报告指出：全面依法治国是国家治理的一场深刻革命，必须坚持厉行法治，推进科学立法、严格执法、公正司法、全民守法。成立(　　)加强对法治中国建设的统一领导。

A. 中央全面深化改革领导小组　　B. 中央深化改革领导小组

C. 中央全面依法治国领导小组　　D. 中央依法治国领导小组

92. 交通银行的企业精神是(　　)。

A. 价值卓越　国际一流　创新超越　　B. 拼搏进取　责任立业　创新超越

C. 崇尚信誉　追求卓越　稳健致远　　D. 诚信永恒　稳健致远　创新超越

93. 交通银行的发展战略是“走(　　)、(　　)道路，建设以(　　)为特色的一流公众持股银行集团”。

A. 综合化、国际化、财富管理　　B. 国际化、零售化、个人理财

C. 人才化、集约化、员工管理　　D. 本土化、综合化、公司业务

94. 交通银行的英文名字是(　　)。

A. Bank of Communication　　B. Bank of Communications

C. Bank of Constructions　　D. Bank of Construction

95. 交通银行的客户服务热线是(　　)。

A. 95588　　B. 95533　　C. 95559　　D. 95511

Speaking Your Customers' Language

Modern international trading practices are highlighting the growing importance of language training. Modern-day business really does transcend national barriers. Thanks to sophisticated IT and communications systems, businesses can now market their products on a truly global scale. The world is indisputably becoming a smaller place, as service and manufacturing companies search the international marketplace for new suppliers and clients. Businesses must, however, be aware that once they expand the area in which they operate, they face increased competition. The standard and quality of their goods become increasingly important in keeping up with competitors. But most of all, it is the service element accompanying the goods which is crucial to a company's success in a particular market. This new philosophy has led to many companies, some of which have even offered products of a lesser quality, gaining success overseas.

Although globalization may, in some senses, have brought national economies closer together, societies around the world still have radically different expectations, processes and standards. These are not a function of economic change, but are more deep-rooted and difficult toalter. They can be a major problem for businesses expanding abroad, with the greatest obstacle of all being the language barrier. If you have to deal with clients, suppliers and distributors in a range of countries, you will not only need the skills to communicate with them, you will also need to reconcile any national biases you have with the diverse ways of doing business that exist around the globe.

The value of effective communication is not to be underestimated. New technology such as video conferencing and e-mail has played a part in making the communication process easier, and it may also be possible that the introduction of language interpretation software will help with some global communications problems. But, of course, it is the human element of the communication process that is so vital in business, especially in negotiations, presentations and team-building. It is essential for managers to meet regularly with staff, customers and partners, so that issues can be discussed, messages communicated and feedback obtained.

The value of well-organized language training is immense, and can bring benefits to all levels and departments within a multinational organization. Unfortunately, however, many organizations have a very narrow view when it comes to training of any kind. Often, an urgent requirement has to be identified before training is authorized. Then, a training company is employed or a programme is developed in-house, the team is trained, and that is seen as the end of the matter. However, the fact remains that training programmes are effective only if they are relevant to a company's broader, long-term needs. They should be regarded as an investment rather than a cost.

Changes in expectations and attitudes are certain to continue for companies that trade globally. Although such companies are not yet faced with their international partners and clients demanding that business be conducted in their mother tongue, they realize that overseas competition is increasing fast. If these companies want to continue to achieve success on the international trading circuit, they must be prepared to adapt to situations and speak the local language. If not, someone else will.

96. According to the first paragraph, improved communications have enabled companies to ______.

A. offer a wider variety of products and services

B. expand beyond their domestic markets

C. perform better than their international competitors

D. open more manufacturing facilities abroad

97. Some companies have succeeded at an international level even though they have ______.

A. produced inferior goods

B. failed to adapt products for local markets

C. ignored the standards set by their competitors

D. reduced the standard of the service they offer

98. Approaches to doing business vary between countries because of ______.

A. local economic considerations

B. the existence of cultural differences

C. strong wishes to remain independent

D. regulations about business practices

99. The writer thinks that the use of modern technology will ______.

A. speed up the process of language interpretation

B. never replace the need for face-to-face interaction

C. help solve the problems involved in maintaining strong teams

D. not lead to greater communication between companies and clients

100. A common weakness of training courses is that they ______.

A. are developed by the wrong team

B. do not give good value for money

C. are provided only if there is an immediate need

D. do not deal with a company's specific requirements

您即将进入**心理测试**，本单元共 60 题、时长为 30 分钟；
请点击“下一步”开始作答。

第二单元（心理测试）

测试介绍

测试说明：

下面的题目描述了人们对某些生活事物的看法，以及一般的行为特征，每道题都有四个可供选择的描述。请您根据个人情况，对每道题的四种描述在您心目中的重要性（或符合您情况）的程度做出判断，并把相应的数字填写在每句描述后面的括号里。

请在您认为最重要（或最符合您情况）的描述后面括号里填 1，在您认为第二重要（或第二符合您情况）的描述后面括号里填 2，并依次类推。

请注意：

1. 除了题目本身所给定的四个选项之外，您可能还有其他的个人看法或行为表现，但我们希望您只在给定的选项里做出判断；

2. 每个括号里只能填入一个数字，每个数字在每一个问题里也只能出现一次，也即，在每一个问题所给定的选项里只能填写一个 1、一个 2、一个 3、一个 4；

3. 如果您不能确定您目前的看法或个人情况，那么请依照自己近三年来的状况作答，不要对某个问题做过多的分析与考虑，尽量按照自己的第一感觉来选择。

例题

对于人生，您内心的真实感受与想法是？

a）希望能够有尽量多的人生体验，所以会有非常多样化的想法 （1）

b）小心合理地确定自己的目标，一旦确定就会坚定不移地去做 （2）

c）更加注重的是取得一切有可能的成就 （3）

d）宁愿剔除风险而享受平静或现状 （4）

填答解释：在最符合您情况的选项后面的括号里填 1
在第二符合您情况的选项后面的括号里填 2
在第三符合您情况的选项后面的括号里填 3
在第四符合您情况的选项后面的括号里填 4

下面开始正式测试！

1. 您认为一个政府最主要的目标应该是？

a）提高国家在国际上的声望	（ ）
b）发展经济，促进生产与贸易水平的提高	（ ）
c）促进社会公平，使弱者尽可能得到帮助	（ ）
d）创造宽松的环境，使每个人都能按照自己的方式生活	（ ）

2. 一般来说您是？

a）对新事物感兴趣，也能下决心把它做好	（ ）
b）在生活中表情生动，手势较多	（ ）
c）能轻松自如融入任何环境	（ ）
d）希望准确知道所有细节之间的逻辑关系	（ ）

3. 您觉得对于一个周一到周五都需要工作的人来说，哪种方式享受周末最好？

a）参加具有竞争性的体育运动	（ ）
b）参加与职业发展有关的培训，给自己充电	（ ）
c）阅读有内涵的书籍，提高自己	（ ）
d）听舒缓的音乐会	（ ）

4. 您觉得自己是？

a）用逻辑与事实服人	（　　）
b）充满乐趣与幽默感	（　　）
c）遇到矛盾时能使自己的心灵不太受干扰，随遇而安	（　　）
d）完成一件事后才接手新事	（　　）

5. 您希望现代学校教育需要在哪一方面加大改革的力度，以进行改进？

a）加强学生独立人格教育，培养学生的领导才能	（　　）
b）加强实践环节，使学生学会积累财富	（　　）
c）加强社会意识教育，提高学生对社会问题的理解力	（　　）
d）采用自然教育法，不要给学生太多的作业压力	（　　）

6. 您觉得自己是下列哪种人？

a）一般依靠自己的方式做事，不受他人影响	（　　）
b）认为与人相处好玩，无所谓挑战或商机	（　　）
c）易接受他人的观点和喜好，不坚持己见	（　　）
d）具有牺牲性，为他人利益愿意放弃个人意见	（　　）

7. 您最愿意与什么样的同性交朋友？

a）具有领导与组织才能的人	（　　）
b）敏捷、勤奋、实践能力强的人	（　　）
c）关爱他人的人	（　　）
d）具有艺术细胞、追求个性自由的人	（　　）

8. 在现实中您表现出哪种特征？

a）把一切当成竞赛，总是有强烈的赢的欲望	（　　）
b）因个人魅力或性格使人信服和认同	（　　）
c）控制自己，极少流露感情	（　　）
d）体贴，关心别人的感觉与需要	（　　）

9. 如果您手头有一笔远远超过您的生活所需的钱，您最愿意用这笔钱做什么？

a）结交有社会地位的朋友，扩大自己的社会影响力	（　　）
b）进行经济投资，以获取更多的利润	（　　）
c）建立社会服务型组织，帮助社会上的弱者	（　　）
d）收藏自己感兴趣的艺术品	（　　）

10. 您被认为是？

a）对任何情况都能很快做出有效的反应	（　　）
b）能给旁人清新振奋的刺激的人	（　　）

续表

c）含蓄、善于控制自己情绪的人	（ ）
d）对人诚实、尊重他人的人	（ ）

11. 您觉得哪一类工作更加值得去做？

a）工资待遇一般，但自己能对他人施加影响力的工作	（ ）
b）工资待遇高，工作强度很大的工作	（ ）
c）工资待遇一般，但对促进社会公平正义有用的工作	（ ）
d）自由自在，不受太多约束的工作	（ ）

12. 您认为自己？

a）机智，独立性强，凭自己的能力做事	（ ）
b）充满动力，积极肯干	（ ）
c）容易接受任何情况和环境	（ ）
d）对周围的人与事十分在乎	（ ）

13. 在工作中遇到棘手的问题时，您愿意采取哪种方式处理？

a）寻求领导和权威人士的帮助	（ ）
b）花钱找有经验的人来帮助解决	（ ）
c）寻求社会上热心人士的帮助	（ ）
d）不为问题苦恼，先放一段时间再说	（ ）

14. 在做事情方面，您一般是？

a）相信自己有转危为安的能力	（ ）
b）善于运用性格魅力去鼓励推动别人参与工作	（ ）
c）不因延误而懊恼，冷静且容忍度大	（ ）
d）事前做详尽计划，依计划进行工作	（ ）

15. 如果您有足够的时间和金钱，您最愿意做什么？

a）参与各种活动，促进各种社会组织的建立	（ ）
b）投资股市或者建立自己的企业	（ ）
c）游学，领略不同文化中的人的生活	（ ）
d）旅游，欣赏世界名胜古迹与自然风光	（ ）

16. 您自己是？

a）自信，果断的人	（ ）
b）不喜欢预先计划，不愿意受计划牵制的人	（ ）
c）安静，不易开启话匣子的人	（ ）
d）生活与处事均依时间表，不喜欢受到干扰的人	（ ）

17. 当您与朋友聚会时，您对什么样的话题最感兴趣？

a）有关政治与国际关系的话题	（ ）
b）有关经济发展与物价水平的话题	（ ）
c）有关社会公平正义的话题	（ ）
d）有关新闻娱乐的话题	（ ）

18. 您认为自己？

a）是一位天生的领导者，不相信别人的能力可以比得上自己	（ ）
b）精力充沛，充满活力	（ ）
c）对自己的理想、朋友、工作绝对忠实，有时甚至不需要理由	（ ）
d）是一位很好的聆听者，愿意听别人倾诉	（ ）

19. 您觉得现代人的生活更应该朝什么方面发展？

a）追求国家强盛与民族的兴旺发达	（ ）
b）追求工作目标的实现与经济生活水平的提升	（ ）
c）追求社会公平和个人尊严的现实	（ ）
d）追求美的享受和个人的自由	（ ）

20. 您觉得自己？

a）具有威严感，别人不敢轻易反抗您的意见	（ ）
b）具有幽默感，把任何事都能讲成惊天动地的故事	（ ）
c）对人友善，不喜主动与人交谈，不与人争执	（ ）
d）一贯可靠，对人较为真心诚意	（ ）

21. 如果您有可能选择下列精英做自己的老师，您最愿意选择哪一位？

a）毛泽东，向他学习运用权力、掌握时局的政治智慧	（ ）
b）李嘉诚，向他学习如何聚集财富	（ ）
c）马丁·路德·金，向他学习如何为人与人的平等的事业献身	（ ）
d）达芬奇，向他学习如何提升艺术才能与艺术鉴赏力	（ ）

22. 您具有下列哪种特征？

a）敢于冒险，对任何事情都下定决心做好	（ ）
b）能带给别人欢乐，令人喜欢，容易相处	（ ）
c）待人得体，具有良好的耐心，心平气和地与人相处	（ ）
d）做事秩序井然，井井有条，追求每一个细节的完美	（ ）

23. 您觉得很多收藏家进行收藏的主要目的是什么？

a）显示自己的力量与身份	（ ）
b）进行价值投资，确保财富能够保值增值	（ ）

续表

c）保存社会财富，促进人类精神财富的保护与传承	（ ）
d）喜好艺术	（ ）

24. 您给别人的感觉是？

a）充满自信	（ ）
b）始终精神愉快，并能用自己的快乐影响周围人	（ ）
c）情绪平稳，反应永远能让人预料到	（ ）
d）对学术、艺术特别爱好	（ ）

25. 在购买手机时，您是根据什么进行选择的？

a）是否能显示自己的身份与地位	（ ）
b）是否经济实用	（ ）
c）是否能得到父母和朋友的认可	（ ）
d）是否时尚美观	（ ）

26. 您是一个？

a）独立性强的人——追求自给自足、自我支持，不需要他人帮忙	（ ）
b）具有继发性的人——能鼓励别人参与活动	（ ）
c）无攻击性的人——从不说/做会引起让人不满与反对的话/事情	（ ）
d）理想主义者——以自己完善的标准来设想与衡量事情	（ ）

27. 您觉得什么样的人是生活中值得交往的人？

a）积极进取、追求成功的人	（ ）
b）社会地位高、具经济实力的人	（ ）
c）有品格和内涵、具爱心的人	（ ）
d）风趣幽默、追求自由的人	（ ）

28. 您的特点是？

a）果断，具有很快做出判断与结论的能力	（ ）
b）感情外露，能忘情地表达出自己的情感与喜好，喜欢与人交往	（ ）
c）具有黑色幽默感，直接的幽默近乎讽刺	（ ）
d）深沉、认真、深刻，不喜欢肤浅的谈话	（ ）

29. 您觉得青年人参加哪一类团体的活动更有意义？

a）交换职场经验、能促进职场地位提升的团体	（ ）
b）交流财富信息、能促进经济收入增加的团体	（ ）
c）社会公益类的能丰富内心生活的团体	（ ）
d）提供娱乐、联谊、自由表达个性的团体	（ ）

30. 您的最大的优点是？

a）具有持之以恒的精神，不达目的誓不罢休	（　　）
b）喜欢交往，能不断地愉快自如谈笑风生，会娱乐周围的人	（　　）
c）具有一定的容忍度，易接受别人的想法和方法，不愿与人产生矛盾	（　　）
d）善解人意，能记住特别的日子，愿意帮助别人	（　　）

31. 具有哪一类品格的人是您心目中的好领导？

a）一个具有权威性、强势好胜的人	（　　）
b）一个目标明确能带领团体获取最大经济利益的人	（　　）
c）一个对人和善、善于体会和关注他人的人	（　　）
d）一个具有艺术气质和个人独特行为风格的人	（　　）

32. 您觉得自己是？

a）喜欢命令支配别人，有时表现出傲慢的人	（　　）
b）好表现，喜欢吸引别人注意力的人	（　　）
c）面上极少流露表情或情绪的人	（　　）
d）极少躲避别人注意力的人	（　　）

33. 您认为现代大学最应该加强哪一类教育？

a）时事政治与激发学生政治热情提升的教育	（　　）
b）专业技能与促进学生经济生活水平提升的教育	（　　）
c）社会道德与促进学生人文素养提升的教育	（　　）
d）艺术修养与促进学生自我发展提升的教育	（　　）

34. 您认为自己是？

a）不易理解别人的问题与麻烦的人	（　　）
b）散漫、生活随意、缺乏秩序的人	（　　）
c）不容易兴奋，经常感到好事难成的人	（　　）
d）不容易宽恕或忘记别人对自己的伤害，易嫉妒的人	（　　）

35. 您认为一个人退休之后的生活应该如何度过？

a）利用自己的能力指导和管理他人	（　　）
b）发挥经验优势，继续从事有一定报酬的工作	（　　）
c）以慈悲之心从事一些公益性的工作	（　　）
d）自由自在地享受晚年生活	（　　）

36. 相对来说您的下列哪个特点表现得多一些？

a）抗拒接受或勉强可以接受别人的方法，固执己见	（　　）
b）反复讲同一件事或故事，忘记自己已重复多次，总是不断找话题说话	（　　）

续表

c）不愿意参与活动，当事物或情况复杂的时候尤其如此	（ ）
d）把实际存在的或想象中的别人的冒犯，经常放在心上	（ ）

37. 您在什么样的情况下感到最为愉快？

a）满足领导的要求，得到组织和领导表扬的时候	（ ）
b）面对复杂的工作做出好的成绩，获得较多的经济收入的时候	（ ）
c）为弱者提供帮助，自己人性中的善得到彰显的时候	（ ）
d）访问朋友或外出旅游的时候	（ ）

38. 您认为下列哪种特征在您身上有所表现？

a）率直，不介意把自己的看法直说出来，也不在乎他人的感受	（ ）
b）健忘，缺乏自我约束，不愿记忆那些自己没兴趣的事	（ ）
c）经常感到强烈的担心、焦虑、悲戚	（ ）
d）坚持做琐碎的事情，过分注意细节	（ ）

39. 在闲暇的时候您喜欢做什么？

a）做一些能影响国家政策和社会舆论走向的事情	（ ）
b）做一些有利于提高经济收入的事情	（ ）
c）做一些有利于提高自己内心修养的事情	（ ）
d）不受约束地做自己喜欢做的事情	（ ）

40. 您认为自己是下列哪种人？

a）不善表达的人，很难用语言或肢体当众表达感情	（ ）
b）很难预测的人，时而兴奋，时而低落，承诺总难兑现	（ ）
c）不愿参与的人，没有兴趣、不愿介入团体活动或别人的生活	（ ）
d）由于强烈要求完美而拒人于千里之外的人	（ ）

41. 如果您的屋外有一小块空地，您愿意如何来利用它？

a）精心打理，使它成为身份的象征，在同事/领导面前给自己长脸	（ ）
b）栽种有经济价值的作物	（ ）
c）弄成开放式的草坪或花园，使别人也能欣赏	（ ）
d）依心情来看，不做什么严格的规划，主要自己高兴就好	（ ）

42. 别人认为您最明显的特点是？

a）固执，坚持依自己的意见行事	（ ）
b）不依照固有方法做事，喜欢随心所欲	（ ）
c）犹豫不决，迟迟才有行动，不易参与到活动中去	（ ）
d）很难相处，标准太高，别人很难令您满意	（ ）

43. 在人际交往中，您最希望给别人留下什么印象？

a）积极主动，有领导才能	（　）
b）精明能干，有经营头脑	（　）
c）热情奔放，有人情味	（　）
d）风趣幽默，有艺术品位	（　）

44. 您觉得自己是？

a）自负的人，自我评价很高，认为自己是许多事情的最好人选	（　）
b）随大流的人，容许别人做他喜欢的事，为的是讨好别人，让人喜欢自己	（　）
c）平然无奇的人，无典型特点，无情绪波动，很少表露自己的感情	（　）
d）悲观主义者，尽管期待好的结果，但往往先看到事物的不利之处	（　）

45. 如果有机会，您喜欢加入哪种类型的社会群体？

a）有社会背景，有机会和政府高层人士接触的群体	（　）
b）有经济背景，有机会结识企业精英人士的群体	（　）
c）充满爱心，每个人都能得到关照的群体	（　）
d）自由自在，不受太多约束，兴趣可以得到展现的群体	（　）

46. 您最明显的特征是？

a）容易与人争论，永远觉得自己是正确的	（　）
b）容易发怒，有小孩子一样的情绪，易激动，事后又马上忘记	（　）
c）缺乏目标，不喜欢制定目标，也无意制定目标	（　）
d）经常有被冷落感，容易感到别人的疏离，感到别人不喜欢与自己相处	（　）

47. 您觉得我国目前最需要解决的问题是什么？

a）腐败和权力没有得到有效的约束	（　）
b）经济发展水平低	（　）
c）社会分配不公，弱者没有得到救助	（　）
d）人的自由天性和个性没有得到尊重	（　）

48. 下列哪种特征最符合您自己？

a）比较莽撞，充满自信，坚忍不拔，但许多行为常常不恰当	（　）
b）天真活泼，具有孩子般的单纯，不喜欢深沉的东西	（　）
c）对许多事物不关心，得过且过，以不变应万变	（　）
d）消极悲观，往往看到事物的反面，少有积极的态度	（　）

49. 如果您是一家企业的管理者，您关注的工作重心是什么？

a）企业团队建设，企业的领导班子构成是否合理	（　）
b）企业目前的经营状况和企业当下的盈利水平	（　）

续表

c）企业福利制度建设，员工的福利是否能够得到保证	（ ）
d）企业文化建设，员工的个性是否得到发挥	（ ）

50. 熟悉的人最可能用下列哪句话评价您？

a）为追求回报或成就感体验而不断工作，耻于休息	（ ）
b）需要外界与别人的认可，希望得到旁人认同、赞赏	（ ）
c）经常感到不确定、焦虑、心烦	（ ）
d）孤独离群，多愁善感，喜欢独处	（ ）

51. 如果可以选择同事，您最愿意和哪类人一起工作？

a）具有主见，独立性强，能有效推进工作进展的人	（ ）
b）业绩突出，追求成功，能促进团队经济效益提升的人	（ ）
c）为人随和，善于替他人着想，愿意帮助他人的人	（ ）
d）风趣幽默，具有艺术气质，能活跃工作气氛的人	（ ）

52. 您最明显的特征是？

a）不容易接受他人的态度、观点和做事方法	（ ）
b）善变、自我的行为常互相矛盾，情绪与行动不合逻辑	（ ）
c）对多数事情均漠不关心，不表示自己的异议	（ ）
d）内向，思想兴趣放在自己的内心，活在自己的世界	（ ）

53. 您觉得80多岁的富豪巴菲特还一直在工作的最大动力来源是什么？

a）依靠自己掌管的财富，赢得别人的赞誉，享受受人尊敬的生活	（ ）
b）聚集更多的财富，享受财富给自己带来的成功喜悦	（ ）
c）希望得到更多的财富，可以捐献更多的金钱，帮助更多的人	（ ）
d）自我生活方式的一种，能享受到独立与自由的快感	（ ）

54. 在生活中，您经常表现的是？

a）精明处事，喜欢操纵影响事物，使自己得利	（ ）
b）杂乱无章，生活无秩序，经常找不到东西	（ ）
c）语言含糊，低声说话，不在乎能否说清楚	（ ）
d）情绪不易高涨，不被人欣赏时很容易陷入低落情绪	（ ）

55. 与他人一起外出购物时，您最不能容忍哪一种行为？

a）在别人买东西时喜欢做参谋，要别人按照他/她的想法来买东西	（ ）
b）对价钱很敏感，为了十几元钱可以与营业员长时间讨价还价	（ ）
c）在营业员给自己提供多次服务后，为使其不失望也会买件自己不喜欢的东西	（ ）
d）追求时髦与时尚，为了好看而愿意花大价钱	（ ）

56. 您最具有下列哪种特征？

a）控制欲强烈，能毫不犹豫地表现自己的正确判断或控制能力	（　）
b）大嗓门，说话声与笑声总是令全场震惊	（　）
c）比较懒惰，总是先估量每件事要耗费多少精力，然后再去行动	（　）
d）比较孤僻，需要用大量时间独处，喜欢避开人群	（　）

57. 您觉得我们应该以什么样的态度对待祖先留下来的文化遗产？

a）广泛宣传，使祖先留下的东西能促进国家软实力的提升	（　）
b）开发利用，让祖先留下的东西能为现代经济的发展发挥作用	（　）
c）挖掘内涵，使祖先留下来的东西能在促进社会公平正义方面发挥积极作用	（　）
d）很好地保护，使祖先留下来的东西可以给后代带来美的感受	（　）

58. 别人认为您是哪种类型的人？

a）容易发怒的人，尤其是当别人不能合乎您的要求时更是如此	（　）
b）不容易专注的人，无法专心或集中注意力去完成工作	（　）
c）办事拖沓的人，凡事都起步慢，需要别人的推动力	（　）
d）多疑的人，容易怀疑，不相信别人	（　）

59. 您最介意别人说您是个什么样的人？

a）一个缺乏独立主见、容易受到别人支配的人	（　）
b）一个不在乎金钱、花钱大手大脚的人	（　）
c）一个不理解他人、缺乏人情味儿的人	（　）
d）一个没有品位、不懂得欣赏艺术的人	（　）

60. 您认为自己最大的弱点是？

a）精明世故，总是力图用各种方法达到自己的目的	（　）
b）像孩子般注意力短暂，需要各种变化，怕无聊	（　）
c）容易妥协，为避免矛盾冲突经常放弃自己的立场	（　）
d）好批评别人，在与别人的交往和工作中经常考虑提出相反的意见	（　）

2020 全国银行招聘考试真题汇编（四）

答案解析

第一单元（综合能力测试）

1. **答案**：A。

解析：本题考查复言命题。由（5）和（3）可知，小田上场，小王不上场；根据假言命题推理规则，否后可以推否前，由（4）推出，小赵不上场，由（2）推出小李不上场，进而由（1）推出小张上场。故本题答案为 A。

2. **答案**：A。

解析：本题考查因果论证。题干的结论是“盗版光盘的销量好于正版光盘，是由于价格奇低”，而要建立这层因果关系，则必须假设消费者的购买行为不会受到其他因素的影响。A 选项指出正版和盗版光盘的质量没有明显差异，就是在排除他因，因而可以起到加强的作用。故本题答案为 A。

3. **答案**：B。

解析：本题考查反对关系/解释关系。由“并不排斥”可知前后呈反对关系，第一空所填词与之意思相反，故可排除 C、D。第一句的内容是对第二空所填词的解释，用晚清的例子来概括中国封建社会，用“断章取义”更契合语境，当选。故本题答案为 B。

4. **答案**：C。

解析：本题考查病句辨析。A 项搭配不当，“就任于”常和机构或地点名搭配，和“教授”不能搭配，可将“教授”删除。B 项，“大约”与“多”互相矛盾，可删除其一。D 项介词误用，“对于”应改为“对”；语序不当，“群体、社会、他人”应改为“他人、群体、社会”。故本题答案为 C。

5. **答案**：A。

解析：本题考查语句排序。由（4）句的“这种追求美的方式”指的是追求美的错误方式，符合此要求的为（1）句，故（1）、（4）句应相连，故可排除 B、C、D。锁定 A 项，通读下来，逻辑清晰。故本题答案为 A。

6. **答案**：A。

解析：本题考查结论型问题。由题干中“睡眠不足影响了新陈代谢功能”可知 B 项正确；由“睡眠不足使刺激食欲的荷尔蒙增加”可知 C 项正确；D 项“可能异于常人”属于可能性推理，正确；而 A 项中胖人的食欲是否一定比体重正常的人好并不确定，因此不能推出。故本题答案为 A。

7. **答案**：D。

解析：本题考查对称性。每组图形的前两个都是轴对称图形，并且对称轴都是纵轴；第三个图形既是轴对称又是中心对称图形。故本题答案为 D。

8. **答案**：B。

解析：本题考查分数数列。将 0 表示为 $\frac{0}{1}$，分母形成新数列 1，3，9，81，…，新数列为 3 的分子次幂，观察选项可知分母为 243，即 3 的 5 次幂，所以分子应该为 5。故本题答案为 B。

9. **答案**：C。

解析：本题考查递推数列。前两项作和−2=第三项，依照此规律，未知项应该为 18+30−2=46。故本题答案为 C。

10. **答案**：D。

解析：本题考查削弱型问题。题干的最后一句即所要削弱的研究发现。A 项说明海水升温也可能会导致耐热的其他藻类死亡，但一些不代表全部，当这些虫黄藻只是未死亡的小部分时，则耐热的其他藻类仍比死亡的虫黄藻耐受温度高，不能削弱题干的研究发现；B 项“有些藻类耐热性的形成需要一个长期过程”，不影响研究发现的成立；C 项也不影响研究发现的成立；D 项说明其他耐热藻类并不一定能帮助珊瑚应对气候变暖，直接削弱了题干中的研究发现。故本题答案为 D。

11. **答案**：A。

解析：本题考查直线数。观察已知图形发现每个图形内部的直线数均为 3，因此问号处的图形的内部线条数也应为 3。故本题答案为 A。

12. **答案**：D。

解析：本题考查位置关系。第一组后两个图形经过直接叠加后旋转 90°得到第一个图形，第二组的规律与第一组相同。故本题答案为 D。

13. **答案**：B。

解析：本题考查图形数列。前两个图形中的质数较多，在第一个图形中 7、13 等质数都大于中心数字 6；在第二个图形中 23、29 都大于中心数字 18；显然，四周数字运算时，涉及这些质数的倍数的可能性不大，这些质数更大可能是要进行加法、减法运算。按照这种思路，不难确定此题规律。在第一个图形中，（15−13）×（7−4）=6；在第二个图形中，（8−5）×（29−23）=18；在第三个图形中，（6−2）×（15−12）=（12）。故本题答案为 B。

14. **答案**：D。

解析：本题考查比例型工程问题。前后两次的效率比为 5∶6，前后时间之比为 6∶5，6 比 5 多 1，之前时间比之后多用 2−（−3）=5h，所以特值的 1 对应的实际时间为 5h。那么，之前完工总用时 6 对应的实际时间即为 6×5=30h，按照每小时做 5 盒的速度做 30h，一共可以做 5×30=150 盒月饼。故本题答案为 D。

15. **答案**：A。

解析：本题考查比例类行程问题。设全程是3，当车行驶到总路程的$\frac{1}{3}$时，甲车立即返回，从开始出发到抵达终点，甲车共计行走的路程为5，乙车在这段时间内行走的路程为3，甲、乙路程之比为5∶3。由于二者所用时间相同，根据时间一定，速度和路程成正比可知，甲、乙的速度之比也为5∶3，所以乙的速度为甲的$\frac{3}{5}$，即0.6。故本题答案为A。

16. **答案：**A。

解析：本题考查时钟问题。题中默认第一次重合时间为12点，再次重合的时候应该是1点多，根据时钟上时针分针重合的公式，n时重合时间为n时零$\frac{60}{11}n$分可知，1点多的时针分针重合时间为1时$\frac{60}{11}$分，即钟表的分针与时针第二次重合的时间为1时$5\frac{60}{11}$分。故本题答案为A。

17. **答案：**D。

解析：本题考查最值类经济利润问题。设产品涨价x元，利润为y元，则$y=(70+x)\times(500-10x)=-10x^2-200x+35000$，可知当$x=-\frac{b}{2a}=-\frac{-200}{-20}=-10$时，利润最大，此时产品定价为120元。故本题答案为D。

18. **答案：**A。

解析：本题考查排列组合问题。握手次数$=C_{18}^{2}=(18\times17)\div2=153$。故本题答案为A。

19. **答案：**A。

解析：本题考查概率问题。由题意可知，要打开该房门最多需要5次，由于4次内打开房门与第5次打开房门为互斥事件，所以$P_{4次内打开房门}=1-P_{第5次打开房门}=1-\frac{C_4^4}{C_6^4}=1-\frac{1}{15}=\frac{14}{15}$。故本题答案为A。

20. **答案：**B。

解析：本题考查排队取水问题。试装、等候时间和的最小值$=2\times5+3\times4+4\times3+5\times2+8\times1=10+12+12+10+8=52$（分钟）。故本题答案为B。

21. **答案：**D。

解析：本题考查错位重排问题。5个文件夹中选3个文件，共有C_5^3种可能性，$C_5^3=10$（种）。3个标签贴错，错位重排的情况数有2种。因此，贴错的总情况数有$2\times C_5^3=20$（种）。故本题答案为D。

22. **答案：**B。

解析：本题考查代入排除法。由题干得知（销售员人数-1）应该是4、5、6的整数倍，将选项代入，发现只有B选项符合题意。故本题答案为B。

23. **答案：**D。

解析：本题考查换元法。设$\frac{1}{4}+\frac{1}{3}=x$，原式$=(1+x)\times(x+\frac{1}{2})-(1+x+\frac{1}{2})\times x=x+$

$\frac{1}{2}+x\ \frac{1}{2}+\frac{1}{2}x-x-x\ \frac{1}{2}-\frac{1}{2}x=\frac{1}{2}$。故本题答案为 D。

24. **答案**：D。

解析：本题考查容斥问题。至少喜欢两种颜色的有 19 人、喜欢三种颜色的有 3 人，则喜欢两种颜色的有 19-3=16（人）。喜欢红、黄、蓝三色的人数相加，其中喜欢两种颜色的被重复计算一次、喜欢三种颜色的被重复计算两次，至少喜欢一种颜色的有 20+20+15-16-2×3=33（人）。三种颜色都不喜欢的有 40-33=7（人）。故本题答案为 D。

25. **答案**：C。

解析：本题考查极限类容斥问题。根据容斥原理极限问题的公式 $J=(A_1+A_2+A_3+\cdots+A_n)-(n-1)P$，可知 $J=(70\%+75\%+85\%+90\%)-(4-1)\times100\%=20\%$，因此四次都得 90 分以上的学生至少是 20%。故本题答案为 C。

26. **答案**：A。

解析：本题考查鸡兔同笼问题。假设 2000 只玻璃瓶是完好的，则可以得到 2000×0.2=400（元），但实际得到了 393.2（元），少得了 400-393.2=6.8（元）；又知每损坏一只玻璃瓶就要倒赔 0.2 元，即共损失 0.2+0.2=0.4（元），所以损坏的玻璃瓶有 6.8÷0.4=17（只）。故本题答案为 A。

27. **答案**：C。

解析：本题考查最不利原则解题。题目中出现了“至少……才能保证”，符合最不利原则的题型特征，所以接下来要从最坏的情况入手。题目里面说有 60 块木块，每 6 块是相同的号码，所以一共有 10 种号码。考虑最坏的情况，如果连续两次抽中某个号码，如果再抽到一次就满足条件了。但是抽中了其他号码，而且又连续抽了两次，这时候依然很倒霉，接着抽到了第三个号码。所以，最坏的情况就是每个号码都抽中两次，一共抽了 2×10 块，如果再抽一块，那一定会跟其中的某块号码一样，也就满足了条件，所以答案是 20+1=21。故本题答案为 C。

28. **答案**：A。

解析：本题考查特值法。设含盐量为 6，每次注水量为 x。根据题意可知：$\frac{6}{100+x}=4\%$，求解可得 $x=50$，那么第三次注水后溶液总量为 200，盐水浓度为$\frac{6}{200}\times100\%=3\%$。故本题答案为 A。

29. **答案**：A。

解析：本题考查比例通分。设瓶子容积为 60。因为酒精与水的比分别是 2∶1，3∶1，4∶1,所以三瓶酒精溶液混和后，酒精与水的比为：（40+45+48）∶（20+15+12）=133∶47。故本题答案为 A。

30. **答案**：B。

解析：本题考查时间型工程问题。设全部钢材为 60，则第一车间的效率为 2，第二车间的效率为 4，三个车间的效率和$=60\times\frac{1}{4}\div2=7.5$，第三车间的效率=7.5-2-4=1.5。剩下的钢材全部用来供给第三车间，还可以用 $60\times\frac{3}{4}\div1.5=30$（天）。故本题答案为 B。

31. **答案：** B。

解析： 本题考查直接代入排除。将四个选项分别代入，若全用雪地车所需人数和全用雪橇所需人数相差 2 则满足题意。A 选项，31 箱物资，全用雪地车，需要 31÷7 取商再加 1，即需要 5 辆，由于每辆雪地车需要 2 人操作，所以共用 10 人；而全用雪橇，需要 31÷3 取商再加 1，即需要 11 辆，由于每辆雪橇需要 1 人操作，所以共用 11 人。11-10=1，不满足题意。B 选项，34 箱物资，全用雪地车，需要 34÷7 取商再加 1，即需要 5 辆，由于每辆雪地车需要 2 人操作，所以共用 10 人；而全用雪橇，需要 34÷3 取商再加 1，即需要 12 辆，由于每辆雪橇需要 1 人操作，所以共用 12 人。12-10=2，满足题意。C 选项，36 箱物资，全用雪地车，需要 36÷7 取商再加 1，即需要 6 辆，由于每辆雪地车需要 2 人操作，所以共用 12 人；而全用雪橇，需要 36÷3=12 辆，由于每辆雪橇需要 1 人操作，所以共用 12 人。12-12=0，不满足题意。D 选项，37 箱物资，全用雪地车，需要 37÷7 取商再加 1，即需要 6 辆，由于每辆雪地车需要 2 人操作，所以共用 12 人；而全用雪橇，需要 37÷3 取商再加 1，即需要 13 辆，由于每辆雪橇需要 1 人操作，所以共用 13 人。13-12=1，不满足题意。故本题答案为 B。

32. **答案：** C。

解析： 本题考查整除关系。方法一，设原来这袋糖里共有奶糖和水果糖的数量为 x，那么 $\frac{3}{5}x=\frac{4}{7}(x+10)$，解得 $x=200$，则奶糖有 $\frac{3}{5}x=120$（颗）。方法二，根据题干可知，奶糖的数量能被 3 和 4 整除，选项中只有 C 符合。故本题答案为 C。

33. **答案：** D。

解析： 本题考查奇偶特性。设做对题目的数量是 x，不做或做错的数量是 y，则有 $x+y=50$。由和差同奇偶可知，$x-y=$偶数，即答对题数和答错题数（包括不做）相差的数量是偶数。故本题答案为 D。

34. **答案：** D。

解析： 本题考查奇偶特性。设每位钢琴教师带的人数为 x，设每位拉丁舞教师带的人数为 y，即 $5x+6y=76$，可带学生数量是质数：2，3，5，7，11，$x=2$，$y=11$，还剩的学员 $4\times2+3\times11=41$。故本题答案为 D。

35. **答案：** C。

解析： 本题考查等差数列求和公式。首先可以求出第一排座位数 $a_1=120-16\times4=56$，转化成首项为 56，公差为 4 的前 17 项的和。$S=17\times\frac{56+120}{2}=1496$（个）。故本题答案为 C。

36. **答案：** B。

解析： 本题考查方阵问题。最外层有红花 44 盆，方阵的各层元素数应该是公差为 8 的等差数列，所以此方阵由外到内的元素数为：44、36、28、20、12、4，其中是黄花盆数为 36+20+4=60。故本题答案为 B。

37. **答案：** A。

解析：本题考查不定方程组。设标有数字 2、3 和 5 的卡片的个数分别为 a，b，c，则有：

$2a+3b+5c=43$（1）

$a+b+c=12$（2）

（1）$-3\times$（2）得 $2c-a=7$。

根据奇偶性可知，a 为奇数，排除 B、D。代入 A，满足题意。故本题答案为 A。

38. **答案**：B。

解析：本题考查末期比重的计算。由第一段材料可知，2010 年我国矿产金 280.04 吨，而黄金产量为 340.88 吨，所求为$\frac{280.04}{340.88}\approx\frac{14}{17}\approx82\%$。故本题答案为 B。

39. **答案**：B。

解析：本题考查直接查找。由条形图可看出，2003—2010 年这 8 年的黄金产量均超过 200 吨。故本题答案为 B。

40. **答案**：A。

解析：本题考查增长量的计算。2010 年我国黄金企业实现工业总产值 2292.88 亿元，同比增长 66.72%，则 2010 年我国黄金企业同比增长了$\frac{2292.88}{1+66.72\%}\times66.72\%\approx918$（亿元）。故本题答案为 A。

41. **答案**：A。

解析：本题考查比较大小。由条形图可知，2007 年黄金产量比上年增长 $270.49-240.08=30.41$（吨），2008 年、2010 年的增量低于 2007 年，2009 年黄金产量同比增长了 $313.98-282.01=31.97$（吨），与 2007 年的增长量相当，但 2008 年的黄金产量是 2006 年的 1.1 倍以上，故同比增速最快的一年明显是 2007 年。故本题答案为 A。

42. **答案**：D。

解析：本题考查综合分析。A 项，2009 年我国黄金企业利润约为$\frac{248.74}{1+78.19\%}<\frac{250}{1.75}=250\times\frac{4}{7}=\frac{1000}{7}=143$（亿元），A 错误；

B 项，我国 2010 年黄金产量是 340.88 吨，2000 年是 175.00 吨，$340.88<175.00\times2$，B 错误；

C 项，从图中可看出黄金产量首次突破 300 吨是在 2009 年，C 错误；

D 项，通过条形图可看出，2000 年以来黄金产量每年均有所增长，D 正确。

故本题答案为 D。

43. **答案**：B。

解析：此句前面是“地震造成的灾害首先是破坏房屋和构筑物，如……”，可见举唐山的例子是为了证明地震首先破坏的是地面建筑物，即 B 项。故本题答案为 B。

44. **答案**：C。

解析：次生灾害一般是指地震强烈震动后，以震动的破坏后果为导因而引起的一系列其他灾害。由第二段最后两句的“地震还能引起山崩和滑坡”可知，C 项的“山体滑坡”属次生灾害。故本题答案为 C。

45. **答案**：A。

解析：由“并不是所有的地表断裂都直接与震源的运动相联系，它们也可能是由于地震波造成的次生影响。特别是地表沉积层较厚的地区，坡地边缘、河岸和道路两旁常出现地裂缝”可知，道路旁出现的地裂缝并不都直接与震源的运动相关，A 项的说法过于绝对，与文意不符。故本题答案为 A。

46. **答案**：C。

解析：由“极震区的人在感到大的晃动之前，有时首先感到上下跳动”可知，只是“有时”，并非“必定首先感受到上下跳动”，排除 A。由“常造成掩埋村镇的惨剧”可知，并非一有地震就造成惨剧，排除 B。D 项则把文中的“上游”说成了“山下”，也与文意不符。由“大地震能使局部地形改观，或隆起，或沉降”一句可知，C 项为正确答案。故本题答案为 C。

47. **答案**：C。

解析：本文第一段主要介绍了地震发生时的基本现象及造成这种现象的原因，第二段介绍了地震对自然景观的影响。A 项只提到原因，表述片面。B 项中的“次生灾害”只是第二段介绍的地震对自然景观影响的一部分，表述片面。D 项侧重于“危害”，但仔细审读文章可知，文中并没有强调“危害”，而只是客观介绍地震发生后的各种现象，包括纯粹的地质景观的变化。综合比较可知，C 项“地震的各种现象”概括的最为准确。故本题答案为 C。

48. **答案**：BD。

解析：当社会总供给小于社会总需求时，表明总需求过剩，政府应该采取紧缩性的财政政策，通过增税减支来抑制总需求。增税可以通过提高税率来进行，而减支则是通过减少转移性支付和购买性支出来实现。A、C 选项属于货币政策，E 选项属于扩张性的财政政策。故本题答案为 BD。

49. **答案**：B。

解析：在完全竞争市场上，个别企业的需求曲线是一条平行于横轴的水平线，而整个行业的需求曲线是一条向右下方倾斜的曲线。故本题答案为 B。

50. **答案**：BCD。

解析：商业银行是依照《商业银行法》和《公司法》设立的。我国的银行属于总分行制，分支机构不是独立法人，所以不能独立承担民事责任。商业银行可以破产，也可以被接管，所以 B、C、D 的描述是不恰当的。故本题答案为 BCD。

51. **答案**：C。

解析：本题涉及的知识点为完全竞争厂商短期均衡的五种情况，具体如下：当价格等于平均可变成本时，为理论停产点。当价格大于平均可变成本时，有三种情况，当平均可变成本（AVC）<价格（P）<平均成本（AC）时，厂商虽然亏损但是仍会继续生产；当价格（P）>平均成本（AC）时，企业盈利会继续生产；当价格（P）= 平均成本（AC）时，企业经济利润为 0，达到盈亏平衡点。当价格小于平均可变成本时，企业停止生产。故本题答案为C。

52. **答案**：C。

解析：票据贴现是收款人或持票人将未到期的银行承兑汇票或商业承兑汇票向银行申请贴现，银行按票面金额扣除贴现利息后将余款支付给收款人的一项银行授信业务；转贴现是指商业银行对商业银行持有的票据进行的贴现行为；再贴现是指中央银行对商业银行所持有的票据进行的贴现行为。故本题答案为C。

53. **答案**：D。

解析：凯恩斯认为人们持有货币的动机有三种：交易动机、预防动机和投机动机，其中交易动机和预防动机引发的货币需求与收入成正相关，投机动机引发的货币需求与利率成负相关，从而把利率变量引入货币需求函数之中。凯恩斯的货币需求函数非常重视利率的主导作用，凯恩斯认为，利率的变动直接影响就业和国民收入的变动，最终必然影响货币需求量。这一“革命”为中央银行运用利率杠杆调节货币供应量提出了理论。A选项恒久性收入是弗里德曼的货币需求理论当中影响货币需求的主要因素。故本题答案为D。

54. **答案**：A。

解析：金融资产定价理论是当代金融理论的核心，资金的时间价值和风险的量化是金融资产定价的基础。金融资产价格是由资金时间价值和风险共同决定的。故本题答案为A。

55. **答案**：B。

解析：无差异曲线是一条表示能够给消费者带来相同满足程度的两种商品的所有组合的曲线。同一条无差异曲线上的不同点表示效用水平相同，但所消费的两种商品组合比例不同。故本题答案为B。

56. **答案**：A。

解析：凯恩斯的流动性偏好理论指出，货币需求是由三类动机决定的，即交易动机、预防性动机和投机动机。其中交易动机和预防动机两项构成交易性需求，是国民收入的增函数；投机动机构成投机性需求，由利率的高低决定，是利率的减函数。故本题答案为A。

57. **答案**：B。

解析：我国采用直接标价法，在直接标价法下，价格区间的前者为银行买入价格，即A银行的买入价是6.15，B银行的买入价是6.16；后者是银行卖出价格，即A银行的卖出价是6.21，B银行的卖出价是6.215。小明购买美元，即银行卖出美元。小明会选择银行卖出价较低的A银行，因此小明至少需要人民币$2\times6.21=12.42$（万元）。故本题答案为B。

58. **答案**：ADE。

解析：顺差表示出口大于进口，说明进口少，此时需要限制出口、增加进口，因此需要实行扩张性的财政政策或货币政策；或者提高本国货币汇率，降低外国货币汇率，增加进口减少出口。当国际收支处于顺差时，外汇收入大于外汇支出，外汇增多，央行采取外汇缓冲政策，在市场中购进外汇，增加外汇储备，缓解顺差造成的影响。故本题答案为ADE。

59. **答案**：B。

解析：由于垄断市场中只有一个厂商，所以，市场的需求曲线就是垄断厂商所面临的需求曲线，它是一条向右下方倾斜的曲线，A选项正确。由于厂商的平均收益总是等于价格，因此平均收益曲线也是向右下方倾斜的，且对于垄断厂商来说，边际收益总是低于平均收益，C 选项正确。由于垄断厂商的边际收益低于平均收益，平均收益等于价格，因此边际收益低于价格，B 选项错误。和竞争企业一样，垄断企业也通过边际收益等于边际成本的产量来实现利润最大化，因此边际成本和边际收益一样，都低于价格，D 选项正确。故本题答案为 B。

60. **答案**：D。

解析：直接融资的基本特点是拥有暂时闲置资金的单位和需要资金的单位直接进行资金融通，不经过任何中介环节，包括商业信用、国家信用、消费信用、民间个人信用。商业信用是指企业在正常的经营活动和商品交易中由于延期付款或预收账款所形成的企业常见的信贷关系，是两个企业之间直接形成债权债务关系。国家信用是国家作为债务人向国内市场以及国际市场筹集资金。消费信用是指对消费者提供的用于满足其消费需求的信用，包括赊销、分期付款、消费贷款等，其中赊销等属于直接融资。民间借贷是指自然人、法人、其他组织之间及其相互之间，而非经金融监管部门批准设立的从事贷款业务的金融机构及其分支机构进行资金融通的行为。而银行信用是以银行为中介的融资形式，属于间接融资。故本题答案为 D。

61. **答案**：A。

解析：牙买加协定是布雷顿森林体系和史密森协定相继崩溃之后，1976 年国际货币基金组织的国际货币制度临时委员会在牙买加首都金斯敦的会议上达成的国际货币制度的新协定。其主要内容包括：取消汇率平价和美元中心汇率，确认浮动汇率制，成员国自行选择汇率制度；取消黄金官价，黄金非货币化，按照市价自由交易，取消各成员国与国际货币基金组织的各方之间用黄金清算的义务；国际储备多元化：美元、欧元、英镑、日元、黄金、特别提款权等；增加成员国的基金缴纳份额。故本题答案为 A。

62. **答案**：D。

解析：债券市场中的国库券市场是货币市场，而中长期的债券市场是资本市场，所以债券市场既有货币市场属性，又具有资本市场属性。A、B、C 选项都属于货币市场的构成。故本题答案为 D。

63. **答案**：D。

解析：收入效应是指由商品的价格变动所引起的实际收入水平变动，进而由实际收入水平变动所引起的商品需求量的变动。劣等品的需求量与实际收入水平呈反方向变化，当实际收入水平升高时，人们对于劣等品的需求减少。故本题答案为 D。

64. **答案**：D。

解析：供给曲线是在直角坐标中表示的商品价格和供给量之间的关系，A 选项错误；供给曲线是一条光滑的和连续的曲线，它是建立在商品的价格和相应的供给量的变化具有无限分割性的假设基础上的，B 选项错误；供给曲线既可以是直线也可以是曲线，因此供给函数既可以是线性函数也可以是非线性函数。当供给函数为非线性函数时，是曲线并非二次曲线，因为二次曲线一般指椭圆、双曲线、抛物线，它们的方程都是二次方程，统称为二次曲线，C 选项错误。故本题答案为 D。

65. **答案**：C。

解析：中央银行在公开市场卖出政府债券，是为减少流通中的货币供应量，以此调节宏观经济。故本题答案为C。

66. **答案**：D。

解析：三部门经济包括厂商、居民户（家庭）、政府，四部门经济增加了国外部门。故本题答案为D。

67. **答案**：D。

解析：M 1=现金+活期存款，M 2=M 1+定期存款和储蓄存款。消费者的存款属于储蓄存款，动用储蓄存款进行消费，流通中的现金增加，即M 0增加，因此M 1增加，M 2既涵盖流通中的现金，也涵盖储蓄存款，所以M 2不变。故本题答案为D。

68. **答案**：ABC。

解析：本题考查二维码。二维码是用某种特定的几何图形按一定规律在平面（二维方向上）分布的黑白相间的图形记录数据符号信息的条码；在代码编制上巧妙地利用构成计算机内部逻辑基础的“0”“1”比特流的概念，使用若干个与二进制相对应的几何形体来表示文字数值信息，通过图像输入设备或光电扫描设备自动识读以实现信息自动处理，它具有条码技术的一些共性：每种码制有其特定的字符集；每个字符占有一定的宽度；具有一定的校验功能等。同时，还具有对不同行的信息自动识别功能及处理图形旋转变化的特点。故本题答案为ABC。

69. **答案**：B。

解析：本题考查图灵测试。图灵测试指测试者与被测试者（一个人和一台机器）隔开的情况下，通过一些装置（如键盘）向被测试者随意提问。进行多次测试后，如果有超过30%的测试者不能确定出被测试者是人还是机器，那么这台机器就通过了测试，并被认为具有人类智能。故本题答案为B。

70. **答案**：D。

解析：本题考查遗传算法。遗传算法是解决搜索问题的一种通用算法，对于各种通用问题都可以使用。搜索算法的共同特征为：（1）首先组成一组候选解；（2）依据某些适应性条件测算这些候选解的适应度；（3）根据适应度保留某些候选解，放弃其他候选解；（4）对保留的候选解进行某些操作，生成新的候选解。故本题答案为D。

71. **答案**：C。

解析：本题考查内存的特点。存储器（Memory）是现代信息技术中用于保存信息的记忆设备。按存储器用途可分为主存储器（内存）和辅助存储器（外存）。内存的特点是速度快、容量小、成本高，外存的特点是速度慢、容量大、成本低。故本题答案为C。

72. **答案**：A。

解析：本题考查数据库系统。数据库系统（DBS）是引入了数据库后的计算机系统。在计算机系统本身应有的硬件、软件基础上，再加上数据库DB、数据库管理系统DBMS、数据库管理员、用户和应用程序及其开发工具就构成了数据库系统。所以，DBS包括DB和DBMS。故本题答案为A。

73. **答案**：C。

解析：本题考查环型拓扑。环型结构由网络中若干节点通过点到点的链路首尾相连形成一个闭合的环；树型拓扑是分级的集中控制式网络，结构是一棵树；星型拓扑是指网络有中央节点，其他节点（工作站、服务器）都与中央节点直接相连的网络结构；总线拓扑是指各工作站和服务器均挂在一条总线上，各工作站地位平等，无中心节点控制的网络结构。故本题答案为C。

74. **答案**：D。

解析：本题考查测试对象。软件测试的对象不仅仅是程序测试，软件测试应该包括整个软件开发期间各个阶段所产生的文档，如需求规格说明、概要设计文档、详细设计文档，不过软件测试的主要对象还是源程序。故本题答案为D。

75. **答案**：B。

解析：本题考查宏病毒。宏病毒是一种寄存在文档或模板的宏中的计算机病毒，利用MS Office文档中的宏进行传播。故本题答案为B。

76. **答案**：D。

解析：本题考查电子商务构成要素。电子商务通常是指在全球各地广泛的商业贸易活动中，在因特网开放的网络环境下，基于浏览器/服务器应用方式，买卖双方不谋面地进行各种商贸活动，实现消费者的网上购物、商户之间的网上交易和在线电子支付以及各种商务活动、交易活动、金融活动和相关的综合服务活动的一种新型的商业运营模式。电子商务的构成四要素为：商城、消费者、产品、物流。云计算是基于互联网的相关服务的增加、使用和交付模式，通常涉及通过互联网来提供动态易扩展且经常是虚拟化的资源。故本题答案为D。

77. **答案**：A。

解析：本题考查快捷键。Alt + F4：关闭；Ctrl + Z：撤销；Ctrl + C：复制；Shift +空格键：切换输入法。故本题答案为A。

78. **答案**：ABC。

解析：D项错误，渡江战役发生在1949年解放战争时期。C项蒋介石庐山讲话，时间是1937年7月17日，蒋介石为了抵抗日军全面侵华的态势，所以在庐山发表了庐山讲话，他说“地无分南北，人无分老幼，无论何人，皆有守土抗战之责，皆抱定牺牲一切之决心”。故本题答案为ABC。

79. **答案**：D。

解析：东北菜：菜多味，咸甜分明；华北菜：味浓重，嗜用葱蒜酱调味，食物入口讲究清、鲜、脆、嫩、纯；其余三项的表述均正确。故本题答案为D。

80. **答案**：B。

解析：2011年6月4日，李娜获得了法国网球公开赛女子单打冠军，创造了历史，A选项错误；现在的奥运会、世界锦标赛和世界杯跳水比赛限用10米跳台，C选项错误；橄榄球项目在中国小球运动管理中心的管理范围内，D选项错误；B选项的表述正确。故本题答案为B。

81. **答案**：B。

解析：德国最大的航空港是法兰克福，其余三项的表述均正确。故本题答案为 B。

82. **答案：**B。

解析：当太阳离某个地方最远时，这个地方正午时物体的影子最长，即当太阳离南半球最远时，也就是当太阳移动到北回归线时，南半球直立的竹竿在正午时影子最长。中国位于北半球，太阳位于北回归线时，也就是中国的夏至日。故本题答案为 B。

83. **答案：**A。

解析：休渔期就是禁渔期，它是根据水生资源的生长、繁殖季节习性等，避开其繁殖、幼苗生长的时间，以达到保护资源的目的。休渔是为了让海洋中的鱼类有充足的繁殖和生长时间，每年在规定的时间内，禁止任何人在规定的海域内捕鱼，对鱼类的生长起到了很好的保护作用。故本题答案为 A。

84. **答案：**B。

解析：A 项“耄耋”指八九十岁的年纪，C 项“古稀”指 70 岁，D 项“杖朝之年”指 80 岁。故本题答案为 B。

85. **答案：**ABC。

解析：D 项错误，塞万提斯代表作是《唐吉诃德》，《鲁滨逊漂流记》的作者是笛福。故本题答案为 ABC。

86. **答案：**ABD。

解析：“文景之治、光武中兴”发生在汉朝，“贞观之治、开元盛世”发生在唐朝，“康熙盛世”发生在清朝。故本题答案为 ABD。

87. **答案：**A。

解析：带有香味的笔、橡皮，大多是聚氯乙烯树脂塑料和工业香料等化工材料制成的，其中含有一些铅或甲醛，长期大量接触这类文具会使人头昏、头痛、恶心、厌食、注意力不集中，甚至会导致儿童发育不良。故本题答案为 A。

88. **答案：**B。

解析：鳄鱼肾脏的排泄功能很不完善，体内多余的盐分要靠一种特殊的盐腺来排泄。而鳄鱼的盐腺正好位于眼睛附近，所以，鳄鱼在吃掉捕获的食物前往往会流出几滴眼泪。故本题答案为 B。

89. **答案：**BD。

解析：在竞技体操中，男子体操共有六项，包括：单杠、双杠、跳马、吊环、鞍马和自由体操；女子体操共有四项，包括：自由体操、跳马、高低杠和平衡木。所以高低杠和平衡木是女子体操特有的。故本题答案为 BD。

90. **答案：**A。

解析：中国共产党第十九次全国代表大会会议时间是 2017 年 10 月 18—24 日。故本题答案为 A。

91. **答案：**C。

解析：党的十九大中决定成立中央全面依法治国领导小组，加强对法治中国建设的统一领导。故本题答案为 C。

92. **答案**：B。

解析：交通银行的企业精神是“拼搏进取、责任立业、创新超越”。故本题答案为B。

93. **答案**：A。

解析：交通银行的发展战略是“走国际化、综合化道路，建设以财富管理为特色的一流公众持股银行集团”。“走国际化道路”，就是要加快国际业务发展，加强海外机构、海外网络的建设，实现机构网络、业务结构和经营管理水平的国际化；“走综合化道路”，就是要以银行业务为主体，打造全功能的金融服务平台；“以财富管理为特色”，就是要在为客户财富保值增值和为客户创造价值这一细分市场做到最佳；“一流公众持股银行集团”，就是要在公司治理、内部管理、财务状况、服务水平和履行社会责任等方面全面达到国际一流水准。故本题答案为A。

94. **答案**：B。

解析：交通银行的英文名字是Bank of Communications。故本题答案为B。

95. **答案**：C。

解析：中国工商银行的客服电话是95588，中国建设银行的客服电话是95533，中国平安全国统一服务热线是95511，交通银行的客服热线是95559。故本题答案为C。

96. **答案**：B。

解析：本题考查事实细节。题干意为：根据第一段，改善沟通能力可以使公司怎么样？定位至第一段第三句话“Thanks to sophisticated IT and communications systems, businesses can now market their products on a truly global scale.”句意为“感谢精密的IT和沟通系统，企业现在可以在一个真正的全球规模上开发它们的产品市场”。global是个关键的暗示，可以联想到海外市场。B选项意为“在国内市场以外的地方扩张”，符合题意。A、C两项在原文中并未提及；D选项意为“在国外开设更多生产设施”，文中只说了可以在海外扩张，没有提到开设更多的生产设备。故本题答案为B。

97. **答案**：A。

解析：本题考查事实细节。根据题干定位至第一段的最后一句“This new philosophy has led to many companies, some of which have even offered products of a lesser quality, gaining success overseas.”句意为“这种新理念催生了许多公司，甚至一些公司提供了质量较差的产品，也在海外取得了成功”。这里新的哲学是指前面提到的：产品所附加的服务才是特殊市场最看重的。选项A意为“提供次品”，inferior goods与原文products of a lesser quality相对应，符合题意。故本题答案为A。

98. **答案**：B。

解析：本题考查事实细节。根据题干定位至第二段开头一段话“Although globalization may, in some senses, have brought national economies closer together, societies around the world still have radically different expectations, processes and standards”句意为“虽然全球化可能在某种意义上使国家经济更加密切，但世界各地仍有着极度不同的期望、过程和标准”；后面又提到了一句“You will also need to reconcile any national biases you have with the diverse ways of doing business that exist around the globe.”句意为“你需要用不同的做生意的方式来与民

族偏见和解。”这一段整体讲的就是要克服沟通上的障碍，理解了内容不难作答。B 项意为“原因是文化差异的存在”，与原文所表达的意思相符。故本题答案为 B。

99. **答案**：B。

解析：本题考查事实细节。题干：作者认为现代技术的使用会怎么样？前文介绍称新技术会使沟通过程更简单。并且语言翻译软件 language interpretation software 会帮助解决一些国际沟通问题。后文“But”一词才真正揭示了答案在沟通过程中人的作用是至关重要的。“It is essential for managers to meet regularly with staff, customers and partners”意为“经理们定期会见员工、客户和合作伙伴是很有必要的”，从这一句可以看出作者的真正态度，对应 B 选项所说的“现代技术永远也无法替代面对面互动的需要”。故本题答案为 B。

100. **答案**：C。

解析：本题考查事实细节。题干：培训课程的一个常见弱点是什么？定位至第四段“Often, an urgent requirement has to be identified before training is authorized”可知“确认有迫切的需要时培训才会被批准”。作者认为很多公司的培训有些急功近利，“training programmes are effective only if they are relevant to a company's broader, long-term needs. They should be regarded as an investment rather than a cost.”可知“培训只有在和公司的长远需要相关时才是有效的，它们应该被视为投资而不是成本”。C 项意为“培训的缺点是：只有迫切需要时才会被提供”。immediate need 与原文 urgent requirement 相照应。故本题答案为 C。

2020 全国银行招聘考试真题汇编（五）及解析

扫码进入模考系统

2020 全国银行招聘考试真题汇编（五）

注意事项

1. 请在没有外界干扰的环境下进行测试，关闭下载工具和通信软件，确保网络连接畅通。

2. 如遇网速较慢，文字、图片不能显示时，请关闭作答窗口，稍后或更换网络环境后重新登录，继续作答。

3. 开始作答后，请认真阅读答题说明，按要求答题。

4. 试卷的每部分单独计时，请把握好答题速度。

在整个测评期间，考生不允许离开测评页面，新开页面进行查询、弹出即时通信对话框、截图等情况都会被记录离开次数。如果您离开次数超过 5 次，将会视为成绩无效，取消考试资格。

题量分布说明

部分数	题量（道）	单元用时（分钟）
第一部分	题量 71	限时 70 分钟
第二部分	题量 11	约需 11 分钟
第三部分	题量 8	约需 9 分钟
第四部分	题量 10	约需 10 分钟
第五部分	题量 75	约需 20 分钟
第六部分	题量 75	约需 20 分钟
第七部分	题量 40	约需 10 分钟
第八部分	题量 8	约需 10 分钟

第一部分

单选题

请认真阅读每道题目，在所给出的四个选项中，只有一项符合题目要求，请选择相应选项，不选、错选均不得分。

1. 我国央行在近期第四次上调了存款准备金率，大型金融机构存款准备金率达到了历史最高位。央行的这种政策，在市场上引起的反应为(　　)。

A. 货币乘数变大，商业银行可用资金减少，导致货币供应量减少

B. 货币乘数变大，商业银行可用资金增多，导致货币供应量增多

C. 货币乘数变小，商业银行可用资金增多，导致货币供应量增多

D. 货币乘数变小，商业银行可用资金减少，导致货币供应量减少

2. 中央银行三大政策性工具包括(　　)。

A. 利率、法定存款准备金率、公开市场业务

B. 再贴现率、法定存款准备金率、公开市场业务

C. 利率、再贴现率、公开市场业务

D. 利率、再贴现率、法定存款准备金率

3. 商业银行的经营原则是(　　)。

A. 流动性、安全性、盈利性　　B. 稳定性、流动性、安全性

C. 效益性、安全性、盈利性　　D. 稳定性、安全性、盈利性

4. 根据经济学家凯恩斯的消费理论，边际消费倾向和平均消费倾向的关系是(　　)。

A. 边际消费倾向总是小于平均消费倾向

B. 边际消费倾向总是等于平均消费倾向

C. 边际消费倾向总是大于平均消费倾向

D. 边际消费倾向与平均消费倾向的关系不稳定

5. 在各种利率并存条件下起决定作用的利率是(　　)。

A. 官定利率　　B. 名义利率　　C. 实际利率　　D. 基准利率

6. 国际收支出现巨额逆差时，会导致(　　)。

A. 资本流入，本币贬值　　B. 资本流出，本币升值

C. 资本流入，本币升值　　D. 资本流出，本币贬值

7. 在其他条件不变的情况下，人们预期利率上升，会(　　)。

A. 多买债券，多存货币　　B. 多买债券，少存货币

C. 卖出债券，多存货币　　D. 少买债券，少存货币

8. 人民币汇率制度是我国实行的以市场供求为基础，参考一篮子货币进行调节，有管理的浮动汇率制度，它不包括(　　)。

A. 以市场供求为基础的汇率活动，发挥汇率的价格信号作用

B. 根据经常项目主要是贸易平衡状况动态调节汇率活动幅度，发挥“有管理”的优势

C. 从一篮子货币的角度看汇率

D. 关注人民币与某个单一货币的双边汇率

9. 商业银行承诺在未来某一日期按照事先约定的条件向客户提供约定的信用业务是(　　)。

A. 担保业务　　B. 代理业务

C. 支付结算业务　　D. 承诺业务

10. 布雷顿森林体系所实行的汇率制度属于(　　)。

A. 人为的可调整的固定汇率制

B. 人为的不可调整的固定汇率制

C. 自发的不可调整的固定汇率制

D. 自发的可调整的固定汇率制

11. 如果某投资者拥有一份期权合约，使其有权在某一确定时间内以确定的价格购买相关的资产，则该投资者是(　　)。

A. 看跌期权的卖方　　B. 看涨期权的卖方

C. 看跌期权的买方　　D. 看涨期权的买方

12. 《巴塞尔新资本协议》对三大风险的加权资产规定了不同的计算方法，对于操作风险，商业银行可以采用(　　)。

A. 基本指标法　　B. 内部模型法

C. 内部评级高级法　　D. 内部评级初级法

13. 按贷款五级分类法，(　　)是指在采取所有可能的措施和一切必要的法律程序之后，本息仍无法收回，或只能收回极少部分。

A. 关注贷款　　B. 次级贷款　　C. 可疑贷款　　D. 损失贷款

14. 下列不属于货币市场的是(　　)。

A. 同业拆借市场　　B. 票据贴现市场

C. 短期信贷市场　　D. 长期债券市场

15. (　　)是指交易双方约定在未来的一定期限内，根据约定数量的同种货币的名义本金交换利息额的金融合约。

A. 远期外汇交易　　B. 即期外汇交易

C. 货币互换　　D. 利率互换

16. 国际收支平衡表是在一定时期内，一国居民与其他国家的居民所进行的全部经济贸易的系统记录。国际收支平衡表最基本的项目是(　　)。

A. 资本项目　　B. 经常项目　　C. 关税项目　　D. 金融项目

17. 在关于离岸金融市场的说法中，不正确的是(　　)。

A. 与各国国内金融市场相对独立

B. 交易货币一般是市场所在国发行的

C. 交易双方一般都是市场所在地的非居民

D. 基本上不受任何一国国内政策法令的管制

18. 一家工商企业拟在金融市场上筹集长期资金，其可以选择的市场是(　　)。

A. 股票公司　　B. 同业拆借市场

C. 商业票据市场　　D. 回购协议市场

19. 在下列各项资产中，已计提减值准备后其价值得以恢复，可以在原计提减值准备金额予以转回的是(　　)。

A. 固定资产　　B. 无形资产

C. 持有至到期投资　　D. 长期股权投资

20. 下列经纪业务或事项，不符合《企业会计准则第14号——收入》规定的是(　　)。

A. 企业已经确认收入的售出商品发生销售退回的，非日后事项的发生时冲减当期销售商品收入

B. 销售商品涉及销售折让的，应当按照扣除销售折让后的金额确定商品收入金额

C. 销售商品涉及商业折扣的，应当按照扣除商业折扣后的金额确定销售商品收入金额

D. 销售商品涉及现金折扣的，应当按照扣除现金折扣后的金额确定销售商品收入金额

21. 某工业企业的下列收入中不应列入“营业收入”项目的是(　　)。

A. 出售投资性房地产取得的收入　　B. 投资性房地产每月产生的收入

C. 出售固定资产取得的净收入　　D. 销售商品收入

22. 按照权责发生制的核算要求和会计假定，下列货款中应该列入本期收入的是(　　)。

A. 收到本期销售的货款存入银行　　B. 预收下月销售的货款存入银行

C. 收到上月销售的货款存入银行　　D. 收回上月多付的预付款存入银行

23. 持有至到期投资是指到期日固定、收回金额固定或可确定，且企业有明确意图和能力持有至到期的非衍生金融资产，通常情况下不包括(　　)。

A. 国债　　B. 期权　　C. 企业债券　　D. 金融债券

24. 某企业将一张面额 3000 元，90 天后到期的半年期汇票到银行贴现，年贴现率为 5%，则企业能获得的贴现金额为(　　)元。

A. 2976. 5　　B. 2898　　C. 2962. 5　　D. 2885. 5

25. 某人存入银行一笔钱，想 5 年后得到 30 万元，若银行存款利率为 8%，在复利计息的情况下，现在应存入(　　)万元。[已知：(F/P，8%，5) = 1. 4693]

A. 24. 02　　B. 20. 42　　C. 44. 02　　D. 48. 05

26. When a company discontinues and disposes of an operation, the action is considered: ______.

A. a cumulative effect of a change in an accounting principle

B. a prior period adjustment

C. an extraordinary item

D. separately and shown net of taxes on the income statement

27. 在下列各项中，不属于其他货币资金的是(　　)。

A. 信用卡存款　　B. 银行承兑汇票

C. 银行本票存款　　D. 外埠存款

28. 在杜邦分析体系中，综合性最强的指标是(　　)。

A. 净资产收益率　　B. 总资产报酬率

C. 销售净利率　　D. 权益乘数

29. 某企业流动资产由存货和速动资产构成，存货为 120 万元，流动负债为 800 万元，速动比率为 0. 285。据此，计算出该企业的流动比率为(　　)。

A. 0. 354　　B. 0. 938　　C. 0. 136　　D. 0. 435

30. 甲公司为增值税一般纳税人，销售商品购进货物适用的增值税税率为 17%。甲公司

销售产品一批，产品的不含税售价为50000元，给予购买方的商业折扣为15%，代垫运杂费500元。甲公司该笔销售业务应确认的应收账款的入账金额为(　　)元。

A. 58500　　B. 59000　　C. 50225　　D. 45500

31. 资产类账户按照反映流动性快慢的不同可以再分为流动资产类账户和非流动资产类账户。以下属于流动资产类账户的是(　　)。

A. 应收账款　　B. 累计折旧　　C. 无形资产　　D. 固定资产

32. 下列各项中应划分为持有至到期投资核算的是(　　)。

A. 从二级市场购入某企业面值10万元的债券，并准备近期出售

B. 从二级市场购入某企业面值500万元的债券，并准备持有至到期

C. 从二级市场购入某企业于当日发行的面值100万元的五年期债券，企业意图持有至到期但是目前的财务状况难以支持其持有至到期

D. 从二级市场购入的某企业处于限售期的股权50万股

33. 企业盘盈的固定资产，应通过(　　)科目核算。

A. 其他业务收入　　B. 以前年度损益调整

C. 资本公积　　D. 营业外收入

34. 根据法律制度的规定，下列情形中属于可变更、可撤销合同的是(　　)。

A. 钱某母亲患病急需用钱，孙某趁机以低价购买钱某的房屋，钱某无奈与孙某签订了买卖合同

B. 代理人张某损害被害人于某的利益与第三人恶意串通而签订的合同

C. 李某和周某签订的肾脏买卖合同

D. 患有间歇性精神病的赵某在其患病期间写下遗嘱

35. 根据企业破产法律制度的规定，在下列关于商业银行破产分配顺序的表述中正确的是(　　)。

A. 破产财产优先支付个人储蓄存款本息

B. 破产财产在支付清算费用后，优先支付个人储蓄存款本息

C. 破产财产在支付清算费用、所欠职工工资和劳动保险费用后，优先支付个人储蓄存款本息

D. 破产财产在支付清算费用、所欠职工工资和劳动保险费用、所欠税款后，优先支付个人储蓄存款本息

36. 甲公司为购买货物而将所持有的汇票背书转让给乙公司，但因担心以此方式付款后对方不交货，因此在背书栏中记载了“乙公司必须按期保质交货，否则不付款”的字样。乙公司在收到票据后没有按期交货。根据票据法律制度的规定，在下列表述中正确的是(　　)。

A. 背书无效

B. 背书有效，乙的后手持票人应受上述记载约束

C. 背书有效，但是上述记载没有汇票上的效力

D. 票据无效

37. 在下列各项财务指标中，能反映企业长期偿债能力的是(　　)。

A. 流动比率　　B. 已获利息倍数

C. 现金比率　　D. 营运资本

38. 根据支付结算法律制度的规定，下列各项中，属于存款人在开立一般存款账户之前必须开立的账户是(　　)。

A. 基本存款账户　　B. 单位银行卡账户

C. 专用存款账户　　D. 临时存款账户

39. I haven't seen Sara since she was a little girl, and she has changed beyond ______.

A. hearing　　B. strength　　C. recognition　　D. measure

40. 甲、乙双方约定，由丙每月代乙向甲偿还债务500元，期限2年。丙履行5个月后，以自己并不对甲负有债务为由拒绝继续履行。甲遂向法院起诉，要求乙、丙承担违约责任。法院应如何处理？(　　)

A. 判决乙承担违约责任　　B. 判决丙承担违约责任

C. 判决乙、丙连带承担违约责任　　D. 判决乙、丙分担违约责任

41. 下列业务事项，会引起资产和负债同时变化的是(　　)。

A. 融资租入固定资产　　B. 计提存货跌价准备

C. 以货币性资产取得一项长期股权投资　　D. 宣告分配现金股利

42. 中国共产党第十九次全国代表大会于2017年10月24日上午在人民大会堂胜利闭幕。大会通过了关于《中国共产党章程（修正案）》的决议，决定这一修正案自通过之日起生效。大会一致同意，在党章中把习近平(　　)同马克思列宁主义、毛泽东思想、邓小平理论、"三个代表"重要思想、科学发展观一道确立为党的行动指南。

A. 新时期中国特色社会主义思想

B. 新时代中国特色社会主义思想

C. 新时期中国特色社会主义思想体系

D. 新时代中国特色社会主义思想体系

43. 中国经济增长对世界经济增长贡献率超过(　　)。

A. 20%　　B. 50%　　C. 40%　　D. 30%

44. 习近平总书记在党的十九大报告中的民生和社会治理板块，提到优先发展教育事业，推动城乡义务教育一体化发展，高度重视农村义务教育，办好学前教育、特殊教育和网络教育，普及(　　)。

A. 高中阶段教育　　B. 职业能力教育

C. 大学生阶段教育　　D. 义务教育

45. 2017年金砖国家第九次领导人会议在我国(　　)举行。

A. 大连　　B. 厦门　　C. 天津　　D. 北京

46. 2017年金砖国家领导人第九次会议的主题为(　　)。

A. 打造有效、包容、共同的解决方案

B. 共同迈向金砖时代

C. 深化金砖伙伴关系、开辟更加光明未来

D. 携手共建金砖国家命运共同体

47. 2017 年金砖峰会，中国提出(　　)合作模式，打造开放多元的发展伙伴网络，让更多新兴市场国家和发展中国家参与到团结合作、互利共赢的事业中来。

A. 一带一路+　　B. 金砖+　　C. 开放+　　D. 多元+

48. 中国民生银行的创始人，也曾担任第一届董事长的是(　　)。

A. 经叔平　　B. 董文标　　C. 吴敬琏　　D. 周小川

49. 由中国民生银行倡导发起，33 家金融机构积极响应而成立的金融联盟是(　　)。

A. 亚洲金融合作联盟　　B. 中国金融合作联盟

C. 中小企业金融合作联盟　　D. 小微企业金融合作联盟

50. 中国民生银行全国统一的客户服务号码是(　　)。

A. 95566　　B. 95588　　C. 95568　　D. 95586

51. 中国民生银行股份公司是中国大陆第一家由民间资本设立的全国性商业银行，成立于(　　)。

A. 1996 年 1 月 12 日　　B. 1997 年 1 月 12 日

C. 1998 年 1 月 12 日　　D. 1999 年 1 月 12 日

52. 2018 年英国《银行家》杂志排名，中国民生银行位列世界排名第(　　)位。

A. 25　　B. 30　　C. 33　　D. 38

53. The workers _______ the glasses and marked on each box "this side up".

A. carried　　B. delivered　　C. pressed　　D. packed

54. It wasn't until nearly a month later _______ I received the manager's reply.

A. since　　B. when　　C. as　　D. that

55. Teachers recommend parents _______ their children under 12 to ride bicycles to school for safety.

A. not allow　　B. do not allow　　C. mustn't allow　　D. couldn't allow

多选题

请认真阅读每道题目，在所给出的选项中，有两项或两项以上符合题目要求，请选择相应选项，多选、少选、错选均不得分。

56. 作为货币政策工具的公开市场业务，其主要优点是(　　)。

A. 中央银行具有主动权　　B. 富有弹性

C. 对货币供应量的调整迅速　　D. 容易逆向修正货币政策

E. 干扰其实施效果的因素比其他货币政策工具少

57. 在弗里德曼的货币需求函数中，与货币需求成正比的因素有(　　)。

A. 恒久性收入　　B. 人力财富比例

C. 存款的利率　　D. 债券的收益率

E. 股票的收入率

58. 下列有关人民币制度的叙述，正确的是(　　)。

A. 人民币没有含金量的规定，它属于不兑现的信用货币

B. 人民币的发行保证是国家拥有的商品物资，黄金外汇储备主要是作为国际收支的准备金

C. 人民币对外国货币的汇率，由国务院统一制定，每日公布，一切外汇买卖和国际结算都据此执行

D. 人民币的发行实行高度集中统一，中国人民银行是人民币唯一合法的发行机构并集中管理货币发行基金

59. 西方经济学家将有效率市场分为(　　)。

A. 强效率市场　　B. 弱效率市场

C. 半强效率市场　　D. 半弱效率市场

E. 全效率市场

60. 下列选项中关于个人存款业务的表述，错误的有(　　)。

A. 个人通知存款不约定存期

B. 凡个人存款都要征利息所得税

C. 教育储蓄存款是父母为子女接受非义务教育而储蓄的存款

D. 整存整取的取款方式为到期一次支取本息

E. 教育储蓄存款起存金额为 100 元

61. 一般来说，衡量通货膨胀的常用指标是(　　)。

A. 消费者物价指数　　B. 生产者物价指数

C. 国内生产总值　　D. 国内生产总值物价平减指数

E. 居民生活消费指数

62. 现金余额说是传统货币数量论的货币需求理论的一种现金余额学说，其主要观点包括(　　)。

A. 在一般情况下，人们都把财产和收入的一部分用货币形式持有，而另一部分用非货币的形式持有

B. 剑桥方程式 $Y=KPy$ 注重货币的贮藏职能，认为现金余额的变化是影响货币流通速度的主要因素

C. 人们用通货形态保持的实物价值称为“实物余额”，把与保持的实物余额价值相应的通货数额称为“现金余额”

D. 货币的价值决定于全国居民愿意用通货形式保持的实物价值与货币数量的比例

63. 在市场经济制度下，货币均衡主要取决于(　　)等因素。

A. 健全的利率机制　　B. 大量的国际储备

C. 发达的金融市场　　D. 有效的中央银行调控机制

E. 稳定的物价水平

64. 企业在结转固定资产清理净损益时，可能涉及的会计科目包括(　　)。

A. 管理费用　　B. 营业外收入

C. 营业外支出　　D. 长期待摊费用

65. 根据担保法律制度的规定，下列关于定金的表述正确的有(　　)。

A. 定金合同从实际交付定金之日起生效

B. 当事人约定的定金数额不超过主合同标的额的20%，如果超过20%，超过部分无效

C. 当事人既约定违约金，又约定定金的，一方违约时，对方只能选择适用违约金或者定金条款，不能同时要求适用两个条款

D. 因合同关系以外第三人的过错，致使主合同不能履行的，不适用定金罚则

66. 甲用自己的房屋设定抵押，向银行借款100万元。借款到期后，甲无力清偿，遂将房屋拍卖。根据物权法律制度的规定，在不考虑利息的情况下，下列表述正确的有(　　)。

A. 假设拍卖价款为80万元，剩余的20万元仍由甲清偿，但银行仍有优先受偿权

B. 假设拍卖价款为80万元，剩余的20万元仍由甲清偿，但银行不再享有优先受偿权

C. 假设拍卖价款为110万元，100万元清偿银行，剩余10万元归甲所有

D. 假设拍卖价款为110万元，110万元全部归银行所有

67. 根据合伙企业法律制度的规定，在下列各项中，属于合伙企业财产的有(　　)。

A. 合伙人缴纳的实物出资　　B. 合伙企业对某公司的债权

C. 合伙企业合法接受的赠予财产　　D. 合伙企业借用的某合伙人的电脑

68. 甲公司是一家上市公司。在下列股票交易行为中，属于证券法律制度所禁止的有(　　)。

A. 持有甲公司3%股权的股东李某已将其所持全部股权转让给他人，甲公司董事张某在获悉该消息后，告知其朋友王某，王某在该消息为公众所知悉前将其持有的甲公司股票全部卖出

B. 乙公司经研究认为甲公司去年盈利状况超出市场预期，在甲公司公布年报前购入甲公司4%的股权

C. 甲公司董事张某在董事会审议年度报告时，知悉了甲公司去年盈利超出市场预期的消息，在年报公布前买入了本公司股票10万股

D. 甲公司的收发室工作人员刘某看到了中国证监会寄来的公司因涉嫌证券违法行为被立案调查的通知，在该消息公告前卖出了其持有的本公司股票

69. 在下列表述中，正确的有(　　)。

A. 不能导致经济利益流入企业的资源不属于企业的资产

B. 直接计入所有者权益的利得和损失，不属于企业的收入

C. 处置固定资产净收益不属于企业的收入，而是计入损益的利得

D. 自然灾害导致的存货净损失不属于企业的费用，而是直接计入所有者权益的损失

E. 可供出售金融资产公允价值上升，属于应计入所有者权益的利得

70. 下列关于权责发生制的表述中正确的有(　　)。

A. 凡是当期已经实现的收入和应当负担的费用，无论款项是否收付都应当作为当期的收入和费用

B. 凡是不属于当期的收入和费用，即使款项已在当期收付，也不应当作为当期的收入

和费用

C. 款项已收到，但销售并未实现，收到款项时确认收入

D. 费用已经发生，但款项未支付，费用发生时确认费用

E. 费用未发生，但款项已支付，费用支付时确认费用

71. 在下列各项中，构成企业留存收益的有(　　)。

A. 实收资本

B. 资本公积——资本溢价或股本溢价

C. 资本公积——其他资本公积

D. 盈余公积

E. 未分配利润

第二部分

请仔细阅读下面注意事项，这对准确反映您的能力特征非常重要。

1. 这份测验的试题均为选择题，每一题目只有一个正确或最为合理的答案；

2. 每部分的每个题目都是限时作答。单个题目的作答时间有 90 秒、75 秒和 60 秒三种类别，请先在屏幕的右上方确认题目的作答时间，以合理安排答题和做题的时间；

3. 题目的作答过程是不可逆的，无法返回上一题修改答案，单个题目的作答时间耗用完之后会自动跳入下一题，作答过程中请先给出答案，然后再点击下一题；

4. 请按照这些指示完成这份测验，否则会对您的测试结果造成影响。

例题

男女两性在体力和其他生理能力上的差异，导致了不同的社会分工，也出现了男女两性的责任分化。男子具有强健的体魄，担任狩猎、战斗任务；女子要担任妊娠、哺育、照料子女、料理家务等任务。这样，男女在不同的劳动生活中获得不同经验，分工的差异延伸出人格倾向和地位上的分化。男子在对外责任中发展了独立性、果断性；女性在对内职责中发展了亲和性、依赖性，由于男子主外，拥有职权和政治势力，因此男性角色比女性角色受到更高的评价。最初的劳动分工经过反复实践，逐步成为一种社会秩序，人们根据这种分工所延伸出来的种种要求，形成了有关性别角色的种种规范。

以下哪个选项最能表达文章的主旨？(　　)

A. 劳动分工的不同导致了性别角色的分化并形成社会秩序

B. 男女两性的责任分化导致了男子主外、女子主内

C. 男性在劳动分工中获得的独立性、果断性使他们的社会地位高于女性

D. 男女两性不同的劳动分工形成了社会秩序

解析：正确答案为 A。B、C、D 选项都只是反映了材料中的一部分内容，而不是材料的整体内容。

1. 依次填入下列各句横线上的词语，与句意最贴切的一组是(　　)。

（1）语言的应用能力不可能______，必须厚积薄发，必须经过长期的实践锻炼。

（2）从大学开始不断实践，是为了等待创业的机会。从创业开始努力拓展业务，是为了等待更大的商机，而等待的过程绝对不是______，而是勤奋耕耘。

A. 信手拈来　守株待兔　　B. 信手拈来　翘首以盼

C. 一蹴而就　守株待兔　　D. 一蹴而就　翘首以盼

2. 依次填入画横线部分最恰当的一项是(　　)。

（1）自美国当地时间7月11日起，《中国周》已在美国公共电视台（PBS）著名栏目"塔维斯·斯迈雷"______。

（2）他是一名著名的演员，曾在电视上塑造了许多______的形象，深受观众喜爱。

（3）芹菜不仅适宜吃，还有助于保护精神健康。研究人员发现，芹菜产生的化合物能______阿尔茨海默病。

A. 联播　栩栩如生　抗击　　B. 连播　惟妙惟肖　抗击

C. 连播　栩栩如生　阻击　　D. 联播　惟妙惟肖　阻击

3. 依次填入画横线部分最恰当的一项是(　　)。

奥运一百多年的历史始终陷入一种______。一方面它高扬超越民族的人类精神，另一方面参与竞争的基本单位是民族国家。前者表现为超越功利的尊重和欣赏，而后者则是更实在的、不敢怠慢的国家荣誉和自尊心，金牌多寡成了竞争的______。

A. 困境　准则　　B. 矛盾　标志　　C. 争议　目的　　D. 悖论　核心

4. 11名高考"状元"因面试成绩不理想被香港大学拒之门外，这与内地高校追逐高分考生、为招收到"状元"而津津乐道、各地大捧高考"状元"等现象形成了鲜明的对比，此举引来轩然大波，媒体纷纷将矛头指向"应试教育"。笔者认为，香港大学招生和"素质教育"并没有太大的直接关系，他们只是按照自己的要求录取学生，这种标准只是香港的标准，至于是否成绩优异或是适合内地的情形，那就见仁见智了。

作者支持的观点是(　　)。

A. 香港大学不录取"状元"的原因是他们不符合该校的录取标准

B. 香港大学的录取标准并不是挑选学生的最佳标准

C. 香港大学有自主招生的权利，媒体不应该过多批评

D. 香港大学选择学生的标准并不与内地现有情形相符

5. 伴随着结构调整的政策实施，中国实体经济发展的势头出现了降速的迹象。笔者以为，此时要格外注意"政策的叠加效应"。就各项措施单个来看，抑制楼市泡沫、抑制人民币汇率升值、收缩银行信贷、清理地方债、强制实施国家节能减排指标、关闭清理产能过剩企业、下调出口退税等，对结构调整都有其积极意义。但是，若没有"增长"这一大环境的保证，政策叠加后的效果可能事与愿违，结构调整或将变得越来越难。

这段文字表达的主要观点是(　　)。

A. 结构调整需兼顾经济活力

B. 结构调整导致中国实体经济发展势头降速

C. 单个措施必须通过"政策的叠加效应"才有积极意义

D. 结构调整将愈发艰难

6. 我们今天所依循的谈论中国古代绘画的文字全都出自中国文人之手，也正因为如此，中国文人已长时期主宰了绘画讨论的空间，他们已惯于从自己的着眼点出发，选择对于文人艺术家有利的观点。而如今——或许早该如此——已是我们对他们提出抗衡的时候了，并且也应该质疑他们眼中所谓的好画家或好作品。许多优秀的非文人艺术家都因为文人的偏见而未能获得应有的认可，在此，我们应该——重新给予他们客观的评价和应有的地位。

下列说法与原文相符的是(　　)。

A. 文人艺术家的鉴赏水平落后于他们的创作水平

B. 古代很多有才华的文人艺术家因偏见而被埋没

C. 文人在中国绘画理论领域长期居于强势地位

D. 古代文人画与非文人画的趣味分歧由来已久

7. 将以下5个句子重新排列，语序正确的是(　　)。

(1) 毒黄瓜引起的疫病从5月中旬开始在德国蔓延，截至5月29日，已有10人死亡，另有数百人感染。

(2) 包括瑞典、丹麦、英国和荷兰在内的多个国家均已报告感染病例，欧洲一时陷入恐慌。

(3) 毒黄瓜是指受到肠出血性大肠杆菌（EHEC）“污染”的黄瓜。

(4) 可影响到血液、肾以及中枢神经系统等。

(5) 食用这种带有大肠杆菌的黄瓜可引发致命性的溶血性尿毒症。

A. (1)(3)(5)(4)(2)　　B. (1)(2)(3)(4)(5)

C. (3)(5)(4)(1)(2)　　D. (3)(4)(1)(2)(5)

8. 在下列各句中，没有语病的一句是(　　)。

A.《中国教育报》开辟了刊登教学一线老师阐述自己在教学中，如何进行教学改革，如何既让学生学到知识，又使学生学到做人的文章

B. 风刮到了南方，海上漂来了温暖和慰藉。午后，太阳露出了几丝光亮，鸽子开始不间断地缓慢而笨拙的叫声

C. 在中外经典作品中摘选精彩的描写、抒情等段落，并将故事梗概作为线索，以简明的叙述连接其精彩段落，让学生在了解作品内容的基础上，欣赏精彩片段

D. 建设新农村，无论从农业生产、农民生活到各项社会事业，都有许多基础设施建设需要加强；但这不是简单的大拆大建，把原来的推倒重来

9. 在下列各句中，没有语病且句意明确的一句是(　　)。

A. 煤炭行业利润从2010年以来，增速一年比一年低，今年的煤炭行业应该是次贷危机以来最差的一年

B. 纪念币是国家的法定货币，质量不仅高，而且数量也严格控制

C. 随着手机用户爆发式的增长以及手机更新换代步伐的加快，人们更换手机的频率也越来越快，有的人甚至几个月就换一次新手机

D. 随着社会的发展，使饮食的需求从吃饱、吃好已延伸到吃出营养、吃出健康

10. 在下列各句中，没有语病的一项是(　　)。

A. 只有积极引导牧民开展多种经营，控制牲畜数量，减少对牧草的需求，退牧还草，才能为从根本上拯救纯种野牦牛提供可能

B. 墨西哥国立自治大学日前举行甲型 H1N1 流感病毒专题研讨会，有专家认为墨西哥即将进入炎热的夏季，这或许有助于降低流感病毒的扩散

C. 在本月热播的几部以南京大屠杀为题材的影片中，还原出许多历史细节，让我们深切地感受到电影主创者直面人间惨剧的勇气

D. 林萍是一位普通的保险公司职员，她为非亲非故的女孩捐献肝脏的事迹感动了广大网友自发在网上留言，大家热情地称其为“宁波的骄傲”

11. 将以下 6 个句子重新排列，语序正确的是(　　)。

(1) 演化性适应的重要秘诀之一就是多样性。

(2) 维持世界秩序并保存文化多元化的问题，这是一个我们面临、但想象不出解决办法的问题。

(3) 一旦去除了文化的差异，出现了一个一致的世界文化，虽然若干政治整合的问题得以解决。

(4) 去除了人类的多样性可能到最后会付出持续的意想不到的代价。

(5) 文化的歧异多端是一项极其重要的人类资源。

(6) 但可能会使人类一切智慧和理想的源泉枯竭。

A. (5) (4) (3) (1) (2) (6)　　B. (2) (5) (3) (6) (1) (4)

C. (2) (4) (1) (5) (6) (3)　　D. (5) (6) (2) (3) (1) (4)

第三部分

请仔细阅读下面注意事项，这对准确反映您的能力特征非常重要。

1. 这份测验的试题均为选择题，每一题目只有一个正确或最为合理的答案；

2. 每部分的每个题目都是限时作答。单题目的作答时间有 90 秒、75 秒和 60 秒三种类别，请先在屏幕的右上方确认题目的作答时间，以合理安排答题和做题的时间；

3. 题目的作答过程是不可逆的，无法返回上一题修改答案，单个题目的作答时间耗用完之后会自动跳入下一题，作答过程中请先给出答案，然后再点击下一题；

4. 请按照这些指示完成这份测验，否则会对您的测试结果造成影响。

例题

根据图表，回答下列问题。

某电脑商场电脑价格变化情况（单位：元）

品牌名称	原价	现价
A	2500	1900
B	3500	4800

续表

品牌名称	原价	现价
C	2100	1800
D	5200	4400

在四个电脑品牌中，哪个品牌的现价最高？(　　)

A. A　　B. B　　C. C　　D. D

解析：正确答案为 B。根据图表信息和题干，从现价这一列中寻找数字大的品牌，即为 B。

1. 用一架天平将 270 克食盐分成 3 等份，但是只有 10 克和 40 克砝码各一个，那么至少需要称(　　)次才能完成任务。

A. 3　　B. 5　　C. 6　　D. 7

2. 有面值为 8 分、1 角和 2 角的三种纪念邮票若干张，总价值为 1 元 2 角 2 分，则邮票至少有(　　)张？

A. 7　　B. 8　　C. 9　　D. 10

3. 工人为矿主工作 7 天，可以赚取一根金条，每天工作结束后，矿主必须给工人 $\frac{1}{7}$ 的金条做报酬，不能多也不能少，如果只允许将金条切成三段，请问这根金条应该如何切分？(　　)

A. 1∶2∶4　　B. 1∶3∶3　　C. 1∶1∶5　　D. 2∶2∶3

4. 有面值为 1 角、5 角、1 元的硬币各 3 枚，用来支付 2.6 元，则共有(　　)种支付方法。

A. 4　　B. 3　　C. 2　　D. 1

5. 蜗牛在 20 米深的井底，第一个白天向上爬了 0.5 米，之后每个白天向上爬的距离都比前一天多 1 米。同时，它在每个晚上会下滑 3 米直至井底，那么蜗牛在第几天会爬出井口？(　　)

A. 第 8 天　　B. 第 9 天　　C. 第 10 天　　D. 第 11 天

6. 张局长找甲、乙、丙三名处长谈话，准备与甲谈 10 分钟、与乙谈 12 分钟、与丙谈 8 分钟。秘书带三人到局长办公室后对谈话的顺序做了合理安排，使三人谈话的时间与等待时间之和为最短，则这个最短时间是？(　　)

A. 46 分钟　　B. 53 分钟　　C. 54 分钟　　D. 56 分钟

7. 把一根绳子对折，再对折，然后把对折后的绳子剪成三段，这根绳子总共被剪成了几小段？(　　)

A. 12　　B. 11　　C. 10　　D. 9

8. 某训练营分别有 5、6、4、8、10 名学生来自湖南、广西、安徽、河北、山西 5 个省份，老师决定选出一些学生参与户外拓展，则至少要选出几名学生，才能保证选出的学生中有 2 人来自相邻省份？(　　)

A. 16　　B. 21　　C. 25　　D. 29

第四部分

请仔细阅读下面注意事项，这对准确反映您的能力特征非常重要。

1. 这份测验的试题均为选择题，每一题目只有一个正确或最为合理的答案；

2. 每部分的每个题目都是限时作答。请先在屏幕的右上方确认题目的作答时间，以合理安排答题和做题的时间；

3. 题目的作答过程是不可逆的，无法返回上一题修改答案，单个题目的作答时间耗用完之后会自动跳入下一题，作答过程中请先给出答案，然后再点击下一题；

4. 请按照这些指示完成这份测验，否则会对您的测试结果造成影响。

例题

请找出下面图形中不同于其他图形的一项(　　)。

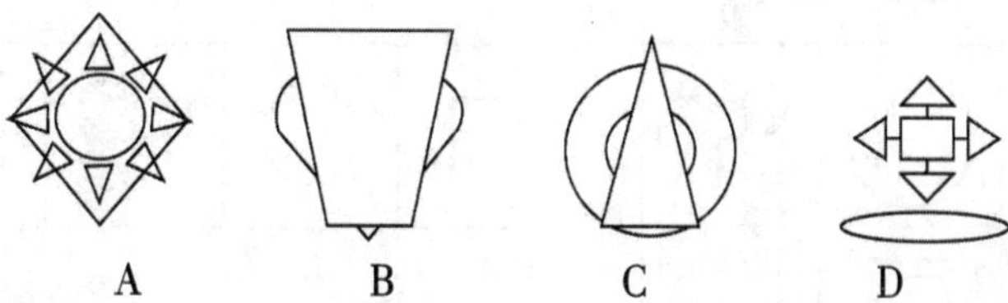

解析：正确答案是D。在四个选项中，前三个选项中的两个图形是前后叠加的关系，而第四个选项中的两个图形是相互分离的关系。

1. 从所给四个选项中选择最合适的一个填入问号处，使之呈现一定的规律性。(　　)

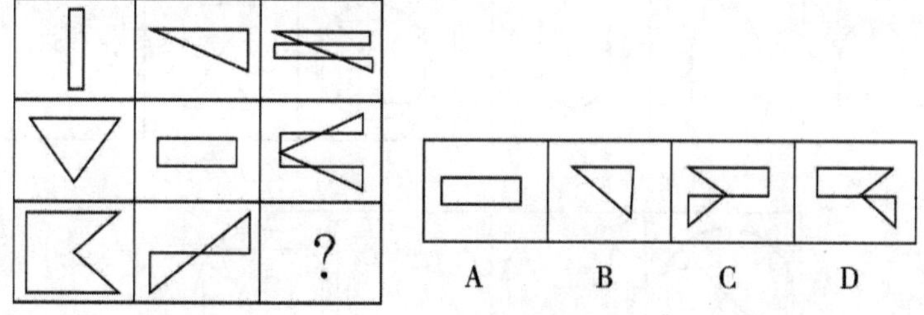

2. 在下面四个所给的选项中，哪一项能由给定的表面图（外表面）折叠而成？(　　)

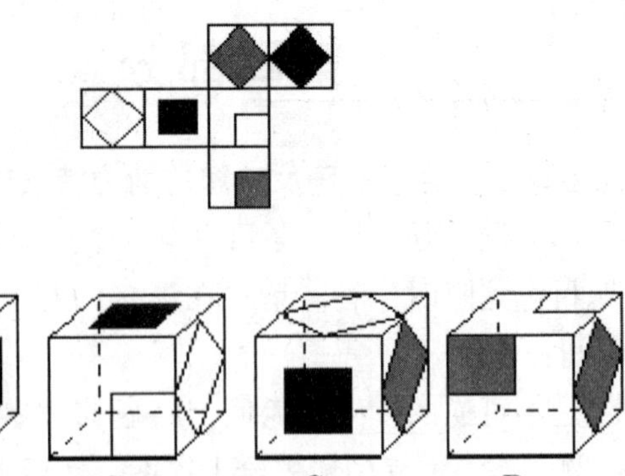

3. 请从所给的四个选项中选择最合适的一个填入问号处，使之呈现一定的规律性。(　　)

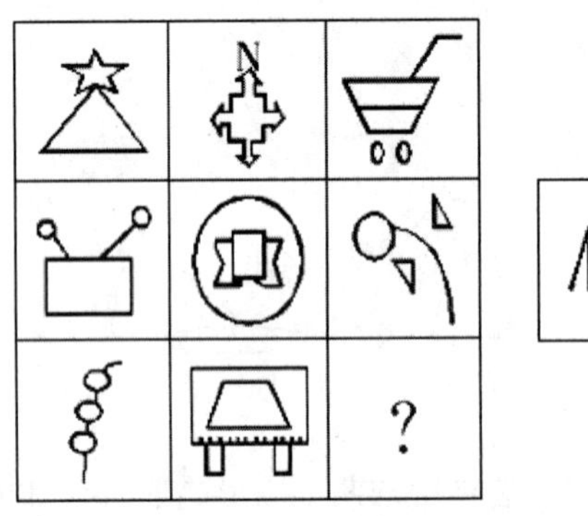

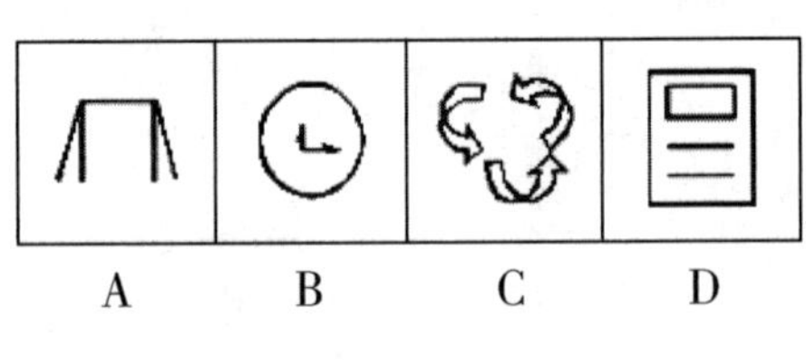

4. 请从所给的四个选项中选择最合适的一个填入问号处，使之呈现一定的规律性。(　　)

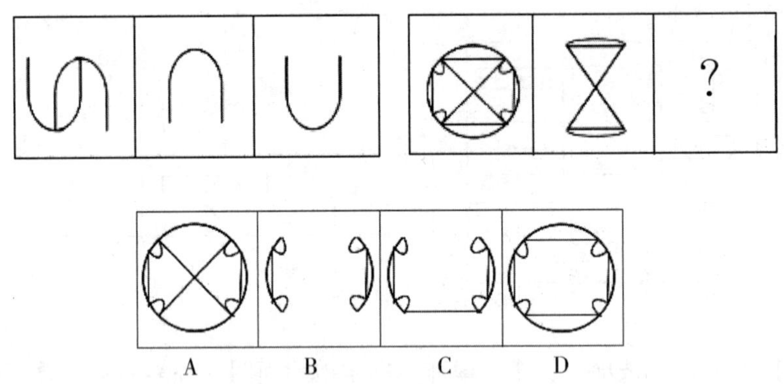

5. 从所给四个选项中选择最合适的一个填入问号处，使之呈现一定的规律性。(　　)

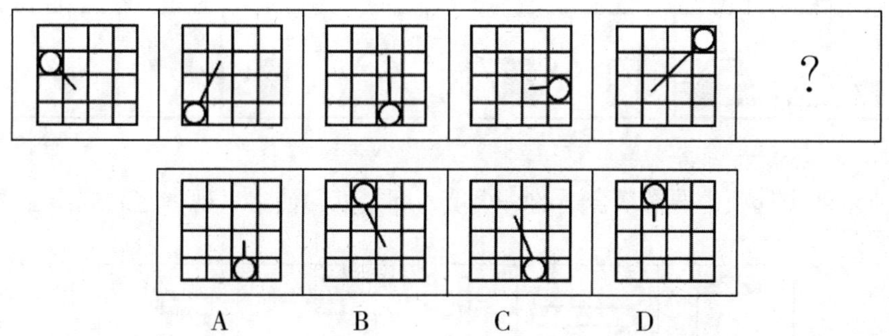

6. 从所给四个选项中选择最合适的一个填入问号处，使之呈现一定的规律性。(　　)

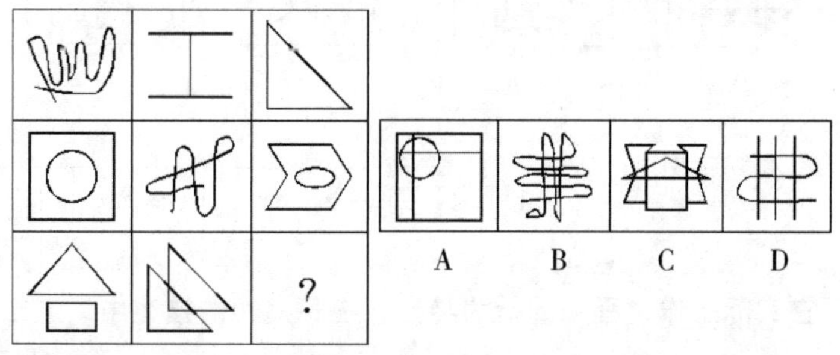

7. 下面四个所给的选项中哪一项能由左边给定的图形折叠而成？(　　)

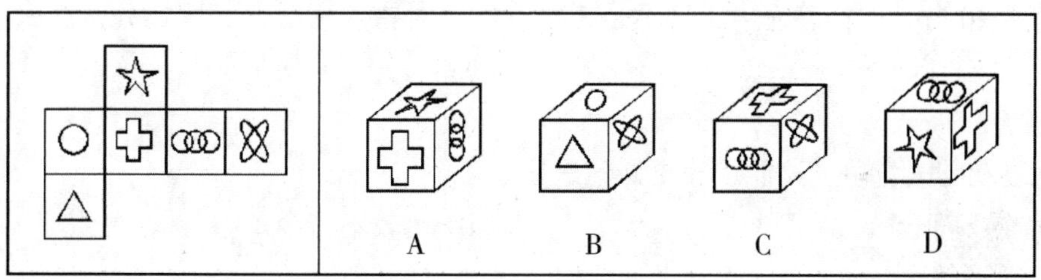

8. 从所给四个选项中选择最合适的一个填入问号处，使之呈现一定的规律性。(　　)

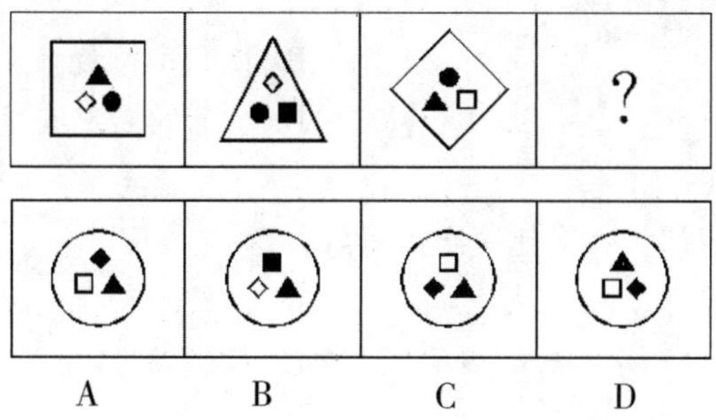

9. 从所给四个选项中选择最合适的一个，使之与前面四个图形呈现一定的规律性。(　　)

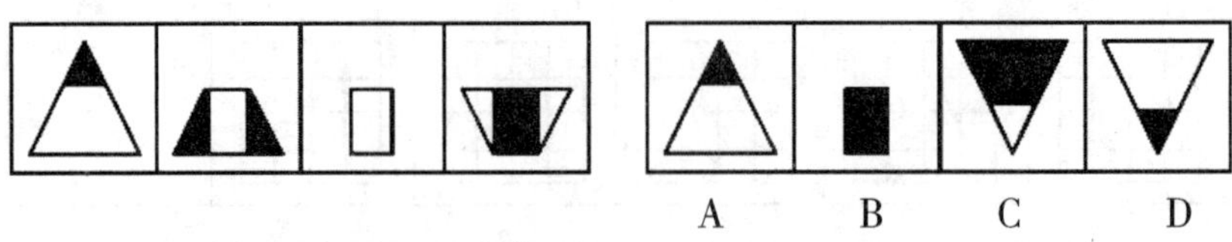

10. 从所给四个选项中选择最合适的一个填入问号处，使之呈现一定的规律性。(　　)

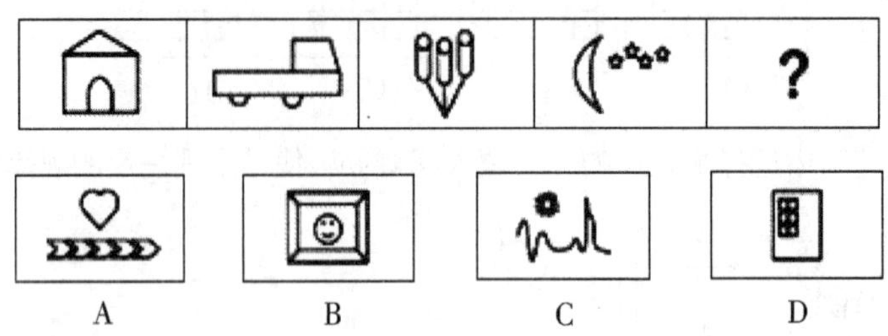

第五部分

请您联系自己在实际工作过程中的行为特点，在每道题的描述中，选出一个最符合自己的选项。

1. 当您回答问题时，请想象您是处于平常的工作环境中。

2. 请于 20 分钟内作答完毕，这不是考试，没有对错、高低、好坏之分，您只需依直觉诚实回答。

1. 我喜欢与人竞争，这能让我更好地进步。(　　)

A. 完全不符合　　B. 比较不符合

C. 一般不符合　　D. 比较符合

E. 完全符合

2. 有时候，我也会占小便宜。(　　)

A. 完全不符合　　B. 比较不符合

C. 一般符合　　D. 比较符合

E. 完全符合

3. 大家常说我进步很快，一次比一次做得好。(　　)

A. 完全不符合　　B. 比较不符合

C. 一般符合　　D. 比较符合

E. 完全符合

4. 我不认同那些关注结果甚于过程的人。(　　)

A. 完全不符合　　B. 比较不符合

C. 一般符合　　D. 比较符合

E. 完全符合

5. 在压力下，我会感叹时运不济。(　　)

A. 完全不符合　　B. 比较不符合

C. 一般符合　　D. 比较符合

E. 完全符合

6. 大多数规章制度只是形式主义，我做事情的时候不会很在意。(　　)

A. 完全不符合　　B. 比较不符合

C. 一般符合　　D. 比较符合

E. 完全符合

7. 即使是无意中违反了规定，我也会惴惴不安。(　　)

A. 完全不符合　　B. 比较不符合

C. 一般符合　　D. 比较符合

E. 完全符合

8. 有压力时，我会幻想事情不发生就好了。(　　)

A. 完全不符合　　B. 比较不符合

C. 一般符合　　D. 比较符合

E. 完全符合

9. 有时我会有一些不好的念头，难以启齿。(　　)

A. 完全不符合　　B. 比较不符合

C. 一般符合　　D. 比较符合

E. 完全符合

10. 在特别焦虑的时候，我做出的决定容易出现问题。(　　)

A. 完全不符合　　B. 比较不符合

C. 一般符合　　D. 比较符合

E. 完全符合

11. 如果别人的批评是有道理的，即使态度不好，我也能接受。(　　)

A. 完全不符合　　B. 比较不符合

C. 一般符合　　D. 比较符合

E. 完全符合

12. 与结果相比，我更关注过程中的收获。(　　)

A. 完全不符合　　B. 比较不符合

C. 一般符合　　D. 比较符合

E. 完全符合

13. 当遇到难以解决的问题时，我能快速找到办法来消除自己的苦恼。(　　)

A. 完全不符合　　B. 比较不符合

C. 一般符合　　D. 比较符合

E. 完全符合

14. 一切巧合和偶然都是有原因的。(　　)

A. 完全不符合　　B. 比较不符合

C. 一般符合　　D. 比较符合

E. 完全符合

15. 即使是长辈也经常赞同我的观点。(　　)

A. 完全不符合　　B. 比较不符合

C. 一般符合　　D. 比较符合

E. 完全符合

16. 当处理工作问题前，我一般会考虑公司有哪些相关的规定。(　　)

A. 完全不符合　　B. 比较不符合

C. 一般符合　　D. 比较符合

E. 完全符合

17. 我认为团队利益未必一定高于个人利益。(　　)

A. 完全不符合　　B. 比较不符合

C. 一般符合　　D. 比较符合

E. 完全符合

18. 我从未故意违反规章制度。(　　)

A. 完全不符合　　B. 比较不符合

C. 一般符合　　D. 比较符合

E. 完全符合

19. 当压力来的时候，我会冷静下来理清消除压力的思路。(　　)

A. 完全不符合　　B. 比较不符合

C. 一般符合　　D. 比较符合

E. 完全符合

20. 我愿意选择必须竭尽全力才能实现的目标。(　　)

A. 完全不符合　　B. 比较不符合

C. 一般符合　　D. 比较符合

E. 完全符合

21. 我不达目的不罢休。(　　)

A. 完全不符合　　B. 比较不符合

C. 一般符合　　D. 比较符合

E. 完全符合

22. 我认为只要能完成任务，没有完全按照公司规定也是可以的。(　　)

A. 完全不符合　　B. 比较不符合

C. 一般符合　　D. 比较符合

E. 完全符合

23. 我不愿参与没有结果的事情。(　　)

A. 完全不符合

B. 比较不符合

C. 一般符合

D. 比较符合

E. 完全符合

24. 在工作中我会持续改进自己做得不好的地方。(　　)

A. 完全不符合

B. 比较不符合

C. 一般符合

D. 比较符合

E. 完全符合

25. 我喜欢做什么事情都有依据。(　　)

A. 完全不符合

B. 比较不符合

C. 一般符合

D. 比较符合

E. 完全符合

26. 即使别人对我当面的批评是正确的，我也会觉得难堪。(　　)

A. 完全不符合

B. 比较不符合

C. 一般符合

D. 比较符合

E. 完全符合

27. 凡事只要尽力就好，无所谓成败。(　　)

A. 完全不符合

B. 比较不符合

C. 一般符合

D. 比较符合

E. 完全符合

28. 我喜欢探究事物深层次的原因。(　　)

A. 完全不符合

B. 比较不符合

C. 一般符合

D. 比较符合

E. 完全符合

29. 只要是我认准的事情，不管别人说什么，我都会坚持到底。(　　)

A. 完全不符合

B. 比较不符合

C. 一般符合

D. 比较符合

E. 完全符合

30. 无论是否会被发现，我都不会去做违反规定的事情。(　　)

A. 完全不符合

B. 比较不符合

C. 一般符合

D. 比较符合

E. 完全符合

31. 我认为工作上的事情达到要求只能算合格，应该做得更好。(　　)

A. 完全不符合

B. 比较不符合

C. 一般符合

D. 比较符合

E. 完全符合

32. 不管能给自己带来多大的好处，我都不会做不应该做的事情。(　　)

A. 完全不符合

B. 比较不符合

C. 一般符合　　D. 比较符合
E. 完全符合

33. 我会关注公司的规章制度都有哪些变化。(　　)
A. 完全不符合　　B. 比较不符合
C. 一般符合　　D. 比较符合
E. 完全符合

34. 我曾讲过别人的闲话。(　　)
A. 完全不符合　　B. 比较不符合
C. 一般符合　　D. 比较符合
E. 完全符合

35. 在团队中，我看重大家付出的公平性。(　　)
A. 完全不符合　　B. 比较不符合
C. 一般符合　　D. 比较符合
E. 完全符合

36. 我不会因为自己的工作达到要求而满足。(　　)
A. 完全不符合　　B. 比较不符合
C. 一般符合　　D. 比较符合
E. 完全符合

37. 我经常后悔在心情不好时做出的决定。(　　)
A. 完全不符合　　B. 比较不符合
C. 一般符合　　D. 比较符合
E. 完全符合

38. 在紧急情况时我很难保持思路清晰。(　　)
A. 完全不符合　　B. 比较不符合
C. 一般符合　　D. 比较符合
E. 完全符合

39. 我认为任何规章制度都应该严格遵守，不能打一丝折扣。(　　)
A. 完全不符合　　B. 比较不符合
C. 一般符合　　D. 比较符合
E. 完全符合

40. 我有很有效的压力应对方式。(　　)
A. 完全不符合　　B. 比较不符合
C. 一般符合　　D. 比较符合
E. 完全符合

41. 我会自觉遵守规章制度，无须他人监督。(　　)
A. 完全不符合　　B. 比较不符合
C. 一般符合　　D. 比较符合

E. 完全符合

42. 有时候我会根据心情的好坏做出一些决定。(　　)

A. 完全不符合　　B. 比较不符合

C. 一般符合　　D. 比较符合

E. 完全符合

43. 我认为做事情需要具体情况具体分析，如果难度太大可以考虑以后再做。(　　)

A. 完全不符合　　B. 比较不符合

C. 一般符合　　D. 比较符合

E. 完全符合

44. 对我来说，参加比赛最重要的是赢得第一。(　　)

A. 完全不符合　　B. 比较不符合

C. 一般符合　　D. 比较符合

E. 完全符合

45. 做事情，我没有半途而废的，即使遇到困难也不放弃。(　　)

A. 完全不符合　　B. 比较不符合

C. 一般符合　　D. 比较符合

E. 完全符合

46. 在生活中，我给自己制订的计划经常半途而废。(　　)

A. 完全不符合　　B. 比较不符合

C. 一般符合　　D. 比较符合

E. 完全符合

47. 对于已经开始的工作，无论如何我都会坚持到底。(　　)

A. 完全不符合　　B. 比较不符合

C. 一般符合　　D. 比较符合

E. 完全符合

48. 同一项任务，我每多做一次，工作质量都会有提高。(　　)

A. 完全不符合　　B. 比较不符合

C. 一般符合　　D. 比较符合

E. 完全符合

49. 我善于对事物进行观察、对比和分析。(　　)

A. 完全不符合　　B. 比较不符合

C. 一般符合　　D. 比较符合

E. 完全符合

50. 在讨论时，大家对我的观点很少有异议。(　　)

A. 完全不符合　　B. 比较不符合

C. 一般符合　　D. 比较符合

E. 完全符合

51. 我不太认同为了团队荣誉而牺牲自我的做法。(　　)

A. 完全不符合　　B. 比较不符合

C. 一般符合　　D. 比较符合

E. 完全符合

52. 我的评价向来都是客观公正的。(　　)

A. 完全不符合　　B. 比较不符合

C. 一般符合　　D. 比较符合

E. 完全符合

53. 我的观点很容易被接受。(　　)

A. 完全不符合　　B. 比较不符合

C. 一般符合　　D. 比较符合

E. 完全符合

54. 在有压力时，我会加班加点解决问题。(　　)

A. 完全不符合　　B. 比较不符合

C. 一般符合　　D. 比较符合

E. 完全符合

55. 别人认为我在工作中要求太高。(　　)

A. 完全不符合　　B. 比较不符合

C. 一般符合　　D. 比较符合

E. 完全符合

56. 任何时候我都不会违反规章制度。(　　)

A. 完全不符合　　B. 比较不符合

C. 一般符合　　D. 比较符合

E. 完全符合

57. 我很喜欢尝试别人完成不了的任务。(　　)

A. 完全不符合　　B. 比较不符合

C. 一般符合　　D. 比较符合

E. 完全符合

58. 我不是一个在意输赢的人。(　　)

A. 完全不符合　　B. 比较不符合

C. 一般符合　　D. 比较符合

E. 完全符合

59. 当朋友们在一起时，大家都喜欢听取我的意见。(　　)

A. 完全不符合　　B. 比较不符合

C. 一般符合　　D. 比较符合

E. 完全符合

60. 相同的工作内容，我每次做的成果质量都差不多。(　　)

A. 完全不符合　　B. 比较不符合
C. 一般符合　　D. 比较符合
E. 完全符合

61. 当遇到压力时，我会躲避，不去解决问题。(　　)
A. 完全不符合　　B. 比较不符合
C. 一般符合　　D. 比较符合
E. 完全符合

62. 我认为工作成果比现实过程重要得多。(　　)
A. 完全不符合　　B. 比较不符合
C. 一般符合　　D. 比较符合
E. 完全符合

63. 我一定要尽最大的努力干出一番事业来。(　　)
A. 完全不符合　　B. 比较不符合
C. 一般符合　　D. 比较符合
E. 完全符合

64. 我在做决定前都会经过深思熟虑。(　　)
A. 完全不符合　　B. 比较不符合
C. 一般符合　　D. 比较符合
E. 完全符合

65. 与赢得比赛相比，我更认同重在参与。(　　)
A. 完全不符合　　B. 比较不符合
C. 一般符合　　D. 比较符合
E. 完全符合

66. 即使是重复做相同的工作，我也要求自己一次比一次做得更好。(　　)
A. 完全不符合　　B. 比较不符合
C. 一般符合　　D. 比较符合
E. 完全符合

67. 心情好的时候我更容易原谅别人的过失。(　　)
A. 完全不符合　　B. 比较不符合
C. 一般符合　　D. 比较符合
E. 完全符合

68. 我与各式各样的人都能合作愉快。(　　)
A. 完全不符合　　B. 比较不符合
C. 一般符合　　D. 比较符合
E. 完全符合

69. 如果没有成果，过程再精彩也是没有意义的。(　　)
A. 完全不符合　　B. 比较不符合

C. 一般符合　　D. 比较符合

E. 完全符合

70. 当个人的工作和团队工作发生冲突时，我会优先完成自己的工作。(　　)

A. 完全不符合　　B. 比较不符合

C. 一般符合　　D. 比较符合

E. 完全符合

71. 看到别人在公开场合的不良行为，我通常不会上前制止。(　　)

A. 完全不符合　　B. 比较不符合

C. 一般符合　　D. 比较符合

E. 完全符合

72. 即使大家都满意了，我也希望自己能做到最好。(　　)

A. 完全不符合　　B. 比较不符合

C. 一般符合　　D. 比较符合

E. 完全符合

73. 我不会轻易放弃自己正在做的事情。(　　)

A. 完全不符合　　B. 比较不符合

C. 一般符合　　D. 比较符合

E. 完全符合

74. 在心神不宁的时候我几乎无法正常工作。(　　)

A. 完全不符合　　B. 比较不符合

C. 一般符合　　D. 比较符合

E. 完全符合

75. 大家都不情愿做的团队任务，我会选择去做。(　　)

A. 完全不符合　　B. 比较不符合

C. 一般符合　　D. 比较符合

E. 完全符合

第六部分

这项测验会涉及我们工作、生活等各方面，对于这些问题，每个人的看法都会不尽相同，没有对错之分，在答题时请注意以下几点：

1. 每道题只能选择一个答案，不要漏掉任何一道题。
2. 答题依据：你日常的实际表现，而不是你期望的理想表现。
3. 有些题你可能从未碰到过或者难以选择，不要过多思考，凭第一感觉作答即可。

1. 单位里有一些自己不熟悉的同事，你会：(　　)。

A. 如果确实有必要，会去认识他们

B. 很少主动与他们结识，不是每个同事都要熟悉

C. 主动结识，毕竟大家都在一个单位工作

2. 每到一个新的场合，都会遇到不认识的人，你会：（　　）。

A. 希望尽快认识更多的人，乐于和大家打成一片

B. 想认识几个新朋友，不然一个人挺无聊的

C. 倾向于一个人消磨时光，不愿意和别人有太多瓜葛

3. 领导派你参加一个联合工作组，人员都是从各部门临时抽调的，大家相互不认识，并且你是其中年龄最小、资历最浅的，你怎样才能尽快地和大家熟悉起来？（　　）

A. 在工作中寻找表现自己的机会，让大家尽快记住自己

B. 主动帮同事做一些力所能及的事情，在工作中加强了解

C. 工作之余多参加聚餐或娱乐活动，努力与大家搞好关系

4. 朋友推荐了一款 App，你会：（　　）。

A. 直接下载试用

B. 之前听说过，大多数人说不好用就不用了

C. 搜索下相关的信息，研究下好在哪里

5. 在一次商务会议上，你发现自己的一个目标客户也在场，你之前试图联系过这位客户，但对方推脱太忙了不见你，你会：（　　）。

A. 抓住这个机会，跟客户聊一下合作前景

B. 这种场合被拒绝太尴尬，以后再说

C. 跟客户交换名片，为以后联系打好基础

6. 小陈起草了一份项目计划书，请大家帮忙修改，你会：（　　）。

A. 根据以往的经验，给出修改意见

B. 相信小陈的能力，简单看一下

C. 多了解一下项目的其他信息，跟小陈讨论如何修改

7. 你所在的岗位要求非常严格，工作时间必须全神贯注，完成的任务需要多次检查以确保没有任何错误，你认为：（　　）。

A. 为了工作质量，这也无可厚非

B. 这个岗位压力太大，考虑换个其他岗位

C. 这有助于养成自己良好的工作习惯

8. 同事在讨论一个问题，你的想法跟大家的不一致，你会：（　　）。

A. 既然观点不一致，就听听大家的想法

B. 说说自己的想法，但不会坚持说服大家

C. 陈述自己的理由，力争让大家接受

9. 你新就职到一家公司，为了跟同事熟悉起来，周末你想约大家一块去打球，但大家都不太感兴趣，你会：（　　）。

A. 估计大家这周末比较忙，过段时间再说

B. 既然大家态度不积极，短时间内不会再主动约大家

C. 主动了解大家的喜好，下周末再约约看

10. 发生了不愉快的事情后，以下描述最符合你的是：(　　)。

A. 要过一段时间才能忘记

B. 比较快就忘记了

C. 介于两者之间

11. 实习期过后，主管要求大家填写岗位申请表，大家都说 A 岗位比较好，你会：(　　)。

A. 了解一下各个岗位再做选择

B. 选个自己喜欢的岗位

C. 听从多数人的意见就选 A 岗位

12. 即将签订合同的一位客户临时提出调整价格，你跟客户进行了多轮沟通，但对方依然坚持，你会：(　　)。

A. 强调临时更改合同可能给客户带来时间、人力等成本损失，说服客户维持原价格

B. 向领导反映，看看能否调整价格

C. 跟客户协商不改变价格，但承诺赠送一些额外的服务

13. 在你休假的时候，同事向你请教一个工作问题，以完成他的工作，你会：(　　)。

A. 建议他找另一位同事解决

B. 简要地回答一下

C. 放下手头的事情，作出详细解答

14. 某位同事要接一位来公司访问的客人，但临时家中有事，找你帮忙，但你也很忙，你会：(　　)。

A. 说明自己的情况，心有余而力不足

B. 事急从权，答应同事

C. 为他推荐合适的人

15. 你想以 300 元买下一件标价 500 元的商品时，你会：(　　)。

A. 先说一个远远低于自己能接受的价格，降低对方的期望

B. 不擅长还价，直接告诉对方自己能接受的价格，不行就算了

C. 先说一个略低于自己期望的价格，这样买卖双方才有余地

16. 对于电视广告大肆宣传的产品，你会：(　　)。

A. 如果自己喜欢，就会买

B. 问问朋友们的意见，口碑好的话就买

C. 一定要亲自挑选对比，才决定买不买

17. 在参加行业研讨会时，你对一位同行的报告很感兴趣，你非常想跟这位同行交个朋友，因此邀请他周末一起吃饭，可对方却委婉拒绝了，你会：(　　)。

A. 既然对方不愿意就算了

B. 要个联系方式，下次再试试

C. 改约下周，如果不行，让同行挑一个合适的时间

18. 在参加业务培训时，你发现不远处坐着一个人感觉很熟悉，后来你想起曾经和他有过一面之缘，你会：(　　)。

A. 主动上前打招呼，如果对方不记得自己，就解释一下

B. 就当没看见，毕竟大家不熟，没必要打招呼

C. 不主动打招呼，如果对方主动，我乐于聊聊

19. 主管给你布置了一项任务，但你认为这项任务并不适合在目前进行，你会如何说服主管？(　　)

A. 通过讲解任务执行方案，让主管了解目前确实不适合开展该任务

B. 告诉主管目前不适合进行，并说明原因

C. 表明自己的观点，如果主管坚持就执行

20. 在为客户介绍产品时，客户对你介绍的产品提出质疑，不愿意继续听下去，你会：(　　)。

A. 既然客户已经不愿意听了，下次再找其他人为其说明

B. 接受客户的意见，借机找到产品的其他优势来介绍

C. 用专业知识对客户的质疑进行解答，想办法消除客户的疑虑

21. 在业务考核时小张的得分远远低于其他同事，如果你是小张，你会：(　　)。

A. 连续几个星期情绪低落，觉得挫败

B. 不会很介意，这只是暂时的落后

C. 介于两者之间

22. 公司有严格的上下班打卡考勤制度，并明令要求员工之间不能代打卡，一天同事小王说自己有点急事想早走半个小时，请你下班时帮他打一下卡，你会：(　　)。

A. 婉言拒绝，跟小王说明代打对双方的影响

B. 如果小王真有着急的事情就帮，不然就算了

C. 事情比较特殊，就跟小王强调只此一次

23. 同事参加了一项机会很难得的业内培训，当你询问培训怎样的时候，他说这项培训没什么用，你认为：(　　)。

A. 他不愿意分享有价值的东西

B. 培训对他来讲价值确实不大

C. 可能因为关系不够亲密，不愿意说太多

24. 公司规定的上班时间是上午 9：00—12：00，下午 13：00—17：00，请假必须提前申请，你中午休息时去银行办了点事，由于排队的人较多，可能得 13：30 才能办完，你会：(　　)。

A. 改天再来，不能耽误上班时间

B. 半个小时而已，把事情办完再回去

C. 晚上晚走半个小时，弥补耽误的时间

25. 以下几种观点，你最认可的是：(　　)。

A. 我喜欢有压力的工作，能够带来更大的动力

B. 我可以接受工作有压力，但不能太大

C. 我不喜欢自己的工作有压力

26. 你打电话向一个新客户介绍产品，但客户表示不感兴趣，你希望客户能够给自己十分钟的介绍时，对方拒绝了，你会：（　　）。

A. 明天再打电话联系，估计客户今天时间很紧张

B. 既然客户明确表示不感兴趣，不再联系这个客户

C. 不再打电话联系这个客户，过两天会把产品介绍发到客户邮箱

27. 小王是你的一个老同学，因此他把自己的朋友小宋介绍给你认识，和小宋初次见面，你会：（　　）。

A. 觉得有些尴尬，没什么好聊的，象征性地客气几句

B. 聊一些跟小王有关的话题，尽量拉近和小宋的关系

C. 寻找小宋感兴趣的话题，加深彼此了解

28. 当你想要和别人成为朋友时，你会：（　　）。

A. 不知道怎么办，有点紧张

B. 很快就能说上话，但话题很难持续下去

C. 有很多办法拉近关系，很快就能成为朋友

29. 团队讨论项目方案，当你与其他人意见不同时，你通常会：（　　）。

A. 充分表达自己的观点，力争让别人都接受

B. 多数时间都是听从别人的观点，对自己的想法有所保留

C. 尽量表达自己的想法，但不会据理力争

30. 在外出度假的时候，最符合你的情况是：（　　）。

A. 注重个人放松，很少关心遇到的人

B. 每次度假都能认识一帮好朋友

C. 除了游览风景外，还希望认识一些新朋友

31. 一名团队成员突然离职了，团队领导希望你兼顾一下他留下的工作，这时你会：（　　）。

A. 毫无怨言地接过来

B. 根据自己的工作现状做决定

C. 考虑到工作任务会加重，委婉拒绝

32. 你认为公司关于工作流程的一项规定不太合理，你自己有更高效、更妥当的做法，但该规定在短时间内不会改变，此时你会：（　　）。

A. 虽然不情愿，但既然公司有规定，自己还是会照章办事

B. 大概按照公司的规定开展工作，对部分细节进行改良

C. 按照自己的想法开展，毕竟规定本身不太合理

33. 你需要说服生产部门的同事给自己留出三天的时间处理设备问题，你会：（　　）。

A. 告诉他们少于三天解决不完，请他们谅解

B. 说明解决类似问题通常需要四五天，自己将尽最大努力三天解决好

C. 解释需要三天的具体原因

34. 你负责的团队要为客户提供产品样本，结果现在由于运输原因，急需的某个零部件无法准时送达。如果不能按时提交，公司将支付一大笔违约金，你会：(　　)。

A. 跟运输方沟通，要求对方不计成本尽可能快速送达

B. 发动同事询问同行，看看能否从其他公司的库存中调配

C. 与客户方沟通，延期提交样本

35. 下班的路上你刚跟同事小赵抱怨完主管有时会招揽一些分外的事情，搞得大家都很忙，而最近小赵和主管走得很近，你又看到他们在一起吃饭，你会：(　　)。

A. 感到很担心，小赵会把抱怨告诉主管

B. 有些担心，小赵可能会把私下的议论告诉主管，但也不确定

C. 毫不担心，小赵不会告诉主管，即使反映，也会保护我的隐私

36. 在朋友小陈举办的聚会上，你很想跟小陈的同事小王认识一下，你会：(　　)。

A. 直接让小陈帮忙引荐，以免太尴尬

B. 主动到小王面前介绍自己，表示希望跟他成为朋友

C. 了解一下小王的喜好，找个谈话的切入点

37. 你带领的团队进行一项技术攻关，希望将现有产品的生产时间缩短，现在临近截止日期，已完成的设计方案在实验中总是失败，你会：(　　)。

A. 准备好各种试验数据，向领导汇报缩短时间不可行

B. 继续思考，并尝试其他的设计方案

C. 跟领导汇报，看看项目是否应该继续

38. 在部门会议上发言时，一名同事当场指出了你的发音错误，弄得你很尴尬，事后你会：(　　)。

A. 很快就忘记了这件事

B. 一当众发言就紧张，担心再次出错

C. 介于两者之间

39. 公司了解到业内最权威的专家最近要到本市，希望邀请专家到企业参观，领导派你去联系，你跟专家的助手沟通了几次，助手明确表示专家不会接受企业的邀请，对此你会：(　　)。

A. 继续跟助手联系，争取用诚意打动对方

B. 联络其他组织，看看是否可以联合邀请

C. 将情况反映给企业，看领导如何决定

40. 在集体讨论时，你通常会：(　　)。

A. 大多数情况下当个听众，很少发言

B. 常常表达自己的观点，并会想方设法让其他人接受

C. 有时候会表达自己的观点，对其他人是否接受并不介意

41. 你刚搬到一个新住处，想要跟对门的邻居处好关系，在路上见面时你主动跟他打招呼，但是他没理你，你会：(　　)。

A. 既然他没理我，那就算了

B. 觉得可能对方没认出来，上去作自我介绍

C. 下次有合适的机会再跟他聊聊

42. 企业要求今年的采购成本增长不能高于20%，但由于气候原因，以往的原材料产地大幅减产，导致采购成本迅速升高，作为公司的采购，你会：(　　)。

A. 抓紧时间联络其他能提供原材料的产地

B. 削减其他开支，尽量保证原材料采购

C. 跟上级汇报下目前的进展和困难，等待公司决策

43. 你请朋友帮忙写份材料，他按时把材料交给你了，但觉得质量一般，你如何看待他的帮忙态度？(　　)

A. 他尽力做了

B. 他没有完全投入

C. 他随便做了做

44. 团队某位成员因要处理些私事，不能及时完成自己的工作，你会：(　　)。

A. 询问他是否需要帮忙，如果需要，提供帮助

B. 相信团队领导会处理好这些事情

C. 把他的工作承担过来，认真做好

45. 刚进公司不久，你向领导提了一些业务建议，领导却批评你不务正业，你会：(　　)。

A. 当时不高兴，但不会影响以后提建议的积极性

B. 觉得很委屈，以后除非领导主动询问，否则不会轻易提了

C. 介于两者之间

46. 当公司希望在附近的一家五星级酒店举办活动时，由你负责跟酒店联系，但公司的预算与酒店的报价有一些差距，你与酒店沟通了多次，对方都不同意降价，你会：(　　)。

A. 跟公司反映，看看是否可以增加预算

B. 寻找其他办法抵扣一部分租金

C. 继续跟酒店沟通，希望酒店能同意降价

47. 你有件私事需要一位同事帮忙，但你跟他不是很熟悉，你会：(　　)。

A. 直接找他，说明自己的情况

B. 以同事的爱好作为切入点拉近关系，然后再提帮忙的要求

C. 找一位跟他关系好的同事引荐，自己做东请客

48. 你对自己工作状态的期望是：(　　)。

A. 比较轻松，最好不要有压力

B. 有一定的压力，以便自己更加努力

C. 松弛有度，存在阶段性压力

49. 你和小陈在同一个项目工作，你负责的环节出了点差错，正在极力弥补。你发现小陈时不时来打听你的进度，你认为：(　　)。

A. 小陈关心我怎么解决问题

B. 他只是随便问问，没其他意思

C. 小陈有点不怀好意，想看看问题的严重性

50. 由于业务量变大，近期你需要保持 24 小时待命，随时处理业务问题，你认为：(　　)。

A. 投入越多回报越大

B. 难以接受

C. 熬过这段时间就好了

51. 你发现工作时间即使有同事不请假就外出办私事，主管也不是很在意，一天上午你需要外出一小时处理私事，你会：(　　)。

A. 快去快回，尽量不影响工作

B. 先跟主管请假，然后再离开

C. 先出去，事后再跟主管打声招呼

52. 你最近独立承担了一个项目，承受的压力很大，你认为：(　　)。

A. 越大的压力越能激发出自己的潜力

B. 压力不可避免，自己好好调整

C. 一定是什么地方没有做好才会有这么大的压力

53. 在聚会上，你一般会：(　　)。

A. 找一些不认识的人聊天

B. 只跟自己熟悉的人一起玩

C. 待在一旁，主要看别人活动

54. 为了结识客户公司的一个项目负责人，你之前主动约了几次想登门拜访一下，对方都以工作忙为由拒绝了，你会：(　　)。

A. 询问对方是否方便接受电话访谈

B. 过段时间再找机会联系对方

C. 尝试联系其他人

55. 某位团队成员因做错了事情而情绪低落，你会：(　　)。

A. 表达同情，安慰一下

B. 吸取他的教训，避免自己犯错

C. 帮助他找到避免错误的办法

56. 到了一个新单位后，你会：(　　)。

A. 希望认识大多数人，乐于跟同事打成一片

B. 希望熟悉一些工作关系密切的同事

C. 以熟悉工作业务为主，同事早晚能认识的

57. 当大家针对某一问题的讨论有不同的意见时，你会：(　　)。

A. 只相信有确切依据的意见

B. 以自己的经验进行判断

C. 跟随大多数人的意见

58. 公司规定从下周一开始所有员工必须着正装，由于之前公司对着装没有要求，你没有比较正式的衣服，并且这个周末你还要出差，时间安排得很满，此时你会：(　　)。

A. 还是抽空去一趟商场，先随便选几件像样的再说

B. 拖一两天应该问题不大，一开始肯定不会所有人都遵照执行

C. 回去再找找自己的衣服，准备穿一身相对比较正式的

59. 公司打算邀请一些客户参加访谈，但客户经常以工作忙为由拒绝，你会：(　　)。

A. 寻找新的客户进行访谈

B. 分析访谈对不同客户的价值，有针对性地强调

C. 坚持不懈，多跟客户沟通几次

60. 你和一位同事参加内部竞聘，结果同事获得了竞聘职位，从业绩上来看，这位同事并不比你强，你会：(　　)。

A. 有些难以接受，会难过一阵子

B. 当时不开心，过两天就好了

C. 介于两者之间

61. 在给客户做项目建议书时，你提出了一个很好的方案，但同事并不认可，坚持用他自己的方案，你会：(　　)。

A. 再讲一次，如果同事依然不认可就算了

B. 想尽办法让同事认可自己的方案

C. 同事有他自己的考虑，按他的方案做

62. 公司有个出国进修的机会，你非常想去，你会如何说服领导？(　　)

A. 强调这次培训对自己职业发展的重要性

B. 表明自己会利用这次机会好好学习

C. 分析自己进修后能为企业带来哪些价值

63. 你为一个项目加班加点忙碌了两个月，最后这个项目失败了，你会：(　　)。

A. 有些不开心，自己可能不适合做类似项目

B. 有些遗憾，告诉自己下次努力

C. 介于两者之间

64. 在团队讨论时，大家并没有关注你提出的观点，此时你会：(　　)。

A. 反复强调自己的观点，争取得到大家的认同

B. 自己已经表明观点了，大家是否关注无所谓

C. 试着再陈述一下自己的观点，如果大家还不关注，就算了

65. 在参加业务培训时，你非常想结识身边的一位同行，你会：(　　)。

A. 找个对方可能感兴趣的话题开始交谈

B. 直接问一下对方目前在哪里就职，以展开话题

C. 找个与培训相关的问题请教对方

66. 公司规定员工不得接受任何合作单位人员提供的礼物或外出就餐的邀请，但你发现大家并没有严格遵守这个规定，有一天你拜访某合作单位时，对方邀请你一起吃饭，你会：(　　)。

A. 婉言拒绝，并感谢对方的好意

B. 看对方提议的地点，只要不铺张浪费就可以

C. 接受邀请，一顿饭而已，不必过于在意

67. 技术部申请采购一批设备，其中一种型号市场上很少见，公司的几家固定供应商都没货，你会：(　　)。

A. 请技术部换其他型号

B. 尝试联系厂家购买设备

C. 请供应商到货后通知你

68. 朋友邀请你去参加一个聚会，他有事没能来，剩下的人你都不认识，你会：(　　)。

A. 主动找别人聊聊

B. 如果有人来搭讪就聊几句

C. 自己待一会，实在无聊就离开

69. 在讨论工作时，你通常：(　　)。

A. 主导讨论方向

B. 多数情况下听从别人的观点

C. 只表述自己的观点，其他人主导讨论方向

70. 在说明自己的重要观点时，别人却并不想听你说，你会：(　　)。

A. 既然对方不想听，就不说了

B. 换个方式去说，无论如何要说清楚自己的观点

C. 等等看，有合适的机会再说

71. 需要带领一位新同事完成一项工作，你会怎么考虑任务的分配？(　　)

A. 将大部分工作交给新同事，相信他能做好

B. 把小部分工作交给新同事，并由他主导这部分工作

C. 把简单事情交给新同事，实时督促，避免其出错

72. 你最近在赶工一份标书，而个人时间有限，同时小王主动要求帮忙完成产品介绍这一部分，你会以何种心态看待小王的参与？(　　)

A. 由小王负责，非常放心

B. 到时候可能还要修改，但他总能发挥些作用

C. 心存隐忧，小王的作用可能非常有限，需要考虑备选方案

73. 你的工作遇到了一些瓶颈，需要另一个同事协助，他说自己工作忙没有时间，你会说：(　　)。

A. 这件事我实在无法自己解决，请务必帮我这个忙

B. 花不了你多少时间，就帮我这个忙吧

C. 只有你能解决这个问题，别人都解决不了

74. 假如你专业对口的工作都有较大压力，你认为：(　　)。

A. 应该考虑换个行业

B. 有压力才能更好地发挥自己的才能

C. 每个行业都有各自的压力，坦然面对

75. 周末参加了一个工作坊，你很欣赏主讲的专家，会后你希望专家给自己留个联系方式却被拒绝了，你会：(　　)。

A. 跟专家说如果电话号码不方便给，可否留个联系邮箱

B. 询问专家下次讲座的时间和地点，争取下次能要到联系方式

C. 专家有自己的考虑，不能再提这件事

第七部分

这项测验会涉及我们工作、生活等各方面，对于这些问题，每个人的看法都会不尽相同，没有对错之分，在答题时请注意以下几点：

1. 每道题只能选择一个答案，不要漏掉任何一道题。

2. 答题依据：你日常的实际表现，而不是你期望的理想表现。

3. 有些题你可能从未碰到过或者难以选择，不要过多思考，凭第一感觉作答即可。

1. 选择你较喜欢的词：(　　)。

A. 令人信服　　　　B. 令人感动

2. 选择你较喜欢的词：(　　)。

A. 提前安排　　　　B. 不断体验

3. 我更喜欢：(　　)。

A. 热闹　　B. 安静

4. 我更看重：(　　)。

A. 潜在的可能性　　B. 真实的情况

5. 当有很多事情要做时，我：(　　)。

A. 边做边规划　　B. 先规划再做

6. 选择你较喜欢的词：(　　)。

A. 准时　　B. 闲适、悠然

7. 我更愿意在这种人手下工作：(　　)。

A. 总是友好的　　B. 总是公正的

8. 我对自己的物品的摆放通常是：(　　)。

A. 在意的　　B. 随便的

9. 当很多人在一起时，我倾向于：(　　)。

A. 和我熟悉的人交谈　　B. 和大家一起聊天

10. 通常情况下，我：(　　)。

A. 崇尚现实主义与常识　　B. 崇尚想象力和新事物

11. 选择你较喜欢的词：(　　)。

A. 条理的　　B. 随意的

12. 我有：(　　)。

A. 广泛的社会关系　　B. 为数不多的好朋友

13. 我喜欢：(　　)。

A. 抽象的、概括性的观点　　B. 具体的、真实的叙述

14. 选择你较喜欢的词：(　　)。

A. 聚会　　B. 看书

15. 选择你较喜欢的词：(　　)。

A. 可能性　　B. 现实性

16. 我被认为是一个：(　　)。

A. 爱思考的人　　B. 重感情的人

17. 选择你较喜欢的词：(　　)。

A. 有条不紊　　B. 机动灵活

18. 选择你较喜欢的词：(　　)。

A. 具体　　B. 抽象

19. 选择你较喜欢的词：(　　)。

A. 富于想象　　B. 讲求实效

20. 通常，别人说我是一个：(　　)。

A. 有逻辑头脑的人　　B. 情感丰富的人

21. 选择你较喜欢的词：（　　）。

A. 同情心　　B. 判断力

22. 在群体中，我：（　　）。

A. 愿意安静地默默工作　　B. 是个很好的协调者

23. 我更倾向于重视：（　　）。

A. 人情　　B. 原则

24. 我更喜欢：（　　）。

A. 理智、公正的人　　B. 情感丰富的人

25. 选择你较喜欢的词：（　　）。

A. 想象　　B. 实际

26. 在项目或任务中，我更大的优势在于：（　　）。

A. 事先制订完备计划　　B. 遇到问题灵活应对

27. 通常，我更喜欢：（　　）。

A. 事情按计划进行　　B. 意料之外的事情带来乐趣

28. 当不得不主动同陌生人打交道时，我：（　　）。

A. 感到自信并且轻松　　B. 有点担心别人不愿被打搅

29. 选择你较喜欢的词：（　　）。

A. 一丝不苟　　B. 不拘小节

30. 我更愿意被看作是：（　　）。

A. 务实的人　　B. 有头脑的人

31. 在乘火车旅行时，我总是：（　　）。

A. 很有兴趣与别人交谈　　B. 做自己的事，不与人攀谈

32. 选择你较喜欢的词：（　　）。

A. 平静　　B. 活跃

33. 选择你较喜欢的词：（　　）。

A. 思想　　B. 感情

34. 我更愿意交的朋友是：（　　）。

A. 总有新主意的人　　B. 脚踏实地的人

35. 空闲时，我喜欢：（　　）。

A. 一个人安静地思考问题　　B. 找人聊天，参加娱乐活动

36. 选择你较喜欢的词：（　　）。

A. 分析　　B. 体贴

37. 我更经常：（　　）。

A. 让感情支配理智　　B. 让理智支配感情

38. 我通常：（　　）。

A. 能很容易同绝大多数人进行交谈

B. 仅在一定条件下或同一定的人才有话可说

39. 相对之下，我更相信：(　　)。

A. 确定而有形的事物　　B. 灵感和推理

40. 对周末或假日，我喜欢：(　　)。

A. 提前安排好约会、社交聚会等

B. 随心所欲，临时决定做什么

第八部分

请仔细阅读下面的注意事项，这对准确反映您的能力特征非常重要。

1. 这项测验的试题均为选择题，每一题目只有一个最为正确或合理的答案。

2. 每部分时限到后，您应立即停止回答这部分试题。

3. 每一部分测验中，对您来说，可能有些题目是很容易的，也有些题目是很难的，因此，您不必在特别难的题目上花很多时间，答错题目不倒扣分。

4. 这项测验要求您必须严格按照指示去完成，否则会影响您的测试结果。

例题

将一张正方形的纸对折一次后打开，纸被折痕分为两部分；同样一张纸对折一次后再对折一次打开，纸被折痕分为 4 部分；请问一张纸如上连续对折 5 次后，纸被折痕分为几部分？(　　)

A. 10　　B. 16　　C. 32　　D. 36

解析：答案 C。当折一次时，折痕数为 2 的 1 次方，折 2 次的时候，折痕数增加一倍，即为 2 的 2 次方，当折 N 次时，折痕为 2 的 N 次方，所以，对折 5 次时，应该是 2 的 5 次方 $2^5 = 32$。故答案为 C。

1. 一条小狗在被收养的前五天就吃掉了 100 块狗饼干。如果它每天比头一天多吃 6 块狗饼干，那么这条小狗第一天共吃掉了多少块饼干？(　　)

A. 4 块　　B. 8 块　　C. 10 块　　D. 12 块

2. 两枚导弹相距 41620 公里，处于同一线路上彼此相向而行，其中一枚以每小时 36000 公里的速度行驶、另一枚以每小时 24000 公里的速度行驶，请问它们在碰撞前的 1 分钟时相距多远？(　　)

A. 200 公里　　B. 800 公里　　C. 1000 公里　　D. 1200 公里

3. 一段地铁隧道里每隔 3 米安一盏探照灯，一共安了 243 盏，现在要改成每隔 4 米安装一盏，则可以不用取下来的探照灯共有(　　)盏。

A. 55　　B. 61　　C. 73　　D. 81

4. 单独完成某项工作，甲需要 16 小时、乙需要 12 小时，如果按照甲、乙、甲、乙……的顺序轮流工作，每次 1 小时，那么完成这项工作需要多长时间？（　　）

A. 13 小时 40 分钟　　B. 13 小时 45 分钟

C. 13 小时 50 分钟　　D. 14 小时

5. 有一个水池，池底不断有泉水涌出，且每小时涌出的水量相同。现要把水池里的水抽干，若用 5 台抽水机 40 小时可以抽完，若用 10 台抽水机 15 小时可以抽完。现在用 14 台抽水机，多少小时可以把水抽完？（　　）

A. 10 小时　　B. 9 小时　　C. 8 小时　　D. 7 小时

6. 有一种用六位数表示日期的方法是：从左到右第一、第二位数表示年，第三、第四位数表示月，第五、第六位数表示日，例如 890817 表示 1989 年 8 月 17 日。如果用这种方法表示 1991 年的日期，那么全年中 6 个数字都不相同的日期共有多少天？（　　）

A. 99　　B. 90　　C. 30　　D. 20

7. 学校原有少先队员 240 人，其中女队员占 $\frac{7}{12}$。今年开学后，从外校转来了几名女队员，这样，女队员人数便占总人数的 $\frac{3}{5}$，今年转进了多少女队员？（　　）

A. 5　　B. 10　　C. 15　　D. 20

8. 一个人到书店购买了一本书和一本杂志，在付钱时，他把书的定价中的个位上的数字和十位上的看反了，准备付 21 元取货。售货员说："您应该付 39 元才对。"请问书比杂志贵多少钱？（　　）

A. 20　　B. 21　　C. 23　　D. 24

2020全国银行招聘考试真题汇编（五）

答案解析

第一部分

单选题

1. **答案**：D。

解析：如果只考虑法定存款准备金率，则货币乘数是法定存款准备金率的倒数，即货币乘数与存款准备金率成反向变动关系，所以央行上调法定存款准备金率会导致货币乘数减小。同时，央行上调存款准备金率，使商业银行可用资金减少，信贷规模下降，货币供应量减少。故本题答案为D。

2. **答案**：B。

解析：央行最常用的三大政策性工具分别是：法定存款准备金率、再贴现率和公开市场业务，也被称为“三大法宝”。故本题答案为B。

3. **答案**：A。

解析：商业银行的经营一般应当遵守下列原则：效益性、安全性、流动性。有时也将效益性称为盈利性。其中安全性是前提、效益性是目的、流动性是条件。故本题答案为A。

4. **答案**：A。

解析：根据凯恩斯的消费理论，平均消费倾向$APC=\frac{\alpha}{Y}+\beta$，边际消费倾向$MPC=\beta$，$\alpha$代表自发性消费，是正数，$Y$代表收入，也是正数，因此$\frac{\alpha}{Y}>0$，所以边际消费倾向总是小于平均消费倾向。故本题答案为A。

5. **答案**：D。

解析：基准利率是指在多种利率并存的条件下起决定性作用的利率。当基准利率变动时，其他利率也会相应发生变化。官定利率也称法定利率，是指由央行或政府制定的利率，如法定存款准备金率。名义利率是指没有剔除通货膨胀因素的利率，而实际利率是指剔除通货膨胀因素后的利率。故本题答案为D。

6. **答案**：D。

解析：逆差是指进口大于出口，会引起外汇支出大于外汇收入，外汇大量流出引起资本外流，使国家的外汇储备减少、对外支付能力减弱。同时，外汇流出会导致市场外汇减少、外汇升值，故本币贬值。故本题答案为 D。

7. **答案：**C。

解析：利率和金融资产价格呈反比关系，利率较高时金融资产的价格会比较低，利率较低时金融资产的价格会较高。当人们预期利率上升时，也就意味着债券的价格将会下降，此时，人们会卖出债券，持有货币。故本题答案为 C。

8. **答案：**D。

解析：自 2005 年 7 月 21 日起，我国开始实行以市场供求为基础、参考一篮子货币进行调节、有管理的浮动汇率制度。人民币汇率不再盯住单一美元，而是盯住一篮子货币形成更富弹性的人民币汇率机制。故本题答案为 D。

9. **答案：**D。

解析：承诺业务是指银行承诺客户在未来一定时期内，按双方事先确定的条件，应客户要求，随时为其提供一定限额的融资服务的表外业务。担保类业务是指商业银行接受客户的委托对第三方承担责任的业务，包括保函、备用信用证、跟单信用证、承兑等。代理业务是指商业银行接受客户的委托、代为办理客户指定的经济事务、提供金融服务并收取一定费用的业务，包括代理证券业务、代理保险业务、代理商业银行业务、代理中央银行业务、代理政策性银行业务和其他代理业务。支付结算业务是指银行为单位客户和个人客户采用票据、汇款、托收、信用证、信用卡等结算方式进行货币支付及资金清算提供的服务。故本题答案为 D。

10. **答案：**A。

解析：布雷顿森林体系是第二次世界大战后的一个国际汇率制度安排，即以美元为中心，美元与黄金挂钩、其他货币与美元挂钩，美元和其他货币之间的兑换比例上下不能超过 1%，所以是属于人为的可调整的固定汇率制。故本题答案为 A。

11. **答案：**D。

解析：期权合约是一种赋予期权的买方在未来某一日期，即到期日之前或到期日当天，以一定的价格买入或卖出一定相关工具或资产的权利，而不是义务的合约。在期权合约中，期权的买方拥有权利，期权的卖方只有义务。本题要把握住两个关键：一是拥有期权合约，说明投资者是期权的买方；二是购买相关资产，说明投资者买入的是看涨期权。故本题答案为 D。

12. **答案：**A。

解析：操作风险是由不完善或有问题的内部程序、人员及系统或外部事件所造成损失的风险。商业银行对操作风险规定了三种不同的计算方法，分别是基本指标法、标准法和高级计量法。内部模型法是市场风险的计算方法，内部评级初级法和内部评级高级法是信用风险的计量方法。故本题答案为 A。

13. **答案：**D。

解析：按照贷款的五级分类，贷款可以分为正常、关注、次级、可疑和损失贷款。正常贷款是指借款人能够履行合同，一直能正常还本付息，不存在任何影响贷款本息及时全额偿还的消极因素，银行对借款人按时足额偿还贷款本息有充分把握。关注贷款是指尽管借款人目前有能力偿还贷款本息，但存在一些可能对偿还产生不利影响的因素，如这些因素继续下去，借款人的偿还能力将受到影响。次级贷款是指借款人的还款能力出现明显问题，完全依靠其正常营业收入无法足额偿还贷款本息，需要通过处分资产或对外融资乃至执行抵押担保来还款付息。可疑贷款是指借款人无法足额偿还贷款本息，即使执行抵押或担保，也肯定要造成一部分损失。损失贷款是指即使变卖资产或者执行担保也无法收回，或者只能收回极少部分的贷款。故本题答案为D。

14. **答案**：D。

解析：货币市场是期限小于一年的短期金融市场，由同业拆借市场、票据贴现市场、大额可转让定期存单市场和短期债券市场等构成。长期债券市场属于资本市场。故本题答案为D。

15. **答案**：D。

解析：远期外汇交易是指当天成交，隔一段时间进行交割的外汇交易。即期外汇交易是指当天成交、当天交割，最迟不能超过两个营业日的外汇交易。利率互换是交易双方约定在未来的一定时期内，根据约定数量的同种货币的名义本金交换利息额的金融合约。货币互换是指在约定期限内交换约定数量两种货币的本金，同时定期交换两种货币利息的交易。故本题答案为D。

16. **答案**：B。

解析：国际收支平衡表是反映一定时期一国同外国的全部经济往来的收支流量表。国际收支平衡表主要包括四大项目：经常项目、资本和金融项目、国际储备以及错误与遗漏项。其中，经常项目是国际收支平衡表最基本、最主要的项目。故本题答案为B。

17. **答案**：B。

解析：离岸金融市场是国际金融市场的一种，是指主要为非居民提供境外货币借贷或投资、贸易结算、外汇黄金买卖、保险服务及证券交易等金融业务和服务的一种国际金融市场，其交易货币一般为非市场所在国货币，也不受市场所在国法律的监管。故本题答案为B。

18. **答案**：A。

解析：股票市场属于资本市场，融资期限在一年以上。B、C、D选项都属于货币市场，融资期限在一年以内。企业想要筹集长期资本，故只能选择股票市场进行融资。故本题答案为A。

19. **答案**：C。

解析：本题考查资产减值。长期股权投资、固定资产、无形资产、采用成本模式计量的投资性房地产计提的减值准备一经计提，不得转回；应收账款、存货、持有至到期投资计提的减值准备在以后价值又得以恢复时可以在计提减值准备金额予以转回。故本题答案为C。

20. **答案**：D。

解析：现金折扣是企业为了尽快回笼资金而使用的折扣方式，是在收款时发生的，销售时不影响应收账款和收入金额，D选项错误。故本题答案为D。

21. **答案**：C。

解析：营业收入=主营业务收入+其他业务收入，选项A、B均应计入其他业务收入，选项D计入主营业务收入。处置固定资产属于非日常活动中产生的，则净收入作为“营业外收入”核算。故本题答案为C。

22. **答案**：A。

解析：权责发生制下本月发生的或者本月实现都可以作为本期的收入，预收和预付的不能作为本期的收入或者费用，选项 B 属于预收；选项 C 收到的是上月的款项不属于企业本期的收入；选项 D 收到的是上月多付的，不属于企业的收入。故本题答案为 A。

23. **答案**：B。

解析：持有至到期投资是指到期日固定、回收金额固定或可确定，且企业有明确意图和能力持有至到期的非衍生金融资产。通常情况下，包括企业持有的在活跃市场上有公开报价的国债、企业债券、金融债券等。故本题答案为 B。

24. **答案**：C。

解析：贴现金额=到期值-贴现息，贴现息=到期值×贴现日利率（年贴现率/360）×贴现期=3000×（5%/360）×90=37.5（元）。贴现金额=3000-37.5=2962.5（元）。故本题答案为 C。

25. **答案**：B。

解析：5 年后得到 30 万元，属于未来时间点的价值，作为终值。$F=P\times(F/P, i, n)$，所以 $P=F/(F/P, i, n)$，所以现在应存入 $P=30/(F/P, 8\%, 5)=20.42$（万元）。故本题答案为 B。

26. **答案**：D。

解析：本题考查会计知识。句意为“当公司停止并处置某项业务时，该行为可能涉及到______”。A 选项意为“会计政策变更的累积影响数”，B 选项意为“前期差错更正”，C 选项意为“非经常性损益”，D 选项意为“单独列示与终止经营相关的净利润”。根据会计知识判断，D 项正确。故本题答案为 D。

27. **答案**：B。

解析：其他货币资金包括外埠存款、银行汇票存款、银行本票存款、信用卡存款和存出投资款等，银行承兑汇票不属于其他货币资金。银行承兑汇票属于商业汇票，通过应收票据或者应付票据核算。故本题答案为 B。

28. **答案**：A。

解析：净资产收益率，是综合性最强的财务比率，也是杜邦分析系统的核心指标。故本题答案为 A。

29. **答案**：D。

解析：速动比率=速动资产/流动负债，所以速动资产=速动比率×流动负债=0.285×800=228（万元），流动资产=速动资产+存货=120+228=348（万元），流动比率=流动资产/流动负债=348/800=0.435。故本题答案为 D。

30. **答案**：C。

解析：商业折扣下是按照扣除折扣后的金额确认收入、税金和应收账款。所以，此时收入=5000×（1-15%）=42500（元），增值税=42500×17%=7225（元），应收账款=价款+增值税+代垫款项=42500+7225+500=50225（元）。故本题答案为 C。

31. **答案**：A。

解析：流动资产是指能够在一年或者超过一年的营业周期内变现的资产，本题中只有选项 A 应收账款属于流动资产范围。无形资产和固定资产是企业为了使用而持有的属于非流动资产的范围内。累计折旧既不属于流动资产也不属于非流动资产，它属于企业资产的备抵账户。故本题答案为 A。

32. **答案**：B。

解析：持有至到期投资只能是债券投资，到期日固定、回收金额可确定、有明确的意图和能力持有至到期的。选项 A，准备近期出售，不满足有意图持有至到期这个条件；选项 C，没有能力持有至到期；选项 D，持有至到期投资必须是债券投资，而不是股权投资。故本题答案为 B。

33. **答案**：B。

解析：盘盈固定资产属于会计差错，在“以前年度损益调整”科目核算。故本题答案为 B。

34. **答案**：A。

解析：A 选项所述情形属于趁人之危，但未损害国家的利益，所以钱某和孙某的合同属于可变更、可撤销合同。B 项属于恶意串通，损害国家、集体或者第三人利益的行为，是无效合同。在 C 项中，该合同的内容是买卖人体器官，由于合同内容违法而无效。D 项赵某在发病时属于无民事行为能力人，其写下的遗嘱无效。故本题答案为 A。

35. **答案**：C。

解析：我国《商业银行法》第七十一条第二款规定：“商业银行破产清算时，在支付清算费用、所欠职工工资和劳动保险费用后，应当优先支付个人储蓄存款的本金和利息。”所以 C 项正确。故本题答案为 C。

36. **答案**：C。

解析：我国《票据法》第三十三条规定：“背书不得附有条件。背书时附有条件的，所附条件不具有汇票上的效力。”所以 C 项正确。故本题答案为 C。

37. **答案**：B。

解析：衡量短期偿债能力的指标包括流动比率、速动比率、现金比率等指标，营运资本是反映短期偿债能力的绝对数指标。资产负债率、产权比率、权益乘数、已获利息倍数均属于衡量企业长期偿债能力的指标。故本题答案为 B。

38. **答案**：A。

解析：存款人申请开立一般存款账户，应向银行出具其开立基本存款账户规定的证明文件、基本存款账户开户许可证等文件，说明在开立一般存款账户前，需要先行开立基本存款账户。故本题答案为 A。

39. **答案**：C。

解析：本题考查名词词义辨析。句意为“我上一次见 Sara 她还是一个小女孩，她已经变得我认不出来了”。选项 A 意为“听力”，选项 B 意为“力气，力量”，选项 C 意为“认出，识别，认识”，选项 D 意为“测量；措施”。选项 C 符合句意。故本题答案为 C。

40. **答案**：A。

解析：合同具有相对性，我国《合同法》第六十四条规定："当事人约定由第三人向债权人履行债务的，第三人不履行债务或者履行债务不符合约定，债务人应当向债权人承担违约责任。"根据法律规定，本题中乙应当向甲承担违约责任。所以，甲向法院起诉，应判决乙承担违约责任。故本题答案为A。

41. **答案**：A。

解析：选项B，借记"资产减值损失"，贷记"存货跌价准备"，不影响企业的负债；选项C，借记"长期股权投资"，贷记"银行存款"等，不影响企业的负债；选项D，借记"利润分配——应付股利"，贷记"应付股利"，不影响企业的资产。故本题答案为A。

42. **答案**：B。

解析：大会一致同意，在党章中把习近平新时代中国特色社会主义思想同马克思列宁主义、毛泽东思想、邓小平理论、"三个代表"重要思想、科学发展观一道确立为党的行动指南。大会要求全党把习近平新时代中国特色社会主义思想贯彻到社会主义现代化建设全过程、体现到党的建设各方面。故本题答案为B。

43. **答案**：D。

解析：中国经济增长对世界经济增长贡献率超过30%。故本题答案为D。

44. **答案**：A。

解析：习近平总书记指出，建设教育强国是中华民族伟大复兴的基础工程，必须把教育事业放在优先位置，加快教育现代化，办好人民满意的教育。要全面贯彻党的教育方针，落实立德树人根本任务，发展素质教育，推进教育公平，培养德智体美全面发展的社会主义建设者和接班人。推动城乡义务教育一体化发展，高度重视农村义务教育，办好学前教育、特殊教育和网络教育，普及高中阶段教育，努力让每个孩子都能享有公平而有质量的教育。故本题答案为A。

45. **答案**：B。

解析：金砖国家领导人第九次会晤9月4日在厦门国际会议中心举行。国家主席习近平主持会晤。南非总统祖马、巴西总统特梅尔、俄罗斯总统普京、印度总理莫迪出席。故本题答案为B。

46. **答案**：C。

解析：金砖国家领导人第九次会晤9月4日在厦门国际会议中心举行。国家主席习近平主持会晤。南非总统祖马、巴西总统特梅尔、俄罗斯总统普京、印度总理莫迪出席。五国领导人围绕"深化金砖伙伴关系，开辟更加光明未来"的主题，就当前国际形势、全球经济治理、金砖合作、国际和地区热点问题等深入交换看法，回顾金砖合作10年历程，重申开放包容、合作共赢的金砖精神，达成一系列共识，为金砖合作未来发展规划了蓝图，指明了方向。故本题答案为C。

47. **答案**：B。

解析：2017年金砖峰会，中国提出"金砖+"合作模式，打造开放多元的发展伙伴网络，让更多新兴市场国家和发展中国家参与到团结合作、互利共赢的事业中来。故本题答案为B。

48. **答案**：A。

解析：中国民生银行的创始人，也曾担任第一届董事长的是经叔平。故本题答案为A。

49. **答案：**A。

解析：由中国民生银行倡导发起，33家金融机构积极响应而成立的金融联盟是亚洲金融合作联盟（英文缩写为AFCA）。故本题答案为A。

50. **答案：**C。

解析：中国工商银行的客服电话是95588，中国银行的客服电话是95566，中国民生银行全国统一的客户服务号码是95568。故本题答案为C。

51. **答案：**A。

解析：中国民生银行股份公司是中国内地第一家由民间资本设立的全国性商业银行，成立于1996年1月12日。民生银行A股于2000年12月19日在上海证券交易所公开上市，民生银行的H股于2009年11月26日在香港证券交易所挂牌上市。故本题答案为A。

52. **答案：**B。

解析：2018年英国《银行家》杂志排名，中国民生银行位列世界排名第30位。故本题答案为B。

53. **答案：**D。

解析：本题考查动词词义辨析。句意为“工人们把玻璃制品包装好并且每个盒子上标记上‘此面向上’”。选项A意为“搬运”，选项B意为“递送”，选项C意为“按，压”，选项D意为“打包”。选项D符合句意。故本题答案为D。

54. **答案：**D。

解析：本题考查强调句。句意为“直到一个月以后我才收到经理的回信”。强调句的基本结构是：It is / was +被强调部分+ that / who / whom +其他。在强调句中，去掉it is / was和引导词that / who / whom之后，剩下的部分仍是完整的一个句子。不管强调什么成分，引导词都可用that，在强调指人的“主语”时可用who，强调指人的“宾语”时可用whom。如果强调状语成分，只能用that。在题干中，所强调的是时间状语nearly a month later，因此引导词应使用that。故本题答案为D。

55. **答案：**A。

解析：本题考查虚拟语气。句意为“老师建议父母出于安全考虑最好不要让12岁以下的孩子骑自行车去学校”。“recommend”后面的（that）从句中要用虚拟语气：“should + do”，“should”可以省略。在本句中，“Teachers recommend parents should not allow...”等同于“Teachers recommend parents not to allow...”。故本题答案为A。

多选题

56. **答案：**ABD。

解析：公开市场业务的优点：①主动权在中央银行；②富有弹性；③中央银行买卖证券可同时交叉进行，故很容易逆向修正货币政策，可以连续进行，能补充存款准备金、再贴现这两个非连续性政策工具实施前后的效果不足；④根据证券市场供求波动，主动买卖证券，可以起稳定证券市场的作用。故本题答案为 ABD。

57. **答案**：AB。

解析：弗里德曼认为，影响人们持有实际货币的因素来自四个方面：①财富总额，恒久性收入越高，所需货币越多；②财富构成，人力财富比例越高，所需准备的货币就越多；③金融资产的预期收益率，其他金融资产（如股票、债券、定期存单等）的收益率越高，持有货币的机会成本越大，持有货币的数量就会减少；④其他因素。故本题答案为 AB。

58. **答案**：ABD。

解析：人民币制度是不兑现的信用货币制度，其主要内容包括：①人民币主币的单位为元，辅币的单位为角和分。②人民币没有含金量的规定，它属于不兑现的信用货币。人民币的发行保证是国家拥有的商品物资，黄金外汇储备主要是作为国际收支的准备金。③人民币是我国唯一合法的货币，严禁伪造、变造和破坏国家货币。④人民币的发行实行高度集中统一，中国人民银行是人民币唯一合法的发行机构并集中管理货币发行基金。⑤人民币对外国货币的汇率，由国家外汇管理局统一制定，每日公布。所以，人民币对外币的汇率由国家外汇管理局统一制定，而非国务院，C 选项描述错误。故本题答案为 ABD。

59. **答案**：ABC。

解析：西方经济学家法玛将市场效率划分为三个层次：即弱式有效、半强式有效和强式有效三种类型。弱式有效市场中以往价格的所有信息已经完全反映在当前的价格之中，所以利用移动平均线和 K 线图等手段分析历史价格信息的技术分析法是无效的。半强式有效市场除了证券市场以往的价格信息之外，还包括发行证券企业的年度报告、季度报告等在新闻媒体中可以获得的所有公开信息，依靠企业的财务报表等公开信息进行的基础分析法也是无效的。强式有效市场假说中的信息既包括所有的公开信息，也包括所有的内幕信息。如果强式有效市场假设成立，上述所有的信息都已经完全反映在当前的价格之中，所以，即便是掌握内幕信息的投资者也无法持续获取非正常收益。故本题答案为 ABC。

60. **答案**：BE。

解析：个人通知存款开户时不约定存期，但目前，银行只提供一天、七天通知储蓄存款两个品种；个人存款当中的教育储蓄存款是不征收利息税的；教育储蓄存款是父母为了子女接受非义务教育而存钱，分次存入，到期一次支取本金和利息的存款，其起存金额为 50 元。故本题答案为 BE。

61. **答案**：ABD。

解析：衡量通货膨胀的指标通常包括消费者物价指数（CPI）、生产者物价指数（PPI）和国内生产总值物价平减指数（GDP 平减指数）。消费者物价指数是反映与居民生活有关的产品及劳务价格统计出来的物价变动指标，通常作为观察通货膨胀水平的最常用的指标。生产者物价指数是用来衡量生产者在生产过程中，所需采购品的物价状况。GDP 平减指数又称 GDP 缩减指数，是指没有剔除物价变动前的 GDP（名义 GDP）增长与剔除了物价变动后的 GDP（即实际 GDP）增长之比。故本题答案为 ABD。

62. **答案**：ACD。

解析：现金余额说的主要观点：（1）在一般情况下，人们都把财产和收入的一部分用货币形式持有，而另一部分用非货币的形式持有。（2）人们所愿意持有货币的数额实际上是人们在持有货币获得利益、进行投资获得收益以及用于消费获得的享受三者之间权衡的结果。而货币的价值决定于全国居民愿意用通货形式保持的实物价值与货币数量的比例。（3）人们用通货形态保持的实物价值称为“实物余额”，把与保持的实物余额价值相应的通货数额称为“现金余额”。故本题答案为 ACD。

63. **答案：** ACD。

解析： 市场经济条件下货币均衡的实现有赖于三个条件，即健全的利率机制、发达的金融市场以及有效的中央银行调控机制。故本题答案为 ACD。

64. **答案：** BC。

解析： 固定资产清理后，清理收益计入“营业外收入”，清理净亏损计入“营业外支出”。故本题答案为 BC。

65. **答案：** ABC。

解析： 本题考查定金相关知识。我国《担保法》第九十条规定：“定金应当以书面形式约定。当事人在定金合同中应当约定交付定金的期限。定金合同从实际交付定金之日起生效。”所以 A 选项正确。我国《担保法》司法解释第一百二十一条规定：“当事人约定的定金数额超过主合同标的额百分之二十的，超过的部分，人民法院不予支持。”所以 B 选项正确。我国《合同法》第一百一十六条规定：“当事人既约定违约金，又约定定金的，一方违约时，对方可以选择适用违约金或者定金条款。”所以 C 项表述正确。《担保法》司法解释第一百二十二条规定：“因不可抗力、意外事件致使主合同不能履行的，不适用定金罚则。因合同关系以外第三人的过错，致使主合同不能履行的，适用定金罚则。受定金处罚的一方当事人，可以依法向第三人追偿。”所以 D 选项表述错误。故本题答案为 ABC。

66. **答案：** BC。

解析： 抵押财产折价或者拍卖、变卖后，直接以所得价款清偿债务，价款若超过债权数额，剩余部分归抵押人所有，若不足债权数额，债务人负有继续清偿的义务，只不过剩余债权不再享有优先受偿权。所以 A 项错误，B 项正确，银行不再享有优先受偿权。C 项正确，D 项错误，100 万元清偿银行，剩余 10 万元归甲所有。故本题答案为 BC。

67. **答案：** ABC。

解析： 合伙企业借用的某合伙人的电脑的所有权人是该某合伙人，而不是该合伙企业，所以该电脑不属于合伙企业财产，所以 D 项错误。A、B、C 项均属于合伙企业财产。故本题答案为 ABC。

68. **答案：** CD。

解析： 持有上市公司 5% 以上股份的股东或者实际控制人，其持有股份或者控制公司的情况发生较大变化时，才属于重大事件、内幕信息，本题 A 项所述情况不属于重大事件、内幕信息，所以王某的行为不构成内幕交易。在 B 项中，乙公司不属于知悉证券交易内幕信息的知情人员，所以乙公司的行为不构成内幕交易。C 选项中的董事张某属于知悉证券交易内幕信息的知情人员，在内幕信息公开前，不得买卖该公司的证券，所以张某的行为属于证券法律制度所禁止的行为。D 项中刘某属于知悉证券交易内幕信息的知情人员（由于所任公司职务可以获取公司有关内幕信息的人员)，在内幕信息公开前，不得买卖该公司的证券，所以刘某的行为属于证券法律制度所禁止的行为。故本题答案为CD。

69. **答案**：ABCE。

解析：选项D，意外灾害导致的存货净损失不属于企业的费用，而是直接计入当期损益的损失，即营业外支出。故本题答案为ABCE。

70. **答案**：ABD。

解析：根据权责发生制要求，凡是当期已经实现的收入和应当负担的费用，无论款项是否收付都应当作为当期的收入和费用；凡是不属于当期的收入和费用，即使款项已在当期收付，也不应当作为当期的收入和费用，选项C和E不正确。故本题答案为ABD。

71. **答案**：DE。

解析：留存收益包括企业的盈余公积和未分配利润。故本题答案为DE。

第二部分

1. **答案**：C。

解析：本题考查反对关系。"信手拈来"多指写文章时能自由纯熟地选用词语或应用典故，用不着怎么思考。"一蹴而就"比喻事情轻而易举，一下子就成功。(1)中说到语言能力的获得必须厚积薄发，长期锻炼，自然不是一下就能成功的，故可排除A、B选项。"守株待兔"比喻不主动努力，而存万一的侥幸心理，希望得到意外的收获。"翘首以盼"指强烈地期盼。(2)中说的是大学实践是在为创业打基础，创业是为了更大的商机，根据"不是……而是"，可知"不是"一空填写的词语应该与"勤奋耕耘"词义相反，所填词语应该是不勤奋、不劳而获的意思。"翘首以盼"是殷切期盼某人某事到来的意思，不是不劳而获。"守株待兔"有妄想不劳而获的意思，因此选择"守株待兔"更合适。故本题答案为C。

2. **答案**：B。

解析：本题考查含义侧重。"联播"指在某一特定时间内，许多电台或电视台转播某一共同节目；"连播"指广播电台或电视台把一个内容较长的节目分若干次连续播出。(1)中说的是一家电视台播出，故选择"连播"。"惟妙惟肖"形容描写或模仿得非常逼真。"栩栩如生"形容画作、雕塑中的艺术形象等生动逼真，就像活的一样。(2)中用来形容演员塑造的人物形象，选择"惟妙惟肖"恰当。故本题答案为B。

3. **答案**：D。

解析：本题考查解释关系。第一空后面的内容是对空中所填词的解释，奥运具有两面性，一方面表现为"超越功利的尊重和欣赏"；另一方面是各参赛国的荣誉和自尊，使奥运处于一种相悖的关系，故可排除A、C选项。"金牌多寡"是竞争的主要内容，所以第二空填"核心"更恰当。故本题答案为D。

4. **答案**：A。

解析：本题考查分总结构。文章的观点句是"笔者认为"之后的内容，即"他们只是按照自己的要求录取学生”。故本题答案为 A。

5. **答案**：A。

解析：本题考查转折结构。文段首句引出了“伴随着结构调整的政策实施，中国实体经济发展的势头出现了降速迹象”，紧接着分析单个措施会有积极的意义，最后表明观点，即结构调整政策叠加的效果需要“增长”这一大环境的保证。能够体现经济结构与“增长”大环境关系的只有 A 项。故本题答案为 A。

6. **答案**：C。

解析：本题考查细节辨析。文段首句表明了“中国文人已长时期主宰了绘画讨论的空间”，由此可知，C 项的表述正确，故当选。A、D 两项的内容在文段中没有体现。由尾句可知，因偏见而被埋没的是“非文人艺术家”，因此 B 项偷换概念。故本题答案为 C。

7. **答案**：C。

解析：本题考查语句排序。（4）句缺少主语，通读语句可知（4）应紧接（5）之后，排除 B、D 两项；（3）句指出毒黄瓜是什么，（5）句指出食用毒黄瓜的危害，由叙事逻辑可知（3）排在（5）之前，（1）、（2）句介绍的是毒黄瓜在欧洲引发的疫情状况，（1）、（2）相连，排除 A 项。故本题答案为 C。

8. **答案**：C。

解析：本题考查病句辨析。A 项宾语残缺，“开辟”“学到做人”后均缺少宾语，可在“学到做人的”后添加“道理”，在“文章”后添加“的专栏”。B 项谓语残缺，可在“开始”后添加“发出”。D 项结构杂糅，可将“无论”删除。故本题答案为 C。

9. **答案**：C。

解析：本题考查病句辨析。A 项语序不当，改为“今年应该是次贷危机以来煤炭行业最差的一年”。B 项关联词语位置不当，“不仅”应当放在“质量”前面。D 项“使”的错用导致主语缺失，应该把“使”删掉。故本题答案为 C。

10. **答案**：A。

解析：本题考查病句辨析。B 项动宾搭配不当，“降低”和“扩散”不能搭配，可将“降低”改为“减少”；C 项成分残缺，“在……中”句式的使用，使该句缺主语，应去掉“在”和“中”；D 项句式杂糅，“广大网友”既是“事迹感动了”的宾语，又是“自发在网上留言”的主语，两种句式杂糅，可改为“事迹感动了广大网友，广大网友自发在网上留言”。故本题答案为 A。

11. **答案**：B。

解析：本题考查语句排序。阅读可知，这六个句子都是围绕文化多样化来论述的。观察选项，（2）句和（5）句相比，（2）句总领全文，应放在首句的位置，故排除 A、D 两项。（3）中的“虽然……，”和（6）中“但……”是一对转折关联词，所以（3）句在前、（6）在后。故本题答案为 B。

第三部分

1. **答案**：A。

解析：本题考查天平称重问题。第一次，先用 10g 和 40g 砝码先称出 50g 的食盐；第二次，用 40g 的砝码称出 40g 的食盐；第三次，将剩下的食盐分装在天平两端的托盘，调整使其平衡，共用了 3 次。故本题答案为 A。

2. **答案**：C。

解析：本题考查统筹问题。首先从“2 分”入手，2 分一定是由于 8 分才出现的，想让邮票出现的数量尽可能少，8 分应该出现得尽可能少，同时满足上述两个条件只能 8 分的邮票出现 4 张，一共 1 元 2 角 2 分，现剩余 9 角，同样尽可能出现大面额的邮票，让张数尽可能少，4 张 2 角邮票、1 张 1 角邮票，以上方案，既能保证邮票面额刚好为 1 元 2 角 2 分，同时还能保证邮票数量尽可能的少。故本题答案为 C。

3. **答案**：A。

解析：本题考查趣味问题。想要每天都发放工资，同时还只能将金条分成 3 份，所以每天发放一定是通过相互找钱来实现的，故分成的这 3 份金条要求一定能相互结合能够出现 1，2，3，4，5，6，7 这 7 种金额组成，选择 1∶2∶4 的模式。发放方案如下：第一天工作结束，给“1”；第二天工作结束，给“2”拿回“1”；第三天工作结束，再给“1”；第四天工作结束，给“4”拿回“1”和“2”；第五天工作结束，再给“1”；第六天工作结束，给“2”拿回“1”；第七天工作结束，再给“1”。故本题答案为 A。

4. **答案**：C。

解析：本题考查统筹问题。想支付 2.6 元，方案有“2+0.5+0.1”或“1+1.5+0.1”两种方案。故本题答案为 C。

5. **答案**：B。

解析：本题考查爬井问题。切入点在选项，选项数字不是特别多，使用枚举法。列举：第 1 天：爬了 0.5 米，掉下 3 米，白爬了；第 2 天：爬了 1.5 米，掉下 3 米，白爬了；第 3 天：爬了 2.5 米，掉下 3 米，白爬了；第 4 天：爬了 3.5 米，掉下 3 米，实际爬了 0.5 米，距井底 0.5 米；第 5 天：爬了 4.5 米，掉下 3 米，实际爬了 1.5 米，距井底 0.5+1.5=2（米）；第 6 天：爬了 5.5 米，掉下 3 米，实际爬了 2.5 米，距井底 2+2.5=4.5（米）；第 7 天：爬了 6.5 米，掉下 3 米，实际爬了 3.5 米，距井底 4.5+3.5=8（米）；第 8 天：爬了 7.5 米，掉下 3 米，实际爬了 4.5 米，距井底 8+4.5=12.5（米）。最后一天爬出井口就不需要往下掉了。第 9 天爬了 8.5 米，8.5+12.5>20（米），所以第 9 天爬出井口。故本题答案为 B。

6. **答案**：D。

解析：本题考查排队取水问题。要想等待时间最短，则需要尽量让时间短的先谈。即丙第一个谈，三人的谈话与等待的时间和为 8×3=24（分钟）；第二个是甲谈，甲、乙所需时间和为 10+10=20（分钟）；最后一个乙谈，需要 12 分钟，共需要 24+20+12=56（分钟）。故本题答案为 D。

7. **答案**：D。

解析：本题考查割绳子问题。由题可知对折次数 $n=2$，刀数 $M=2$，根据公式绳子段数 $=M\times2^2+1$ 可知，共有绳子 $2\times2^2+1=9$（段）。故本题答案为 D。

8. **答案**：B。

解析：本题考查最不利原则解题。至少……保证……，最不利构造，最坏的情况+1。难点在相邻省份，属于常识问题。湖南与广西相邻、安徽没有相邻省份、河北与山西相邻。5、6 为相邻省份，4 没有相邻省份，8、10 为相邻省份。先选 4 个安徽，没有相邻省份；再选 10 个山西和 6 个广西，没有相邻省份，为最坏的情况，再加一即满足题意。最坏的情况+1=6+10+4+1=21。故本题答案为 B。

第四部分

1. **答案**：D。

解析：本题考查组合叠加。此题考查行间规律，每行第一个图形顺时针旋转 90°后与第二个图形叠加，去同存异得到第三个图形。故本题答案为 D。

2. **答案**：C。

解析：本题考查折纸盒。由表面图可知，和是相对面，故排除 A 选项；和是相对面，故排除 B 选项；和是相对面，故排除 D 选项。故本题答案为 C。

3. **答案**：C。

解析：本题考查数量关系。观察九宫格中的图形发现：第一列的图形部分数均是 1，第二列图形的部分数均是 2，那么第三列的图形的部分数均是 3。故本题答案为 C。

4. **答案**：B。

解析：本题考查去同存异。第一组图形中，前两个图形叠加，去同存异得到第三个图形。第二组图形也遵循此规律。故本题答案为 B。

5. **答案**：D。

解析：本题考查移动。圆圈每次逆时针移动两格，线条不与圆圈相接触的那个端点在中间的四个方格中每次顺时针移动一格。故本题答案为 D。

6. **答案**：D。

解析：本题考查数量关系。线条之间的交点数第一行是 1、2、3，第二行是 4、5、6，第三行是 7、8、(9)，选项中只有 D 项，线条之间有 9 个交点。故本题答案为 D。

7. **答案**：D。

解析：本题考查折纸盒。A 项中三个圆环的方向错误，B 项中右侧面应该为空心十字，C 项的上面与右侧面应该相对不应相邻，D 项正确。故本题答案为 D。

8. **答案**：D。

解析：本题考查元素分布。题干图形中均含有正方形、三角形、菱形、圆四种不同的小图形，四种小图形依次在外围出现，且前一个图左下角的小图形与后一个图上面的小图形相同。故本题答案为 D。

9. **答案**：C。

解析：本题考查翻转。第四个图形是由第二个图形上下翻转，且颜色互换得到。第五个图形应该是由第一个图形上下翻转，且颜色互换得到。故本题答案为 C。

10. **答案：** A。

解析： 本题考查元素数量。在给出的四个图形中，拥有相同元素的数量分别是 1、2、3、4、（5），所以问号处的图形中应该有 5 个相同的元素。故本题答案为 A。

第八部分

1. **答案：** B。

解析： 本题考查等差数列中项求和公式。$S_n = n \times a_{中}$，所以 $a_{中} = 100 \div 5 = 20 = a_3$，所以第一天吃了 20−12=8（块）饼干。故本题答案为 B。

2. **答案：** C。

解析： 本题考查相遇追及问题。由于二者是相遇问题，同时本题利用逆向思维，从碰撞后的一瞬间开始往回倒数计时，根据速度和×相遇时间=相遇路程，得 $S =$（36000+24000）÷60=1000（公里）。故本题答案为 C。

3. **答案：** B。

解析： 本题考查约倍质合。根据题意，每 4 盏路灯就有一盏不需要取下，一共有 243÷4=60.75（盏），即有 60 盏是不需要移动的，但位于隧道两端的是不需要移动的，故一共有 61 盏探照灯不需要移动。故本题答案为 B。

4. **答案：** B。

解析： 本题考查交替合作问题。设总工程量为 48，则甲的效率是 3，乙的效率是 4，工作 12 小时后，完成了 42。第 13 小时甲做了 3，完成了总工程量的 45，剩余的 3 由乙在第 14 小时完成。在第 14 小时里，乙所用的时间是$\frac{3}{4}$小时，所以总时间是 13.75 小时。故本题答案为 B。

5. **答案：** A。

解析： 本题考查牛吃草问题。可利用公式 $M=$（$牛_1-x$）$T_1=$（$牛_1-x$）$T_1=$（$牛_2-x$）T_2 求解。代入 $牛_1=5$，$T_1=40$ 和 $牛_2=10$，$T_2=15$，可得 $M=120$，$x=2$。又因为 $M=$（$牛_3-x$）$\times T_3$，即 120=（14−2）$\times T_3$，$T_3=10$（小时）。故本题答案为 A。

6. **答案：** C。

解析： 本题考查排列组合问题。前两个数字是 91，第三个数字只能是 0，第五个数字只能是 2，剩下的六个数中任选两个放入到第四和第六个数字上，共有 $A_6^2=30$（天）。故本题答案为 C。

7. **答案：** B。

解析： 本题考查整除关系。可知原来女队员有 $240\times\frac{7}{12}=140$（人），又“从外校转来了几名女队员，这样，女队员人数便占总人数的$\frac{3}{5}$”，则现在女队员的人数是 3 的倍数，代入答案，只有 140+10=150 合适。故本题答案为 B。

8. **答案：** C。

解析： 本题考查奇偶特性。由题意，书+杂志=39，所以书−杂志=奇数，排除 A、D，代入即可选出 C。故本题答案为 C。